古代歷史文化 研究輯刊

十四編

王明蓀 主編

第 5 冊

秦漢京師治安制度研究

謝彥明 著

國家圖書館出版品預行編目資料

秦漢京師治安制度研究／謝彥明 著 -- 初版 -- 新北市：花木蘭
文化出版社，2015〔民 104〕
序 2+ 目 4+318 面；19×26 公分
（古代歷史文化研究輯刊 十四編：第 5 冊）
ISBN 978-986-404-313-2（精裝）
1. 警政史 2. 秦漢
618   104014370

ISBN-978-986-404-313-2

古代歷史文化研究輯刊
十四編　第 五 冊　　　　　ISBN：978-986-404-313-2

秦漢京師治安制度研究

作　　者　謝彥明
主　　編　王明蓀
總 編 輯　杜潔祥
副總編輯　楊嘉樂
編　　輯　許郁翎
出　　版　花木蘭文化出版社
社　　長　高小娟
聯絡地址　235 新北市中和區中安街七二號十三樓
　　　　　電話：02-2923-1455／傳真：02-2923-1452
網　　址　http://www.huamulan.tw 信箱 hml 810518@gmail.com
印　　刷　普羅文化出版廣告事業
初　　版　2015 年 9 月
全書字數　270918 字
定　　價　十四編 28 冊（精裝）台幣 52,000 元　　　版權所有·請勿翻印

秦漢京師治安制度研究

謝彥明　著

作者簡介

謝彥明（1979～），男，北京市人，歷史學博士，師從宋傑教授，2008 年畢業於首都師範大學，現任職於中國農業大學。主要研究領域爲中國古代史，先後在《首都師範大學學報》、《晉陽學刊》、《人文雜誌》、《中南民族大學學報》、《上海大學學報》等核心期刊上發表《西漢郎中將軍事建置考辨》、《西漢中壘校尉「外掌西域」考辨》、《漢代禁省宿衛制度試探》、《西漢中壘校尉職掌考辨》、《西漢八校尉軍事建置考辨》等多篇文章。

提　　要

　　都城是一個國家和民族的政治、經濟、軍事和文化中心，每一個都城都是一個特定時期文明發展的豐碑。都城的文化浸潤了整個國家，而都城的治安是國家政治震盪的波譜圖和晴雨錶。由於歷史上留下來的秦漢史料太少，給後人研究帶來極大的困難，而雲夢睡虎地秦簡、張家山漢簡、敦煌懸泉漢簡的出土以及秦都咸陽、西漢長安、東漢洛陽的考古發掘，爲秦漢歷史研究注入了一股活力。本書以傳世典籍爲基本依據，結合地下出土的簡牘資料與都城考古資料，在認眞全面吸取前人已有研究成果的基礎上，重點探討在政府的嚴密控制之下京師這一層次的治安制度及其運作情況。書中分別對京師宮苑陵寢警備機構、京師中央直屬機構治安管理、京師地方治安機構與管理進行了較爲深入的探討。在此基礎之上，又從動態角度分析秦、西漢、東漢時期京師治安機構的演變過程，並對秦漢京師治安制度的特點進行了分析和歸納。秦漢時期是中國歷史上的重要時期，曾產生了極爲重要的影響，京師治安制度也是如此。可以說，秦漢京師治安制度在中國古代京師治安體制發展史中具有承前啓後、繼往開來的地位。它很大程度上是繼承了前代典制的合理成分而來，同時也對後世的治安理論與實踐產生了深遠影響。

序　言

　　本書以傳世典籍爲基本依據，結合地下出土的簡牘資料與都城考古資料，在認眞全面吸取前人已有研究成果的基礎上，重點探討在政府的嚴密控制之下京師這一層次的治安制度及其運作情況。本書寫作思路較爲簡單，包括前言共有七大部分：

　　前言共分三部分。一爲本選題學術史回顧，重點分析前人研究成果以及存在的問題；二爲本選題學術價値與資料來源；三是對京城、京畿、京師、治安等概念進行說明和界定。

　　第一章主要是對京師宮苑陵寢警備機構與治安管理的討論。本章共分三節，分別對秦漢京師地區皇宮、離宮禁苑、陵寢等與皇帝本人密切相關場所的警備機構及其治安管理制度進行較爲詳細的考證。

　　第二章主要是對京師中央直屬機構治安管理的研討。秦漢京師不僅有皇帝居住和處理政務的皇宮，還有中央直屬機構。這些機構雖地處京師，但爲中央政府直接管轄。本章擬以中央官署、武庫、城門等京師中央直屬機構的治安管理爲主要研究對象。

　　第三章主要是對京師地方治安機構與管理制度的探討。秦漢京師地方社會公共秩序的管理機構可分三層：由長安令（洛陽令）等組成的縣級管理機構；由京兆尹（河南尹）等組成的郡級管理機構；由司隸校尉組成的州級管理機構。這三層管理機構相互配合，共同處理擾亂京師公共秩序的犯罪活動。除此之外，京城內的街區、居住區、商業區等公共場所還另設有一套專門的治安管理機構。

　　第四章將從動態角度分析秦漢時期京師治安機構的演變情況。自秦朝到

西漢初年，京師治安機構屬草創階段；至漢武帝時期，京師治安機構得到擴充，並趨於完備；東漢建國之後，光武帝對京師治安機構進行了裁併和精簡。總體來看，自秦朝至東漢，京師治安機構經歷了一個由草創到完備再到精簡的發展過程。

第五章是對秦漢京師治安制度的特點進行了分析和歸納。秦漢京師人口眾多、構成成分極其複雜。相比於普通郡縣，呈現出較多差異。首先，京師治安官員地位比較特殊，不僅秩級高、屬吏多，而且常參與政務。其次，在京師治安機構的設置中，體現出統治者「內外相制」、「防微杜漸」的分權思想。最後，由於京師社會特點，造成其治安管理易受到皇帝、貴族宗室、高官、豪強等多種政治力量的影響。

第六章是對秦漢京師治安制度的歷史地位作了分析和總結。秦漢京師治安制度在中國古代京師治安體制發展史中具有承前啟後的地位。首先「承前」，秦漢京師治安制度很大程度上是繼承了前代典制的合理成分而來，很多機構的設置以及治安官員的稱謂都能夠追溯到先秦時期。其次「啟後」，正如秦漢政治制度奠定了中國兩千多年封建制度的規模和基礎一樣，秦漢京師治安制度對後世的治安理論與實踐也產生了深遠影響。

目

次

前　言

　　社會治安問題，尤其是都城治安，是任何政權都十分重視的大事。如果沒有一個穩定的社會秩序，人民的正常生活就無法維持，社會也就得不到正常的發展。夏曾佑先生曾說：

> 中國之政，得秦皇而後行；中國之境，得漢武而後定。……自秦以來，垂二千年，雖百王代興，時有改革，然觀其大業，不甚懸殊。譬如建屋，孔子奠其基，秦漢二君營其室，後之王者，不過隨事補苴，以求適一時之用耳，不能動其深根寧極之理也。〔註1〕

夏先生所言十分精闢，秦漢是中國專制主義中央集權制國家建立和發展的時期。正如秦漢政治制度奠定了中國兩千多年封建制度的規模和基礎一樣，其京師治安制度也是中國古代京師治安制度很重要的奠基階段，其開創之功不可埋沒。

一、學術史回顧及其評價

　　秦漢史諸多方面研究，囿於史料的匱散，較之後世的史學研究，無疑多了不少難處。尤其是關於治安方面，無論是治安思想、治安機構、還是治安實踐，因其位於職官制度、軍事制度及都城制度的邊緣地帶，更由於中國古代社會並不存在一個單獨而系統的治安機構，要想整理出它的完整體系，絕非易事。就筆者所知，到目前為止，關於秦漢京師治安制度的研究尚無專著。可以說，中國古代治安體制是融合在國家行政體制之中的，與軍事體制駢體共生，並呈現政刑不分、軍警一體的形態。換言之，中國古代治安管理可以

〔註1〕夏曾佑：《中國古代史》，三聯書店，1955年版，第225頁。

—1—

兼由行政機構，或軍事機構來承擔。他們沒有很明確的分工，都是以維護統治階級的利益爲其出發點，以保衛皇權爲根本目的。因此，在中國古代職官制度、軍事制度、都城制度等政治制度史研究著作中都會涉及到都城治安制度的研究。錢穆先生曾說：

> 從前人學歷史，必特別注重政治制度方面。亦可說中國歷史價
> 值，即在其能涵有傳統的政治制度，並佔有極重要的地位。若不明
> 白到中國歷代政治制度，可說就不能懂得中國史。〔註2〕

的確如此，自古以來，中國歷代統治階級都十分重視政治制度研究，使之逐漸成爲治國安邦之道的專門學問。進入 20 世紀，這門古老的學問伴隨中國近代化進程進入大學講堂，前輩學者梁啓超、王國維、呂思勉、錢穆等蓽路藍縷，從通史角度鑽研中國歷代政治制度。到 40 年代末，各種有關中國政治制度史的教材和專著接近40部。如陶希聖《秦漢政治制度》〔註3〕、賀昌群《兩漢政治制度論》〔註4〕等著作，這些著述對秦漢政治制度史都作了一定的述論。80 年代以來，政治制度史研究取得突破性進展。據不完全統計，僅 1981～2003 年，全國出版相關著作就有百部之多，成果蔚爲大觀。由於治安制度這一學術分支尚未建立起來，所以這裡只能圍繞目前學術界對秦漢京師治安制度有所涉及的學術領域作些回顧。

（一）通史性著述

秦漢京師治安制度的研究多存在於中國古代治安制度通史研究領域。此外，中國古代職官制度、軍事制度、都城制度等領域也多有涉及。

1. 涉及秦漢京師治安制度的治安通史專著

就目前學術研究而言，中國古代治安制度通史的研究專著有中國社會科學院法學研究所法制史研究室編著的《中國警察制度簡論》〔註5〕、朱紹侯先生主編的《中國古代治安制度史》〔註6〕、陳鴻彝先生編寫的《中國治安史》〔註7〕以及陳智勇先生的《中國古代社會治安管理史》〔註8〕。

〔註 2〕 錢穆：《中國歷史研究法》，三聯書店，2005 年版，第 18～19 頁。
〔註 3〕 陶希聖：《秦漢政治制度》，商務印書館，1936 年版。
〔註 4〕 賀昌群：《兩漢政治制度論》，《社會科學季刊》第 1 卷第 1 期，1943 年版。
〔註 5〕 中國社會科學院法學研究所法制史研究室編著：《中國警察制度簡論》，群眾出版社，1985 年版。
〔註 6〕 朱紹侯：《中國古代治安制度史》，河南大學出版社，1994 年版。
〔註 7〕 陳鴻彝：《中國治安史》，中國人民公安大學出版社，2002 年版。

　　《中國警察制度簡論》是一本中國警察制度史論文集。全書分別探討了
中國古代警察職能的萌芽和發展、中國古代早期的現場勘查和法醫檢驗等問
題，並系統地介紹了秦漢、魏晉南北朝直至明清的警察機構、刑事偵查、治
安管理、宮廷警衛制度等等。《中國古代治安制度史》一書詳細地介紹了從先
秦直至清朝治安制度的發展過程。該書第四、五章比較系統地介紹了秦漢治
安思想、治安機構與治安管理等情況，並指出秦漢中央有中尉所率北軍、衛
尉所領衛士以及郎中令所轄郎官三級保衛機構，共同負責皇宮和京城的保
衛。有學者評論說，該書是一部開創性的中國史著作。〔註9〕《中國治安史》
是一部系統完整的治安史著作。該書把中國古代治安史劃分爲六個時期，遠
古到夏商周時期爲中國古代治安的孕育期，春秋戰國爲草創期，秦漢六朝爲
成型期，隋唐爲發展期，宋遼金元爲更新期，明清則爲終結期。陳先生指出
秦漢時期國家將一切活動都納入法的軌道，並確立了朝廷、郡縣、鄉里三級
治安行政管理體制，明確了包括皇宮保衛、交通管理、緝盜防奸、城市宵
禁、消防環保、監獄管理及刑徒看管押送在內的禁衛安全工作的具體業務。
不過，這部著作還是屬治安通史性著作，對秦漢京師治安制度的論述有些簡
略。《中國古代社會治安管理史》是一部研究我國古代社會治安管理的產生、
發展及演變的專著。該書依據大量的史料對我國古代不同歷史時期的社會治
安管理進行了系統的論述。作者認爲早在原始社會時期，我國就有了社會治
安管理的萌芽。此後，歷代統治者不僅在各級政府機構中設置了具有治安職
能的管理機構，而且還制定了相關的治安管理法規，從不同角度、不同方面
來加強社會治安管理。全書共分 9 章，時間跨度包括原始社會、秦漢、魏晉
直到明清社會的治安管理機構、治安管理法規、戶口管理、道路交通管理、
消防管理、社會治安秩序管理等等。

　　2. 職官制度著作有涉秦漢京師治安制度

　　中國古代治安制度研究的重要內容就是對治安機構設置的研究。因此，
在職官制度研究著述中都會涉及到對京師治安官員的考證。按編寫體例的不
同，職官制度史研究著作可以分爲兩類：一爲按朝代順序的先後，以某朝代
的職官制度作爲敘述對象的橫切性敘述；另一爲打破朝代間隔、按照各種專

〔註 8〕 陳智勇：《中國古代社會治安管理史》，鄭州大學出版社，2003 年版。
〔註 9〕 蘇晉予：《一部開創性的中國史著作——朱紹侯主編〈中國古代治安制度史〉
　　　　評介》，《史學月刊》，1995 年第 5 期。

門制度的傳承和調整的豎切性論述。橫切性敘述可以清晰地看到某朝職官制度的規模和特點；專題縱向地論述，則便於看到中國古代相關制度的嬗變和利弊興革。兩者之間既可縱橫相濟，又可互相補充。

目前按照朝代順序敘述的著作有：學者陳茂同所寫《歷代職官沿革史》〔註10〕、陳立民《中國歷代職官輯要》〔註11〕、王超《中國歷代中央官制史》〔註12〕等，這些著作對秦漢時期的郎中令、衛尉、中尉、城門校尉、八校尉、內史、京兆尹、河南尹等重要京師治安職官的設置以及演變情況都作了探討。1991 年，人民出版社出版了白鋼先生主編的《中國政治制度通史》，該書共10 卷，綜合了中外學者有關政治制度史和職官制度史的研究成果。其中第 3卷爲秦漢卷，由孟祥才先生執筆。該卷以中央、京師以及地方職官制度的研究作爲基本內容，其中就涉及到了對京師治安機構及其職能的探討。

目前以專門制度敘述的著作有：吳宗國先生所著《中國古代官僚政治制度研究》〔註13〕、楊鴻年先生所著《中國政制史》〔註14〕、韋慶遠先生所寫《中國政治制度史》〔註15〕、龔延明先生所寫《中國古代職官科舉研究》〔註16〕、柏樺先生所寫《中國政治制度史》〔註17〕等，這些著作都對京師地區負責治安任務的中央官制進行了考證。2006 年，復旦大學出版社發行了李孔懷先生所著《中國古代行政制度史》。該書在充分利用歷史文獻的基礎上，系統地闡述中國古代各級行政機構的起源、發展和演變過程。此書分專題敘述了皇帝制度、中樞機構、行政體制、監察制度以及官吏考覈制度。尤其是第四章對秦漢九卿職官的探討，爲秦漢京師治安機構中職官設置研究有重要的指導意義。

3. 軍事制度著作有涉秦漢京師治安制度

軍事制度，古代亦稱「兵制」，是國家關於組織、管理軍事力量的制度，基本內容包括軍事領導體制、武裝力量體制、軍隊組織編制、軍事法制等等。

〔註10〕 陳茂同：《歷代職官沿革史》，華東師範大學出版社，1988 年版。
〔註11〕 陳立民：《中國歷代職官輯要》，甘肅人民出版社，1990 年版。
〔註12〕 王超：《中國歷代中央官制史》，上海人民出版社，2005 年版。
〔註13〕 吳宗國：《中國古代官僚政治制度研究》，北京大學出版社，2004 年版。
〔註14〕 楊鴻年：《中國政制史》（修訂版），武漢大學出版社，2005 年版。
〔註15〕 韋慶遠：《中國政治制度史》（第二版），中國人民大學出版社，2005 年版。
〔註16〕 龔延明：《中國古代職官科舉研究》，中華書局，2006 年版。
〔註17〕 柏樺：《中國政治制度史》，中國人民大學出版社，2011 年版。

在中國古代史上，軍隊與警察的職責分工並不清晰，軍隊在很長的時期內承擔著京師乃至全國的治安警衛工作。因此，在中國古代軍事制度研究著作中便會涉及到京師治安制度中的軍事武官體系。自 20 世紀 80 年代以來，已出版的軍事通史著作主要有：陳高華、錢海皓主編《中國軍事制度史》〔註 18〕，這是一部闡述自夏商周至中華人民共和國的軍事制度通史著作。全書共分 6 卷，其中有武官制度卷、軍事法制卷、軍事組織體制卷，對研究秦漢京師軍事組織設置情況提供了可借鑒的思路。此外，中國軍事科學院主編《中國軍事通史》〔註 19〕一書客觀地記述和評析了自秦朝到清代後期五千年間歷代兵制、重要戰爭、武器裝備、軍事地理、軍事後勤等內容，是一部較爲全面系統的軍事史專著。該書第 4 卷、第 5 卷、第 6 卷是對秦朝、西漢、東漢軍事制度研究成果的集大成者，具有較高的學術參考價值。

4. 都城制度著作有涉秦漢京師治安制度

在 20 世紀上半葉這個文獻資料研究薄弱和考古資料相對缺乏的時期，都城制度史研究論著不多。建築史專家劉敦楨撰寫有《漢長安城與未央宮》的專題論文，雖因當時考古資料不足而難免粗略有誤，但開此領域研究之先河則殊堪稱道。〔註 20〕同一時期，國外著述主要有足立喜六的《長安史迹考》和那波利貞的《中國古代都市的研究》〔註 21〕。這兩部書都對我們瞭解秦漢時期京師的面貌有所幫助。到 20 世紀 90 年代，由於大量考古資料公佈，都城制度通史研究著作相繼出版發行。如楊寬先生所著《中國古代都城制度史研究》〔註 22〕。此書第一次闡明了中國古代都城制度的發展進程。作者利用傳統文獻資料，並結合現存遺迹的調查報告和考古材料，清晰勾勒出都城制度發展的不同歷史階段及其所表現出的特點。該書分上下兩編，上編爲中國都城的起源和發展，主要敘述了先秦到唐代的封閉式都城制度的起源、發展和變化。其中在第 9 至 11 章分別討論了秦都咸陽、

〔註 18〕 陳高華、錢海皓主編：《中國軍事制度史》，大象出版社，1997 年版。

〔註 19〕 中國軍事科學院主編：《中國軍事通史》，軍事科學出版社，1998 年版。

〔註 20〕 劉敦楨：《漢長安城與未央宮》，載《中國營造學社彙刊》第 3 卷第 3 期，1932年版。

〔註 21〕 〔日〕足立喜六著，楊煉譯：《長安史迹考》，商務印書館，1935 年版。此書近年王雙懷等重譯（《長安史迹研究》，三秦出版社，2003 年版）。那波利貞：《中國古代都市的研究》，載《時事類編》第 5 卷第 9 期，1937 年版。

〔註 22〕 楊寬：《中國古代都城制度史研究》，上海人民出版社，2003 年版。

西漢長安、東漢洛陽的都城布局，並指出在兩漢之際，整個都城的造向由
「坐西朝東」變爲「坐北朝南」〔註 23〕；該書下編主要研討了北宋以後都
城制度的變革及其重要設施，其中也對秦漢都城的警衛以及治安措施等問
題進行了專論。

（二）斷代性著述

與通史性著述相似，秦漢斷代史著述中有關京師治安制度的研討也分佈
在職官制度、軍事制度、都城制度等幾類學科之內。

1. 職官制度著作有涉京師治安制度

從某種意義上講，職官體制從秦漢起就是中國政治制度的核心問題。20
世紀 50 年代後，由於眾所周知的原因，秦漢職官制度研究曾一度沉寂了 30
餘年，直到 80 年代以後國內才陸續出現了一些研究成果。例如，安作璋、熊
鐵基先生合著的《秦漢官制史稿》〔註 24〕是建國以來第一部秦漢官僚制度史
專著。舉凡中央官制，如郎中令、衛尉、中尉、司隸校尉等直接或間接參與
京師治安的職官，無不詳加論證。此書體系完整，內容豐富，爲研究秦漢官
制的主要參考書之一。陳仲安編寫的《漢唐職官制度研究》〔註 25〕一書分中
央官制、地方官制、選舉制度、俸祿制度四章，主要是梳理了當時的研究成
果，同時對西漢職官制度等相關問題做了較深入的探究。臺灣學者廖伯源《西
漢皇宮宿衛警備雜考》〔註 26〕一文對漢代皇宮的宿衛職官做了系統性的研
討，並指出西漢皇宮之守衛由中尉、衛尉、光祿勳、少府四卿主其事。中尉
負責皇宮外守衛，衛尉負責皇宮之內的外層守衛，光祿勳率領諸郎吏掌中層
守衛，少府之屬官則負責內層守衛。此外，楊鴻年先生所著《漢魏制度叢考》

〔註 23〕楊寬先生指出西漢長安城的朝向是坐西朝東，長安城是具有內城形制的城
　　　　池，而長安城外的北面和東北面則是「郭」區。但目前國內學界占主導地位
　　　　的看法仍然是漢代城郭合一之說。如劉慶柱：《再論漢長安城布局結構及其相
　　　　關問題——答楊寬先生》，載《考古》，1992 年第 7 期；《漢長安城的考古發現
　　　　及其相關問題研究》，載《考古》，1996 年第 10 期；李毓芳：《漢長安城的布
　　　　局與結構》，載《考古與文物》，1997 年第 5 期；史念海：《漢長安城的營建規
　　　　模》，載《中國歷史地理論叢》，1998 年第 2 輯；徐衛民：《論秦、西漢都城的
　　　　面向》，載《秦文化論叢》（第六輯），西北大學出版社，1998 年版。
〔註 24〕安作璋、熊鐵基：《秦漢官制史稿》，齊魯書社，1984 年版。
〔註 25〕陳仲安、王素：《漢唐職官制度研究》，中華書局，1993 年版。
〔註 26〕選自廖伯源：《歷史與制度——漢代政治制度試釋》，香港教育圖書公司，1997
　　　　年版，第 1～35 頁。

〔註 27〕一書不僅細緻地考察了宮省制度及相關職官制度，而且較早地從官制角度明確提出宮衛制度中執金吾管宮外，光祿勳、衛尉主宮內，宦官管省內，並具體地辨析了光祿勳與衛尉的職責。此書內容雖簡，但就探索漢代皇宮宿衛制度而言，卻具有極其重要的參考價值。

2. 軍事制度著作有涉京師治安制度

國內較早系統介紹秦漢軍事制度的論文是孫毓棠先生的《西漢的兵制》以及《東漢兵制的演變》〔註 28〕。兩文全面論述了漢代中央、地方軍事制度的設置及其演變情況，以後學者的成果大都是在此研究基礎上展開的。例如，熊鐵基先生所著《秦漢軍事制度史》〔註 29〕，全書共分 11 章，分別對中央常備軍隊設置、地方軍隊機構、軍事設備、軍事法律等內容進行了論述。黃今言先生所著《秦漢軍制史論》〔註 30〕，此書對秦漢時期的軍事制度作了系統的論述，用較大篇幅分別對軍事領導機構、中央軍組成、軍事編制、軍法等內容做了深入而細緻的研討，具有較高的學術價值。李玉福先生在《秦漢制度史論》〔註 31〕書中指出秦漢保衛京師的軍隊可以分爲宿衛省殿的殿衛軍、守衛宮城的宮衛軍以及保衛京城的城衛兵，並對一些學界存有爭議的問題提出並論證了自己的觀點。除以上所舉論著以外，關於秦漢武官制度的專題研究著作也有問世。如學者嚴耕望《秦漢郎吏制度考》〔註 32〕、〔日〕濱口重國《兩漢の中央諸軍に就いて》、《前漢の南北軍》〔註 33〕、張金龍《魏晉南北朝禁衛武官制度研究》〔註 34〕，這些著作通過對傳世典籍和出土文獻的勾稽考索，理清了秦漢京師不同層次眾多禁衛武官的變遷歷程，揭示出秦漢禁衛武官制度的本來面目，對秦漢時期京師軍事警備制度的研究有較高的啓發性。

3. 都城制度著作有涉京師治安制度

都城是以往秦漢城市研究成績最明顯的領域，秦都咸陽、西漢長安以及東漢洛陽的研究論文占所有秦漢城市論文的一半以上。學界之所以高度重視

〔註 27〕 楊鴻年：《漢魏制度叢考》，武漢大學出版社，2005 年版。
〔註 28〕 孫毓棠：《孫毓棠學術論文集》，中華書局，1995 年版。
〔註 29〕 熊鐵基：《秦漢軍事制度史》，廣西人民出版社，1990 年版。
〔註 30〕 黃今言：《秦漢軍制史論》，江西人民出版社，1993 年版。
〔註 31〕 李玉福：《秦漢制度史論》，山東大學出版社，2002 年版。
〔註 32〕 選自《嚴耕望史學論文選集》，聯經出版事業公司，1991 年版。
〔註 33〕 皆選自《秦漢隋唐史の研究》，東京大學出版會，1971 年版。
〔註 34〕 張金龍：《魏晉南北朝禁衛武官制度研究》，中華書局，2004 年版。

都城研究，一是都城在秦漢國家政治、經濟和文化生活中所佔據的核心地位有關，另一個原因則是都城考古資料的相繼問世。1985 年，西北大學出版社出版了一部重要的論著，即由學者林劍鳴、余華青、周天遊、黃留珠等合著的《秦漢社會文明》。由余華青執筆的第 4 章爲「秦漢時代的城市面貌」，對秦漢時期包括京師在內的城市進行了比較全面的論述。這一研究繼承了前人的眾多成果，論述廣泛涉及城市數量、建設規模、城市人口、環境衛生等問題，特別是文章中還涉及到了城市的治安管理等內容。到 2001 年，人民出版社出版了學者周長山撰寫的《漢代城市研究》，該書系統討論了漢代包括都城在內的城市發展、城市居民的基本編制、市場管理等。雖然該書不是專論京師治安管理，但對於京師治安制度的研究有一定的借鑒意義。另外一篇專著是學者張繼海的《漢代城市研究》，此書是全面研究漢代城市的著作。作者在第 6 章專門研討了漢代城市的社會問題，頗具啓發意義。

除以上對都城進行整合式的研究以外，還有不少學者對秦漢都城的個案進行過深入研究：

首先，秦都咸陽。自 1959 年開始，考古工作者對咸陽及其附近遺址進行調查和試掘。到 70 年代中期，取得了階段性成果。〔註35〕王學理先生的《秦都咸陽》、《咸陽帝都記》是關於秦咸陽研究的兩部著作。〔註 36〕作者通過對文獻與考古勘察資料的研究，探討了咸陽的城市布局和建築形式。2000 年，陝西人民教育出版社出版了徐衛民撰寫的《秦都城研究》〔註 37〕。書中作者指出秦都咸陽應是有宮城而無郭城。

其次，西漢長安。從 1956 年起，中國科學院考古研究所對長安城遺址進行了系統考古發掘，到 70 年代中期取得了重要突破〔註38〕，眾多學術著作

〔註35〕 研究論著主要有：劉慶柱：《秦都咸陽幾個問題的初探》，《文物》，1976 年第11 期；王丕忠：《秦咸陽宮位置的推測及其他問題》，《中國史研究》，1982 年第 4 期；陝西省社會科學院考古研究所渭水隊：《秦都咸陽故城遺址的調查和試掘》，《考古》，1962 年第 6 期；秦都咸陽考古工作站：《秦都咸陽第一號宮殿建築遺址簡報》，《文物》，1967 年第 11 期。

〔註36〕 王學理：《秦都咸陽》，陝西人民出版社，1985 年版；《咸陽帝都記》，三秦出版社，1999 年版。

〔註37〕 徐衛民：《秦都城研究》，陝西人民教育出版社，2000 年版。

〔註38〕 俞偉超：《漢長安城西北部勘查記》，《考古通訊》，1956 年第 5 期；劉致平：《西安西北郊古代建築遺址勘查初記》，《文物參考資料》，1957 年第 3 期；王仲殊：《漢長安城考古工作的初步收穫》，《考古通訊》，1957 年第 5 期；王仲殊：《漢長安城考古工作收穫續記》，《考古》，1958 年第 4 期；唐金裕：《西安西郊漢

應運而生。代表性著作之一就是王仲殊先生所撰寫的《漢代考古學概說》〔註39〕。該書第1、2章詳盡地討論了兩漢都城的城牆、城門、皇宮、市場的布局及其管理狀況。中國社會科學院考古研究所、陝西省考古研究所、西安市文物保護考古所編《漢長安城考古與漢文化》〔註40〕內容涵蓋了歷史、考古、歷史地理、建築、哲學等不同學科對漢代考古及漢文化研究的成果，集中展示了漢長安城考古及漢代文化研究的最新進展，體現了相關課題的發展水平，具有很高的學術價值。此外，黃今言先生撰文討論了秦漢京師市場建設，以及市場秩序的管理。〔註41〕學者陳昌文、王子今也分別對漢代城市治安管理和夜行之禁進行了研究。〔註42〕

再次，東漢洛陽。對東漢洛陽城遺址的勘察工作是在20世紀50年代開始進行的，但考察規模和成效遠不及對長安城的勘測。〔註43〕有關洛陽城面積、城門數量和街道分佈情況都很不完整，許多方面還需要依靠推測。20世紀80年代以來，考古工作者對漢魏洛陽城城垣砸再次進行了多處試掘，對漢魏洛陽城的歷史連續性有了更爲清楚的認識。〔註44〕

代建築遺址發掘簡報》，《考古學報》，1959年第2期；黃展岳：《漢長安城南郊禮制建築遺址群發掘簡報》，《考古》，1963年第9期；《漢長安城南郊禮制建築的位置及其有關問題》，《考古》，1960年第9期；《漢長安城武庫遺址發掘的初步收穫》，載《文物》，1978年第4期；徐龍國、劉振東、張建鋒：《西安市漢長安城長樂宮六號建築遺址》，載《考古》，2011年第6期；劉瑞、李毓芳、王志友、徐雍初、王自力、柴怡：《西安市漢長安城北渭橋遺址》，載《考古》，2014年第7期。

〔註39〕 王仲殊：《漢代考古學概說》，中華書局，1984年版。隨考古技術的進步，有關漢代長安城的數據更加準確。參見陝西省測繪局：《漢長安城遺址測繪研究獲得的新信息》，載《考古與文物》，2000年第5期。

〔註40〕 中國社會科學院考古研究所，陝西省考古研究所，西安市文物保護考古所編：《漢長安城考古與漢文化》，科學出版社，2008年版。

〔註41〕 黃今言：《秦漢城區市場的建制與組織管理》，《秦漢經濟史論考》，中國社會科學出版社，2000年版；《秦漢商品經濟研究》，人民出版社，2005年版。

〔註42〕 陳昌文：《漢代城市的治安與組織管理》，載《安徽師範大學學報》，1998年第3期，王子今：《秦漢「夜行」考議》，載《紀念林劍鳴教授史學論文集》，中國社會科學出版社，2002年版。

〔註43〕 參見閻文儒：《雒陽漢魏隋唐城址勘查記》，《考古學報》（第九冊）；段鵬琦等：《雒陽漢魏故城勘察工作的收穫》，《中國考古學會第五次年會論文集（1985年）》，文物出版社，1988年版；中國科學院考古研究所雒陽工作隊：《漢魏雒陽城初步勘查》，《考古》，1973年第4期；王仲殊：《漢代考古學概說》，中華書局，1984年版。

〔註44〕 中國社會科學院考古研究所雒陽漢魏城隊：《漢魏雒陽故城城垣試掘》，《考古

以考古資料爲基礎，眾多日本學者也對秦漢都城展開了研究。如日本學者伊藤清造《漢長安城考》，《考古學雜誌》第 23 卷第 7 號，1933 年；岡崎敬《漢代的長安與洛陽》，《東洋史研究》第 16 卷第 3 號，1957 年；宇都宮清吉《西漢的首都長安》，收於《漢代社會經濟史研究》，弘文堂書房，1967 年；佐藤武敏《長安》，近藤出版社，1971 年；古賀登《漢長安城與阡陌‧縣鄉亭里制度》，雄山閣，1980 年；佐原康夫《漢長安城再考》，《日本中國考古學會會報》第 5 號，1995 年；町田章《古代中國的都市生活》，選自《都市與文明》，朝倉書店，1996 年。可謂成績斐然。尤其是宇都宮清吉所寫《西漢的首都長安》一文中注意到了長安的社會治安問題，並作了簡要的討論。

歐美學者對秦漢都城制度的研究著作並不多。一篇是 Hotaling, Stephen James. "*The City Walls of Han Ch'ang-an*." T'oung Pao 64 (1978: 1-3), pp.1-46。此文主要是用數學的方法計算出長安城的形狀、城牆的長度以及城市的面積。由於近些年考古工作的進展，對於西漢長安城的面積、形狀都有了更爲精確的數字，此書的一些數據已略顯過時。另一篇爲 Bielenstein, Hans. "*Lo-yang in Later Han Times*." Bulletin of the Museum of Far Eastern Antiquities 26 (1954), pp. 1-209。作者對洛陽城牆、城門、城市內部的重要建築進行了詳細的考證，有一定參考價值。

（三）存在的問題

正如上文所述，有關秦漢職官制度、軍事制度以及都城制度等領域的研究有了長足的發展，但僅有這些研究成果顯然還是很不夠的。首先，秦漢時期京師治安制度的不少方面仍處於空白狀態。從嚴格意義上講，至今仍沒有一部全面而系統研究秦漢京師治安制度的學術專著產生。其次，已有的研究成果絕大多數屬於通史性研究，對秦漢時期京師治安制度雖有所涉及，但往往是分散而且零散的，因而也就很難全面系統地探討秦漢京師治安制度的特點以及其演變過程。第三，就已發表的學術論文而言，專門系統探討秦漢京

學報》，1998 年第 3 期。中國社會科學院考古研究所、日本獨立行政法人國立文化財機構奈良文化財研究所聯合考古隊：錢國祥、劉濤、郭曉濤、蕭淮雁、汪盈：《河南洛陽市漢魏故城發現北魏宮城五號建築遺址》，載《考古》，2012年第 1 期；《河南洛陽市漢魏故城魏晉時期宮城西牆與河渠遺迹》，載《考古》，2013 年第 5 期。錢國祥、劉濤、郭曉濤：《漢魏故都　絲路起點——漢魏洛陽故城遺址的考古勘察收穫》，載《洛陽考古》，2014 年第 6 期。

師治安制度的可謂是屈指可數。第四，由於缺乏系統深入的研究，不少有疑問的陳說被奉爲信史，許多不可靠的史料常被引用，直接影響了對當時京師治安制度的全面瞭解和客觀評價，從而導致一些片面的結論。例如，當代學者林劍鳴所著《秦漢史》〔註45〕、白鋼《中國政治制度通史》（第三卷）〔註46〕皆認爲漢代期門、羽林軍歸屬衛尉統領的南軍。但筆者通過閱讀史籍，發現這種觀點是存在疑問的。第五，對於秦漢京師治安制度的某些方面，學者之間的分歧時有發生，而且現有研究成果中某些觀點也存在明顯的偏激或不足。以上這些情況說明，全面深入系統地研究秦漢京師治安制度，無疑具有重要的學術價值。

二、選題意義與資料來源

（一）選題意義

任何一個時代和國家的社會治安問題，從根本上講都是各種社會矛盾的綜合反映。只要存在社會矛盾，就必然會產生治安問題。秦漢時期，中國專制主義國家體制逐漸完備，京師治安制度也隨之日趨完善起來，雖然很多學者都很注重對這一時期京師制度和治安機構的研究，但正如前文所講，這些專著主要分爲兩類，一類是專門的治安史論著，但大多數是通史性著作，而且注重從中央到地方進行整體的論述，在京師的治安問題上，普遍關注不足。另一類著重於論述京師制度的形成、演變和影響，對於京師治安管理問題多是在闡述京師制度時附帶進行說明。所以到目前爲止，對於京師治安機構的設置、治安活動的開展及其影響，尙缺乏獨立、完整的分析。新中國成立以來，考古工作者對秦漢都城進行的勘探發掘，取得了前所未有的突破。再加之自 1976 年以來，在湘、鄂、川、甘、魯、豫等省出土了許多頗有價值的簡牘，如雲夢睡虎地秦簡、天水放馬灘秦簡、敦煌漢簡、長沙馬王堆漢簡、臨沂銀雀山漢簡等，爲寫秦漢京師治安制度提供了豐富的相關參考材料，使我們有條件勾勒出秦漢時期較爲系統的京師治安制度。李學勤先生曾指出：

> 考古學能印證歷史文獻，更重要的是提供文獻所沒有的材料，

〔註45〕 林劍鳴：《秦漢史》，上海人民出版社，2003 年版，第 324 頁。
〔註46〕 白鋼主編：《中國政治制度通史》（第三卷），人民出版社，1996 年版，第 339 頁。

> 使人們直接接觸古代文明的遺存。例如東周時代周和各主要諸侯國
> 的都城，古書有不少描寫記述，現在這些城市遺址的發掘，不僅證
> 實了文獻記載，又告訴我們很多新知識。〔註47〕

近些年有關秦漢的考古發現，使我們不得不重新思考許多以前認為理解比較準確和深入的問題，這也正是本書研究的重要意義所在。另外，治安是建設社會主義和諧社會的基本保障。研究秦漢時期京師的治安制度，對於現時首都社會秩序的整頓，構建首都和諧社會，也將會起到某種啓示和借鑒作用。

（二）資料來源

本書研究秦漢京師治安制度的資料來源，主要集中在三個方面：第一，傳統歷史文獻；第二，都城考古資料；第三，現當代中外優秀學者重要研究成果。

1. 歷史文獻

歷史文獻是人們以特定載體形式記錄已經過去了的那個年代的有關情況的文獻〔註48〕。我們通常所說的歷史文獻就是文字資料。總體看來，秦漢時期的歷史文獻還是比較匱乏的。

（1）基本史料

主要包括秦漢史研究中的基本文獻和後人關於這些基本文獻的整理研究性專著等。前者如《史記》、《漢書》、《後漢書》、《三國志》、《漢紀》、《後漢紀》、《資治通鑒》等，這些是研究秦漢京師治安機構的重要史料來源之一。後者則包括清代學者崔適撰《史記探源》、杭世駿撰《史記考證》、王先謙撰《漢書補注》、錢大昭著《漢書辨疑》、錢大昕著《漢書考異》、周壽昌著《漢書注校補》、王榮商著《漢書補注》、錢大昭著《後漢書辨疑》、惠棟著《後漢書補注》、周壽昌著《後漢書注補正》、吳仁傑著《兩漢刊誤補遺》、錢大昭著《三國志辨疑》、沈家本著《三國志瑣言》、沈欽韓著《三國志補注》、周壽昌著《三國志注證遺》等。

（2）其他重要史籍

主要包括記載秦漢以及歷代典章制度的《通典》、《通志》、《通考》、《西

〔註47〕 李學勤：《東周與秦代文明》（增訂本），文物出版社，1991年版，第10頁。
〔註48〕 王錦貴：《中國歷史文獻目錄學》，北京大學出版社，1994年，第9頁。

漢會要》、《東漢會要》、《漢官六種》、《補漢兵志》之類著作；有關秦漢歷史
地理的《長安志》、《水經注》、《三輔黃圖》、《河南志》之類著作，這些著作
都輯存了不少關於治安制度、治安機構、治安法令，都城布局的記載。除以
上所說史籍之外，類書、叢書也將是本書寫作的重要資料來源。如《北堂書
鈔》、《藝文類聚》、《初學記》、《太平御覽》、《冊府元龜》、《永樂大典》、《古
今圖書集成》等類書，《四庫全書》、《四部叢刊》等叢書。

2. 考古材料

　　研究秦漢京師治安制度的主要資料，除歷代正史中的表志和典志中的有
關記載外，還有考古資料可以利用。與秦漢文獻資料的缺乏不同，秦漢的考
古資料極爲豐富，具有很高的史料價值。其中以載有文字的簡牘、漢碑、瓦
當、璽印、封泥等最爲重要。

　　首先，都城遺址。建國以後，考古工作者開始對秦都咸陽、西漢長安、
東漢洛陽及其附近的遺址進行了調查和試掘。到 20 世紀 70 年代，大量都城
考古專著與報告相繼出版、發表，爲作者研究秦漢都城布局、形制以及其對
治安制度的影響提供了最直接的證據。這些考古資料有的可證實史料的正確
性，有的可糾正史料的錯誤，有的則改變了後人的誤解。

　　其次，簡牘資料。簡牘史料是研究秦漢史不可或缺的基本史料。自本世
紀初以來在我國各地陸續出土的簡帛文書，如睡虎地秦簡、龍崗秦簡、里耶
秦簡、敦煌漢簡、居延漢簡、銀雀山漢簡、上孫家寨漢簡、尹灣漢簡、張家
山漢簡、懸泉漢簡等。〔註49〕雖然這些材料對於本課題這一制度史研究而言，

〔註49〕　相關簡牘資料依次見銀雀山漢墓竹簡整理小組：《銀雀山漢墓竹簡》，文物出
版社，1985 年；謝桂華、李均明等：《居延漢簡釋文合校》，文物出版社，1987
年；睡虎地秦墓竹簡整理小組：《睡虎地秦墓竹簡》，文物出版社，1990 年；
甘肅省文物考古研究所、甘肅省博物館、文化部古文獻研究室甘肅省文物考
古研究所：《敦煌漢簡》，中華書局，1991 年；吳礽驤、李永良、馬建華釋校、
甘肅省文物考古研究所編：《敦煌漢簡釋文》，甘肅人民出版社，1991 年；甘
肅省文物考古研究所、甘肅省博物館、中國文物研究所、中國社會科學院歷
史研究所：《居延新簡──甲渠侯官》，中華書局，1994 年；連雲港市博物館、
東海縣博物館、中國社會科學院簡帛研究中心、中國文物研究所：《尹灣漢墓
簡牘》，中華書局，1997 年；中國文物研究所、湖北省文物考古研究所：《龍
崗秦簡》，中華書局，2001 年；胡平生、張德芳：《敦煌懸泉漢簡釋粹》，上海
古籍出版社，2001 年；陳直：《居延漢簡研究》，中華書局，2009 年版；張守
中：《張家山漢簡文字編》，文物出版社，2012 年版；張德芳：《敦煌馬圈灣漢
簡集釋》，甘肅文化出版社，2013 年版。

可資利用的比較少。但筆者將披沙揀金，在吸收前人研究成果基礎上，盡可能地與傳世文獻兩相印證。

再次，漢碑、畫像石、瓦當、封泥等。碑刻之風興起於秦、西漢之間，極盛於東漢。現存大小漢碑大約有百餘種，其中絕大多數都屬於東漢碑。〔宋〕洪適所著《隸釋‧隸續》被稱為「自有碑刻以來，推是書為最精博」，該書薈萃漢魏碑碣 189 種，這是今天研究漢魏歷史的珍貴資料。此外，畫像石、瓦當、封泥等考古資料在建國以來也有大量出土。

3. 現當代中外學者的研究成果

現當代中國學者（包括港、澳、臺學者）以及國外學者，在中國古代職官制度、軍事制度、都城制度，特別是中國古代警察史等研究領域，不斷取得新的成果，為作者秦漢治安制度研究提供了最好的參照和直接幫助。如學者常兆儒、愈鹿年《中國警察制度史初探》〔註 50〕、高恒《秦漢地方警察機構——亭》〔註 51〕、俞鹿年《中國古代警察職能的萌芽和發展》〔註 52〕。此外，對於畫像石、瓦當等出土資料的研究著作，有吳曾德《漢代畫像石》〔註 53〕、高文《漢碑集釋》〔註 54〕、陳直《秦漢瓦當概述》〔註 55〕、中央研究院歷史語言研究所簡牘整理小組《居延漢簡補編》〔註 56〕、〔日〕大庭脩《漢簡研究》〔註 57〕、左竹靖彥《漢代墳墓祭祀畫像中的亭門、亭闕河車馬行列》〔註 58〕等等。

三、相關概念的說明

基於學者已有的研究成果，本書將重點探討在政府的嚴密控制下京師地區的治安制度及其運作情況。不過，京師社會的治安管理問題受到諸多因素

〔註 50〕 常兆儒、愈鹿年：《中國警察制度史初探》，《學習與探索》，1983 年第 2 期。
〔註 51〕 高恒：《秦漢地方警察機構——亭》，《國際政治學院學報》（哲社版），1984 年第 2 期。
〔註 52〕 俞鹿年：《中國古代警察職能的萌芽和發展》，《國際政治學院學報》（哲社版），1984 年第 2 期。
〔註 53〕 吳曾德：《漢代畫像石》，文物出版社，1984 年版。
〔註 54〕 高文：《漢碑集釋》，河南大學出版社，1985 年版。
〔註 55〕 陳直：《秦漢瓦當概述》，《摹廬叢著七種》，齊魯書社，1981 年版。
〔註 56〕 中央研究院歷史語言研究所簡牘整理小組：《居延漢簡補編》，臺北：文淵企業有限公司，1998 年版。
〔註 57〕 〔日〕大庭脩：《漢簡研究》，廣西師範大學出版社，2001 年版。
〔註 58〕 朱青生：《中國漢畫研究》（第一卷），廣西師範大學出版社，2004 年版。

的影響，以專著的形式來進行整體的研究無法面面俱到，所以本書在研究範圍上需要進行限定。

（一）京城　京畿　京師

這是與本書研究之地理範圍密切相關的一組詞。以下筆者將解釋一下所使用的這三個詞之具體所指：

1. 京城

京城實際上就是我們常說的都城城區。許慎《說文解字》記載：「京，絕高之丘也。」可見，「京」最初是指非常壯觀的高臺建築，有登高望遠防禦敵人的作用。到東周時期，「京」逐步演化爲地名並被作爲首都的專稱，成爲最高統治者的所在地。關於「城」，《說文解字》：「城，所以盛民也。」《禮記·禮運》：「城郭溝池以爲固。」《管子·度地》：「內爲之城，城外爲之郭。」據此可知，城是指內城，而郭則是指外城。《太平御覽》卷一九三引《吳越春秋》：「鯀築城以衛君，造郭以守民。此城郭之始也。」這是城郭產生的過程。起初國君和百姓居住在同一座城中，後來出於安全因素的考慮，把國君居住的地方用城牆圍起，從而形成了城內又有小城的格局。爲了區分，人們把小城稱爲「城」，而把大城稱爲「郭」。

本書中的京城主要是指都城城牆之內的地區，即秦都咸陽，西漢長安城以及東漢洛陽城，並不包括其它地區。

（1）秦都咸陽〔註59〕

今西安市西北約 25 公里處，可看到成片的夯土建築殘址，這裡大概就是秦咸陽遺址。〔註60〕由於這裡處於山南，水北，山水俱陽，故稱「咸陽」

〔註59〕《三輔黃圖》「咸陽故城」云：「自秦孝公至始皇帝、胡亥，並都此城。」《長安志》：「孝公十二年於渭北城咸陽。」《史記·滑稽列傳》：「二世立，又欲漆其城。」《史記·六國年表》：秦昭襄王二十七年「地動壞城」。有學者認爲咸陽當有城，否則「壞城」該如何解釋！然迄今仍未發現咸陽有郭城遺迹。武伯綸先生在述及秦咸陽故城「毫無蹤迹可尋」時，曾作過「秦故城被河崩毀」的推論。學者王學理也認爲「這可能與渭水北移沖毀南牆以及考古勘探還不普遍、認識受到局限等原因有關」。

〔註60〕秦咸陽是否有外郭城，也是歷來爭論的問題。目前學術界有三種代表性意見：其一，以王學理先生爲代表，最早指出「秦咸陽實際是個有宮城而無郭城的城市」。（《秦都咸陽》，陝西人民出版社，1985 年版）；其二，以楊寬先生爲代表，認爲秦咸陽城是西「城」東「郭」連結的布局。（《中國古代都城制度史研究》，上海人民出版社，2003 年版）；其三，以劉慶柱先生爲代表，他認爲

〔註 61〕。《史記·秦本紀》:「(秦孝公)十二年,作爲咸陽,築冀闕,秦徙都之。」《三輔黃圖》亦云:「自秦孝公至始皇帝,胡亥,並都此城。」據此,自孝公十二年(前 350 年)一直到秦二世三年(前 207 年)秦滅亡止,一百四十三年間,咸陽城一直是秦代的都城。

圖序-3-1　秦·咸陽遺址位置示意圖

(秦都咸陽考古工作站:《秦都咸陽第一號宮殿建築遺址簡報》,《文物》,1976 年第 11 期)

　　考古發現,秦都咸陽有宮殿區、居住區、市場和墓葬區。宮殿區主要集中在城址北部咸陽原上,飛閣相連,巍峨壯觀。史書記載,秦人每破諸侯,皆寫仿其宮室,築於咸陽北阪上,後又在渭河南部修建阿房宮。《史記·孝文本紀》《正義》引《三輔舊事》云:

　　　　秦於渭南有興宮,渭北有咸陽宮。秦昭王欲通二宮之間,造橫
　　長橋三百八十步,橋北京石水中,舊有留神像。

《史記·秦始皇本紀》:

　　　　聽事,群臣受決事,悉於咸陽宮。

以上引文說明咸陽宮確實存在,而且早在秦昭王時已經營造完畢。咸陽宮的構造是大宮套小宮,其中包括舉行朝議的朝堂、寢宮、后妃居住的宮室等重要建築。

　　　　秦咸陽城有大小二城,大城之中的北部是宮殿和官署建築區。(《論秦咸陽城
　　　　布局形制及其相關問題》,《文博》,1990 年第 5 期)

〔註 61〕　《三輔黃圖·三輔沿革》引《禹貢》:「至孝公始都咸陽。……咸陽在九嵕山、
　　　　渭水北,山水俱在南,故名咸陽。」筆者按咸陽在九嵕山之南,渭水之北。
　　　　山之南爲陽,水北爲陽,故名咸陽。原文似有誤。

圖序-3-2　秦・咸陽宮一號遺址復原圖〔註62〕

（選自陶復：《秦咸陽宮第一號遺址復原問題的初步探討》，《文物》，1976
年第 11 期）

　　據史書記載，秦咸陽的宮殿規模很大，由殿堂、過廳、居室、迴廊等組
成，富麗堂皇無比。唐代詩人李商隱的《咸陽宮》：

　　　　咸陽宮闕鬱嵯峨，六國樓臺豔綺羅。

　　　　自是當時天帝醉，不關秦地有山河。

此詩表達了詩人對秦咸陽宮的無比神往之情。兩千多年過去了，令人神往的
咸陽宮依然是個不解之謎。該城是什麼樣子，它的規模有多大？有關這些問
題，考古資料還遠不足使我們完整把握秦咸陽宮的基本布局，諸多問題至今
難以解決。

（2）西漢長安城

　　長安城位於今西安西北漢城一帶。最新考古勘測，長安城城牆總長 25014
米〔註63〕，合漢代六十里強。另據歷史文獻記載，長安城的建設大體上可以
分為三個階段：漢高祖時，將秦代的興樂宮改建為長樂宮，並興建了未央

〔註62〕在宮殿區主要發掘了第 1 號宮殿建築遺址和第 3 號宮殿建築遺址。第 1 號宮
　　　　殿建築遺址位於今咸陽市窯店鎮牛羊村北原上，地跨牛羊溝東西兩側，建築
　　　　平面呈「凹」字形。根據遺址復原，這是一組東西對稱的高臺宮觀，由跨越
　　　　谷道的飛閣連成一體。遺址東西長 60 米，南北寬 45 米，臺基高出地面 6 米。
　　　　臺下第一層依臺壁修建有南、西、北三條迴廊，迴廊往上，南北兩側分佈若
　　　　干屋室，南部西段一列五室，西邊四室為宮妃居住的臥室，出土有壁畫、陶
　　　　紡輪等物，最東一室內有取暖的壁爐及大型陶質排水管道，當為浴室。第 3
　　　　號宮殿遺址，在第 1 號遺址的西南方，其間有夯土互相連接。已發掘的西閣
　　　　道長 32.4 米，寬 5 米，左右兩殘壁滿飾壁畫，題材為秦王出行車馬儀仗之屬，
　　　　其中有車馬、人物、花木、建築等形象。
〔註63〕參見陝西省測繪局：《漢長安城遺址測繪研究獲得的新信息》，《考古與文物》，
　　　　2000 年第 5 期，第 42 頁。

圖序-3-3　西漢京城遺址分佈圖

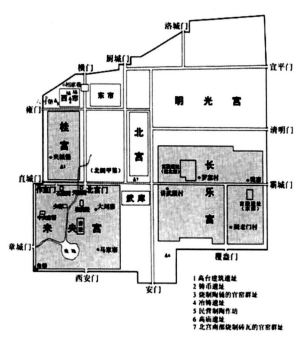

（王仲殊：《漢代考古學概說》，中華書局，1984 年版）

圖序-3-4　西漢・未央宮復原圖

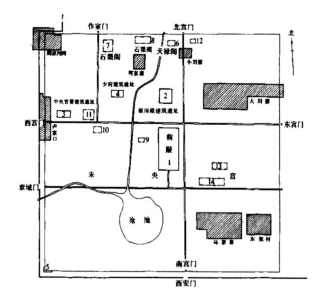

（楊鴻勛：《宮殿考古學通論》，紫禁城出版社，2001 年版）

圖序-3-5　西漢・未央宮前殿復原圖

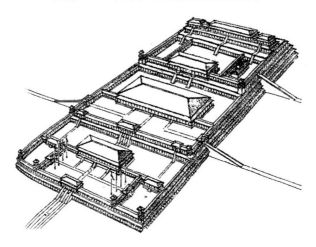

（楊鴻勳：《宮殿考古學通論》，紫禁城出版社，2001 年版）

宮；惠帝時築城牆，並建東市和西市；武帝時，在長樂宮的北面建明光宮，在未央宮的北面建桂宮、修北宮，在城外築建章宮，並擴建上林苑，開鑿昆明池，都城的規模至此大備。

　　長安城平面成不規則形狀，最外層爲京城城門，共有十二座，每面各三座。東面的城門自北而南爲宣平門、清明門、霸城門，南面的城門自東而西爲覆盎門、安門、西安門，西面的城門自南而北爲章城門、直城門、雍門，北面的城門自西而東爲橫門、廚城門、雒城門。每個城門都有三個門道，門道的寬度均爲六米，相當於四個車軌，這就是《西京賦》所謂「三途夷庭，方軌十二」。長安城的南面主要是皇宮所在地。西漢皇宮先後是位於該城東南部的長樂宮和西南部的未央宮。長樂宮爲漢高祖的臨時皇宮，惠帝即位後，始以未央宮爲皇宮，長樂宮則爲太后宮，終西漢一代未改其制。〔註 64〕據文獻記載，長樂宮四面各有一門，稱「司馬門」。其中東面和西面的司馬門是最重要的，門外有闕，稱東闕和西闕。未央宮的規劃十分整齊，全宮平面爲一規整方形。圍牆雖已夷平，僅存地下的牆基，但西牆尚有一小段遺留在地面上。據記載，未央宮四面各有一座「司馬門」，而以東面和北面的「司馬門」最爲重要，門外有闕，稱爲「東闕」和「北闕」。諸侯來朝，入自東闕；官民

〔註 64〕　《資治通鑒注》引《元和郡縣志》謂未央宮與長樂宮相隔一里，實不盡然。根據實際的勘探，長樂宮的西牆與未央宮的東牆相距爲 950 米，合漢代二里有餘。

上書，則詣北闕。至於西南兩面，則有門無闕。從實際情況看來，未央宮的南牆和西牆距長安城的城牆都很近，無立闕的餘地。未央宮主要由前殿、椒房殿、承明殿以及溫室殿等殿宇組成。前殿位於未央宮的最高處，是利用龍首原北麓的土丘，有意造成淩空之勢，以顯示皇帝的權力至高無上。前殿以北地區則是皇后居住的椒房殿和嬪妃居住的掖庭。未央宮與長樂宮之間則爲武庫所在地。雖然《三輔黃圖》記載：「武庫在未央宮。」但從《史記·樗里子列傳》和其他有關記載來看，武庫並不在未央宮內，而在未央宮與長樂宮之間。1975 年以來，考古工作者對武庫進行了全面的發掘，曾出土有刀、劍、矛、戟等鐵兵器殘存，充分顯示了《西京賦》所說「武庫禁兵，設在蘭錡」的情形。

綜上所述，長安城的平面形狀不很規整，但皇宮基本上呈方形；十二個城門平均分佈在四面，每面三個城門，每個城門各有三個門道。西漢長安城在當時是一座規模宏大的國際性的城市，與當時歐洲的羅馬城東西並峙，相互輝映。

（3）東漢洛陽城

洛陽歷史悠久，西周初即曾在此築城，爲成周的一部分。因城位於雒水之北，戰國始以雒陽稱之。西漢時又稱洛陽。東漢定都洛陽後，乃以漢爲火德忌水之故，將洛陽改名爲雒陽。後來魏文帝曹丕改「雒」爲「洛」。《漢書·地理志》引師古曰：「魚豢云：漢火行忌水，故去『洛』『水』而加『隹』。如魚氏說，則光武以後改爲『雒』字也。」實際上，到《三國志》以後，才一律統稱「洛陽」，後世一直沿用。

東漢洛陽城位於今洛陽以東 15 公里處，大體作南北長方形，東西北三面城垣有幾處曲折，保存較好；南面城垣因洛河北移被毀，已無遺迹可尋。經過考古實測，西牆殘長約 4290 米，北牆長約 3700 米，東牆殘長 3895 米。如果把南垣長度以東西垣的 2460 米間距計算，全城周長約 14345 米。〔註65〕關於東漢洛陽城的布局，班固《東都賦》這樣描述：

> 然後增周舊，脩洛邑，扇巍巍，顯翼翼。光漢京於諸夏，總八方而爲之極。是以皇城之內，宮室光明，闕庭神麗，奢不可逾，儉不能侈。外則因原野以作苑，塡流泉而爲沼，發蘋藻以潛魚，豐圃草以毓獸，制同乎梁鄒，誼合乎靈囿。

〔註65〕參見王仲殊：《漢代考古學概說》，中華書局，1984 年版，第 18 頁。

圖序-3-6　東漢雒陽城平面圖

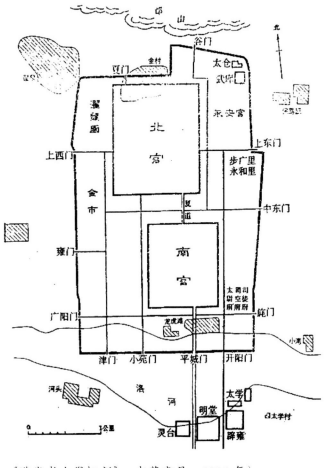

（王仲殊：《漢代考古學概説》，中華書局，1984 年）

班固概括了東漢永平年間修建洛陽的基本標準，所謂「增周舊」，是說東漢洛陽大體借鑒成周的都城營造制度進行增修；「奢不可逾，儉不能侈」，是說宮室按照一定的禮制規範修築，規模中度。所謂「制同」、「誼合」，則是說按照「天子之田」的標準規劃園林池沼。班固將洛陽的都城與周制進行比較，是爲說明東漢洛陽的建造，很重視借鑒成周前代都城的營建規範。〔註66〕

〔註66〕對於洛陽是否由主軸線，目前學術界尚有不同的看法。學者賀業鉅認爲洛陽城以南宮正宮門——平城門——城外寰丘爲主軸線，北延伸到南、北宮，止於穀門之西。宮室居於城市主軸線上，其靈臺、明堂主軸線兩側。（《中國古代城市規劃史》，中國建築工業出版社，1996 年版，第 438～439 頁）；楊寬先生認爲東漢洛陽的中軸線布局形成於魏晉南北朝至隋唐期間，而非東漢時期。（《中

洛陽城的最外層是城門。《河南志》載，東漢洛陽城東牆有上東門、中東門、旄門；西牆有廣陽門、雍門、上西門；南牆有開陽門、平城門、小苑門、津門；北牆則有夏門、穀門。洛陽城門數雖與西漢相同，但它們不是平均分佈在城的四面，而是東、西面各三座，南面四座，北面二座城門。經考古發掘，西北東三面城垣，共探出城門十座。西垣五座，北垣二座，東垣三座。在東西垣一些城門外還發現有夯築雙闕遺址。

東漢皇宮主要是位於該城中部的南宮與北宮〔註67〕。因未發掘，遺址至今未被揭露。目前只能根據已探明的城門和街道的分佈，大體標出它們的所在方位。與西漢有所不同，南北兩宮均略呈長方形，且南北縱列，並非東西橫列。皇宮內列滿殿宇，南宮以卻非殿為正殿，長秋宮曾為東漢初年皇后居所；北宮中則有德陽殿和太后住處的永樂宮和永安宮。

洛陽城東部是貴族住宅區。太尉、司徒、司空三公衙門在南宮的東面。洛陽城的經濟活動中心主要集中在三市，即金市、馬市和南市。《水經注》卷十六《穀水注》引陸機《洛陽記》：洛陽舊有三市。金市位於北宮西南部；馬市可能在中東門外的干道之上，與金市東西對稱；南市則在城南洛河岸上，可能位於津門外干道之上，與金市南北呼應。三市均佔有地利，商業興盛。漢和帝、安帝時期的王符在《潛夫論‧浮侈篇》中指出：「今察洛陽，浮末者什於農夫，虛偽游手者什於浮末。是則一夫耕，百人食之，一婦桑，百人衣之，以一奉百，孰能供之？天下百郡千縣，市邑萬數，類皆如此……。」王符所言洛陽工商業者較之農夫多出十倍，這雖然只是一個大致的估計，但話中道出了洛陽工商業的興旺，卻是不容懷疑的。

從洛陽城布局來看，它比西漢長安城的規模小很多，且不盡相同。洛陽城呈長方形，而長安城為方形；東漢洛陽城門數雖與西漢相同，但他們並不是平均分配，而是南牆四座，北牆二座，東、西牆各三座；南宮與北宮不是左右並列，而是南北相連；市的位置也不在宮的後面，而是在宮的西面，這些都是東漢洛陽城與西漢長安城布局的重大不同之處。

國古代都城制度史》，上海人民出版社，2003年版，第179～180頁）

〔註67〕 《河南志》：「南宮……去北宮七里。」據考古勘測，洛陽西城牆長約 3400
米，合漢代約九里。換言之，洛陽南北城牆相距僅約為九里。若兩宮相去七
里，則南北宮總長度不過二里，但史書記載兩宮內重要殿宇達二十餘處，想
必南、北宮是無法容下的，故筆者懷疑兩宮相去七里的記載存在疑問。學者
王仲殊認為七里為一里之誤，此論斷或許更接近事實。

2. 京畿

古時稱天子所領之地爲畿，《詩經‧商頌‧玄鳥》篇有「邦畿千里」句。《周禮‧秋官‧司寇》：「野廬氏掌達國道路。至於四畿。」鄭玄注：「去王城五百里曰京畿。」京畿拱衛京城，正如《三國志‧魏書‧武帝紀》所載：「遂遷許都，造我京畿。」在本書中，京畿是指都城所在地附近的地方。具體而言，秦朝京畿是指內史所轄範圍，西漢爲關中三輔，東漢則爲洛陽所在的河南尹地區。

（1）秦朝京畿地區

秦朝京畿地區包括京城咸陽周圍以及內史所轄範圍。《漢書‧地理志》引顏師古注：

> 京畿所統，特號內史，言其在內，以別於諸郡守也。

內史轄域大體包括整個關中地區。又，《三輔黃圖‧咸陽故城》記載：

> 咸陽北至九㟏甘泉，南至鄠、杜，東至河，西至汧、渭之交，
> 東西八百里，南北四百里，離宮別館，相望聯屬。木衣綈繡，土被
> 朱紫，宮人不移，樂不改懸，窮年忘歸，猶不能遍。

《史記‧秦始皇本紀》正義引《廟記》：

> 北至九嵏、甘泉，南至長楊、五柞，東至河，西至汧渭之交，
> 東西八百里，離宮別館相望屬也。木衣綈繡，土被朱紫，宮人不徙。
> 窮年忘歸，猶不能遍也。

這裡咸陽的範圍甚爲具體，其中長楊、五柞乃兩個離宮名稱，正位於鄠、杜兩縣之地，與兩文所指範圍完全一致，而讀《廟記》文則知此是秦人離宮別館之分佈範圍。經考古發掘，東迄黃河，西達汧、渭河之濱；北起九山和林光宮，南至秦嶺北麓，東西 400 公里，南北 200 公里的範圍內，都建有離宮別館。

秦漢時期，內史爲京畿地區。同時需要說明的是，內史不僅是地理區域，同時也是行政首長名。《漢書‧百官公卿表》：「內史，周官，秦因之，掌治京師。景帝二年分置左內史、右內史。武帝太初元年更名京兆尹屬官有長安市、廚兩令丞，又都水、鐵官兩長丞。左內史更名左馮翊，屬官有廩犧令丞尉。又左都水、鐵官、雲壘、長安四市四長丞皆屬焉。」據此可知，秦漢內史既是地區名稱，又是官名系統。

圖序-3-7　秦朝內史轄域圖

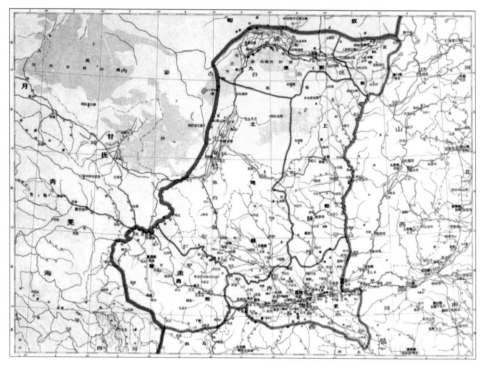

（選自譚其驤主編：《中國歷史地圖集》，中國地圖出版社，1991 年版）

（2）西漢京畿地區

關於西漢長安的京畿範圍，韓國學者崔在容在《西漢京畿制度的特徵》一文中認為：

> 漢代的京畿制度有一個發展變化的過程，大體說來可分為西漢、新莽、東漢三個階段。西漢京畿制度的構成具有二元化的特點，除有三輔（京兆尹、右扶風、左馮翊）構成的核心京畿地區以外，又形成了包括弘農郡和「三河」（河南、河東、河內三郡）地區的準京畿地區。新莽打破西漢的京畿構成，實行長安、洛陽二都並立制，倣仿《周禮》，於京畿內實行鄉遂制度。東漢劉秀定都雒陽，以河南尹為中心形成了新的京畿地區。〔註68〕

崔在容認為，西漢的京畿大體上由三輔構成的核心京畿地區和包括弘農、

〔註68〕　〔韓〕崔在容：《西漢京畿制度的特徵》，《歷史研究》，1996 年第 4 期，第 24 頁。

河南、河東、河內等郡構成的準京畿地區兩部分組成，這個意見可以贊同。西漢的京畿地區應有廣義與狹義之分，廣義的則是指「三輔」、「三河」和弘農郡等廣大地區，而狹義的京畿是指三輔地區。那麼三輔地區包括哪些呢？

漢高祖劉邦定都長安以後，將都城周圍地區作為京畿，繼續置內史加以特殊管理。學者晏昌貴通過對張家山漢簡《二年律令・秩律》分析後認為漢初內史包括：

> 櫟陽、頻陽、臨晉、郃陽、長安、新豐、槐里、雍、好畤、胡、下邽、鄭、華陰、藍田、夏陽、雲陽、重泉、衙、池陽、長陵、鄜、汾陰、汧、杜陽、漆、美陽、上雒、商、武城、翟道、酆、襄德、安陵、萬年邑。漢初內史約當《志》的三輔部分，其東南則有《志》弘農郡的上雒等縣，以武關為界，與南陽接；以熊耳山、冢嶺山為界，與河南接。其東則跨黃河有河東之汾陰，北邊以雲陽、漆縣與北地接，無枸邑。〔註69〕

到漢武帝建元六年，分內史地為左右內史地。太初元年，又將左內史改名左馮翊，右內史地分為右扶風和京兆尹，三輔正式成立。〔註70〕《漢書・地理志》記載：

> 京兆尹，故秦內史，高帝元年屬塞國，二年更為渭南郡，九年罷，復為內史。武帝建元六年分為右內史，太初元年更為京兆尹。元始二年戶十九萬五千七百二，口六十八萬二千四百六十八。縣十二。……左馮翊，故秦內史，高帝元年屬塞國，二年更名河上郡，九年罷，復為內史。武帝建元六年分為左內史，太初元年更名左馮翊。戶二十三萬五千一百一，口九十一萬七千八百二十二。縣二十四。……右扶風，故秦內史，高帝元年屬雍國，二年更為中地郡。九年罷，復為內史。武帝建元六年分為右內史，太初元年更名主爵

〔註69〕 晏昌貴：《〈二年律令・秩律〉與漢初政區地理》，《簡帛數術與歷史地理論集》，商務印書館，2010年版，第343頁。

〔註70〕 《史記》不見有三輔之說，三輔一詞始見於《漢書・百官公卿表》「奉常」條下有「是為三輔」的記載。《漢書・東方朔傳》有「則三輔之地盡可以為苑」的記載，顏師古注曰：「中尉及左右內史則為三輔矣，非必謂京兆、馮翊、扶風也。學者疑此言為後人所增，斯未達也。」這是一種說法。不過，後人講「三輔」一般都是根據《漢書・百官公卿表》的說法。

都尉爲右扶風。戶二十一萬六千三百七十七，口八十三萬六千七十。縣二十一。

《長安志》卷一總敍引《三輔黃圖》云：

> 武帝太初元年改內史爲京兆尹，以渭城以西屬右扶風，長安以東屬京兆尹，長陵以北屬左馮翊，以輔京師，謂之三輔。

據此可知，所謂「三輔」是指西漢在都城長安附近的京畿地區所設立的三個郡級政區，即京兆尹、左馮翊、右扶風。三輔的前身就是秦朝和西漢初的內史，武帝時才劃分爲三個郡級單位。夏燮《校漢書八表》：「三輔之稱至漢武帝太初元年始定制，以京兆尹居中治京師，而以其居左地者置左馮翊，居右地者置右扶風如是。」古人以南爲正，人要是面南而立，其東邊爲左，西邊則爲右。左馮翊指的就是京畿長安渭河已北向東至黃河一帶地區。《三輔黃圖》注曰：「馮，憑也；翊，輔也，翊輔京師也。其地今同州。」《太平御覽》卷一百六十四引《漢宮解詁》：「馮輔翊蕃，故以爲名。」《元和郡縣圖志》卷二云：「馮，輔也；翊，佐也。」各地理志對「左馮翊」之名的注解略同，就是佐助治理京師之意。右扶風指渭河已北秦內史的西部地區。《三輔黃圖》注曰：「扶，持也，助也。言助風化也。」可見，「右扶風」的意思也是輔佐治理京師之意。

時至新莽，京畿地區的建置有所變化。《三輔黃圖》卷一「三輔治所」條記載：

> 王莽分長安城旁六鄉，置帥各一人，分三輔爲六尉郡。渭城、安陵以西，北至旬邑。義渠十縣，屬京尉大夫，府居故長安寺。高陵以北十縣，屬師尉大夫，府居故廷尉府。新豐以東至湖十縣，屬翊尉大夫，府居城東。霸陵、杜陵以東至藍田，西至武功、鬱夷十縣，屬光尉大夫，府居城西。茂陵、槐里以西至汧十縣，屬扶尉大夫，府居城西。長陵。池陽以北至雲陽。栒翊十縣，屬烈尉大夫，府居城北。

據此可知，王莽曾將三輔改爲六郡尉，其中京尉大夫有渭城、安陵以西，北至旬邑、義渠十縣；師尉大夫有高陵以北十縣；翊尉大夫有新豐以東至湖十縣；光尉（顏師古注作「光祿」）大夫有霸陵、杜陵以東至藍田，西至武功、鬱夷十縣；扶尉大夫有茂陵、槐里以西至汧十縣；烈尉大夫則有長陵、池陽以北至雲陽、栒翊十縣。

圖序-3-8　西漢三輔地區地域圖

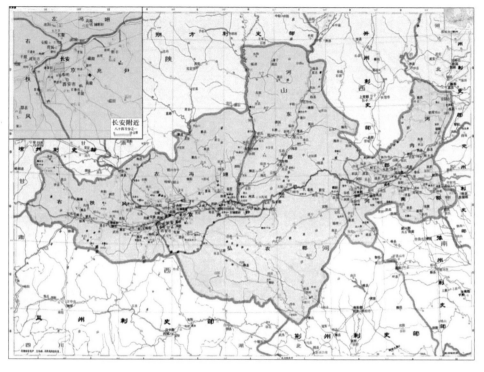

（選自譚其驤主編：《中國歷史地圖集》，中國地圖出版社，1991 年版）

　　這裡需要說明的是，西漢京兆尹、左馮翊、右扶風同內史一樣，既是地區名稱，又是官名系統。《漢書·百官公卿表》：「內史，周官，秦因之，掌治京師。景帝二年分置左內史、右內史。武帝太初元年更名京兆尹。……主爵中尉，秦官，掌列侯。景帝中六年更名都尉，武帝太初元年更名右扶風，治內史右地。屬官有掌畜令丞。」很顯然，這裡的京兆尹、左馮翊、右扶風又是一套官名系統。

（3）東漢京畿範圍

　　因東漢建都洛陽，河南郡成為京畿所在地，故改郡為尹，其地位高於普通郡縣。《後漢書·郡國志》「河南尹」條司馬彪自注云：「世祖都雒陽，建武十五年改曰河南尹。」據此，河南郡更名為河南尹是在建武十五年。譚其驤先生經過考證後認為，河南郡改為河南尹應在建武元年。理由是：《後漢書·歐陽歙傳》：「世祖即位，始為河南尹，封被陽侯。建武五年，坐事免官。」同書《王梁傳》：「（建武）五年，從救桃城，破龐萌等，梁戰尤力，拜山陽太

三輔地名系統沿革圖

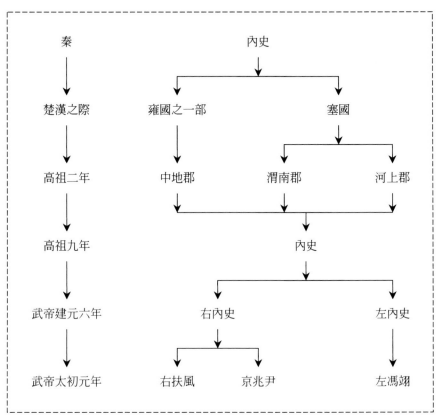

三輔官名系統沿革圖

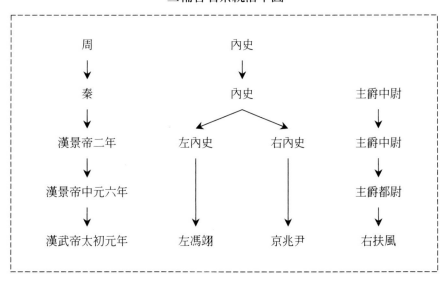

圖序-3-9　東漢・河南尹地域圖

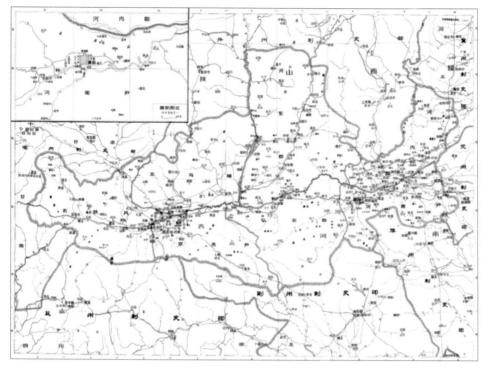

（選自譚其驤主編：《中國歷史地圖集》，中國地圖出版社，1991年版）

守，鎮撫新附，將兵如故。數月徵入，代歐陽歙爲河南尹。梁穿渠引穀水注
洛陽城下，東瀉鞏川，及渠成而水不流。七年，有司劾奏之，梁慚懼，上
書乞骸骨。」譚其驤先生據此二傳認爲河南郡改爲河南尹當早在建武元年。
〔註71〕筆者認爲譚先生的說法有可商榷之處。實際上，東漢河南尹與西漢三
輔京兆尹、左馮翊、與扶風以及秦朝內史具有相似性，即河南尹既是地域
名，也是行政首長官名。《漢書・郡國志》記載建武十五年改稱河南尹是地名
系統的河南尹，而《後漢書・歐陽歙傳》、《後漢書・王梁傳》所記載的河南
尹很明顯是官名系統的，兩者不應混淆。

　　關於河南尹地域範圍，《漢書・地理志》記載：「河南郡，故秦三川郡，
高帝更名。」《史記・秦本紀》注引《集解》韋昭曰：「有河、洛、伊，故曰
三川。」西漢河南郡轄二十二縣：有雒陽、滎陽、偃師、平、中牟、鞏、京、

〔註71〕譚其驤：《〈兩漢州制考〉跋》，載《長水集》（上冊），人民出版社，1987年版，
　　　　第45頁。

陽武、河南、平陰、緱氏、卷、原武、穀成、苑陵、故市、密、新成、開封、成皋、梁、新鄭等。時至東漢，《後漢書‧郡國志》記載河南尹領二十一縣。前後比較，東漢河南尹下缺「故市」一縣，很有可能為東漢初年並省郡縣之列，正如《後漢書‧郡國志》所言：「凡《前志》有縣名，今所不載者，皆世祖所併省也。前無今有者，後所置也。凡縣名先書者，郡所治也。」但《後漢書‧郡國志》河南尹地域範圍與《漢書‧地理志》河南郡基本相同，說明東漢河南尹所轄範圍似乎並沒有多大的變化。

3. 京師

所謂「京」，《爾雅‧釋丘》：「絕高為之京。」「京」最初是指非常壯觀的高臺建築，有登高望遠防禦敵人的作用。關於「師」字，《漢舊儀》：「二千五百人為師。」「師」的本意為土堆，有屯聚的意思，因此「師」也常常用作屯聚軍隊的地點的稱呼。關於「京師」一詞，依據當時以及後人的說法，其所指地域隨著對象與時代的不同，也不盡一致。

第一，京師指中國。《詩‧大雅‧民勞》載：「惠此中國，以綏四方。……惠此京師，以綏四國。」又，《漢書‧地理志》云：「咸則三壤，成賦中國。」師古曰：「言皆隨其土田上中下三品，而成其賦於中國也。中國，京師也。」《漢書‧楊雄傳》亦云：「建不拔之策，舉中國徙之長安。」師古曰：「不拔，謂其堅固不拔也。中國，謂京師。」以上引文常以中國和京師互稱。《史記‧五帝本紀》：「夫而後之中國踐天子位焉。」南朝宋裴駰《集解》引東漢劉熙曰：「帝王所都為中，故曰中國。」按京師即後世所習稱的首都，它是中央之都城，是天子所居之城。如此，中國指京師是可以理解的。

第二，京師是指首都及其附近地區。到東周時期，「京」逐步演化為地名並被作為首都的專稱。《史記‧衛將軍驃騎列傳》《集解》蔡邕曰：「天子自謂所居曰『行在所』，言今雖在京師，行所至耳。巡狩天下，所奏事處皆為宮。在長安則曰奏長安宮，在泰山則曰奉高宮，唯當時所在。」《白虎通義‧京師》漢代人總結說：「王者必即土中者何？所以均教道，平往來，使善易以聞，為惡易以聞，明當懼慎，損於善惡。」此外，《春秋公羊傳‧桓公九年》記載：「京師者何。天子之居也。京者何。大也。師者何。眾也。天子之居。必以眾大之辭言之。」郭沫若《兩周金文辭大系考釋》也寫到：「象宮觀崔嵬之形。在古素樸之世非王者所居莫屬。王者所居高大，故京有大義，有高義。」古代社會京師是中央之都城，亦為天子所居之城。把京師置於全國中心，從管

理的角度來說，確實要方便些。在本書中，筆者將京師的地理範圍界定爲包括京城以及京畿的廣大地區。

（二）治安

「治安」概念的界定是本書研究的必要前提，不管是古代的治安史還是現代的治安學都需要首先闡述清這個問題。

1. 古代「治安」淵源考略

古代漢語中，「治」與「安」是兩個詞。「治」字，一般有兩種涵義：其一，對「亂」而言，常指社會安定的狀態，如《易・繫辭下》曰：「存而不忘亡，治而不忘亂。」《荀子・君道》亦云：「法者，治之端也。」其二，指統治、治理、管理和懲罰。例如，諸葛亮的《出師表》：「願陛下託臣以討賊興復之效，不效則治臣之罪，以告先帝之靈。」歷史上，西周的「成康之治」、唐代的「貞觀之治」中的「治」指的就是這個意思。「安」，則是指安定、安全，與「危」相對。正如《易・繫辭下》曰：「是故君子安而不忘危。」將「治」與「安」連在一起作爲一個詞最早使用的應是韓非子，《韓非子・顯學第五十》記載：

> 今上急耕田墾草以厚民產也，而以上爲酷；修刑重罰以爲禁邪
> 也，而以上爲嚴；徵賦錢粟以實倉庫、且以救饑饉、備軍旅也，而
> 以上爲貪；境內必知介而無私解，並力疾鬥所以禽虜也，而以上爲
> 暴。此四者所以治安也，而民不知悅也。

篇中韓非子不僅使用了「治安」一詞，並且提出了四點治安思想。西漢初期的賈誼，在給皇帝的上疏《陳政事疏》（又名《治安策》）中，也陳述了他對「治安」的看法：

> 欲天下之治安，莫若眾建諸侯而少其力。力少則易使以義，國
> 小則亡邪心。令海內之勢如身之使臂，臂之使指，莫不制從，諸侯
> 之君不敢有異心，輻湊並進而歸命天子，雖有細民，且知其安，故
> 天下咸知陛下之明。

賈誼在此陳述了當時社會政治的流弊及使國家長治久安的方略。

2. 古代「治安」概念述評

古代「治安」的概念如何界定？目前在理論界眾說紛紜，莫衷一是。第一種觀點認爲「治安」其本義是「治則不亂，安則不危」，即指國家治理有

序、政治清明、社會安定的狀況，既包括政治統治秩序，又包括社會公共秩序。〔註72〕第二種觀點：古代中國的「治安」是統治階級追求的一種理想狀態、其含義必須與封建專制統治階級所追求的目標掛起鈎來理解，即「天下太平」。〔註73〕第三種觀點：古代「治安」有兩層涵義，一是指穩定的國家政治局面，緩和統治階級內部的矛盾，防止內閧；二是安定民眾，緩和階級之間的衝突，維持正常的社會民生，保持久遠的社會安定。〔註74〕第四種觀點：治安一詞在古代有特殊含義，其一，「治安」在古代作動詞使用，是國家對失控的社會秩序的整治或重建；其二，從廣義上講，治安是一種國家行為，其實質是國家對社會進行的統治、治理和控制行為。〔註75〕

綜合分析以上各種觀點，筆者以為中國古時的「治安」含義極其廣泛，幾乎包含了社會生活的各個方面，如政治秩序、經濟秩序以及社會公共秩序，可表述為國家通過對政治、經濟、文化、軍事等方針的制定實施，治理國家、管理社會使國家政治清明、社會安定。

3. 現代「治安」概念闡述

近代，自警察制度〔註76〕形成以來，「治安」一詞的涵義較之古代逐步變窄，僅指社會面上的秩序。現在治安學一般認為「治安」有廣義與狹義之分。廣義「治安」是指整個國家的有效治理和整體社會秩序的安寧。狹義「治安」

〔註72〕陳紹政：《治安管理學基礎理論》，福建教育出版社，1997年版；李健和主編：《新編治安行政管理學總論》，中國人民公安大學出版社，1998年版；熊一新主編：《治安管理學》，中國人民公安大學出版社，2000年版。

〔註73〕謝惠敏：《對「治安」一詞的再認識》，《公安大學學報》，1995年第1期，第78頁。

〔註74〕熊一新：《治安管理學》，中國人民公安大學出版社，2000年版。

〔註75〕李健和：《比較警察學研究「熱點」問題思考》，《中國人民公安大學學報》，2003年第1期。陳鴻彝教授在其專著《中國古代治安簡史》中分析了大、中、小治安的基本含義，他認為「大治安」指的是國家政治、經濟、文化、軍事、內政、外交的方針及大計的制定、實施和成效，是國家政治秩序、經濟秩序、生活秩序和總和；「中治安」則是國家通過司法系統，對社會依法實施的行政管理，以及由此而建立起來的基層社會生活的有序狀態；「小治安」則僅指當今公安系統內治安業務部門的基層工作及其成效。萬川在《評〈中國古代治安簡史〉》時有他自己的看法：古代治安的含義與我們今天所理解的治安並不完全相同，大中小治安是以近現代治安為標準的時代解析，應承襲古人對治安的傳理理解對它作出界定。

〔註76〕警察的設立，嚴格的說是我國近代史範圍的事，但是執行警察治安任務職能的官吏，卻是隨著國家的產生而同時產生了。

則是指一個國家以警察力量爲主體所實施的管理與維護社會公共安全秩序的
行政活動，即警察部門依法所實施的治安管理。〔註77〕

　　本書在方法上主要使用歷史學的研究方法，一切皆以史料爲基本出發
點，基本上做到有一分史料說一分話。在史料的使用上，注意歷史文獻與考
古發掘資料相結合。此外，本書將大量使用例證法，正如嚴耕望先生所說：
支持一個論點的論據主要有兩種，即「敘述性概括性的證據，有例證性的證
據。概括敘述性的證據，價值高，但慎防誇張。……例證性的證據，價值較
低，但若有極多同樣例子，他的價值就增高，可能超過概括敘述性的證據，
因爲例證無誇張的危險性。」〔註78〕

　　本書研究目的在於闡釋秦漢政府是如何通過治安管理來加強對京師的控
制，但由於古今時移事異，加之史料缺乏和筆者水平淺陋，許多問題都只是
浮光掠影，未能深入深究，紕漏在所難免，筆者期望在以後的研究中，繼續
深入，再彌補缺憾。

〔註77〕　譚永紅：《治安管理理論教程》，群眾出版社，2002 年版。
〔註78〕　嚴耕望：《怎樣學歷史——嚴耕望的治史三書》，遼寧教育出版社，2005 年
　　　　　版，第 27～28 頁。

第一章　宮苑陵寢的警衛機構與治安管理

　　秦漢京師是全國的政治、經濟、文化中心。京師治安的核心任務就是保衛皇帝本人的絕對安全。本章將對皇帝居住與處理政務的皇宮、遊樂的離宮禁苑以及死後安葬的陵寢等與皇帝密切相關場所的警衛機構設置及其治安管理進行討論。

　　秦漢時期，負責保衛皇帝及其家族安全的中央警衛機構大致可分爲三個層次，即以郎中令（光祿勳）爲首的內層守衛；以衛尉爲首的中層守衛和以中尉（執金吾）爲首的外層守衛。郎中令、衛尉、中尉皆爲中央卿員。三層機構由內到外，既相互合作，又相互制約，共同保衛皇帝在皇宮、離宮、禁苑以及出行途中的安全。

　　內層：郎中令（光祿勳）所率郎官、期門、羽林

　　郎中令（光祿勳）是皇帝的貼身侍衛。《漢書・百官公卿表》：「郎中令，秦官，掌宮殿掖門戶，有丞。武帝太初元年更名光祿勳。」《史記・刺客列傳》：「而秦法，群臣侍殿上者，不得持尺寸之兵；諸郎中執兵，皆陳殿下，非有詔召，不得上。」這些記載說明秦漢時期郎官的職責是在殿下持戟護衛。《漢書・百官公卿表》又載：期門、羽林的任務除宮殿宿衛外，還要「執兵送從」、「掌送從」，即擔任皇帝出行時的貼身護衛，護衛的次序是期門在前，羽林在後。和其它郎衛一樣，他們是以皇帝爲中心從事保衛工作的。

　　中層：衛尉所率衛士

　　衛尉及其所率衛士的主要任務是白天在各宮門嚴查出入，晚上則巡夜於

宮中。《漢書・百官公卿表》明確記載：「衛尉，秦官，掌宮門衛屯兵，有丞。景帝初更名中大夫令，後元年復爲衛尉。」與郎中令（光祿勳）相比，衛尉及其所率軍隊並不直接接觸皇帝，也不是皇帝的貼身侍衛。皇帝車駕出行時，他們也只是負責沿途清道，防備意外。

外層：中尉（執金吾）所率軍隊

中尉（執金吾）所率軍隊處於三層警衛機構中的最外層。《漢書・百官公卿表》：「中尉，秦官，掌徼循京師。……武帝太初元年更名執金吾。屬官有中壘、寺互、武庫、都船四令丞。……又式道左右中候、候丞及左右京輔都尉、尉丞兵卒皆屬焉。」《後漢書・百官志》：「執金吾……月三繞行宮外。」《漢官解詁》亦云：「執金吾，典禁兵……衛尉巡行宮中，則金吾徼于外，相爲表裏，以擒奸討猾。」又，《北堂書鈔・設官部六・執金吾》云：「徼循宮外，掌司非常，以禦非常。司執姦邪，擒姦討猾。典執禁兵，從領宿衛。」本注引韋昭「辨釋名」曰：「執金吾本中尉，掌徼循宮外，司執姦邪。」據引文可知，兩漢執金吾的主要工作就是負責京城內的宿衛工作，並與衛尉相配合，內外呼應。

以上這三層中央警衛機構共同保衛皇帝本人及其家族的安全。此外，京師皇宮、離宮禁苑以及陵寢等重要場所還另設有各自專門的且更加嚴密的治安警備機構。這將是下面所要重點展開論述的。

第一節　皇　宮

皇宮是皇帝居處之所及處理日常政務的地方。古代中國的皇帝是國家最高統治者，擁有至高無上的權力。因此，皇宮作爲皇帝威嚴的象徵，一直是古代社會中最重要的建築。統治者不惜動用全國的人力和物力，使用最好的材料和最高的技術進行營建。皇宮建成之後，便會設置保護皇宮安全的警衛制度，即皇宮宿衛制度。秦祚短促，歷二世而亡，皇宮宿衛之制僅見其大端，遠未完備。繼秦而立的漢代是中國古代大一統國家的重建與發展時期，各項制度漸趨成熟，作爲集權政治外在標誌的皇宮宿衛制度也日益細密，奠定了此後近兩千年中國古代皇宮宿衛制度的基礎。關於秦漢皇宮宿衛制度的研究，前輩學者在相關論著中已有涉及，如楊鴻年先生所著《漢魏制度叢考》，安作璋、熊鐵基先生的《秦漢官制史稿》，黃今言先生的《秦漢軍制史論》以

及李玉福先生的《秦漢制度史論》等〔註1〕。不過，總體來看，這些著作中有關秦漢皇宮宿衛制度的論述均未深入展開，且某些結論還有進一步探討的必要。正基於此，筆者不揣淺陋，試從文獻入手，對有關秦漢代皇宮宿衛制度進行一番梳理和考證。

一、皇宮布局

秦咸陽宮位於今陝西咸陽市東一帶。公元前 350 年秦孝公開始營建咸陽宮室，並於次年遷都咸陽。《史記・孝文本記》《索隱》注引《三輔故事》記載：「咸陽宮在渭北，興樂宮在渭南，秦昭王通兩宮之間，作渭橋，長三百八十步。」咸陽宮至遲到秦昭王時已建成。《史記・荊軻列傳》記載公元前 227 年，荊軻獻圖，「秦王聞之，大喜。乃朝服，設九賓，見燕使者咸陽宮。」說明咸陽宮當時已在使用。《史記・秦始皇本紀》所載秦始皇統一中國後築城咸陽宮，應屬擴建、修繕。秦末項羽入咸陽，咸陽宮則被夷爲廢墟。西漢長安城位於今西安西北漢城一帶。長安城四面城牆總長約 25014 米〔註2〕，合漢代六十里強。〔註3〕皇宮是位於該城東南部的長樂宮〔註4〕和西南部的未央宮〔註5〕。長樂宮由長信宮、宣德殿等宮殿臺閣組成。該宮曾爲漢高祖劉邦的臨時皇宮，惠帝即位後，始以未央宮爲皇宮，長樂宮則爲太后之宮。西漢未央宮主要由前殿、椒房殿等四十三所臺殿組成。前殿爲其最重要的建築，考古

〔註1〕　近些年關於皇宮警備制度的研究著作還有：柏樺《天子、帝宮、政道：中國古代宮省智道透析》，廣西教育出版社，1996 年版；黃今言：《秦漢軍制史論》，江西人民出版社，1993 年版；熊鐵基《秦漢軍事制度史》，廣西人民出版社，1990 年版；楊鴻勳《宮殿考古通論》，紫禁城出版社，2001 年版；楊鴻年、歐陽鑫《中國政制史（修訂版）》，武漢大學出版社，2005 年版。

〔註2〕　參見陝西省測繪局：《漢長安城遺址測繪研究獲得的新信息》，《考古與文物》，2000 年第 5 期。此前，1957 年曾公佈漢長安城總長約 25100 米，1962 年則更正爲 25700 米。此次陝西省測繪局公佈的數字與 1957 年測量的結果較爲接近，比 1962 年公佈的更正數字稍小些。

〔註3〕　《漢舊儀》記載：「長安城方六十里。」《三輔黃圖》又載漢長安城：「周回六十五里。」《續漢書・郡國志》注引《漢舊儀》則云：「長安城周圍六十三里。」疑爲不同時代的長度單位差異導致史籍記載長度不一。

〔註4〕　《三輔黃圖》引《三輔舊事》記載：「興樂宮（長樂宮）……周回二十里。」《長安志》引《關中記》曰：「長樂宮……周回二十餘里。」據考古實測，長樂宮宮牆全長約 11023 米左右，合漢代二十六里強。

〔註5〕　《三輔黃圖》卷二載：「未央宮周回二十八里。」《長安志》引《關中記》：「未央官周旋三十一里。」據最新考古實測，未央宮宮牆總長約 8650 米，合漢代二十一里。

資料證明該殿是一座大型宮殿建築群，包括南、中、北三座宮殿，其間有規模宏大的庭。〔註6〕前殿以北地區是皇后居住的椒房殿以及后妃居住的掖庭，南部西側則為池苑區，滄池、漸臺即在此地。

圖 1-1-1　漢故長安城圖

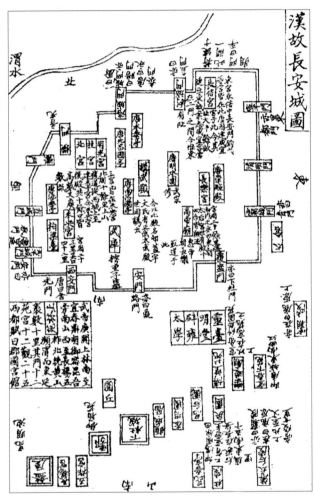

（選自：〔宋〕宋敏求著，〔清〕畢沅校正：《長安志》，成文出版有限公司，1970 年版）

東漢棄長安不就，而都洛陽。據考古勘測，東漢洛陽城位於今河南洛陽以東約十五公里處，《後漢書・郡國志》引《帝王世記》：「城東西六里十一

〔註6〕劉慶柱：《漢長安城》，文物出版社，2003 年版，第 66 頁。

步，南北九里一百步。」皇宮主要由位於該城中部的南北兩宮組成。兩宮均
略呈長方形，中間以複道相連。蔡質《漢官典職》記載：「南宮至北宮，中央
作大屋，複道，三道行，天子從中道，從官夾左右，十步一衛。」南北宮內
列滿宮殿，南宮有卻非殿、長秋宮與崇德殿；北宮則有長樂宮、德陽殿等宮
殿。據史書記載，自漢光武帝劉秀在南宮卻非殿登基後，朝廷重大禮儀往往
於南宮舉行，但明帝時改擴建了北宮，自此東漢政治活動由南宮開始向北宮
發展。

　　通過比較可以看出，兩漢皇宮均占京城總面積的三分之一以上，但西漢
未央宮平面形狀基本上呈正方形，而東漢南北宮卻呈長方形，這是兩漢皇宮
形制的相異處之一。

圖 1-1-2　後漢京城圖

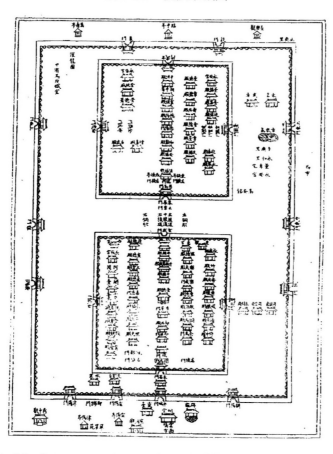

（《永樂大典》卷九五六一引元人《元河南志》）

	西漢・長安		東漢・洛陽	
總面積	約 36 平方公里		約 9.5 平方公里	
皇宮名稱	未央宮	長樂宮	南　宮	北　宮
皇宮面積	約 4.6 平方公里	約 6.76 平方公里	約 1.3 平方公里	約 1.8 平方公里
所佔比例	約 12.8%	約 18.8%	約 13.7%	約 18.9%
占全城總面積	約占 31.6%		約占 32.6%	

注：數據來源　王仲殊：《中國古代都城概說》，《考古》，1982 年第 5 期。
　　　　　　　陝西省測繪局：《漢長安城遺址測繪研究獲得的新信息》，《考古與文物》，2000 年第 5 期。

西漢長樂宮和未央宮都在城的南部，左右並列，而東漢南北宮則各在城的南部和北部，南北相接，這是兩漢皇宮布局上的又一重大不同之處。從另外一方面分析，儘管兩漢皇宮地理位置發生了變動，但皇宮自外而內分省外與省中兩部分的基本布局卻沒有變化。例如，漢武帝時，江充治巫蠱案，「入宮至省中」〔註7〕，漢平帝時，王莽為把自己女兒立為皇后，鼓動臣民上書，「庶民、諸生、郎吏以上守闕上書者日千餘人，公卿大夫或詣廷中，或伏省戶下」〔註8〕，地位低者到宮闕（門），公卿則可至省門，正說明宮門與省門的內外關係。西漢如此，東漢如何呢？《後漢書・東平憲王蒼傳》記載諸王入宮，「輒以輦迎，至省閣乃下」。又，袁紹入宮剷除宦官時，「上端門屋，以攻省內」〔註9〕。所謂端門即宮之正門，說明東漢省中亦在宮內，且宮門至省門應有一段距離。總而言之，兩漢皇宮皆由省外與省中兩部分組成。那麼漢代省中範圍包括那些，省外的範圍又多大呢？要解決這個問題，首先要確定省中範圍的大小，這樣宮內省外範圍就迎刃而解了。

二、省中範圍

漢代「省中」，原名「禁中」。《漢書・昭帝紀》：「共養省中。」引伏儼曰：「蔡邕云：本為禁中，門閣有禁，非侍御之臣不得妄入。……孝元皇后父名禁，避之，故曰省中。」可知禁中是指門戶有禁，非近侍之人不得入，元帝

〔註7〕　班固：《漢書》卷六三《武五子傳》，中華書局，1962 年版，第 2742 頁。
〔註8〕　班固：《漢書》卷九九《王莽傳》，中華書局，1962 年版，第 4051 頁。
〔註9〕　范曄：《後漢書》卷六九《何進傳》，中華書局，1965 年版，第 2252 頁。

時因爲避諱，改禁中爲省中。〔註 10〕那麼漢代省中範圍包括那些呢？對此，楊鴻年先生提出了自己的觀點。簡言之，楊先生認爲漢代掖庭即後宮，亦即所謂省中〔註 11〕。楊先生的這種觀點影響甚大，廖伯源〔註 12〕、柏樺〔註 13〕等眾多史家均表示贊同，但筆者認爲此說缺乏有力證據，且存在疑問。

（一）「禁中」不爲「後宮」考辨——龍崗秦簡「禁中」新史料的啓示

首先，掖庭不等於後宮。班固《西都賦》：「後宮則掖庭椒房，后妃之室。」《漢書・外戚傳》：「皇太后及帝諸舅憂上無繼嗣，時又數有災異，劉向、谷永等皆陳其咎在於後宮。上然其言。於是省減椒房掖廷用度。」可見漢代後宮應包括椒房、掖庭等。據記載，椒房爲漢皇后所居殿名，亦被用作皇后代稱，正如《漢官儀》所云：「皇后稱椒房，取其蕃實之義也。」〔註 14〕西漢後宮除皇后外，依次分爲昭儀、婕妤等十四個等級。《漢舊儀》記載：「婕妤以下皆居掖庭。」〔註 15〕又，《漢官儀》記載掖庭令至掖庭選出當御妃子，

〔註 10〕 有學者對此曾提出過不同意見，如王先謙《漢書補注》引周壽昌云：「文選魏都賦：禁臺省中。李善注：《魏武集》荀欣等曰：漢制，王所居曰禁中，諸公所居曰省中，是漢制原有禁與省之別，不是避王禁諱始。……班氏時已在中興後，更何所忌於王氏而必爲之避也。」但若依此說，諸多疑問無法解釋。其一，皇帝所居亦曰省中，如「上乃起，入省中」，「帝妹鄂邑公主，……共養省中」，此皆帝王所居之省中也。其二，歷代眾多史家皆視「禁中」、「省中」同義，史籍中也有「禁省」一詞，如「禁省起居」、「給事禁省」等等。其三，蔡邕《獨斷》：「禁中者，門戶有禁，非侍御者不得入，故謂禁中。孝元皇后父大司馬陽平侯名禁，當時避之，故曰省中。今宜改，後遂無言之者。」又，《通典・禮》：「漢元后父名禁，改禁中爲省中，至今遂以省中爲稱，非能爲元后諱，徒以名遂行故也。」班固雖在中興後，但省中之稱行之已久，漸成習慣，故仍沿用。綜上三點，筆者認爲漢代禁中與省中爲一事而異名也。「王所居曰禁中，諸公所居曰省中」恐是魏晉以後的制度，非漢制。漢代尚書稱臺，魏晉以後改稱省，省中與禁中遂成不同之地，禁中仍爲皇帝所居，而省中則爲尚書等宰相辦公處所，正如《陔餘叢考》「省」條所載：「禁中，省中也……然則本由禁中改曰省中，後世以中書、尚書諸官署設在省中，遂以爲官署之名。」

〔註 11〕 楊鴻年：《漢魏制度叢考》，武漢大學出版社（修訂版），2005 年版，第 4 頁。

〔註 12〕 廖伯源：《西漢皇宮宿衛警備雜考》，《歷史與制度》，香港教育圖書公司，1997 年版，第 10 頁。

〔註 13〕 柏樺：《中國古代宮省智道透析》，廣西教育出版社，1996 年版，第 8 頁。

〔註 14〕 孫星衍輯、周天遊點校：《漢官六種》，中華書局，1990 年版，第 174 頁。

〔註 15〕 孫星衍輯、周天遊點校：《漢官六種》，中華書局，1990 年版，第 76 頁。

「盡去簪珥，蒙被入禁中」〔註16〕，以上兩段引文說明掖庭應是嬪妃宮女的居所，既不等於後宮，也有可能不在省內。〔註17〕

圖1-1-3
西漢未央宮椒房殿復原透視圖

（楊鴻勛：《宮殿考古通論》，
紫禁城出版社，2001年，第242頁）

其次，省中範圍不等同後宮。就筆者目前所能見到的漢代正史中，無論是紀、傳，還是表、志，均找不到省中即是後宮的記載，也沒有哪一條史料透露其痕迹。其他史書，如《三輔黃圖》：「武帝時後宮八區，……後又增修安處、常寧、茝、椒風、發越、蕙草等殿。」《西京雜記》：「（未央宮）臺殿四十三，其三十二在外，其十一在後宮。」亦不言後宮是省中，倘若兩者確實存在關係，史料中不應沒有省中與後宮聯繫的痕迹可尋。近年，雲夢龍崗秦簡中有關「禁中」新史料的出土為研究這一問題提供了新的啟示。儘管龍崗秦簡反映的是秦朝禁省情況，但漢制很多地方是沿襲秦制的，依秦簡推測漢朝禁省之設置，應無太大問題。

簡1：　諸叚（假）兩雲夢池魚（籣）及有到雲夢禁中者，得取灌（？）
　　　　□□□

簡17：亡人挾弓、弩、矢居禁中者，棄市。□

簡32：諸取禁中豺狼者，毋（無）罪。〔註18〕

〔註16〕孫星衍輯、周天遊點校：《漢官六種》，中華書局，1990年版，第77頁。

〔註17〕據考古發掘，在未央宮前殿的後方發現一座大型臺榭式宮殿遺址應即皇后居住的椒房殿；其後部相連的規模較小的臺榭建築群約即嬪妃居住的掖庭。1981年秋至1983年春進行了發掘，可惜椒房殿後部的掖庭遺址僅發掘了局部，推測還有相當大的範圍。文獻記載掖庭14座寢宮，即有14個庭院，現在只揭露一個連接椒房殿東北角的臺榭庭院（2號庭院）和北部相連的庭院一角（3號庭院），而且房址都未完整揭露出來。猜測掖庭的布局可能是14座嬪妃寢宮在椒房殿後分左右排列，但並非對稱。參見楊鴻勛：《宮殿考古通論》，紫禁城出版社，2001年版，第237頁。

〔註18〕中國文物研究所、湖北省文物考古研究所：《龍崗秦簡》，中華書局，2001年版，第69、78、85頁。

若把簡文中的「雲夢禁中」、「挾弓、弩、矢居禁中」、「諸取禁中豺狼」中的「禁中」換成「後宮」，恐怕十分牽強。此外，《史記・袁盎列傳》：文帝幸上林，「皇后、慎夫人從。其在禁中，常同席坐。及坐，郎署長布席，袁盎引卻慎夫人坐。慎夫人怒，不肯坐。上亦怒，起，入禁中」。據上下語氣，此「禁中」似在皇宮外上林郎署附近，不像後宮。以上出土簡牘和文獻記載均證明禁中並不等同於後宮。

最後，後宮之外有屬省中者。雲夢龍崗秦簡關於「禁中」的資料說明秦漢後宮之外的離宮禁苑中亦有禁中之設。例如：

簡 6：　禁苑吏、苑人及黔首有事禁中，或取其□□□□∕

簡 15：從皇帝而行及舍禁苑中者皆（？）□□□□□∕

簡 27：諸禁苑爲奐（墻），去苑卅里，禁毋敢取奐（墻）中獸，取者其罪與盜禁中【同】∕〔註19〕

簡 6 中出現了「禁苑吏」、「苑人」、「黔首」三種人，如果禁中是指後宮，那麼「黔首有事禁中」則有些費解。再從簡 15、27 分析，這裡的禁中似是指宮外禁苑之內的禁地。換言之，漢代皇宮之外的禁苑內似設禁中。另外，從文獻記載方面分析，西漢時嚴助直宿於承明殿，被稱爲「出入禁門，腹心之臣」〔註20〕。承明殿本爲皇室著述之所，與後宮各自一方。又，西漢尚書令鄧崇被稱爲「禁門內樞機近臣」〔註21〕，顯然這裡的禁中不是指後宮。《漢書・五行志》：「光欲后有子，因上侍疾醫言，禁內後宮皆不得進。」如果後宮即是省中，爲何要用皆字呢！

綜上所述，若「禁中」是指後宮，以上諸問題便不好理解，故省中範圍還有進一步探討的必要。但由於現存記載極其疏略，筆者只能爬羅剔抉，對省中大致範圍作以下推測：

（二）靜態之禁省──皇宮內太后、皇帝居所以及殿中

首先，宮內太后、皇帝居所屬禁中。《後漢書・何進傳》：「入長樂白太后，請盡誅諸常侍以下，選三署郎入守宦官廬。諸宦官相謂曰：大將軍稱疾不臨喪，不送葬，今欻入省，此意何爲？」何進入太后居所言事，而

〔註19〕 中國文物研究所、湖北省文物考古研究所：《龍崗秦簡》，中華書局，2001 年版，第 73、77、82 頁。
〔註20〕 《漢書》卷六四《嚴助傳》，第 2790 頁。
〔註21〕 《漢書》卷七七《孫寶傳》，第 3262 頁。

宦官卻稱其歘入省中，正說明太后居所在省內。又，《後漢書·孝仁董皇后紀》記載何進上奏曰：「孝仁皇后（此時已爲董太后）使故中常侍夏惲、永樂太僕封諝等交通州郡，辜較在所珍寶貨賂，悉入西省。」注曰：「西省，即謂永樂宮之司。」所謂西省，即東漢太后所居之永樂，太后居所在省中，應可斷言。此外，蔡邕《獨斷》：「漢天子……所居曰禁中。」漢高祖「臥禁中，……噲乃排闥直入」〔註22〕、景帝「居禁中，召條侯，賜食」〔註23〕、宣帝寢疾，「選大臣可屬者，……至禁中」〔註24〕，以上禁中指皇帝居所，應無問題。

其次，宮內之殿中亦屬省中。依據有三，茲列如下：其一，有關漢代殿門的解釋。《初學記·居處部》、《太平御覽·居處部》、《河南志·後漢城闕古迹》皆云：「內至禁省爲殿門。」深味其意，漢代殿門內應是省中。歷代眾多史學家亦視殿內爲省中，以致史籍中出現有「殿省」一詞，如「揚言殿省中」〔註25〕、「揚兵殿省」〔註26〕等。其二，《漢舊儀》：「諸給事中日上朝謁，……以有事殿中，故曰給事中。」〔註27〕《三國志·魏書·杜夔傳》注曰：「先生爲給事中，……雖給事省中，俱不典工官。」《資治通鑒》卷十七武帝建元三年記載：「朔爲太中大夫，給事中。」注曰：「《續漢志》，給事中關通內外，蓋以給事禁中名官也。」史家解釋「給事中」時，或言有事殿中，或言給事禁中，說明殿內屬省中。其三，《漢書·孔光傳》：領尚書事，沐日歸休，「或問光：溫室省中樹皆何木也？」溫室乃殿名，是冬季皇帝與大臣議事的殿堂，此省中當指溫室殿內。《漢書·陳咸傳》：「（陳咸）執法殿中，……白奏咸漏泄省中語。」所謂漏泄省中語，是指泄露省中機密的行爲。執法殿中的陳咸將皇帝與丞相議論朱雲的話告訴了他本人，最後被定罪爲漏泄省中語，此省中應是指皇帝處理政務的殿內。西漢如此，東漢如何呢？《後漢書·五行志》引《搜神記》：「有大蛇見德陽殿上，洛陽市令淳于翼曰：蛇，……見於省中。」蛇見德陽殿，而洛陽市令言見於省中。可見，漢代皇宮內殿中應爲省中的重要組成部分。

〔註22〕司馬遷：《史記》卷九五《樊噲列傳》，中華書局，1982年版，第2659頁。

〔註23〕《史記》卷五七《周勃世家》，第2078頁。

〔註24〕《漢書》卷七八《蕭望之傳》，第3283頁。

〔註25〕《漢書》卷六八《金安上傳》，第2965頁。

〔註26〕《後漢書》卷八二《方術傳》，第2729頁。

〔註27〕孫星衍輯、周天遊點校：《漢官六種》，中華書局，1990年版，第93頁。

（三）動態之省中──皇帝日常行止活動之所

　　皇帝出行居住所到之處皆有禁中之設。依據前引雲夢龍崗秦簡及《史記·袁盎列傳》「上幸上林，皇后、慎夫人從。……上亦怒，起，入禁中」的記載可以推測，皇帝出行居住的離宮禁苑有禁省之設。又，《漢書·孔光傳》：「領宿衛供養，行內署門戶。」師古曰：「行內，行在所之內中，猶言禁中也。」《三國志·魏書·董卓傳》：李傕移獻帝於北塢後，曾「過省閤（門）問起居」。以上引文表明皇帝的離宮、行所、臨時住所，無論多麼簡陋，都要按禁省制度嚴格劃分內外層次。同樣，皇帝出行隊伍中也設禁省。《漢書·昭帝紀》注引伏儼曰：「行道豹尾中亦為禁中。」《後漢書·輿服志》引胡廣曰：「豹尾之內為省中。」所謂豹尾，即皇帝出行屬車中的最後一乘車懸豹尾，稱豹尾車，以豹尾車為標記，該車以前被視為省中。總言之，省中是圍繞皇帝而建立，無論皇帝是暫住、巡守、征戰、避難，還是出宮行途中，只要是皇帝所在之處，禁省制度也就隨之建立起來。荀悅《申鑒》記載：「先帝故事，有《起居注》。動靜之節必書焉。」此言說明漢代皇帝的言行、出行、居住等大事小事皆要記於《起居注》。例如，漢武帝無論是在皇宮內，還是在離宮禁苑，所言所行都要記入《起居注》。那麼當時《起居注》又是什麼呢？葛洪《抱朴子·內篇》：「漢《禁中起居注》云：『少君之將去也，武帝夢與之共登嵩山。』」又，《隋書·經籍志》：「漢武帝有《禁中起居注》。」《通典·職官三》：「漢武帝有禁中起居注。」如果以上文獻記載可信的話，則可以再次證明凡皇帝「出行居住」所到之處均應屬禁中範圍。

　　通過以上分析，筆者認為漢代省中包括靜態禁省與動態禁省兩種形態。楊鴻年先生提出的「漢代掖庭即後宮，亦即所謂省中」說是存在疑問的。省內範圍既已確定，省外範圍亦可圈定，那麼秦漢皇宮內的省外與省內都由誰負責宿衛呢？

三、宮內省外宿衛

　　漢代皇宮內省外的宿衛任務由衛尉和光祿勳共同承擔。但兩者職掌卻有區別，即衛尉負責宮門宿衛和宮內巡邏任務，殿門以及殿閣之門戶走廊的宿衛任務則由光祿勳擔任。

（一）宮牆及其門戶

　　入宮朝拜君主或辦事的官員要進入皇宮，必須先要經過的就是宮門。《史

記‧項羽本紀》引裴集解云：「凡言司馬門者，宮垣之內兵衛所在，四面皆有司馬，主武事。總言之，外門爲司馬門也。」簡言之，司馬門就是皇宮的宮門。據相關文獻記載，漢代皇宮四面皆有司馬門，比較重要的司馬門外還有闕。關於宮門的宿衛職官，《漢書‧百官公卿表》：「衛尉……掌宮門衛屯兵。」〔註28〕師古曰：「胡廣云：主宮闕之門內衛士，於周垣下爲區廬。區廬者，若今之仗宿屋矣。」漢代皇宮的周圍有圍牆，即胡廣所言周垣，圍牆之下有衛尉及其軍隊的居舍，即區廬。那麼衛尉如何宿衛宮門呢？根據《漢官解詁》記載：「衛尉主宮闕之內，衛士于垣下爲廬，各有員部。〔凡〕居宮中者，皆施籍于門，案其姓名。若有醫巫僦人當入者，本官長吏爲封啓傳，審其印信，然後內之。人未定，又有籍，皆復有符，符用木，長二寸，以當所屬兩字〔註29〕爲鐵印，亦太卿炙符，當出入者，案籍畢，復齒符〔註30〕，乃引內之也。」〔註31〕引文表明衛尉及其軍隊負有守護宮門之責，凡是進出宮門的人要隨身攜帶持有鐵印文符，只有籍與符相互對照且準確無誤的情況下，衛尉所領衛士才能放行。近些年，經過考古勘探，在未央宮北宮門遺址曾出土了「衛」字瓦當，「衛」應爲「衛尉」省稱。此瓦當的出土佐證了《漢書‧百官公卿表》「衛尉掌宮門衛屯兵」的記載。

圖 1-1-4　「衛」字瓦當

（長安城遺址出土）

（二）宮門內至殿門外

衛尉及其下屬，除白天在宮門嚴查出入以戒非常以外，夜晚則分部巡夜於宮中。值廬衛士則敲擊木柝，在各自負責的區域巡邏。《後漢書‧百官志》：「衛尉，卿一人。本注曰：掌宮門衛士，宮中徼循事。」《漢舊儀》：「皇帝起

〔註28〕《漢書‧百官公卿表》記載：「長樂、建章、甘泉衛尉皆掌其宮，職略同，不常置。」也就是說，西漢除未央衛尉外，還有長樂、建章、甘泉衛尉。筆者詳查史書，發現程不識曾爲長樂衛尉，李廣爲未央衛尉。建章衛尉置於漢宣帝元康元年，罷於漢元帝初元三年。史書雖記載甘泉衛尉罷於初元三年，但沒有初置甘泉衛尉的記載，文獻中亦未見有擔任甘泉衛尉者。

〔註29〕《初學記‧職官部‧衛尉卿》、《太平御覽‧職官部二十八‧衛尉卿》引《漢官解詁》「兩字」上均有「官」字。

〔註30〕《初學記‧職官部‧衛尉卿》引《漢官解詁》「復」下有「識」，「齒符」下有「識其物色」四字。

〔註31〕孫星衍輯、周天遊點校：《漢官六種》，中華書局，1990 年版，第 14 頁。

居儀，宮司馬內，百官案籍出入，營衛周廬，晝夜誰何。」所謂「晝夜誰何」，即晝夜守衛，遇人則問來者姓名。《漢官解詁》：「從昏至晨，分部行夜，夜有行者，輒前曰：『誰！誰！』若此不解，終歲更始，所以重慎宿衛也。」換言之，衛尉率領衛士分部巡夜於宮中，從昏至晨而不間斷，遇有行者，則問其姓名，確保宮中安全。又，《文選》卷二《賦甲·京都上·西京賦》：「徼道外周，千廬內附。衛尉八屯，警夜巡晝。」注曰：「衛尉帥吏士周宮外，⋯⋯晝則巡行非常，夜則警備不虞也。」總言之，從宮門至殿門外，大約是衛尉及其所率衛士巡查宿衛範圍。

（三）殿門

　　殿門以及宮內殿閣門戶走廊的宿衛任務皆由光祿勳負責。《漢書·百官公卿表》記載：「郎中令，秦官，掌宮殿掖門戶〔註32〕，有丞。武帝太初元年更名光祿勳。」《後漢書·百官志》「光祿勳」條本注曰：「掌宿衛宮殿門戶，典謁署郎更直執戟，宿衛門戶。」以上引文記載光祿勳職掌時，均有「殿」字，而記述衛尉職權時，僅言「宮」字，正說明光祿勳的任務應是嚴守殿門。光祿勳率領的警衛力量稱為郎、期門與羽林。《後漢書·百官志》：「凡郎官皆主更直執戟，宿衛諸殿門。唯議郎不在直中。」可見除議郎以外的郎官平時皆在殿門或廊中持戟宿衛，戒備森嚴。王嘉為郎，因「坐戶殿門失闌〔註33〕免」〔註34〕，便是例證。除郎官以外，期門（平帝時改稱虎賁）、羽林亦是殿門宿衛的主要職官。《漢書·東方朔傳》云：「期諸殿門，故有期門之號。」《漢書·霍光傳》：「太后被珠襦，⋯⋯期門武士陛戟，陳列殿下。」據此可知，期門即有約定時間在某殿門下扈從之意。羽林的職掌與期門略有不同。期門宿衛殿門時立於上階，即「陛戟，陳列殿下」〔註35〕，而羽林則「宿殿陛岩

〔註32〕　漢代皇宮宮門在文獻中被稱為司馬門。劉敦楨《中國古代建築史》：「漢代宮的概念是大宮中套有若干小宮，而小宮在大宮（宮城）之中各成一區。」此說可從。如漢代長樂宮中就有長信宮。《百官表》、《百官志》記載郎中令所掌的宮殿門戶不是指皇宮的宮門及殿門，而是司馬門之內的所有宮殿門戶。

〔註33〕　《漢書·成帝紀》載：「無符籍妄入宮曰闌。」《漢書·元帝紀》應劭曰：「籍者，為二尺竹牒，記其年紀名字物色，縣之宮門，案省相應，乃得入也。」可知籍是出入宮門的憑證，無門籍而擅入，均被視為闌。如衛伉「闌入宮，完為城旦」。《龍崗秦簡》：「有不當入而闌入，及以它詐（詐）偽入而□□□□☑。」說明秦漢時期出入宮殿禁苑都要有門籍，否則以闌入罪論處。

〔註34〕　《漢書》卷八六《王嘉傳》，第3488頁。

〔註35〕　《漢書》卷六八《霍光傳》，第2939頁。

下室」〔註36〕，即宿衛於殿門周圍較爲險峻隱蔽的地方。

四、省內宿衛

禁省宿衛制度是指保護以皇帝爲中心的省中安全的警衛制度。關於此制度的研究，目前尚無專論。楊鴻年先生在《漢魏制度叢考》書中指出「漢代省內宿衛事務由宦官管」〔註37〕，但筆者通過閱讀史書發現，兩漢時期負責省中宿衛的職官並非盡是宦官。

第一，西漢中郎負責省中宿衛。《漢書·惠帝紀》引蘇林曰：「中郎，省中郎也。」《初學記·職官部》：郎中令「主諸郎之在殿中侍衛。」《漢舊儀》：「殿外門署屬衛尉，殿內郎署屬光祿勳。」〔註38〕可見西漢曾設有給事省中的中郎，得出入殿省，並宿衛皇帝，正如汲黯對漢武帝所說：「臣願爲中郎，出入禁闥，補過拾遺，臣之願也。」〔註39〕據史書記載分析，西漢中郎主要由訾選、蔭任、軍功特拜三途，故多爲權貴、富豪子弟及材武伎藝之士，如武帝時期的卜式、東方朔、趙充國等皆曾任中郎一職，但目前尚未發現有宦官擔任中郎之職者。

第二，黃門郎有宿衛省中之職責。《補漢兵志》記載：「內郎守黃門者爲黃門郎。」《漢舊儀》記載：「黃門郎屬黃門令。」〔註40〕《後漢書·獻帝紀》引《輿服志》云：「禁門曰黃闥，……黃門郎給事黃闥之內。」可見漢代省中有黃門郎一職以守禁門。又，《太平御覽·職官部》引《三輔決錄》：「黃門侍郎〔註41〕，每直省閤，威儀矜嚴。」所謂直省就是值宿省中，西漢馮參「爲黃門郎給事中，宿衛十餘年」〔註42〕，便是證明。《後漢書·朱暉傳》記載：「黃門侍郎，……皆用姓族。」注曰：「引用士人有望族也。」事實也確實如此，兩漢皇親國戚、將相臣僚爲黃門郎者爲數不少，如淳于長、段猶、揚雄、

〔註36〕 《後漢書》卷一一五《百官志》，第3575頁。

〔註37〕 楊鴻年：《漢魏制度叢考》（第二版），武漢大學出版社，2005年版，第27頁。

〔註38〕 孫星衍輯、周天遊點校：《漢官六種》，中華書局，1990年版，第61頁。

〔註39〕 《史記》卷一二〇《汲鄭列傳》，第3110頁。

〔註40〕 孫星衍輯、周天遊點校：《漢官六種》，中華書局，1990年版，第33頁。

〔註41〕 漢代黃門郎、黃門侍郎、給事黃門侍郎實爲一職。例如，同是竇固、楊雄、馬防、竇篤、鍾會一個人，關於他們的官稱，史書或云黃門郎、或云黃門侍郎、或云給事黃門侍郎，足見三種官職稱謂實應爲一職。對此，楊鴻年先生在《漢魏制度叢考》「黃門郎」條中已有詳細考證，此不多言。

〔註42〕 《漢書》卷七九《馮參傳》，第3306頁。

李尋、董賢等人皆曾官任此職。

第三，太后宮宿衛職官有士人擔任者。漢代太后宮設有一套模仿皇帝的宿衛制度。據史書記載，在太后宮官中地位最高者有少府、太僕、衛尉三卿，由於漢代太后常居長信或長樂宮，故史籍中多見「長信少府」、「長樂衛尉」等官稱。在太后三卿中，長信或長樂少府掌太后宮事務，並負有侍衛扈從之責。《漢書·百官公卿表》：「長信詹事掌皇太后宮，景帝中六年更名長信少府，平帝元始四年更名長樂少府。」張晏曰：「居長信宮則曰長信少府，居長樂宮則曰長樂少府也。」〔註43〕查閱史書，兩漢太后宮少府雖多用宦官，但有時也用士人，如西漢平當、貢禹、韋賢，東漢李膺、許訓等士人皆曾擔任太後宮少府一職。

總上三點，如果按楊先生「漢代省內宿衛事務由宦官管」的說法，以上諸問題便不好理解。據目前已知的資料，兩漢禁省宿衛體系較為分散，尚未形成統一的管理組織，且在不同時期，設置也不盡相同。因此，研討漢代省中宿衛制度應當分期進行討論。

（一）秦朝至西漢武帝中期——郎官、宦官共同宿衛禁省之階段

武帝中期以前，宮與省的界限尚不太嚴格，能夠出入禁省的官員很多。例如，中郎、常侍、中黃門等，其中郎中令所屬的中郎和中黃門等宦官是這一階段省中宿衛的主要力量。關於郎官組織，《漢書·百官公卿表》：「郎中令，……屬官有大夫、郎、謁者，皆秦官。……郎掌守門戶，出充車騎，有議郎、中郎、侍郎、郎中。」《漢官儀》：「凡郎官皆主更直，執戟宿衛。」〔註44〕可見西漢郎中令下屬的中郎、郎中、侍郎等郎官均有宿衛職能，而其中給事禁中的中郎因為是殿省宿衛的重要參與者，故在諸郎之中地位最為顯要，正如王先謙《漢書補注》引清人姚鼐曰：「中郎乃天子禁中親近之人，其所任乃景武以後侍中、常侍之任。」所謂中黃門，《漢書·百官公卿表》「少府」條師古曰：「中黃門，謂奄人居禁中在黃門之內給事者也。」《漢舊儀》

〔註43〕 張晏說以太后所居宮為名有一定道理，但並沒有把其中的演變講清楚。實際上，成帝以前，長樂宮中的長信宮為太后所居，故《漢書·百官公卿表》如淳曰：「長信宮，太后所居也。」但到西漢後期，由於王政君的長壽，到哀帝時已並存有四太后，此前太后所居的長信宮則成為太皇太后居所，而太后居所遂改長樂之名，正如《漢官儀》所云：「帝祖母稱長信宮，帝母稱長樂宮。」

〔註44〕 孫星衍輯、周天遊點校：《漢官六種》，中華書局，1990年版，第130頁。

對此言之更詳：「中官、小兒官及門戶四尙、中黃門持兵，三百人侍宿。……夜漏起，中黃門持五夜，相傳授。」〔註45〕表明中黃門持兵守護省門以及省內的安全。《漢書‧江充傳》記載：武帝時江充曾「移書光祿勳中黃門，逮名近臣侍中諸當詣北軍者，移劾門衛，禁止無令得出入宮殿」，便是證明。總而言之，秦朝至武帝中期這一階段，省中宿衛主要由中郎和中黃門共同擔任，故當趙高發兵闖入望夷宮殿內時，「郎宦者大驚」〔註46〕。

（二）武帝後期至東漢章帝——由士、宦並用向宦官專任過渡之階段

自漢武帝後期「遊宴後庭，故用宦者」〔註47〕始，省中宿衛體系發生了變化，到東漢章帝時期，這種變化基本完成。

首先，負責禁省宿衛的士人不斷減少。其一，郎署移居省外。西漢郎署尙在省中，《漢舊儀》：「宮殿中宦者署、郎署，皆官奴婢。」〔註48〕《漢書‧王莽傳》：「侍中王望傳言大司馬反，黃門持劍共格殺之。省中相驚傳，勒兵至郎署，皆拔刃張弩。」這些都是郎署在省內的證明。時至東漢，郎署已移至禁外。《後漢書‧和帝紀》：「引三署郎，召見禁中。」同書《耿秉傳》：爲郎，「召詣省闥，問前後所上便宜方略」。前引王莽傳郎署猶在省中，而東漢建武初年，光祿勳杜林「外總三署（郎）」〔註49〕，則郎署外遷似在新莽時。其二，中常侍改由宦官充任。《漢書‧百官公卿表》記載：「侍中、中常侍得入禁中。」《隸釋‧中常侍樊安碑》：「中常侍樊安，宿衛歷年，恭恪淑愼。」可知中常侍是省內官〔註50〕，其本職雖非宿衛禁省，但亦參與警衛工作。據史書記載，漢元帝時有中常侍許嘉，成帝時有中常侍晁閎，哀帝時有中常侍王閎、宋閎等，皆士人也。東漢光武后，中常侍專任宦者，正如朱穆所言：「建武以後，（中常侍）乃悉用宦者。」〔註51〕其三，侍中出居省外。《漢官儀》：

〔註45〕 孫星衍輯、周天遊點校：《漢官六種》，中華書局，1990年版，第97頁。

〔註46〕 《史記》卷六《秦始皇本紀》，第274頁。

〔註47〕 《漢書》卷七八《蕭望之傳》，第3284頁。

〔註48〕 孫星衍輯、周天遊點校：《漢官六種》，中華書局，1990年版，第79頁。

〔註49〕 《後漢書》卷二七《杜林傳》，第937頁。

〔註50〕 中常侍以及下文的侍中皆爲秦朝所置。西漢則以中常侍、侍中爲加官之號。《漢書‧百官公卿表》：「侍中、左右曹、諸吏、散騎、中常侍，皆加官。」當時以中常侍作加官稱號者，均爲士人。然東漢光武之後，中常侍改用閹人，成爲由宦官專任的官職。與中常侍不同，兩漢侍中皆爲士人擔任，如衛青、霍去病、霍光等，而史高、史丹祖孫三代並以外屬舊恩爲侍中。

〔註51〕 《後漢書》卷四三《朱穆傳》，第1472頁。

「往來殿中，故謂之侍中，⋯⋯出即陪乘，佩璽抱劍。」〔註52〕可見，侍中為入省侍奉之意。《漢書・金安上傳》：「霍氏反，（侍中）安上傳禁門闥，無內霍氏親屬。」同書《佞倖傳》：董賢「為駙馬都尉侍中，出則參乘，入御左右」。這些都是侍中警衛禁省的證明。但幾次謀逆事件，最終使侍中出居省外。《漢儀》記載：「侍中舊與中官俱止禁中，武帝時，侍中莽何羅挾刃謀逆，由是侍中出禁外。⋯⋯王莽秉政，侍中復入〔註53〕，與中官共止。章帝時，侍中郭舉與後宮通，拔佩刀驚上，舉伏誅，侍中由是復出外。」〔註54〕漢武帝後期發生的侍中莽何羅謀逆事件以及章帝時的侍中郭舉謀亂事件，最終使侍中失去了警衛禁省之權。

其次，負責省中宿衛的宦官機構呈現增加趨勢〔註55〕。其一，增置黃門令。《後漢書・百官志》「黃門令」條本注曰：「主省中諸宦者。」董巴曰：「禁門曰黃闥，以中人主之，故號曰黃門令。」細察引文，黃門令掌省內諸宦者，並宿衛省中安全。若皇帝駕崩及大殮時期，黃門令則「晝夜行陣」〔註56〕。關於黃門令初置時間，《漢書・百官公卿表》「少府」條雖載此官，但在漢元帝之前從未出現，唯元帝之後乃有諸多具體記載，故筆者疑黃門令設置於西漢後期，因《漢書》所述為西漢一代官制，故少府屬官記載有黃門令一職。其二，中黃門繼續宿衛禁省。《資治通鑒》卷三五哀帝元泰二年：「中黃門、期門兵皆屬莽。」注曰：「中黃門，守禁門黃闥者也。」西漢霍光廢昌邑王時，「詔諸禁門毋內昌邑群臣。⋯⋯中黃門宦者各持門扇」〔註57〕。西漢董忠謀反，被召至省門，王莽則令「中黃門各拔刃將忠等送廬」〔註58〕。倘

〔註52〕　孫星衍輯、周天遊點校：《漢官六種》，中華書局，1990年版，第137頁。
〔註53〕　《漢儀》稱莽何羅事件後，侍中出省中，直到王莽時才復入省。但從《漢官儀》「史丹為侍中。元帝寢疾，丹以親密近臣得侍疾，候上閒獨寢時，丹直入臥內」的記載，以及金日磾兩子與昭帝共臥起之例，恐怕侍中得入禁中之制昭帝時已經恢復。
〔註54〕　《後漢書》卷一一六《百官志》，第3592頁。
〔註55〕　漢武帝在位期間曾大興土木，一方面大規模地增廣舊有宮殿，一方面又興建了許多新的苑園與離宮。例如，太初元年「作建章宮，度為千門萬戶」。元帝時期的貢禹曾評價：「武帝時，又多取好女至數千人，以填後宮。」宮殿的增建必然會導致宦官人數的急劇增長與宦官機構的膨脹，西漢時期皇宮內的不少宦官機構，就是在武帝時期初步形成的。
〔註56〕　《後漢書》卷九六《禮儀志》，第3141頁。
〔註57〕　《漢書》卷六八《霍光傳》，第2939頁。
〔註58〕　《漢書》卷九九《王莽傳》，第4185頁。

若皇帝崩及大殮時，中黃門也要持兵宿衛於殿上。《後漢書‧禮儀志》：「皇后詔三公典喪事。……近臣中黃門持兵，虎賁、羽林、郎中署皆嚴宿衛，……中黃門持兵陛殿上。」西漢時的中黃門，員額並沒有限制，至東漢時職任稍增，秩初為比百石，後增至比三百石。其三，增設中黃門冗從僕射。據《後漢書‧百官志》「中黃門冗從僕射」條本注曰：「主中黃門冗從。居則宿衛，直守門戶，出則騎從，夾乘輿車」，即率中黃門冗從守護省門，皇帝出行時，則在乘輿的兩邊夾護。又，《漢書‧百官公卿表》「少府」條：「諸僕射、署長、中黃門皆屬焉。」但諸僕射是否包括中黃門冗從僕射，書中沒有記載。筆者詳查史書，西漢史籍中沒有中黃門冗從僕射的具體事例記載，而其多數記載則出現在東漢，如《東觀漢記》：「建武元年，……黃門冗從四僕射。」《後漢書‧桓帝紀》引《漢官儀》：「守宮令一人，黃門冗從僕射一人。」特別是《宋書‧百官志》明言：「漢東京有中黃門冗從僕射」，而不言西漢有此官職，故筆者認為此官很可能置於東漢初期。其四，新置小黃門。小黃門係東漢所置，掌「侍左右，受尚書事。上在內宮，關通中外，及中宮已下眾事」〔註59〕。《隸釋‧中常侍樊安碑》：「歷中黃門冗從假史，拜小黃門，小黃門右史。」查《後漢書‧百官志》有小黃門，而無小黃門右史，疑為史書漏記。東漢明帝時小黃門始置員數，《後漢書‧宦者傳》：「小黃門十人。……自明帝以後，迄乎延平，委用漸大，而其員稍增。中常侍至有十人，小黃門二十人。」小黃門由十人增加到二十人（實際可能不止），增長的幅度是比較大的。

　　總而言之，自武帝後期至東漢章帝，負責省中宿衛的既有宦官〔註60〕，也有士人，任用士人在一定程度上制約了宦官勢力的發展。但值得注意的是，宦官機構在這一時期總體趨勢是不斷擴充，而士人卻逐漸減少。郎署在新莽時移至省外，中常侍於東漢時改由宦官充任，章帝時侍中出居省外，這樣到和帝統治時，負責省中宿衛的基本上只有宦官組織了。

〔註59〕　《後漢書》卷一一六《百官志》，第3593頁。
〔註60〕　兩漢黃門令、中黃門、小黃門等宦官雖隸屬於少府，但有三點值得注意：其一，少府本身並無宿衛職掌，省內事項少府也不一定知曉。其二，少府為朝官，並非宦官，在史籍中尚未發現有宦官擔任此職者。其三，少府下屬的黃門等宦官機構只是「文屬」少府，實則具有很大的獨立性。廖伯源先生在《西漢皇宮宿衛警備雜考》一文中認為西漢少府是皇宮內層警備職官之一，似顯不妥。

（三）東漢和帝至靈帝時期——宦官專任禁省宿衛之階段

省中宿衛體系經過前一階段發展，到漢和帝統治時，郎官、侍中已不在省內，正如李固上書所言：「今與陛下共理天下者，外則公卿尚書，內則常侍、黃門。」〔註61〕也就是說，直到和帝時，負責省中宿衛的才眞正是宦官。范曄對此也有所言：「和帝即祚幼弱，……內外臣僚，莫由親接，所與居者，唯閹宦而已。」〔註62〕又如，「宦豎之官，本在給使省闥，司昏守夜」〔註63〕、「黃門、常侍但當給事省內，典門戶」〔註64〕，這些言論雖是東漢官僚士人反對宦官專權，而主張其應嚴守傳統的職掌範圍，但也可從側面反映出東漢中後期省中宿衛主要是由宦官負責的。《後漢書·何進傳》：何進欲用郎官代替宦官統領禁省，太后曰：「中官統領禁省，自古及今，漢家故事，不可廢也。」《三國志·魏書·袁紹傳》記載袁紹欲誅宦官前，令「虎賁中郎將術選溫厚虎賁二百人，當入禁中，代持兵黃門陛守門戶」。引文兩段，欲用郎官、虎賁代替守衛禁省的宦官，說明在此之前，禁省警衛確由宦官掌管。縱觀東漢歷史，漢和帝執政時期是轉折點，自此以降，朝政日衰，國家便陷入了外戚與宦官爭奪權力的拉鋸戰。和帝永元四年（92年）竇氏外戚被殺，中官之勢始盛；安帝延光四年（125年）閻氏外戚被殺，宦官勢力大盛；至桓帝時「權歸宦官，朝廷日亂矣」〔註65〕，最終出現宦官專權的局面。從某種程度上講，東漢中後期出現的宦官專權，與宦官控制禁省宿衛也有一定的聯繫。省中宿衛由原來的士、宦並用改爲宦官專任，這種變化促成了宦官對省內宿衛的全面控制，結果必然會切斷皇帝與朝臣之間的聯繫，加深君主對宦官的依賴程度，使宦官成爲皇帝唯一可以依賴的對象，爲宦官控制皇帝，弄政擅權提供了條件。東漢一代，前後用事宦官有江京、李閏、孫程、單超、徐璜、具瑗等，這些人大多數出身於黃門、中常侍等省內宦職，如江京、李閏爲小黃門，孫程爲中黃門，單超、徐璜、具瑗皆爲中常侍，而這些宦官能夠得以專權無不依靠省中宿衛之權。例如，掌握禁省宿衛的宦官孫程、單超、張讓等就曾利用嚴格的禁省制度，在省內屠戮大臣，即使是當朝權勢顯赫而擁有重兵的外戚權臣，如閻顯、何進等，也只能束手就擒，不免死於省

〔註61〕《後漢書》卷六三《李固傳》，第2076頁。
〔註62〕《後漢書》卷七八《宦者傳》，第2509頁。
〔註63〕《後漢書》卷五四《楊秉傳》，第1774頁。
〔註64〕《後漢書》卷六九《竇武傳》，第2242頁。
〔註65〕《後漢書》卷七八《宦者傳》，第2520頁。

內宦官斧鉞之下。

（四）東漢獻帝至王朝結束——恢復士、宦共同宿衛禁省之階段

漢靈帝中平六年（189年）前後，東漢宦官集團與外戚集團進行了最後一場較量。當時漢靈帝初亡，何進被中常侍張讓誅于禁省，袁紹於是率軍進攻皇宮，開始大範圍誅殺宦官。《後漢書・何進傳》記載：「紹遂閉北宮門，勒兵捕宦者，無少長皆殺之。或有無須而誤死者，至自發露然後得免。死者二千餘人。紹因進兵排宮，或上端門屋，以攻省內。」袁紹率軍進攻皇宮，桓、靈帝以來一直壟斷禁省的宦官被誅，所剩無幾，不敷省中供用，以致皇帝不得不下詔「賜公卿以下至黃門侍郎家一人為郎，以補宦官所領諸署，侍於殿上」〔註66〕。也就是說，省內宦官被誅後，以郎官補其職。《後漢書・孝獻帝紀》注引《獻帝起居注》：「自誅黃門後，侍中、侍郎出入禁中。」《通典・職官九・諸卿下》：「袁紹大誅宦者之後，永巷、掖庭復用士人，闈闥出入，莫有禁切。」以上引文均說明獻帝即位之後禁省宿衛復用士人，即侍中、侍郎等恢復出入禁省、宿衛君主的職權。《三國志・魏書・董卓傳》引《獻帝起居注》：李傕移獻帝於北塢後，過省閤問起居，「侍中、侍郎見傕帶仗，皆惶恐，亦帶劍持刃，先入在帝側」。同卷又引《魏書》：「諸將或遣婢詣省閤，或自齎酒啗過天子飲，侍中不通，喧呼罵詈，遂不能止。」這都是侍中等士人恢復宿衛禁省的例證。

通過以上分析，筆者認為漢代省中宿衛制度是不斷變化的。楊鴻年先生提出的「省中宿衛事務由宦官管」說法沒有區分兩漢不同時期省中宿衛體系的變化，顯然是存在問題的。

五、省內宿衛嚴於省外

根據前文的介紹可知，秦漢京師皇宮之省外與省內均設置有宿衛職官。但比較而言，省內宿衛要比省外嚴格。

（一）禁省內不允許佩劍

根據《漢書・蓋寬饒傳》記載：「寬饒初拜為司馬，……冠大冠，帶長劍，躬案行士卒廬室。」《太平御覽・職官部》引《東觀漢記》：「（樊梵）為郎，……雖在閑署，冠劍不解於身。」這是郎官、衛司馬等中央官吏帶劍的例子，說

〔註66〕《後漢書》卷九《獻帝紀》，第367頁。

明漢代近臣是可以帶劍入宮的。但任何人都不能帶兵器進入禁中。《太平御覽・職官部》「虎賁中郎將」條引《漢名臣奏》丞相薛宣奏：「漢興以來，深考古義，推萬變之備，於是制宣室出入之義，正輕重之罰。故司馬殿省關至五六里，周衛擊刀闕禁門。自近臣侍側尚不得著劍入，防未然也。」為確保皇帝的安全，以防不備，近臣入禁中是絕不允許帶劍的。〔註67〕又，《後漢書・張陵傳》記載：「陵字處沖，官至尚書。元嘉中，歲首朝賀，大將軍梁冀帶劍入省，陵呵叱令出，敕羽林、虎賁奪冀劍。」前文已述，省中在宮內，入省必先入宮，尚書令張陵不劾當時權傾朝野的梁冀帶劍入宮，但當其帶劍入省後，卻令羽林、虎賁奪其劍，足見省中的防衛要嚴於省外。《史記・叔孫通列傳》又載：「殿下郎中俠陛，陛數百人。」可見，漢代持兵守衛殿門者也只能立於殿外，說明漢代殿省絕對不允許帶兵器進入。

　　縱觀秦漢歷史，我們在史書中也發現極個別例外情況。如《史記・蕭相國世家》記載因為蕭何功高，劉邦「乃令蕭何賜帶劍履上殿」；又，《後漢書・梁冀傳》記載漢桓帝「以冀有援立之功，欲崇殊典，乃大會公卿，共議其禮。於是有司奏冀入朝不趨，劍履上殿，謁贊不名，禮儀比蕭何」；《後漢書・董卓傳》記載董卓曾「入朝不趨，劍履上殿」。從現有資料看，漢代能夠帶劍入殿省的僅此三人，三人中蕭何因為勞苦功高，梁冀、董卓因為是控制國家政權的權臣，尚未見到其他人帶劍入省之記載，這也就從反面說明一般情況下大臣是不允許帶兵器進入禁省。〔註68〕

<hr>

〔註67〕《太平御覽》卷三百五十四《兵部》又引《漢名臣奏》：「丞相薛宣奏：漢興以求，深考古義，惟萬變之備，於是制宮室出入之儀，正輕重之冠。故司馬殿省門闈至五六重，周衛擊刁斗。近臣侍側尚不得著鉤帶入房。」《漢書・韓延壽傳》：「延壽又取官銅物，候月蝕鑄作刀劍鉤鐔，放效尚方事。」師古注曰：「鉤亦兵器也，似劍而曲，所以鉤殺人也。」這就說明朝臣不僅不允許帶兵器入省，甚至帶鉤的金屬器物也是不允許的。

〔註68〕《後漢書・孫程傳》：「閻顯白太后，徵諸王子簡為帝嗣。……（孫程等）俱於西鍾下迎濟陰王立之，是為順帝。……閻顯時在禁中，憂迫不知所為，……旦日，令侍御史收顯等送獄，於是遂定。」閻顯是統領重兵的車騎將軍，結果被宦官困在省中，這是省外權臣受制於省內宦官的實例。《後漢書・何進傳》：「（何進）入長樂白太后，請盡誅諸常侍以下。……（張讓）乃率常侍段珪、畢嵐等數十人，持兵竊自側闈入，伏省中，及進出，因詐以太后詔召進。入坐省闥……尚方監渠穆拔劍斬進於嘉德殿前。」握有重兵的大將軍何進為宦官所殺，這是省外權臣受制於省內宦官的又一例。為何會產生這樣的結果？筆者認為這是省中不允許帶兵器進入的結果。按漢代省中制度規定，無論朝廷大臣或外戚親貴，入省中都要解除武裝，屏去隨從，隻身進入。這樣在省

—55—

（二）入省前需屏去隨從

《漢書・王莽傳》載：「公卿入宮，吏有常數，太傅平晏從吏過例，掖門僕射苛問不遜。」雖然公卿入宮所帶官吏有常數，但也說明屬吏是可以隨官員入宮的。那麼，隨從屬吏是否也能隨主人進入省中呢？《後漢書・皇后紀》：「及后有疾，特令后母、兄弟入視醫藥，不限以日數。」后妃的兄弟入省須皇帝特殊的恩賞，其他人進入省中的難度就可想而知了。《漢書・王莽傳》云：「庶民、諸生、郎吏以上守闕上書者日千餘人，公卿大夫或詣廷中，或伏省戶下，咸言。」由於地位不同，庶民可上書到宮門，而公卿上書至省門前。即便能夠出入省中的官員也多爲朝廷權臣，正所謂「禁門內樞機近臣」〔註69〕、「柱石之臣，宜居輔弼，出入禁門，補缺拾遺」〔註70〕。

六、威脅皇宮與皇帝安全的犯罪類型及其懲治的司法原則

秦漢政權建立後，相繼制定和頒佈了《秦律》、《九章律》、《傍章律》、《越宮律》和《朝會律》，通行全國，用以鞏固和加強中央集權制度。在這些法律中就有對褻瀆皇權與危害皇帝人身安全罪的規定和懲罰措施。

（一）謀反罪

謀反罪是指以暴力或其它手段，陰謀推翻、殺傷皇帝，顛覆、破壞國家政權的行爲。無論是皇親國戚、貴族、官吏還是平民百姓都可以成爲謀反罪的主體。漢初，黥布謀反，劉邦謂布曰：「何苦而反。」布曰：「欲爲帝耳。」一語破的，可以說，策劃殺害在位皇帝和篡奪政權是謀反罪的主要特徵。在專制主義的政體之下，帝王爲法定權力主體和國家的象徵，居於等級制的金字塔之頂。誰佔據這個的位置，誰就相應地獲得至高無上的權力。因此，皇位自然成爲眾矢之的，政變者不惜性命奪取它也不足爲怪。秦漢時期，政變之舉，史不絕書。秦二世三年（前207年），郎中令趙高殺了丞相李斯，取代了丞相職務。郎中令一職，遂任命自己的弟弟趙成擔任，趙高的養女之婿閻樂擔任咸陽令。此後趙高謀反，詐稱皇帝所在宮中有盜賊，令咸陽令發兵入宮。閻樂率卒闖進望夷宮，已在望夷宮的郎中令趙成前來接應。《史記・秦始

外握有兵權的大臣入宮再入省，經過層層限制，等到入省後，就變成了毫無
實權和武裝力量的人物，故終爲宦官誅戮在省中。
〔註69〕《漢書》卷七七《孫寶傳》，第3262頁。
〔註70〕《後漢書》卷二六《伏湛傳》，第896頁。

皇本紀》記載：

> 樂遂斬衛令，直將吏入，行射，郎宦者大驚，或走或格，格者
> 輒死，死者數十人。郎中令與樂俱入，射上幄坐幃。二世怒，召左
> 右，左右皆惶擾不鬥。旁有宦者一人，侍不敢去。二世入內，謂曰：
> 「公何不蚤告我？乃至於此！」宦者曰「臣不敢言，故得全。使臣
> 蚤言，皆已誅，安得至今？」閻樂前即二世數曰：「足下驕恣，誅殺
> 無道，天下共畔足下，足下其自爲計！」二世曰：「丞相可得見否？」
> 樂曰：「不可。」二世曰：「吾願得一郡爲王。」弗許。又曰：「願爲
> 萬戶侯。」弗許。曰：「願與妻子爲黔首，比諸公子。」閻樂曰：「臣
> 受命於丞相，爲天下誅足下，足下雖多言，臣不敢報。」麾其兵進，
> 二世自殺。

這場政變的成功，使秦王朝的統治搖搖欲墜。西漢建立後，特別是平定七國之
亂後，外戚、權貴、諸侯、貴族圖謀不軌之事雖然漸息，但史書仍有記載。這
其中就有發生在漢初的諸呂事件和漢武帝晚年的戾太子事件、莽何羅事件。

1. 漢初諸呂事件

前 195 年，劉邦病死，惠帝即爲，尊呂后爲皇太后。惠帝仁弱，實際由
呂后掌政。前 188 年，惠帝崩，立少帝。少帝因其生母爲呂后所殺，有怨言。
呂后逐殺少帝，立常山王劉義爲帝。「號令一出太后」，呂后先後掌權達十六
年。由於劉邦曾與諸大臣共立「非劉氏不王」的誓約，呂雉封諸呂爲王，遭
到劉氏宗室和大臣的強烈反對。她病危時告誡諸呂部署應變，命呂祿領北
軍，呂產居南軍，嚴密控制皇宮和京城的警衛。呂后死後，周平，周勃等人
起兵，誅殺諸呂。

呂氏外戚被誅，正史記載爲謀反。不過近些年，有不少人對此提出質
疑，並有較詳論述。如呂思勉先生認爲「呂氏之敗，蓋全出於諸功臣之陰
謀。」〔註71〕學者吳仰湘：「這是一場由功臣陰謀集團和齊劉分裂勢力合謀發
動、事後又完全歪曲其真相的血腥政變，諸呂不過是陰謀政治的無辜犧牲
品。」〔註72〕學者董平均也認爲「諸呂之亂」禍起於呂氏爲王破壞了功臣、
宗室和外戚三者之間的平衡關係。在這場鬥爭中「劉、呂兩家兩敗俱傷，而

〔註71〕 呂思勉：《秦漢史》，上海古籍出版社，2005 年版，第 73 頁。
〔註72〕 吳仰湘：《漢初「誅呂安劉」之真相辨》，《湖南師範大學社會科學學報》，1998
　　　　 年第 1 期。

功臣集團漁翁得利」〔註73〕。以上學者都認爲呂氏家族「欲爲亂」之罪名不能成立。綜合來看，主要理由有三：

其一，諸呂沒有「欲爲亂」的實力。學者吳仰湘從呂氏王侯的數量上著手，認爲呂后稱制以來，呂氏封侯者先後有十三人，而劉氏侯與功臣侯的數量要遠遠大於呂氏侯。以高后八年的諸侯王數量來看，呂氏有三王，而劉氏有九王。

其二，諸呂沒有「欲爲亂」的準備。呂后死後齊劉起兵，呂產居然派灌嬰率兵擊齊，結果反致功臣與齊劉勢力的聯合。酈寄勸呂祿交出北軍將印，呂祿「信然其計，欲歸將印，以兵屬太尉」。之後，還與酈寄外出遊獵。足見諸呂毫無準備要奪劉氏天下。

其三，史書無諸呂謀反記載，《史記》、《漢書》反有「高后崩，大臣欲誅諸呂」〔註74〕、「呂太后崩，平與太尉勃合謀，卒誅諸呂」〔註75〕、「呂后崩，大臣相與共畔諸呂」〔註76〕等等之類記載。

但筆者以爲學者上述理由有可商榷的餘地：

第一，諸呂有「欲爲亂」的實力。筆者認爲討論叛亂的實力不能僅僅局限於封王的數量上，而是要看眞正的實力。呂雉死後諸呂謀反，靠的是呂后生前的影響，而與他們本身是否爲王侯的關係不大。當時維護和守衛京城的軍事力量主要分爲三部分，分別爲郎中令所率郎官、守衛皇宮的南軍和鎮守京師的北軍。這三支武裝力量在當時地位舉足輕重，從漢文帝夕入未央宮後，「夜拜宋昌爲衛將軍，鎮撫南北軍。以張武爲郎中令，行殿中」中足見在當時這三支武裝力量的重要性。那麼，在呂后時代，誰掌握京師軍隊呢？《史記·呂太后本紀》：「君今請拜呂臺、呂產、呂祿爲將，將兵居南北軍，及諸呂皆入宮，居中用事，如此則太后心安，君等幸得脫禍矣。……趙王祿、梁王產各將兵居南北軍，皆呂氏之人。列侯群臣莫自堅其命。」可見，當時的南軍與北軍都是在諸呂的掌握之下。郎中將率領的郎官雖然並未直接受呂氏控制，但當時郎中令是偏向諸呂的，其時有郎中令賈壽曾以灌嬰與齊楚合從狀告呂產。從而可見，當時京師最主要軍事力量都在諸呂的控制之下。王夫

〔註73〕 董平均：《西漢分封制度研究——西漢諸侯王的隆替興衰考略》，甘肅人民出版社，2003年版，第73～77頁。

〔註74〕 《史記》卷九五《樊酈滕灌列傳》，第2662頁。

〔註75〕 《史記》卷五六《陳丞相世家》，第2061頁。

〔註76〕 《史記》卷一○一《袁盎晁錯列傳》，第2737頁。

之指出：「漢聚勁兵於南北軍，而兵積彊於天子之肘腋，以是為競王室、鞏邦畿、戒不虞之計焉。然天子豈能自將之哉，必委之人。而人不易信，則委之外戚，委之中官，以為曙我而可無虞者。乃呂祿掌北軍，呂產掌南軍，呂后死，且令據兵衛宮以逐其狂逞，而劉氏幾移於呂。」〔註77〕因此，說諸呂沒有發動叛亂的實力是不符合歷史事實的。

第二，諸呂有「欲為亂」的準備。《史記・孝文本紀》記載：「諸呂呂產等欲為亂，以危劉氏，大臣共誅之，謀召立代王。」同書《呂后本紀》又載：「呂祿、呂產欲發亂關中，內憚絳侯、朱虛等，外畏齊、楚兵，又恐灌嬰畔之，欲待灌嬰兵與齊合而發，猶豫未決。」從這些記載中我們可以獲得一些信息，即諸呂打算先發制人，控制朝廷，但具體怎麼控制，還在猶豫。因對太尉周勃和老將灌嬰有所畏懼，故而不敢貿然行事。《史記・樊酈滕灌列傳》：「呂祿信之，故母出遊，而太尉勃乃得入據北軍，遂誅諸呂。」這些記載並不能直接說明諸呂沒有謀反的準備，僅能說明呂祿、呂產上當受騙，缺乏遠見、魄力和幹練的政治才能。

綜合以上兩點，筆者認為並不能完全排除諸呂叛亂的可能性。呂氏外戚破壞劉邦所定下的規矩，恐被大臣謀殺，因此密謀作亂。可以說，諸呂謀反是諸呂集團憑藉呂后的蔭庇，殺害功臣和劉氏家族成員的行為。

2. 戾太子案

根據《漢書・武帝紀》記載：「秋七月，〔按〕道侯韓說、使者江充等掘蠱太子宮。壬午，太子與皇后謀斬充，以節發兵與丞相劉屈氂大戰長安，死者數萬人。庚寅，太子亡，皇后自殺。初置城門屯兵。更節加黃旄。御史大夫暴勝之、司直田仁坐失縱，勝之自殺，仁要斬。八月辛亥，太子自殺于湖。」據引文可知，征和二年（前91年），江充等至太子宮掘蠱，得桐木人。少傅石德懼誅，勸太子劉據收捕江充等。被逼無奈的太子發兵斬充，與丞相劉屈氂大戰長安城中五日，最後因謀反罪名被殺。《漢書・劉屈氂傳》記載：

> 其秋，戾太子為江充所譖，殺充，發兵入丞相府，屈氂挺身逃，亡其印綬。是時，上避暑在甘泉宮，丞相長史乘疾置以聞。……乃賜丞相璽書曰：「捕斬反者，自有賞罰。以牛車為櫓，毋接短兵，多殺傷士眾。堅閉城門，毋令反者得出。」

戾太子事件時，任安為北軍使者護軍，掌握北軍。戾太子召任安，以節令與

任安欲其發兵助己，但任安卻「拜受節，入閉門不出」，既不助太子，亦不助丞相。太子敗逃之後，武帝雖原諒了任安，但最終還是被小吏告其太子反時曾言「幸與我鮮好者」，因而下吏誅死。漢武帝晚年，太子劉據案最終得到平反。

3. 莽何羅事件

《漢書‧霍光傳》云：「先是，後元年，侍中僕射莽何羅與弟重合侯通謀為逆，時光與金日磾、上官桀等共誅之，功未錄。」此記載過於簡略，《漢書‧金日磾傳》中詳細記載了整個謀反事件的全過程：

> 初，莽何羅與江充相善，及充敗衛太子，何羅弟通用誅太子時力戰得封。後上知太子冤，乃夷滅充宗族黨與。何羅兄弟懼及，遂謀為逆。日磾視其志意有非常，心疑之，陰獨察其動靜，與俱上下。何羅亦覺日磾意，以故久不得發。是時上行幸林光宮，日磾小疾臥廬。何羅與通及小弟安成矯制夜出，共殺使者，發兵。明旦，上未起，何羅亡何從外入。日磾奏廁心動，立入坐內戶下。須臾，何羅褏白刃從東箱上，見日磾，色變，走趨臥內，欲入，行觸寶瑟，僵。日磾得抱何羅，因傳曰：「莽何羅反！」上驚起，左右拔刃欲格之，上恐並中日磾，止勿格。日磾捽胡投何羅殿下，得禽縛之，窮治皆伏辜。……武帝遺詔以討莽何羅功封日磾為秺侯。

時任光祿勳屬下的駙馬都尉金日磾將莽何羅攔腰抱住，從而避免了一起謀害皇帝的事件。

謀反罪是封建時代中最為嚴重的犯罪，為國家刑律重點打擊的對象。張家山漢簡《賊律》記載：「謀反者，皆要（腰）斬。其父母、妻子、同產，無少長皆棄市。其坐謀反者，能偏（偏）捕，若先告吏，皆除坐者罪。」〔註78〕筆者詳考史書，《史記》、《漢書》、《後漢書》所記載的受「夷三族」刑的李斯、趙高、貫高、韓信、彭越、新垣平、江充、翟義、董卓、李榷、馬騰、董承、耿紀共十三案件中，除江充外，其餘都是以謀反的罪名被處罰的。

（二）巫蠱罪

所謂巫蠱，就是用祝詛或埋木偶人的辦法賊害人或移禍於人的巫術。

〔註78〕 張家山二四七號漢墓竹簡整理小組：《江陵張家山漢簡》，文物出版社，2001年版，第133頁。

〔註 79〕這種巫術在漢代非常流行。從民間到宮廷，從達官貴人到後宮嬪妃，
無不玩弄巫蠱妖術。但如果毒害的對象是皇帝，犯罪者及其家屬都將受到嚴
懲。《漢書·江充傳》記載漢武帝征和二年：「民轉相誣以巫蠱，吏輒劾以大
逆亡道，坐而死者前後數萬人。」《漢書·公孫賀傳》記載：

> 賀子敬聲，代賀爲太僕，父子並居公卿位。敬聲以皇后姊子，
> 驕奢不奉法，征和中擅用北軍錢千九百萬，發覺，下獄。是時，詔
> 捕陽陵朱安世不能得，上求之急。賀自請逐捕安世以贖敬聲罪。上
> 許之。後果得安世。安世者，京師大俠也，聞賀欲以贖子，笑曰：「丞
> 相禍及宗矣。南山之竹不足受我辭，斜谷之木不足爲我械。」安世
> 遂從獄中上書，告敬聲與陽石公主私通，及使人巫祭祠詛上，且上
> 甘泉當馳道埋偶人，祝詛有惡言。下有司案驗賀，窮治所犯，遂父
> 子死獄中，家族。

事件的起因是當時詔捕京師大俠朱安世而不能得，公孫賀自則請逐捕安世爲
其子敬聲贖罪，後果得朱安世。朱安世便從獄中上書告敬聲與陽石公主私通，
並在甘泉當馳道埋偶人。最後，公孫賀因此而被滅族。朱安世在獄中上書，
揭露丞相巫蠱之亂，最後使公孫賀披旗，足見無論何人犯巫蠱之罪都將受到
嚴懲。又，《漢書·武帝紀》記載：「乙巳，皇后陳氏廢。捕爲巫蠱者，皆梟
首。……閏月，諸邑公主、陽石公主，皆坐巫蠱死。」到漢武帝征和二年（前
91 年），同樣的事件又再次發生，這就是上文所介紹的由巫蠱案所引發的戾太
子案。及巫蠱事起，京師流血，僵屍數萬，太子子父皆敗。巫蠱之禍延綿數
年，牽連死者有戾太子、衛皇后，公孫賀、劉屈氂二丞相，諸邑、陽石二公
主及三皇孫，還牽涉到許多公卿大臣和其它重要人物，如石德、任安、暴勝
之、田仁、朱安世、江充、韓說、章贛、蘇文、商丘成、張富昌、李壽、莽
通、景建等。至東漢，《後漢書·皇后紀》記載：

> 自和熹鄧后入宮，愛寵稍衰，數有恚恨。后外祖母鄧朱出入宮
> 掖。十四年夏，有言后與朱共挾巫蠱道。事發覺，帝遂使中常侍張
> 慎與尚書陳褒，於掖庭獄雜考案之。朱及二子奉、毅與后弟軼、輔、
> 敞辭語相連及，以爲祠祭祝詛，大逆無道。奉、毅、輔考死獄中。
> 帝使司徒魯恭持節賜后策，上璽綬，遷於桐宮，以憂死。立七年，

〔註 79〕李禹階、秦學順等：《外戚與皇權》，西南師範大學出版社，1993 年版，第 77
頁。

> 葬臨平亭部。父特進綱自殺，軼、敵及朱家屬徙日南北景縣，宗親
> 外內昆弟皆免官，還田裏。……十四年夏，陰后以巫蠱事廢，后請
> 救不能得，帝便屬意焉。

據引文可知，永元十四年（102 年），陰皇后與外祖母鄧朱合謀，欲行巫蠱，皇帝派中常侍張慎、尚書陳褒嚴查到底。鄧朱的兒子鄧奉、鄧毅、陰皇后的弟弟陰輔都被活活拷打至死，陰皇后則被幽禁。《後漢書‧陰識傳》又載：「躬弟子綱女爲和帝皇后，封綱吳房侯，位特進，三子軼、輔、敵，皆黃門侍郎。后坐巫蠱事廢，綱自殺，輔下獄死，軼、敵徙日南。識弟興。」巫蠱之罪嚴重威脅到國家的政治統治，故而必將嚴懲。往往有牽連者均要受到不同程度的懲罰，或賜死，或下獄。

（三）闌入宮省罪

所謂闌入，即無憑證擅入宮門或殿門。《漢書‧成帝紀》：「無符〔註80〕籍妄入宮曰闌。」宮殿是皇帝居住和處理政務的地方，爲了保障皇帝的人身安全，門禁森嚴，入門必須有憑證，否則便構成闌入罪。闌入宮殿門，就有可能對皇帝的人身安全構成威脅，因此國家預設嚴刑加以懲處。但由於宮門與殿門治安等級的不同，對於闌入宮門或殿門者的懲罰程度上也有所不同。賈誼《新書》記載：「天子宮門曰司馬，闌入者爲城旦，……殿門俱爲殿門，闌入之罪亦俱棄市。」事實確實如此。《漢書‧高惠高后文功臣表》：「（平陽嗣侯曹宗）闌入宮掖門，入財贖完爲城旦。」可見闌入宮門者將受徒刑的懲罰。省中如何呢？《漢書‧武五子傳》記載漢武帝時「太子使舍人無且持節夜入未央宮殿長秋門」，可知沒有皇帝發出的符節作爲憑證，任何人都是不能夠隨便出入殿門。《漢書‧五行志》記載：「（王褒）帶劍入北司馬門殿東門（入北司馬門，又入殿之東門）……下獄死。」《漢書‧外戚傳》：「……桀妻父所幸充國爲太醫監，闌入殿中，下獄當死。」做爲太常屬官的太醫監妄入殿省，最後受到了棄市最爲嚴厲的懲罰。可見，闌入殿省，最後將受到死刑的嚴厲

〔註80〕 符，《說文解字》曰：「符，信也。漢制以竹長六寸，分而相合」。一般情況下，符的長度也有多種。《六韜》卷三：「主與將有陰符凡八等；凡大勝克敵之符，長一尺；破軍殺將之符，長九寸；降城得邑之符，長八寸；卻敵報遠之符，長七寸；警眾堅守之符，長六寸，請糧益兵之符，長五寸。敗軍亡將之符，長四寸；失利亡士之符，長三寸。」符上寫有持符者的姓名，寫有到達地址。符分爲兩半，先寄右符到達目的地，外出者持左符，到達目的地後合符檢驗。

懲罰。如果守宮門的官吏失職，放入了不該放入的人，罪名叫「失闌」或「不衛宮」，《漢書·王嘉傳》記載王嘉作郎中戶將，守殿門，結果「坐戶殿門闌闌，免」，即讓沒有符籍的人進入了皇宮，最終被免去爵位。

（四）漏泄省中語罪

　　除與君主自身直接相關的各種信息之外，有關宮省的其他事項也在保密之列。秦漢皇宮內分省外與省中，只有經過省外才能進入省中。所謂「漏泄省中語」，是專門針對那些知悉省中信息的官員而特意制定的。較早提出在政府內貫徹保密原則的是韓非子，「淺薄而易見，漏泄而無藏，不能周密而通群臣之語者，可亡也」〔註81〕。這個警告被秦始皇所接受。《史記·秦始皇本紀》記載秦始皇在山上看見丞相李斯出行的車隊過分煊赫，說了兩句表示不滿的話，在其身邊的宦官中，有人給李斯通風報信。此後，秦始皇又看見丞相出行，車騎清簡，頓時覺悟：「此中人（即宦官）泄吾語。」遂下令調查，因為沒人承認，最後竟將當時在場的宦官全部處死。這起不辨青紅皂白的格殺勿論，目的是獲得了絕對的安全保障。至漢代，亦將此罪作為重罪進行懲處。劉奭建昭二年（前 37 年），淮陽王的舅父張博、魏郡太守京房，因漏泄省中語，前者腰斬，後者棄市。僅元、成兩朝，就有魏郡太守京房等一批官員因「坐漏泄省中語，……誹謗政治，狡猾不道」而罷官、判刑，自殺的。甚至連皇親國戚，如侍中駙馬都尉傅遷、淮陽王舅父張博等，亦無幸免。洪邁《容齋隨筆》卷二「漏泄禁中語」云：

　　　　蓋漢法漏泄省中語為大罪，如夏侯勝出道上語，宣帝責之，故退不敢言，人亦莫能知者。房初見帝時，出為御史大夫鄭君言之，又為張博道其語，博密記之，後竟以此下獄棄市。今史所載，豈非獄辭乎？王章與成帝論王鳳之罪，亦以王音側聽聞之耳。

此外，《漢書·百官公卿表》云：「楚相齊宋登為京兆尹，三年貶為東萊都尉，未發，坐漏泄省中語下獄自殺。」《史記·建元以來侯者年表》記載：「平丘侯王遷……為光祿大夫，秩中二千石。坐受諸侯王金錢財。漏泄中事，誅死，國除。」〔註82〕文中「漏泄中事」疑為「漏泄省中語」而缺「省」字。西漢

〔註81〕 王先慎：《韓非子集解》，中華書局，2013 年版，第 110 頁。
〔註82〕 《漢書》與此文所言有異，《漢書·外戚恩澤侯表》：「平丘侯王遷以光祿大夫與大將軍光定策功侯，千二百五十三戶。……地節二年，坐平尚書聽請受臧六百萬，自殺。」不言「漏泄中事」。

賈捐之曾對人炫耀自己在舉薦官吏方面的本領時說：「前言平恩侯可爲將軍，期思侯並可爲諸曹，皆如言；又薦謁者滿宣，立爲冀州刺史。」同時，賈捐之還與他人密謀，互相薦舉，企圖獲取高位。事發之後，賈捐之以「懷詐僞，以上語，相風，更相薦譽，欲得大位，漏泄省中語，罔上不道」的罪名被棄市處死。又，《後漢書・袁敞傳》載：「明年，坐子與尚書郎張俊交通，漏泄省中語，策免。」漏泄省中語罪與皇宮安全有關。換言之，漏泄省中語罪應是京師皇宮所特有的一種罪名。

第二節　離宮禁苑

離宮禁苑是帝王在京城以外的行止之所。關於秦漢時期離宮禁苑的管理制度，目前雖尙無專論，但前輩學者在相關論著中卻多有涉及，如徐衛民先生所著《秦都城研究》、劉慶柱先生所著《漢長安城》以及日本學者岡大路所著《中國宮苑園林史考》等。〔註 83〕不過，隨著近些年考古資料的出土，使我們對秦漢離宮禁苑的管理制度有了更深層次的認識。基於此，筆者試從文獻和考古資料兩方面入手，對秦漢離宮禁苑管理制度進行一番梳理和考證。

一、離宮禁苑的分佈及特點

春秋戰國時代，各國君主就已在京畿地區修建有供遊樂的離宮與禁苑。秦國遷都咸陽之後，秦王嬴政以咸陽爲中心，大築園池，宮苑臺閣建築向四方伸張，宛若眾星捧月。《史記・秦始皇本紀》《正義》引《廟記》云：

> 北至九嵕、甘泉，南至長楊、五柞，東至河，西至汧渭之交，
> 東西八百里，離宮別館相望屬也。木衣綈繡，土被朱紫，宮人不徙。
> 窮年忘歸，猶不能遍也。

《三輔黃圖》卷一「咸陽故城」條記載：

〔註 83〕　目前學界關於秦漢離宮禁苑的研究著作主要有：〔日〕岡大路著、常瀛生譯《中國宮苑園林史考》，農業出版社，1988 年版；劉策《中國古代苑囿》，寧夏人民出版社，1979 年版；王學理《秦物質文化史》，三秦出版社，1994 年版；林秀貞、陳紹棣、雷從雲著《中國宮殿史》，文津出版社，1995 年版；徐衛民《秦都城研究》，陝西人民教育出版社，2000 年版；楊鴻勳《宮殿考古通論》，紫禁城出版社，2001 年版；劉慶柱《漢長安城》，文物出版社，2003 年版；郭風平、方建斌主編《中外園林史》，中國建材工業出版社，2005 年版；徐衛民《秦漢歷史地理研究》，三秦出版社，2005 年版。

> 秦每破諸侯，徹其宮室，作之咸陽北坂上。南臨渭，自雍門以
> 東至涇、渭，殿屋複道周閣相屬，所得諸侯美人鐘鼓以充之。二十
> 七年作信宮渭南，已而更命信宮爲極廟，象天極。自極廟道驪山，
> 作甘泉前殿，築甬道，自咸陽屬之。始皇窮極奢侈，築咸陽宮，因
> 北陵營殿，端門四達，以則紫宮，象帝居。

秦都咸陽氣魄之宏大，宮觀之侈麗，範圍之寬廣在秦以前是不曾有過的現
象。據徐衛民先生考證，秦朝關中渭南離宮有：步壽宮、步高宮、芷陽宮、
宜春宮、興樂宮、甘泉宮、章臺宮、阿房宮、長楊宮、陽宮；關中渭北離宮
有：蘭池宮、望夷宮、林光宮、梁山宮、高泉宮、棫陽宮、橐泉宮、蘄年
宮、羽陽宮與回中宮等。〔註 84〕秦朝之所以熱衷於建造眾多的離宮禁苑，與
秦始皇本人思想不無關係。秦始皇統一六國後，自以爲德兼三皇，功過五
帝，又欲傳至二世乃至萬世，於是自號「始皇帝」，徒天下豪富於咸陽十二萬
戶，並以「咸陽人多，先王之宮廷小」〔註 85〕爲理由，大其城郭。除在渭北

圖 1-2-1　秦都咸陽地區離宮禁苑分佈圖

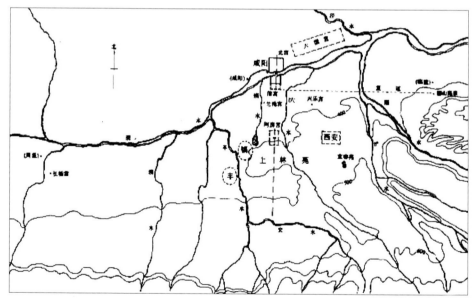

（選自周維權：《中國古典園林史》，清華大學出版社，1990 年版）

〔註84〕　徐衛民：《秦離宮別館述論》，《周秦文化研究》，陝西人民出版社，1998 年版，
　　　　　第 648～665 頁。
〔註85〕　《史記》卷六《秦始皇本紀》，第 256 頁。

圖 1-2-2　西漢長安及其附近主要宮苑分佈圖

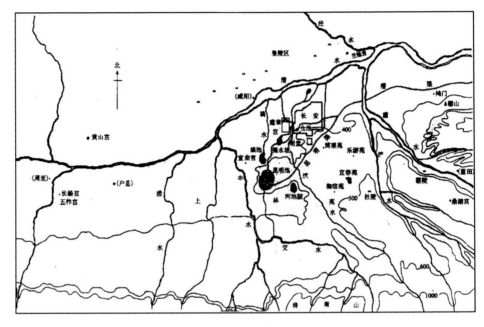

（選自周維權：《中國古典園林史》，清華大學出版社，1990 年版）

建六國宮室作爲離宮之外，遂將宮苑區的主體，移至渭河南岸，沿咸陽城的
軸線往南延伸，擴大上林苑，築信宮作爲朝宮，建北宮爲正寢，保持西周以
來「前朝後寢」的傳統格局。後來，「更命信宮爲極廟，象天極」〔註86〕，自
極廟開闢直道直抵臨潼溫泉宮，又在雲陽築甘泉宮。到秦始皇晚年，還打算
在渭南原周豐、鎬古都附近營造更大的朝宮，即著名的阿房宮，可惜未能完
成。〔註87〕

　　西漢建國之初於咸陽東南、渭水南岸另營新都長安。首先在秦的離宮興
樂宮的舊址上建長樂宮，後又在其東側建未央宮。在西漢初期，朝廷遵循與
民休養生息政策，漢高祖即位的次年便下沼「故秦苑囿園池，令民得田之」
〔註88〕。當時上林苑已荒廢，劉邦遂把苑內一部分土地分給農民耕種，其餘
的仍保留爲御苑禁地。隨著經濟的恢復和發展，到西漢中期，漢武帝在長

〔註86〕《史記》卷六《秦始皇本紀》，第 241 頁。
〔註87〕《史記‧秦始皇本紀》：「三十五年，……乃營作朝宮渭南上林苑中。先作前
　　　殿阿房。」而三十七年秦始皇死於東巡途中。故二世「元年四月，復作阿房
　　　宮」。通過近些年的考古發掘，也證明阿房宮的主體建築並沒有完工。
〔註88〕《漢書》卷一《高帝紀》，第 33 頁。

安城內修建桂宮、北宮、明光宮，城西外側築建章宮，擴充秦以來的上林苑〔註89〕，開鑿昆明池，廣建離宮別館。

在西漢眾多離宮中，以建章宮和甘泉宮最為重要。建章宮是漢武帝劉徹於太初元年（前 104 年）建造的離宮。司馬遷在其《史記・武帝本紀》中曾記載建章宮的建置情況：

> （太初元年）十一月乙酉，柏梁裁。……勇之乃曰：「越俗：有火災，復起屋必以大，用勝服之。」於是作建章宮，度為千門萬戶。前殿度高未央。其東則鳳闕，高二十餘丈。其西則唐中，數十里虎圈。其北治大池，漸臺高二十餘丈，名曰泰液池，中有蓬萊、方丈、瀛洲、壺梁，象海中神山龜魚之屬。其南有玉堂、璧門、大鳥之屬。乃立神明臺、井幹樓，度五十餘丈，輦道相屬焉。

與此記述大略相同的，另有《史記・封禪書》、《漢書・郊祀志》、《三輔黃圖》等。根據有關文獻記述並結合考古資料進行分析，建章宮實際上是作為溝通長安城內外宮苑的重要樞紐而經營起來的。《雍錄》載：「建章宮在長安城外，與未央諸宮隔城相望，故跨城而為閣道，尤與常異。」正如張家驥先生指出，建章宮「在空間構圖上，神明與井幹，高於鳳闕與別風，形成西高東低，具有空間上導向都城的方向性」〔註90〕。甘泉宮規模僅次於皇宮未央宮，據《三輔黃圖》引《關中記》：「林光宮，一曰甘泉宮，秦所造。……漢武帝建元中增廣之，周十九里。」漢初甘泉宮規模並不大，漢武帝對其進行了大規模擴建。西漢皇帝，尤其是漢武帝，每年五月都要北上至甘泉宮避暑，直到八月才返回長安未央宮。

東漢建都洛陽後，擴建城垣，城區略呈長方形，共設城門十二座。城內有南宮和北宮兩宮，合占城區面積的三分之一以上。南宮為秦代舊宮，正殿名卻非殿。明帝時大修北宮，其正殿以德陽殿最為宏大雄偉。南宮、北宮分別為大朝、寢宮性質。此外，洛陽城內還有永安宮、西園、南園等宮苑。城

〔註89〕　秦的上林苑是秦惠文王時開始建造的，秦始皇時擴大規模，形成西到澧水、南到終南山、北到渭河、東到宜春苑的龐大規模。漢上林苑是在秦上林苑基礎上建立起來的，但比秦上林苑規模更大。漢武帝建元三年（前 138 年），擴建上林苑，使其「繚垣綿聯、四百餘里」，其「跨谷彌阜。東至鼎湖，邪界細柳。掩長楊而聯五柞，繞黃山而款牛首」。據考古發掘，漢上林苑的範圍西至今終南鎮，東至今藍田焦岱鎮；南至今秦嶺山脈北麓，北到渭河。（參見劉慶柱：《漢長安城》，第 194 頁）

〔註90〕　張家驥：《中國造園史》，黑龍江人民出版社，1987 年版，第 40 頁。

區的其餘地段則爲居住區和商業區，佔地不到城區的一半。洛陽城外，散佈著許多離宮禁苑，見於文獻記載的有九處：即靈昆苑、平樂苑、上林苑、廣成苑、光風園、鴻池、西苑、顯陽苑、鴻德苑。

圖1-2-3　東漢洛陽地區離宮禁苑分佈圖

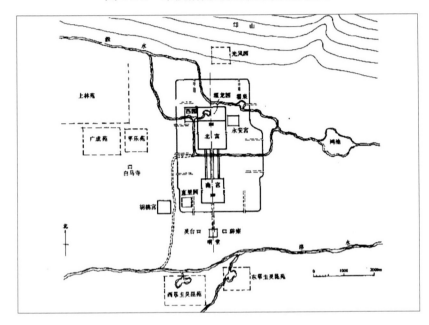

（選自周維權：《中國古典園林史》，清華大學出版社，1990年版）

班固《東都賦》：

> 增周舊，脩洛邑。扇巍巍，顯翼翼。光漢京於諸夏，總八方而爲之極。於是皇城之內，宮室光明，闕庭神麗。奢不可逾，儉不能侈。外則因原野以作苑，塡流泉而爲沼。發蘋藻以潛魚，豐圃草以毓獸。制同乎梁鄒，誼合乎靈囿。

又，張衡《東京賦》記載：

> 濯龍芳林，九谷八溪。芙蓉覆水，秋蘭被涯。渚戲躍魚，淵遊龜蠵。永安離宮，脩竹冬青。陰池幽流，玄泉洌清。鶡鶡秋棲，鶻鵃春鳴。雎鳩麗黃，關關嚶嚶。

東漢建國初期，朝廷崇尚儉約，宮苑的興造不多。到東漢中期以後，統治者日益追求享樂，尤其是桓、靈二帝時，除擴建舊宮苑之外，又興建了許多新的宮苑，形成東漢修建皇家宮苑活動的高潮。《後漢書·楊賜傳》「今城外之

苑已有五六」條李賢曰：「陽嘉元年起西苑，延熹二年造顯陽苑。《洛陽宮殿名》有平樂苑、上林苑。桓帝延熹元年置鴻德苑也。」又，《後漢書・靈帝紀》：「是歲，作畢圭、靈昆苑。」注曰：「畢圭，苑，有二：東畢圭苑周一千五百步，中有魚梁臺；西畢圭苑周三千三百步，並在洛陽宣平門外也。」又，《後漢書・順帝紀》；「是歲，起西苑，修飾宮殿。」從中看來，似乎在政治局面愈發嚴峻之時，最高統治者卻愈熱衷於離宮禁苑的建設。

　　以上就是秦漢京師地區離宮禁苑的基本分佈情況。實際上早在秦朝，京師的離宮苑圍就已初步形成了宮苑結合的特點，這是由於秦朝政治上實行中央集權制。皇帝集軍權、行政權於一身，政務繁忙。為了避免皇帝到處奔波，便在禁苑中修建離宮，作為皇帝處理政務之所。這樣就把皇帝處理政務、飲食起居、遊樂玩賞集中於一起，出現了宮苑結合的現象。正如史書所載：「營作朝宮渭南上林苑中」〔註91〕。這種宮苑合一的建築格局到漢代更加完備。甚至出現了「嬉遊往來，宮宿館客，庖廚不徙，後宮不移，百官備具」〔註92〕的局面。例如，西漢上林苑的離宮別館就有長楊宮、五柞宮、承光宮、儲元宮、望遠宮、宣曲宮等。〔註93〕漢武帝經常在這些離宮內處理政事、會見使節。可以說，禁苑並不單純是供皇帝遊樂場所，它實際上也是帝王的「第二皇宮」，即召見群臣、處理朝政的場所。

二、負責離宮警備的職官——以建章宮、甘泉宮為考察中心

　　因離宮是帝王在皇宮外的居所之一，故秦漢封建政府非常重視對離宮的管理與警備。具體而言，對於比較重要的離宮，秦漢中央政府特設衛尉等軍事職官來加強其警衛保護。《漢書・百官公卿表》中記載的只有未央宮的衛尉。實際上，在西漢除去未央宮衛尉以外，還有長樂衛尉，建章衛尉，甘泉

〔註91〕《史記》卷六《秦始皇本紀》，第256頁。
〔註92〕《史記》卷一一七《司馬相如列傳》，第3033頁。
〔註93〕《後漢書・班固傳》：「離宮別館，三十六所。」章懷注引《三輔黃圖》曰：「上林有建章、承光等十一宮，平樂、繭觀等二十五，凡三十六所。」《關中記》記載漢上林苑有「門十二，中有苑三十六，宮十二，觀二十五。建章宮、承光宮、儲元宮、包陽宮、尸陽宮、望遠宮、犬臺宮、宣曲宮、昭臺宮、蒲陶宮；繭觀、平樂觀、博望觀、益樂觀、便門觀、眾鹿觀、椶木觀、三爵觀，陽祿觀、陽德觀、鼎郊觀、椒唐觀、當路觀、則陽觀、走馬觀、虎圈觀、上蘭觀、昆池觀、豫章觀、郎池觀、華光現。以上十二宮二十二觀，在上林苑中。」《玉海・苑囿》引《漢舊儀》載：「離宮七十所。」

衛尉。錢大昕《廿二史考異》記載：

> 武帝時李廣爲未央衛尉，程不識爲長樂衛尉。表有廣無不識。
> 宣帝時霍光長女鄧廣漢爲長樂衛尉，長婿范明友爲度遼將軍，未央
> 衛尉，表有明友無廣漢，知表所載惟未央衛尉也。未央長樂二尉分主
> 東西宮，孟康云：「李廣爲東宮，程不識爲西宮。」〔註94〕予謂長樂
> 宮太后所居，太后朝稱東朝，似長樂在未央宮之東也。未央衛尉諸
> 傳皆單稱衛尉，獨李廣、范明友稱未央者，以別於長樂者。韋玄成
> 傳亦稱未央衛尉，則以其時始置建章衛尉，故亦稱未央以別之。

錢大昕《漢書拾遺》又云：

> 武帝時始見長樂衛尉；昭帝時有劉闢疆，昌邑王賀時有安樂；
> 宣帝時有許舜，董忠；成帝時有史丹、王宏、王安、韋安世；哀帝
> 時有王惲，蓋昭宣以後長樂宮常置衛尉矣。建章衛尉置於宣帝元康
> 元年，罷於元帝初元三年，居其職者有丙顯、金安上，皆宣帝朝臣
> 也。甘泉衛尉亦罷於初元三年而史不見置衛尉之文。此官創於武帝，
> 未審何年始立官衛，史亦未見除甘泉衛尉者。

錢大昕的這兩段論述很清楚的告訴我們除去未央衛尉以外，漢武帝以後曾經設置過長樂衛尉、建章衛尉以及甘泉衛尉。未央衛尉爲常設之官，而長樂、建章衛尉、甘泉衛尉則有可能是增設的官職。

（一）建章衛尉

建章宮設有衛尉一職，《漢書·宣帝紀》：「（元康元年），置建章衛尉。」《前漢紀·孝元皇帝紀》：「勞於非業之作。衛於不居之宮。其罷建章甘泉衛士。」可知，該官置於漢宣帝元康元年（前 65 年），罷於元帝初元三年（前 46 年）。關於建章衛尉的職掌，《漢書·百官公卿表》記載：「衛尉，秦官，掌宮門衛屯兵，有丞。景帝初更名大夫令，後元年復爲衛尉。屬官有公車司馬、衛士、旅賁三令丞。衛士三丞。又諸屯衛候、司馬二十二官皆屬焉。長樂、建章、甘泉衛尉皆掌其宮。」說明建章宮衛尉的職責與未央宮衛尉的職責基本相近，既負責建章宮門的守衛。《漢書·百官公卿表》記載：「博陽侯丙顯爲太僕，一年爲建章衛尉。」又《漢書·金安上傳》記載：「安上字子侯，少

為侍中，惇篤有智，宣帝愛之。頗與發舉楚王延壽反謀，賜爵關內侯，食邑三百戶。後霍氏反，安上傳禁門闥，無內霍氏親屬，封為都成侯。至建章衛尉，薨，賜冢塋杜陵，諡曰敬侯。」漢代曾擔任建章衛尉者，宣帝時有丙顯、金安上等人，目前尚未發現其他任此職者之記載。

（二）甘泉衛尉

甘泉宮亦設衛尉一職，負責宿衛甘泉宮宮門的安全。筆者詳查史書，未發現其始置於何時。《三輔黃圖》卷二僅僅記載漢武帝曾：「於甘泉宮更置前殿，始廣造宮室，有芝生甘泉殿邊房中。」又，《通典・職官七》記載：「有長樂、建章、甘泉衛尉，皆掌其宮，其職略同，而不常置。」說明甘泉衛尉有可能不是常設職官。依據前引《前漢紀・孝元皇帝紀》的記載可知甘泉衛尉罷於漢元帝初元三年（前 46 年）。

三、保護禁苑安全的官員──以上林苑為考察中心

秦代禁苑是王室皇帝遊幸之所，其管理者是誰呢？由於缺乏記載，不得確定。但雲夢出土的睡虎地秦簡以及龍崗秦簡中保存的相關方面內容彌足珍貴，可補正史之缺。依龍崗秦簡我們推斷秦代管理禁苑的人員及機構有禁苑嗇夫、禁苑吏、苑人等。分別見於以下諸簡：

> 簡6：　禁苑吏、苑人及黔首有事禁中，或取其□□□☑
>
> 簡7：　諸有事禁苑中者，□□傳書縣、道官，□鄉（？）☑
>
> 簡11：☑于禁苑中者，吏與參辨券☑
>
> 簡39：禁苑嗇夫、吏數循行，垣有壞決獸道出，及見獸出在外，亟告縣
>
> 簡53：令、丞弗得，貲各二甲。關外及縣、道官為☑〔註95〕

又，睡虎地秦墓竹簡《秦律十八種》：

> 除佐必當壯以上，毋除士五（伍）新傅。苑嗇夫不存，縣為置守，如廄律。内史雜

以上簡文說明，禁苑所置職位較高的官員應為苑嗇夫、令、丞。《漢書・百官公卿表》載：「太僕，秦官，輿馬，有兩丞。屬官有大廄、未央、家馬三令，各五丞一尉。又車府、路軨、騎馬、駿馬四令丞。又龍馬、閑駒、橐泉、騊

〔註95〕中國文物研究所、湖北省文物考古研究所：《龍崗秦簡》，中華書局，2001 年版，第 73、73、75、89、94 頁。

駒、承華五監長丞。又邊郡六牧師菀令，各三丞。又牧橐、昆蹏令丞，皆屬
焉。」秦時有昆蹏苑，由是嗇夫、令、丞似爲具體負責某一禁苑的最高官員，
其隸屬關係則直接聽命於中央政府的太僕。及至漢代，禁苑的管理更加細化。
西漢初年，禁苑很有可能屬中央少府管理。到武帝時，長安附近的諸禁苑皆
被擴入上林苑，因此設水衡都尉專管之。

（一）水衡都尉

水衡都尉，秩二千石，於漢武帝元鼎二年（前115年）初置，掌上林苑，
有五丞。《漢書・百官公卿表》「水衡都尉」條顏師古注曰：

> 應劭曰：「古山林之官曰衡。掌諸池苑，故稱水衡。」張晏曰：
> 「主都水及上林苑，故曰水衡。主諸官，故曰都。有卒徒武事，故
> 曰尉。」師古曰：「衡，平也，主平其稅入。」

這段注文說明水衡都尉的主要職掌是上林苑中的八丞十二尉，管理苑中的禽
獸飼養，負責宮觀的管理以及全苑的巡邏警衛任務。《漢書・百官公卿表》記
載水衡都尉屬官有「上林、均輸、御羞、禁圃、輯濯、鍾官、技巧、六廄、
辯銅九官令丞。又衡官、水司空、都水、農倉，又甘泉上林、都水七官長丞
皆屬焉。上林有八丞十二尉，均輸四丞，御羞兩丞，都水三丞，禁圃兩尉，
甘泉上林四丞。成帝建始二年，省技巧、六廄官。王莽改水衡都尉曰予虞」，
眞可謂屬官甚多。其中直接負責禁苑管理的職官有：

上林苑令　此官是水衡都尉中較高的官吏。《漢書・張釋之傳》記載：「從
行，上登虎圈，問上林尉禽獸簿，十餘問，尉左右視，盡不能對。虎圈嗇夫
從旁代尉對上所問禽獸簿甚悉，欲以觀其能口對嚮應亡窮者。文帝曰：『吏不
當如此邪？尉亡賴！』詔釋之拜嗇夫爲上林令。」《後漢書・百官志》：「上林
苑令一人，六百石。本注曰：主苑中禽獸。頗有民居，皆主之。捕得其獸送
太官。」據此，上林苑令的職責是管理苑中的花草樹木與飛禽走獸。

上林丞　上林苑令之輔佐。吳幼潛編《封泥考略》卷一有「上林丞印」，
即爲證明。

上林尉　主管上林苑的保衛工作。《漢舊儀》記載：「上林苑……置令丞
左右尉。」而《漢書・百官公卿表》：「上林有八丞十二尉，均輸四丞，御羞
兩丞，都水三丞，禁圃兩尉，甘泉上林四丞。」兩段引文所記上林尉職官數
量相差較大。筆者推測《漢舊儀》所記載的可能是漢初的情況，後來隨著上
林苑的擴建，增加到十二尉。

圖1-2-4　上林丞印《封泥彙編》　　　圖1-2-5　上林尉印《封泥彙編》

　　東漢建立後，對國家財政管理制度作了一次改革。將少府屬下分管禁錢的司府長改爲由大司農管轄，使皇室不再依賴苑囿爲重要的財源，並從根本上改變了過去國家與皇家兩套財政的體制。〔註96〕但光武帝這樣作的一個意想不到的後果是，後世皇家禁苑的面積大大萎縮。《後漢書・百官志》：「孝武帝初置水衡都尉，秩比二千石，別主上林苑有離宮燕休之處，世祖省之，並其職於少府。每立秋獮膢劉之日，輒暫置水衡都尉，事訖乃罷之。少府本六丞，省五。……又省水衡屬官令、長、丞、尉二十餘人。」東漢國家財政和帝室財政合二爲一，水衡都尉所管理財政都歸由大司農管理，他自身也就是失去了存在的意義，故漢光武帝最終將其裁撤了。

（二）步兵校尉

　　西漢武帝爲加強京師及城外禁苑的治安保衛力量，設置了互不統屬的八個校尉。《漢書・百官公卿表》：「中壘校尉掌北軍壘門內，外掌西域。屯騎校尉掌騎士。步兵校尉掌上林苑門屯兵。越騎校尉掌越騎。長水校尉掌長水宣曲胡騎。又有胡騎校尉，掌池陽胡騎，不常置。虎賁校尉掌輕車。凡八校尉，皆武帝初置，有丞、司馬。」又，《後漢書・百官志》記載：「步兵校尉一人，比二千石。本注曰：掌宿衛兵。司馬一人，千石。」引《漢官》：「員吏七十三人，領士七百人。」武帝爲了加強對長安城以及禁苑的防護而置中壘、屯騎、步兵、越騎、長水、胡騎、射聲、虎賁等八校尉。其中，步兵校尉負責

〔註96〕　《漢書・宣帝紀》：「二年春，以水衡錢爲平陵，徙民起第宅。」顏師古注曰：「應劭曰：『水衡與少府，皆天子私藏耳。』」《急就篇》：「司農、少府國之淵。」顏師古曰：「司農領天下錢穀，以供國之常用。少府管池澤之稅機關市之資，以供天子。」《後漢書・百官志》「少府」條本注曰：「承秦，凡山澤陂池之稅，名曰禁錢，屬少府。世祖改屬司農，考工轉屬太僕，都水屬郡國。」

上林苑門地區的屯兵事務。

四、離宮禁苑的治安管理

秦漢對禁苑的管理非常細密，出入禁苑不但要驗符籍，對禁苑的範圍、周邊百姓的牲畜都給予嚴格的限制。正史關於秦漢離宮禁苑管理的記載極其簡略，而在 1989 年雲夢龍崗六號秦墓出土了一批秦代簡牘。儘管保存狀況較差，但簡牘涉及了大量禁苑管理的內容，這可以彌補史書記載的缺陷。

（一）不得無詔私自闌入禁苑

因離宮禁苑爲皇帝行止之所，無論平民，還是官吏，不得無詔出入離宮禁苑。若擅自出入，將要受到嚴懲。例如，漢武帝元封元年（前 110 年），梁相山都侯王恬啓之曾孫王當「坐闌入甘泉上林，免」〔註 97〕，以致最後被除國。征和元年（前 92 年），「上居建章宮，見一男子帶劍入中龍華門，疑其異人，命收之。男子捐劍走，逐之弗獲。上怒，斬門候」〔註 98〕。之後，漢武帝於「冬十一月，發三輔騎士大搜上林，閉長安城門索」，顏師古注曰：「臣瓚曰：『搜謂索姦人也。上林苑周回數百里，故發三輔車騎入大搜索也。《漢帝年記》發三輔騎士大搜長安上林中，閉城門十五日，待詔北軍征官多餓死。』」〔註 99〕足見苑禁之嚴格。此外，龍崗秦簡記載：

> 簡 15：從皇帝而行及舍禁苑中者皆（？）□□□□□☑
>
> 簡 27：諸禁苑爲奧（壝），去苑卌里，禁〔註 100〕。毋敢取奧中獸，
> 　　　　取者其罪與盜禁中【同】☑
>
> 簡 28：諸禁苑有奧（壝）者，□去奧（壝）廿里毋敢毎（謀）殺
> 　　　　□……敢毎（謀）殺……☑
>
> 簡 67：出入之，勿令☑
>
> 簡 68：吏具，必亟入；事已，出☑〔註 101〕

簡 15 殘缺的文字很有可能是授予准許隨皇帝行入禁苑的憑證之類的內容。反言

〔註 97〕　《漢書》卷一六《高惠高后文功臣表》，第 622 頁。

〔註 98〕　司馬光：《資治通鑒》卷二十二《漢紀》，中華書局，1956 年版。

〔註 99〕　《漢書》卷六《武帝紀》，第 208 頁。

〔註 100〕　簡文原爲：「諸禁苑爲奧（壝），去苑卌里，禁勿敢取奧（壝）中獸，取者其罪與盜禁中。」按：當讀爲：「諸禁苑爲奧（壝），去苑卌里，禁。勿敢取奧（壝）中獸。」「禁」是對「諸禁苑爲奧（壝）」的說明，與後文應是兩事。

〔註 101〕　《龍崗秦簡》，第 77、82、83、99、99 頁。

之，禁苑是不允許隨便進入和留宿的。簡68說的是官吏辦好手續後，必須要盡快進入離宮禁苑，工作完成後，必須馬上離開。綜合以上簡文可知，禁苑之地是絕對不能隨便出入的。秦朝在禁苑外沿設置寬四十里的空地爲耎地，這片耎地亦爲禁區，不得獵取野獸，在此地區狩獵的則與在禁苑中盜獵同罪。在耎地的外圍還有二十里的範圍，這一地段也是不能隨便狩獵的。〔註102〕

（二）出入禁苑需要驗證符傳

符傳制度作爲警備制度的重要內容之一，源流久遠。雲夢龍崗秦簡記載：

簡5：　關。關合符，及以傳書閱入之，及诏偑（佩）入司馬門久（？）▨

簡14：六寸符皆傳□□□□□□□□□□□▨〔註103〕

據《三輔黃圖》卷二《漢宮》記載：「漢未央、長樂、甘泉宮，四面皆有公車。」《漢書・項籍傳》記載：「章邯恐，使長史欣請事。至咸陽，留司馬門三日。」師古注：「凡言司馬門者，宮垣之內兵衛所在，四面皆有司馬，主武事。總言之，外門爲司馬門也。」可見，司馬門是指皇宮宮門，有的離宮禁苑和陵寢的宮門也叫司馬門。簡 5、簡 14，說明秦朝確實已有司馬門的稱呼。同時，也說明出入宮苑殿門、關隘都要「符合以從事」，否則不得出入。在沒有允許的情況下出入宮殿，以闌入罪論處。此外，秦律詳細規定以下三種情況禁入離宮苑囿：

簡2：　竇出入及毋（無）符傳而闌入門者，斬其男子右趾，□女〔子〕▨

簡3：　傳者入門，必行其所當行之道，□□〔不〕行其所當行▨

簡4：　**詐**（詐）僞、假人符傳及讓人符傳者，皆與闌入門同罪

簡12：有不當入而闌入，及以它**詐**（詐）僞入□□□□□▨〔註104〕

當時出入禁苑至少禁止三種情形：第一，「竇出入」，即「鑿孔穴出入」，謂於垣牆打洞而入，非經門出入，可參見簡2；第二，「毋符傳而闌入門」，符傳者，乃出入津關之憑信，無之，不得擅自出入，否則爲「闌入」，將受嚴懲，可參見簡2、簡12；第三，『詐僞而入」，即「詐僞假人符傳」，以欺騙的方式獲得

〔註102〕胡平生：《雲夢龍崗秦簡《禁苑律》中的「耎」（壖）字及相關制度》，《江漢考古》，1991年，第2期。

〔註103〕《龍崗秦簡》，第72、76頁。

〔註104〕《龍崗秦簡》，第69、71、71、76頁。

符傳，或者僞造符傳，或者借用他人符傳者，見於簡 4、簡 12。簡 3 所記律文，因已經殘缺，語意不甚明瞭，或謂傳者入門當行其所當行，止其所當止事。根據以上簡文，竇出入者、毋符傳而闌入者、諸假人符傳者所犯罪刑相當，都會受到「斬其男子左趾，□女（子）∠」的處罰。

（三）不准擅取禁苑內之財物

在帝王貴族佔有大量財富以後，射獵失去其經濟意義而成爲一種純粹享樂與健身練武的活動。因而，古代禁苑所養多是野生的飛禽走獸。對於這些動物，亦屬禁苑內財物，不得隨便射殺。漢武帝元鼎四年（前 113 年），安丘懿侯張說之玄孫張拾「坐入上林謀盜鹿，又搏搶，完爲城旦」〔註 105〕。可見無論是官吏，還是平民都是不能擅取離宮禁苑內任何財物和動物。睡虎地秦墓竹簡《田律》：「百姓犬入禁苑中而不追獸及捕獸者，勿敢殺；其追獸及捕獸者，殺之。河（呵）禁所殺犬，皆完入公；其它禁苑殺者，食其肉而入皮。」龍崗秦簡 77 號到 83 號內容與此相合。大致意思是說，百姓的狗進入禁苑而沒有追獸和捕獸的，不准打死，若追獸和捕獸的則要打死。漢律還規定，任何人甚至不准破壞離宮苑內一草一木。例如，漢武帝時，右扶風長官咸宣屬吏成信，因罪逃進上林苑躲藏，咸宣「使郿令將吏卒，闌入上林中蠶室門攻亭格殺信，射中苑門，宣下吏，爲大逆，當族，自殺」〔註 106〕。若苑內的樹木枯死，也要追究相關人員的責任。

第三節　陵　寢

帝陵是都城的重要組成部分。中國古代帝王在死後一般都會葬在都城附近，因而在規劃都城時，都要規劃出陵區所在，秦漢王朝亦不例外。秦漢統治者以大量人力物力，修建規模巨大的陵墓以及用來供奉、祭祀、朝拜的建築，即所謂「陵寢」。每個「陵寢」既是按照帝王生前所居的宮廷格局設計的，又是按照當時禮制的需要而規劃的。

一、陵寢位置與形制概說

秦始皇陵是中國第一座皇家陵寢。在中國帝王陵墓中，以其規模宏大，

〔註 105〕《漢書》卷一六《高惠高后文功臣表》，第 592 頁。
〔註 106〕《漢書》卷九○《酷吏傳》，第 3661～3662 頁。

埋藏豐富而著稱於世。繼之而來的漢代是我國封建時代的第一個鼎盛時期，封建社會的禮儀、喪葬典章制度的確立、完善和鞏固基本上都完成於此時。

（一）秦朝帝陵〔註107〕

通過考古發掘，秦始皇陵園由南北兩個狹長的長方形城垣構成，內城中部有一道東西向夾牆，正好將內城分爲南北兩部分。高大的封冢座落在內城的南半部，它是整個陵園的核心。考古工作者經過鑽探，探明封土北側地面建築群有三處，其中靠近封土的一處建築規模較大，形制講究，似爲陵園祭祀的寢殿。秦始皇陵園的總體布局與戰國國君陵園相比有一些顯著特點：首先，在布局上體現了一冢獨尊的特點。過去發現的魏國國君陵園，其中並列著三座大墓，中山國王陵園內也排列著五座大墓，而秦始皇陵園內卻只有一座高大的墳墓，充分顯示了一冢獨尊的特點。其次，封冢位置也有別於其它國君陵園。戰國國君陵園大多是將封冢安置在回字形陵園的中部，而秦始皇陵封冢位於內城南半部。有學者以爲這是按照「以西爲上」的禮制安排的〔註108〕，但從陵園總體布局來看，始皇陵封冢並不在西半部。〔註109〕其

〔註107〕 近些年相關研究論著有：朱思紅：《秦始皇陵一號銅車出土銅弩研究》，《秦文化論叢（七）》，西北大學出版社，1999 年版；徐衛民：《秦公帝王陵園考論》，《文博》，1999 年第 1 期；張占民：《秦始皇陵地宮探秘》，《文博》，1999 年第 2 期；劉占成：《秦始皇棺槨葬具考》，《文博》，1999 年第 3 期；王兆麟：《秦始皇陵的重大新發現》，《文物天地》，2000 年第 1 期；袁仲一：《秦始皇陵園考古勘探研究中幾個問題的探討》，《秦俑秦文化研究》，陝西人民出版社，2000 年版；始皇陵考古隊：《秦始皇陵考古新發現》，《秦俑秦文化研究》，陝西人民出版社，2000 年版；雷依群：《秦漢兵馬俑文化比較研究——以秦始皇陵和漢景帝陽陵爲中心》，《文博》，2001 年第 6 期；袁仲一：《秦始皇陵的考古發現與研究》，陝西人民出版社，2002 年版。

〔註108〕 楊寬：《中國古代陵寢制度史研究》，上海人民出版社，2003 年版，第 192 頁。

〔註109〕 楊寬先生在《秦始皇陵園布局結構探討》文中指出：「秦始皇陵園的布局，就是按照國都咸陽設計的。……把雙重圍牆的陵寢造在陵園的西部，陵墓造在陵園的西南角，就是按照咸陽和成都的小城（即宮城）造在大城西邊而布局的。不僅陵園布局的設計是仿傲都城結構的，甚至採用挖掘魚池來取土的方法也是仿傲都城的建築的。」（《文博》，1981 年第 3 期）。學術界有另一種觀點：「秦始皇陵園的整個建築布局是模擬生前，把地上王國統統地搬到地下。帝陵內城內有寢殿、便殿、寺園吏舍，還有供皇帝出行的乘輿，遊獵用的苑圃。外城外邊的廄苑內有供駕車和騎乘用的駿馬，更加上地宮內具有百官次位以及無數奇器珍怪，正構成一幅封建帝王理想的宮域圖。」（參見袁仲一：《秦始皇陵兵馬俑》序言，文物出版社，1983 年）。

三，秦始皇並沒有沿襲戰國國君墳墓稱為「陵」的制度，而自己的墳墓稱為「山」，定名為「麗山」，把自己的陵園稱為「麗山園」。這從出土的銅鐘銘文作「麗山園」、出土陶壺蓋的陶文作「麗山飤官」、「麗山茜府」，可以得到證明。秦始皇之所要這麼做，大概是用來顯示其陵墓的等級要高於戰國國君之意。

圖 1-3-1 秦始皇陵園平面示意圖

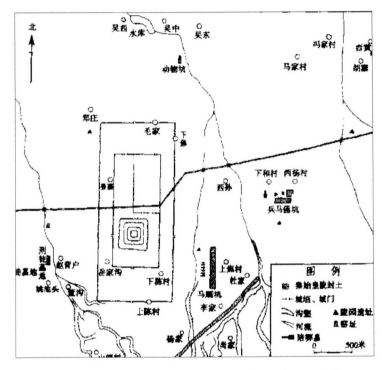

（劉士毅：《秦始皇陵地宮地球物理探測成果與技術》，地質出版社，2005年版）

（二）西漢帝陵 〔註 110〕

在西漢皇帝陵墓中，除漢文帝霸陵和漢宣帝杜陵位於渭河以南西安市東郊的白鹿原北端及南郊的少陵原上以外，其餘九位均葬於今陝西咸陽市北原上。九陵自西起依次排列著武帝茂陵、昭帝平陵、成帝延陵、平帝康陵、元

〔註 110〕 關於西漢帝陵的研究著作有：劉慶柱《西漢諸陵調查和研究》，《文物資料叢刊》（第 6 輯）以及《考古與文物》創刊號、1982 年第 4 期、1984 年第 2 期所載長陵、陽陵、渭陵、平陵、雲陵調查報告。

帝渭陵、哀帝義陵、惠帝安陵、高祖長陵、景帝陽陵。西漢帝陵的形制可以分爲兩類：一類是霸陵因山爲陵的形式，墓葬開鑿於山崖中，不另起墳丘。其他十陵則屬另一類，都築有高大的覆斗形夯土墳丘，其中以武帝茂陵墳丘最大。漢代帝后合葬同塋而不同陵，后陵大多在帝陵的東面，墳丘亦較帝陵爲小，惟呂后墳丘大小幾乎與高祖長陵墳丘相等。從陽陵開始，在帝后墳丘的四周築平面方形的夯土垣牆，每面垣牆的中央各闢一門，門外立雙闕。陵園之旁建寢殿和廟園。「樂遊原上清秋節，咸陽古道音塵絕。音塵絕，西風殘照，漢家陵闕」，李白《憶秦娥》的詞句給我們描繪了渭水北岸咸陽原上漢代帝陵的宏偉景象。

　　漢陵造型均爲覆斗形狀，上小下大，顯得十分莊重，其中尤以長陵和茂陵最爲著稱。帝陵附近的建築，除了寢園外，還有廟園。廟園的中心是陵廟，四周築有圍牆，圍牆四向各開一門。陵廟是祭祀場所，每年都要在這裡舉行祭祀活動。中國社會科學院考古研究所於 1982 年至 1985 年，開展了對漢宣

圖 1-3-2　漢杜陵陵區遺迹分布圖

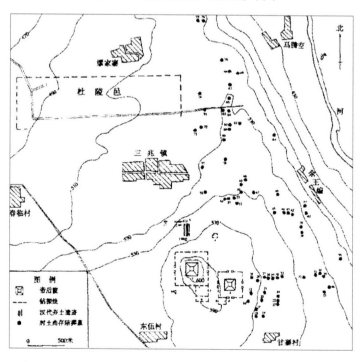

（中國社會科學院考古研究所：《漢杜陵陵園遺址》，科學出版社，1993年版）

圖 1-3-3　西漢帝陵分佈圖

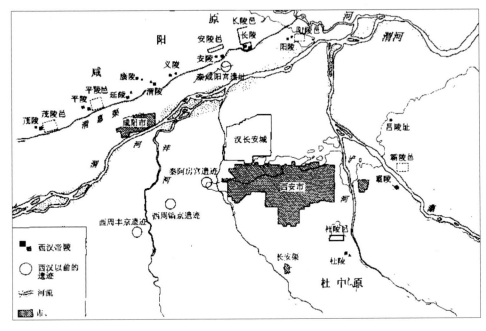

（杜葆仁：《西漢諸陵位置圖考》，《考古與文物》，1980 年第 1 期）

帝杜陵和孝莊王皇后陵的陵墓、陵園、寢園以及陵邑、陪葬坑和陪葬墓的考古勘察，並對帝陵陵園東門和北門遺址、寢園的寢殿遺址、一號和四號陪葬坑進行了考古發掘。〔註 111〕漢宣帝陵之陵墓居陵園中央，四面正中各有一條墓道通向地宮，四條墓道的大小、形制基本相同。墓道底部爲斜坡墓道，均塡土夯築。陵墓周圍築有牆垣，四面牆垣正中各闢一門。杜陵既對西漢前期帝陵禮儀制度有所承襲，又對後代帝陵產生影響，在漢代帝陵中具有代表性。杜陵的發掘使我們對漢代帝王陵墓的陵區以及禮制建築的布局、形制有了較爲清楚的認識，從而證明西漢帝陵的布局當是仿照皇宮進行建造的。

西漢帝陵一覽表

皇帝	陵名	文獻記載封土面積	實際測量	資料出處
高祖劉邦	長陵	《三輔黃圖》：長陵山，東西廣一百二十丈，高十三丈	南北寬 165 米；東西長 145 米；高度 30 米	《考古與文物》，1984.2 石興邦

〔註 111〕 中國社會科學院考古研究所：《漢杜陵陵園遺址》，科學出版社，1993 年版。

惠帝 劉盈	安陵	——	南北寬 163 米；東西長 140 米；高度 28 米	《考古》，1981.5 咸 陽博物館
文帝 劉恒	霸陵	《三輔黃圖》：因山 爲藏，不復起墳	南北寬 143 米，東西長 137 米	——
景帝 劉啓	陽陵	《三輔黃圖》：方百 二十步，高十丈	南北寬 167.5 米；東西 長 168.5 米；高度 32.28 米	陝西省考古研究所 《漢陽陵》
武帝 劉徹	茂陵	《漢舊儀》：墳高二 十丈	南北寬 243 米；東西長 239 米；高度 46.5 米	王志傑《漢武帝與 茂陵》
昭帝 劉弗 陵	平陵	——	南北寬 160 米；東西長 160 米；高度 20 米	《考古與文物》， 1982.4 咸陽博物館
宣帝 劉洵	杜陵	《長安志》：方百二 十步	南北寬 175 米；東西長 175 米；高度 29 米	《考古》，1984.10 杜陵工作隊
元帝 劉奭	渭陵	——	南北寬 162 米；東西長 164 米；高度 29 米	《考古與文物》， 1980.3 李洪濤
成帝 劉驁	延陵	——	南北寬 173 米；東西長 173 米；高度 31 米	惠煥張《陝西帝王 陵》
哀帝 劉欣	義陵	——		
平帝 劉衎	康陵	——	南北寬 216 米；東西長 209 米；高度 26.6 米	惠煥張《陝西帝王 陵》

（三）東漢帝陵 〔註 112〕

　　東漢十二帝陵，除獻帝禪陵遠在河內郡山陽以外，其他十一帝陵都在洛陽故城附近。分別爲光武帝原陵、安帝恭陵、順帝憲陵、沖帝懷陵、靈帝文陵；明帝顯節陵、章帝敬陵、和帝愼陵、殤帝康陵、質帝靜陵、桓布宣陵。

〔註 112〕 關於東漢帝陵的研究論著有：黃展岳：《中國西安、洛陽漢唐陵墓的調查與發掘》，《考古》，1981 年第 6 期；陳長安：《洛陽邙山東漢陵試探》，《中原文物》，1982 年第 3 期；楊寬、劉根良、太田有子、高木智見：《秦漢陵墓考察》，《復旦大學學報（社會科學版）》，1982 年第 6 期；李南可：《從東漢「建寧」、「熹平」兩塊黃腸石看靈帝文陵》，《文物》，1961 年第 10 期；洛陽市第二文物工作隊：《洛陽邙山陵墓群的文物普查》，《文物》，2007 年第 10 期；《東漢光武皇帝劉秀原陵淺談》，《漢魏洛陽故城研究》，科學出版社，2000 年版；韓國河：《東漢帝陵踏查記》，《考古與文物》，2005 年第 3 期。

東漢諸帝陵詳細地望說法不一，據《帝王世紀》所載明帝顯節陵、章帝敬陵、和帝慎陵、殤帝康陵及桓帝宣陵均在洛陽城東南 34 至 48 里的區域內；安帝恭陵、順帝憲陵、沖帝懷陵、靈帝文陵均在洛陽城西北 15 至 20 里的區域內，質帝靜陵在洛陽城東 32 里，但具體位置有待進一步開展考古工作，方可探明。

圖 1-3-4　東漢洛陽帝陵分佈圖

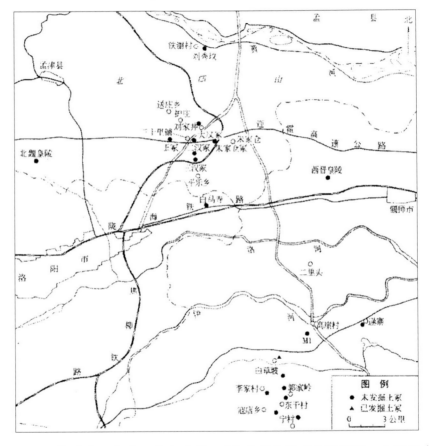

（中國社會科學院考古研究所編著：《中國考古學（秦漢卷）》，中國社會科學出版社，2010 年）

　　為適應政治上的需要，東漢把豪族注重祭祀祖先祠堂的辦法加以擴大，運用到陵寢制度當中。西漢時期寢殿一般建築在陵園之中，陵廟建於陵園之外，大規模的祭祀典禮多在陵廟中進行。東漢則把這一禮儀移置陵園中。同時，陵園建築也增添了許多新內容。諸如，開始在陵前建築祭殿，還在陵旁

建築懸掛大鐘，以便祭祀時鳴鐘。此外，通往陵冢的神道兩側還列置成對石雕，開創了在神道兩側建置石雕生的先例，這一建制爲以後各朝所沿用。東漢帝陵地下建築改變了西漢以柏木黃心爲槨的制度，多用石頭砌建槨室，稱爲「黃腸石」。

　　與秦始皇陵相比，漢代帝陵的特點有：第一，陵墓規模不同。秦始皇陵較西漢諸陵規模大。根據考古資料，秦始皇陵原封土基部南北長 515 米，東西寬 485 米，原高 115 米（現高 76 米）。西漢諸陵現存封土以武帝的茂陵最大，底部每邊長約 240 米，高 46.5 米。其他諸陵的封土一般爲底部每邊長 170 米，高 30 米左右。秦始皇陵墓的佔地面積爲茂陵的 4.7 倍，爲其他諸陵的 8.6 倍；高度爲茂陵的 2.5 倍，爲其他諸陵的 3.8 倍。第二，陵園城垣規模不同。秦始皇陵城垣的規模遠遠大於西漢諸陵。在西漢諸陵中高祖長陵陵園的規模最大，城垣每邊長 780 米，其他帝陵陵園的城垣每邊長 410～430 米。而秦始皇陵的內城垣南北長 1355 米，東西寬 580 米；外城垣南北長 2188 米，東西寬 976 米。秦始皇陵城垣的佔地面積約相當於長陵的 3.5 倍，相當其他帝陵的 12 倍。第三，西漢帝陵基本上都是帝后同穴合葬，而始皇陵園內不見帝后陵，也未預留下帝后陵的位置，史書上亦未見帝后之名。推測其原因，一方面可能是秦始皇鑒於宣太后專權，以及即位時母后與嫪毐結黨擅權釀成叛亂，因而在他親政後對皇后的權勢地位降低，使皇后之名不顯；另一方面他自是千古一尊，反映在陵園建制上則成爲了一墓獨尊，這正是君主專制思想觀念的具體體現。〔註113〕

東漢帝陵一覽表

皇帝	帝陵	文獻記載封土面積	文獻記載帝陵所在地
光武劉秀	原陵	《古今注》：山方三百二十三步，高六丈六尺	《帝王世記》：「在臨平亭之南，西望平陰，東南去雒陽十五里。」
明帝劉莊	顯節陵	《古今注》：山方三百步，高八丈·無周垣	《帝王世記》：「西北去雒陽三十七里。」
章帝劉炟	敬陵	《古今注》：山方三百步，高六丈二尺·無周垣	《帝王世記》：「在雒陽東南，去雒三十九里。」

〔註113〕參見袁仲一：《秦始皇陵與西漢帝陵異同的比較分析》，《秦文化論叢》第 8 輯，西北大學出版社，2001 年版。

和帝 劉肇	慎陵	《古今注》：山方三百八十步，高十丈・無周垣	《帝王世記》：「在雒陽東南，去雒陽四十一里。」
殤帝 劉隆	康陵	《古今注》：山周二百八步，高五丈五尺	《帝王世記》：「高五丈四尺。去雒陽四十八里。」
安帝 劉祜	恭陵	《古今注》：山周二百六十步，高十五丈	《帝王世記》：「在雒陽西北，去雒陽十五里。」
順帝 劉保	憲陵	《古今注》：山方三百步，高八丈四尺・無周垣	《帝王世記》：「在雒陽西北，去雒陽十五里。」
沖帝 劉炳	懷陵	《古今注》：山方百八十三步，高四丈六尺	《帝王世記》：「在西北，去雒陽十五里。」
質帝 劉纘	靜陵	《古今注》：山方百三十六步，高五丈五尺	《帝王世記》：「在雒陽東，去雒陽三十二里。」
桓帝 劉志	宣陵	《帝王世記》曰：山方三百步，高十二丈	《帝王世記》：「在雒陽東南，去雒陽三十里。」
靈帝 劉宏	文陵	《帝王世記》曰：山方三百步，高十二丈	《帝王世記》：「在雒陽西北，去雒陽二十里。」
獻帝 劉協	禪陵	《帝王世記》曰：不起墳，深五丈，前堂方一丈八尺，後堂方一丈五尺，角廣六尺。	《帝王世記》：「在河內山陽之濁城西北，去濁城直行十一里，斜行七里，去懷陵百一十里，去山陽五十里，南去雒陽三百一十里。」

二、管理帝陵的職官

　　陵寢制度的不斷發展和完善，陵園的管理機構亦同時產生。經過幾代的發展，到秦漢時期，最終確立了一套較為完整的管理機構，並對陵寢進行行之有效的管理。

（一）太常——「每月前晦，察行陵廟」

　　秦朝以來，皇家墓葬規模不斷擴大，並且形成了功能齊全，規模宏大的陵寢園林，因此，建立一套完備的管理機制是非常必要的。自漢初開始，中央政府就設立了專門管理王朝禮制事務的官署——太常。《漢書·百官公卿表》載：「奉常，秦官，掌宗廟禮儀，有丞。景帝中六年更名太常。屬官有太樂、太祝、太宰、太史、太僕、太衣六令丞，又均官、都水兩長丞，又諸廟寢園食官令長丞，……又博士及諸陵具皆屬焉。」揚雄的《太常賦》說的明白：「翼

翼太常，實為宗伯。穆穆靈祗，寢廟奕奕。稱秩元祀，班於群神。我祀既祗，我粢孔蠲。匪懟匪忒，公尸攸宜。弗祈弗求，惟德之報。不矯不誣，庶無罪悔。」這說明太常有管理陵廟、寢園、陵邑的職責。《後漢書·百官志》又載：「太常，卿一人，中二千石。本注曰：掌禮儀祭祀。每祭祀，先奏其禮儀；及行事，常贊天子。每選試博士，奏其能否。大射、養老、大喪，皆奏其禮儀。每月前晦，察行陵廟。先帝陵，每陵園令各一人，六百石。」漢代太常兼管皇帝陵寢，職務繁重。他率領陵園令、校長組成了帝陵管理和祭祀機構，負責帝陵管理和祭祀的日常工作。

（二）園令──「掌守陵園，案行掃除」

漢代太常屬官眾多，其中具體負責陵寢管理的官員有「園令」一職。《後漢書·百官志》記載每陵園有園令一人，其主要職責是「掌守陵園，案行掃除」。《漢官儀》亦載：「置陵園令、食監各一人，秩皆六百石。」園令的屬官有園丞，園丞應是協助園令處理陵園中具體事務的官吏。西漢著名文學家司馬相如就曾擔任過孝文園令〔註114〕，魏相曾經作過茂陵令〔註115〕。

（三）校長──「主兵戎盜賊事」

在太常屬官中，負責皇陵安全警備的職官是校長。《後漢書·輿服志》記載「明堂、靈臺丞、諸陵校長秩二百石，丞、尉、校長，以上皆銅印黃綬。」《後漢書·百官志》亦載校長：「主兵戎盜賊事」，即維護陵園治安。除此之外，漢代陵園中還有負責日常活動的「門吏」、「侯」等。「門吏」即看守陵園四門的官吏。據《長安志》引《關中記》記載，西漢每座帝陵陵園有「門吏」三十三人，「侯」四人。連同陵園的其他官員，總計可達

圖 1-3-5　校長
《封泥彙編》

數千人之多。而且，西漢帝陵的每座陵園內還建設有廟園、寢園等大型的祭祀場所。廟園的行政長官稱為「廟令」，廟令下屬有「廟郎」、「廟衣府」、「廟室」、「僕射」等。寢園管理官吏有「寢園令」、「寢園丞」、「寢郎」及諸寢食官令，他們都為太常的官署。「寢園令」是管理寢園內部之官；「寢園丞」即

〔註114〕《史記》一一七《司馬相如列傳》，第 3056 頁。
〔註115〕《漢書》卷七四《魏相傳》，第 3133 頁。

協助寢園令工作的官吏;「寢郎」則是類似園郎的榮譽性官職。

三、帝陵的安全管理制度

前文所述,秦漢王朝非常重視對陵寢的管理與保護,逐步建立一套管理機構,對陵寢進行有效管理。除此之外,秦漢政府還制定了較爲完備的保護制度及法律法規。這種制度和法規對當時的陵寢保護起到了非常重要的作用。

(一)定期巡查

西漢以來,政府規定總領朝政的丞相必須「行陵園」,即巡視檢查陵園的工作,並且對陵園的管理負有直接的責任。《漢書·鮑宣傳》記載:「丞相孔光四時行園陵。」又,《漢書·張湯傳》記載:武帝時,有人盜發漢文帝霸陵陵園埋葬的錢財,丞相嚴青翟便與御使大夫張湯一起向漢武帝謝罪,「至前,(張)湯念獨丞相以四時行園,當謝,湯無與也,不謝。」這句話說明了丞相有管理帝陵陵園的職責。此外,身爲九卿之一的太常也要「每月前晦,察行陵廟」〔註116〕。《漢舊儀》:「漢陵屬三輔,太常月一行。」太常不僅要守宗廟,每月還要巡視陵寢。漢代太常出巡時,隨從隊伍也是相當隆重的。惠棟引《齊儀職》曰:「西京太常行陵,赤車十乘。」

(二)重兵守護

帝陵重地,秦漢政府特派衛士進行守衛。西漢元帝時,用以守衛帝陵和皇后陵園的衛士就達數萬人。《漢書·韋玄傳》記載:「昭靈后、武哀王、昭哀后、孝文太后、孝昭太后、衛思后、戾太子、戾后各有寢園,與諸帝合,凡三十所。一歲祠,上食二萬四千四百五十五,用衛士四萬五千一百二十九人,祝宰樂人萬二千一百四十七人。」又,《後漢書·祭祀志》記載:「建武以來,關西諸陵以轉久遠,但四時特牲祠;帝每幸長安謁諸陵,乃太牢祠。自雒陽諸陵至靈帝,皆以晦望二十四氣伏臘及四時祠。廟日上飯,太官送用物,園令、食監典省,其親陵所宮人隨鼓漏理被枕,具盥水,陳嚴具。」可以看出,秦漢皇家帝陵的安全問題是一件很嚴肅的朝政要務。

(三)嚴懲盜毀

雖然陵寢設有負責安全警備的職官,但在漢代還是出現了盜發皇陵的事件。《史記·張釋之列傳》記載:「有人盜高廟坐前玉環。」《漢書·張湯傳》:

〔註116〕《後漢書》卷一一五《百官志》,第 3571 頁。

「會人有盜發孝文園瘞錢。」對於這種嚴重威脅皇陵安全的犯罪行爲,秦漢政府一律從重懲罰。《漢書‧張釋之傳》記載:「其後人有盜高廟坐前玉環,得,文帝怒,下廷尉治。案盜宗廟服御物者爲奏,當棄市。」《太平御覽》九百五十四引《三輔舊事》:「漢諸陵皆屬太常,有人盜柏,棄市。」在封建時代,皇帝陵寢是神聖不可侵犯的。凡是偷盜或毀壞陵廟器物,違犯者都將處以極刑。

(四)失責重懲

在陵園管理出現紕漏的時候,太常大多會被追究責任,甚至會被免職。史書中這樣的記載也非常多。《漢書‧李廣傳》記載:「廣死明年,李蔡以丞相坐詔賜冢地陽陵當得二十畝,蔡盜取三頃,頗賣得四十餘萬,又盜取神道外壖地一畝葬其中,當下獄,自殺。」李蔡犯有兩項罪名,其一,坐詔賜冢地陽陵當得二十畝,蔡盜取三頃;其二,盜取神道外壖地一畝葬其中。最後丞相李蔡自殺,太常李信也因此被免職。又,《漢書‧高惠高后文功臣表》:

> 六年,侯壽成嗣,十年,坐爲太常犧牲瘦,免。……孝文九
> 年,侯臧嗣,四十五年,元朔三年,坐爲太常衣冠道橋壞不得度,
> 免。……侯平嗣,元狩四年,坐爲太常不繕園屋,免。……建元三
> 年,侯信成嗣,二十年,元狩五年,坐爲太常縱丞相侵神道,爲隸
> 臣。……建元五年,侯越人嗣,二十一年,元鼎二年,坐爲太常廟
> 酒酸免。

此外,武帝元朔二年(前127年),當時的南陵橋壞,衣冠道不能通行,太常孔藏因此而被免官。元狩四年(前119年),太常周平因沒有及時安排人員對陵園進行修繕也被免職。總言之,一旦陵寢維護不善,太常等管理陵寢的官員都有可能受到嚴厲的懲罰。

四、始創陵縣(陵邑)制度

縱觀秦漢歷史,秦和西漢都曾出現過維護京畿(以保護皇陵爲主)安全的陵縣制度,這種地方治安制度在西漢後期逐步被取消,整個東漢則再未出現。

(一)京師諸陵縣(陵邑)的考察

秦王朝以前的陵墓不見有陵縣的設置,此制當創始於秦朝。《後漢書‧東

平憲王蒼傳》記載：「園邑之興，始自強秦。古者丘隴不欲其著明，豈況築郭邑，建都郭哉！」近些年，秦始皇陵園內曾發現有的殘陶片上刻有「麗邑五斗」、「麗邑一升半」等銘文，正說明始皇陵邑的名稱為麗邑。西漢則繼承秦制，在皇陵地區繼續設立陵縣。西漢自漢高祖至宣帝，共設立了七個陵縣。其中長陵、安陵、陽陵、茂陵、平陵陵縣等位於渭水北岸，霸陵、杜陵陵縣位於渭水南岸，構成環保京師的陣勢，起著拱衛都城的作用。清代詩人王士正遊長陵後有詩云：

> 日照長陵小市東，依然蹤迹逐飛蓮。未央宮闕悲歌裏，户杜鶯
> 花淚眼中。已見銅人辭漢月，空留石馬臥秋風。多情最有咸陽嶺，
> 暮靄和煙歲歲同。

從西漢惠帝到宣帝都各有陵邑，到漢元帝時曾下詔罷置陵邑，成帝又復置但半途停止，此後的哀、平二帝則再未置陵邑。從某種意義上講，秦漢的陵縣在很大程度上就是遷徙縣，例如，「漢興，立都長安，徙齊諸田，楚昭、屈、景及諸功臣家於長陵」〔註117〕、「賜徙茂陵者戶錢二十萬」〔註118〕、「元康元年春，以杜東原上為初陵，更名杜縣為杜陵。徙丞相、將軍、列侯、吏二千石、訾百萬者杜陵」〔註119〕。《漢書‧地理志》亦云：「漢興，立都長安，徙齊諸田，楚昭、屈、景及諸功臣家於長陵。後世世徙吏二千石、高訾富人及豪桀併兼之家於諸陵。蓋亦以強幹弱支，非獨為奉山園也。」又，《漢書‧陳湯傳》記載，陳湯曾給漢成帝上封事說：「關東富人益眾，多規良田，役使貧民，可徙初陵，以強京師，衰弱諸侯，又使中家以下得均貧富。」上述資料清楚地說明了設置陵縣的政治意圖，以致西漢諸陵邑成為達官顯貴、豪門望族的聚居地。同時強化中央集權、強本弱末的政治意念在西漢帝陵陵縣的建制上打下了深深的印記。

（二）設置陵縣（陵邑）的原因

雖然秦朝和西漢所設置的陵縣是以「供奉陵園」為重要任務，但還有著更深層次的意義。

第一，從政治方面來講，秦漢之際長期的戰爭使各地地方勢力崛起。西漢王朝建立初期，面對上述嚴重問題，採取的措施之一就是遷徙關東大族、

〔註117〕 《漢書》卷二八《地理志》，第1642頁。
〔註118〕 《漢書》卷六《武帝紀》，第158頁。
〔註119〕 《漢書》卷八《宣帝紀》，第253頁。

達官巨富於京畿之地和帝陵陵縣，以消除各地不安定因素，鞏固中央政權的統治。

　　第二，從經濟方面來講，設置陵縣是西漢政權解決府庫空虛、財政困難的重要舉措之一。西漢中期諸陵邑的居民，以遷徙富人、豪強兼併之家為主，是朝廷為了繁榮京畿地區經濟，保證在經濟上控制全國，分化、瓦解地方富人和豪強勢力而採取的重要措施。這些人遷徙到關中地區後，為了攀附皇室，爭相要求徙居陵邑，從而增加了關中地區的經濟實力。

　　第三，從軍事上方面講，秦漢陵縣制度，對於防禦匈奴的南下，保證京師的安全起到了一定的積極作用。發生在公元前 200 年的「白登之圍」一方面證明當時匈奴的軍事實力相當強大，另一方面也使漢高祖清楚的認識到還沒有足夠的軍事實力打敗匈奴，只好採取防守戰略。這時，婁敬針對匈奴的威脅所提出徙民以建陵縣「可以備胡」〔註 120〕的建議為漢高祖接受。在西漢七個陵縣中，大部分都在長安的北部或西北部，成為防禦匈奴南下的一道屏障。

　　班固《西京賦》描寫陵縣的繁榮景象時記載：「三選七遷，充奉陵邑。」所謂「三選」是指選三等之人，謂徙吏二千石及高貲富人及豪桀併兼之家於諸陵，但實際上所遷之人並不止此三類人。據史書記載，丞相、御史大夫等現職高級官員也曾是所遷之人。李善在《文選》注中指出，丞相韋賢徙平陵、車千秋徙長陵、黃霸徙平陵、平當徙平陵、魏相徙平陵、御史大夫張湯徙杜陵、杜周徙茂陵、前將軍蕭望之徙杜陵、右將軍馮奉世徙杜陵、大將軍史丹徙杜陵。《後漢書·班固傳》注亦指出，丞相車千秋，長陵人；黃霸、王商，並杜陵人也；韋賢、平當、魏相、王嘉，並平陵人也。《西京賦》所講「七遷」是指自漢高祖至漢元帝廢除陵縣制度以前，正有七帝陵陵縣也。

歷次徙關中一覽表

年　　代	遷徙對象	恩　　遇	史料來源
始皇二十六年 （前 221）	「徙天下豪富於咸陽」	——	《史記·秦始皇本紀》
始皇三十五年 （前 212）	「徙三萬家麗邑」	——	《史記·秦始皇本紀》

〔註 120〕《史記》卷九九《劉敬列傳》，第 2720 頁。

高帝五年 （前 202）	「徙諸侯子關中」	——	《漢書・高祖 本紀》
高帝九年 （前 198）	「徙齊楚大族昭氏、屈氏、景 氏、懷氏、田氏五姓關中」	「與利田宅」	《漢書・婁敬 傳》
高帝十一年 （前 196）	「令豐人徙關中（新豐）」	「皆復終身」	——
高帝十二年 （前 195）	「吏二千石，徙之長安」	「受小第室」	《漢書・高祖 本紀》
惠帝（？年）	「徙關東倡優樂人……以爲 陵邑」	——	《長安志》引 《關中記》
景帝五年 （前 152）	「募民徙陽陵」	「賜錢二十萬」	《漢書・景帝 紀》
武帝建元三年 （前 138）	「徙茂陵」	「賜戶錢二十萬， 田二頃」	《漢書・武帝 紀》
武帝元朔二年 （前 127）	「徙郡國豪傑及訾三百萬以 上於茂陵」		《漢書・武帝 紀》
武帝太始元年 （前 96）	「徙郡國吏民、豪傑於茂陵、 雲陵」〔註 121〕		《漢書・武帝 紀》
昭帝始元三年 （前 84）	「募民徙雲陵」	「賜錢田宅」	《漢書・昭帝 紀》
昭帝始元四年 （前 83）	「徙三輔富人雲陵」	「賜錢戶十萬」	《漢書・昭帝 紀》
宣帝本始元年 （前 73）	「募郡國吏民訾百萬上徙平 陵」	「二年春，以水衡 錢爲平陵，徙民起 第宅」	《漢書・宣帝 紀》
宣帝元康元年 （前 65）	「徙丞相、將軍、列侯、吏二 千石，訾百萬者杜陵」		《漢書・宣帝 紀》
成帝鴻嘉二年 （前 19）	「徙郡國豪傑訾百萬以 上……於昌陵」	「賜丞相、御史、 將軍、……第宅」	《漢書・成帝 紀》

〔註 121〕 〔唐〕顏師古認爲此處的「雲陵」爲「雲陽」之誤。《漢書・武帝紀》：「徙郡
國吏民豪桀於茂陵、雲陵。」師古注曰：「此當言雲陽，而轉寫者誤爲陵耳。
茂陵，帝自所起，而雲陽甘泉所居，故總使徙豪傑也。鉤弋趙婕妤死，葬雲
陽，至昭帝即位始尊爲皇太后而起雲陵。武帝時未有雲陵。」

圖 1-3-6　西漢陵縣分佈圖

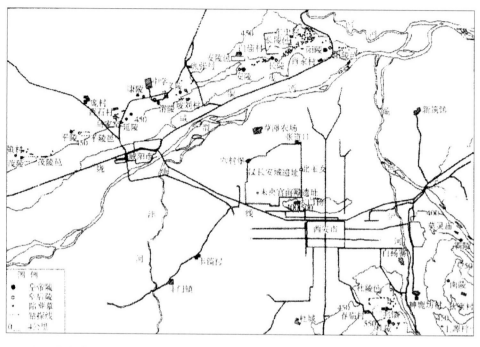

（洛陽市第二文物工作隊：《洛陽漢魏陵墓研究論文集》，文物出版社，
2009 年版）

西漢諸帝陵縣（邑）

高帝長陵	故址在今咸陽市東北。高祖十二年（前 195 年）築陵置縣，呂后六年（前 182 年）設城。
惠帝安陵	故址在今咸陽市東北，東距長陵 5 公里。據《關中記》載：「徙關東倡優樂人五千戶以爲陵邑。善爲喁戲，故俗稱女喁陵也。」
文帝霸陵	故址在今西安市東。文帝九年（前 171 年）築陵。「因其山，不起墳」。
景帝陽陵	故址在今高陵縣西南。本弋陽，景帝五年（前 152 年），築陵改名。
武帝茂陵	故址在今興平縣東北。建元二年（前 139 年）築陵置邑。
昭帝平陵	故址在今咸陽市西北，西距茂陵 5 公里。昭帝時置。
宣帝杜陵	故址在今西安市南。宣帝元康元年（前 65 年），「以杜東原上爲初陵，更名杜縣爲杜陵」。

文帝薄太后 南陵	故址在今西安市東。文帝前元七年（前 173 年）建陵園，因地處霸陵之南，故名。景帝前元二年（前 155 年），薄太后死，置陵縣。呂后與高帝合葬長陵，文帝因而另建南陵葬其母。
昭帝母趙婕妤雲陵	故址在今淳化縣東南。武帝後元二年（前 87 年）昭帝即位，尊其母為太后並築陵，因位於雲陽縣境，故名。始元元年（前 86 年）起園廟。三年秋，「募民徙雲陵，賜錢田宅」。四年，「徙三輔富人於雲陵，賜錢」。

（三）陵縣（陵邑）的治安機構

無論是從陵縣的建制上，還是從機構的設置上，陵縣都具有很大的特殊性，這也是其它郡縣所沒有的。西漢初期和中期，諸陵縣直屬於中央九卿之一的太常管理。〔註 122〕太常既要管理禮樂之事，又要守衛皇陵，每月還要定時巡查陵寢，正如《漢書·百官公卿表》記載太常「景帝中六年，更名太常，又博士及諸陵縣皆屬焉」。陵縣的地理位置在三輔範圍之內，理應由京兆尹、右扶風和左馮翊來掌管，但陵縣卻歸太常管理，而不受制於郡。這樣一來，朝廷便於直接管理陵縣的事務，牢牢控制這些京師治安的重點地區。到漢元帝時期，決定停止新的帝陵置縣徙民後，才把陵縣的管理權交還給三輔行政長官。〔註 123〕按照規定，西漢時的縣，萬戶以上置縣令，不足萬戶置縣長。但陵縣一律置縣令。陵縣縣令職掌司法大權，管轄處理界內的司法案件。《漢書·魏相傳》記載：「魏相字弱翁，濟陰定陶人也，徙平陵。少學《易》，為郡卒史，舉賢良，以對策高第，為茂陵令。頃之，御史大夫桑弘羊客詐稱御史止傳，丞不以時謁，客怒縛丞。相疑其有姦，收捕，案致其罪，論棄客市，茂陵大治。」又，《漢書·何並傳》載：「何並字子廉，祖父以吏二千石自平

〔註 122〕 太常對諸陵縣的管轄始自何時，史書沒有明確記載。學者周振鶴根據《漢書·食貨志》「武帝末年，悔征伐之事，乃封丞相為富民侯。……是後，邊城、河東、弘農、三輔、太常民皆便代田，用力少而得穀多」的記載，推測至遲到漢武帝後期太常已轄有陵縣。（《西漢政區地理》，人民出版社，1987 年版，第 133 頁）

〔註 123〕 關於陵縣分屬三輔的確切時間，由於史載不一，致使古今學者眾說紛紜。《漢書·百官公卿表》：「元帝永光元年分諸陵邑屬三輔。」《漢書·元帝紀》：「（元帝永光四年）諸陵邑分屬三輔。」《漢書·昭帝紀》：「元鳳六年詔曰：夫穀賤傷農，今三輔、太常穀減賤，其令以菽粟當今年賦。」……顏師古注曰：「如淳曰：『百官表：太常主諸陵，別治其縣，爵秩如三輔郡矣，元帝永光五年，令各屬在所郡也。』」儘管以上諸說各異，但均承認陵縣分屬三輔是在元帝永光（前 43 年～前 39 年）年間。

興徙平陵。並為郡吏，至大司空掾，事何武。武高其志節，舉能治劇，為長陵令，道不拾遺。」可見陵縣縣令同其他郡縣縣令一樣具有發令收捕，案治罪行等司法權力。不過，京師陵縣縣令的待遇比較特殊。西漢縣令一般秩千石或六百石，而在呂后三年，增長陵縣令秩至兩千石。

圖 1-3-7　茂陵丞印　　　圖 1-3-8　陽陵丞印　　　圖 1-3-9　陽陵邑丞
《封泥彙編》　　　　　　《封泥彙編》　　　　　　《封泥彙編》

（四）廢置陵縣（陵邑）的緣由

陵縣自西漢元帝時期廢置至東漢滅亡，就再沒有出現過，這是什麼原因造成的呢？筆者以為：首先，防禦匈奴任務的完成是陵縣在東漢未出現的重要原因。東漢定都洛陽，匈奴對京師不再構成威脅。其實早在西漢中期，西漢的軍事力量就已超過匈奴。漢武帝發動的三次對匈奴戰爭，匈奴損失慘重，元氣大傷。在這種背景下，自漢元帝開始，陵縣制度逐步被廢止。其次，豪族勢力的壯大也是東漢未出現陵縣制度的主要原因。西漢初年，經過農民戰爭的洗禮，地方豪族勢力遭受重創，不能與中央政府抗衡，西漢遷徙他們到京師也不會遇到太大的阻力。但到西漢末期和東漢時期，情況發生了變化，地方豪強的勢力開始強大起來。眾所周知，東漢的政治基礎就是豪強地主。這些勢力的發展，導致國家無力把他們遷於它處，使中央政府的遷徙政策失去了可行性。成帝鴻嘉元年（前 20 年），曾下詔：「徙郡國豪傑訾五百萬以上五千戶於昌陵。」〔註 124〕結果弄得朝野沸騰，怨聲載道。侍中衛尉淳于長「數白宜止徙家反故處」、「公卿議者皆合長計」〔註 125〕。成帝最後不得不「罷昌陵，及故陵勿徙吏民，令天下毋有動搖之心」〔註 126〕。並將主持陵縣建設工

〔註 124〕《漢書》卷一○《成帝紀》，第 317 頁。
〔註 125〕《漢書》卷九三《佞倖傳》，第 3730 頁。
〔註 126〕《漢書》卷一○《成帝紀》，第 320 頁。

作的將作大匠流放敦煌，以塞眾責。再次，生態環境的破壞也是元帝廢除陵縣的重要因素之一。譚其驤先生在《何以黃河在東漢以後會出現一個長期安流的局面》一文中指出：「西漢一代，尤其是武帝以後，黃河下游的決堤之患越鬧越凶，正好與這一帶（黃河中游）的墾田迅速開闢，人口迅速增加相對應。」〔註127〕大量的人口入住陵縣，使得陵縣地區人口密度高冠全國，陵縣居民們墾種政府賜予的田地，加之修建宅第、土地的開發利用率大大提高，由此帶來了嚴重水土流失。《漢書・元帝紀》載：「建昭六年，藍田地沙石雍霸水，安陵岸崩雍涇水，水逆流。」《漢書・成帝紀》又云：「（河平四年）長陵臨涇岸崩，雍涇水。」這兩則材料披露了陵縣地區生態環境的惡化。安陵縣、長陵縣先後出現的險情，即是徙民實縣制度實施以來百年積聚之總爆發。在這種情況下，漢元帝於是決定廢除陵縣制度。

通過以上分析，陵縣作為西漢特殊地方行政組織，對西漢的政治、經濟、文化均產生了重要的影響，其設置究其根本原因是為了「強本弱末」，削弱地方，鞏固中央；同時也是統治者推崇皇權的一種手段。秦漢陵縣不同於一般郡縣，雖地處三輔之地，但直屬於中央九卿的太常管理，陵縣令的祿秩也高於一般縣令，與郡守相當。儘管陵縣有鞏固中央集權、開發關中、繁榮京師的作用，但其後期表現出的不利於治安管理，田地資源緊張以及生態環境破壞等種種弊端和社會問題，致使元帝最終廢置陵縣。

〔註127〕譚其驤：《長水粹編》，河北教育出版社，2000年版，第498頁。

第二章　京師中央直屬機構的治安管理

　　秦漢京師是當時全國的政治、經濟、文化中心，這裡不僅有皇帝日常居住和處理政務的皇宮，還有中央直屬機構。這些中央直屬機構，如中央官署、武庫、城門等，雖然地處京師，但爲中央直接管轄，其治安亦由中央直接管理。

第一節　中央官署

　　關於「都官」的解釋，已有學者對其進行過探討。學術界對都官的看法也比較一致，即以《漢書》顏師古「中都官，凡京師諸官府也」的注釋爲基礎，並在某些方面比顏注更加具體。例如，睡虎地秦墓竹簡整理小組注：

> 都官，直屬朝廷的機構，古書又稱中都官。《漢書‧宣帝紀》注：
> 都官令、丞，京師諸署之令、丞。〔註1〕

張家山漢簡整理小組注：

> 都官令、長、丞，京師諸署官吏。《漢書‧宣帝紀》「丞相以下至都官令、丞」注：「都官令、丞，京師諸署之令、丞」。離官，都官派駐各地的官署。〔註2〕

于豪亮先生也對睡虎地秦簡和傳世文獻中有關都官的材料作了疏理和分析，他認爲：「都官是中央一級機關，中都官是在京師的中央一級機關。中央一級

〔註1〕　《睡虎地秦墓竹簡》，文物出版社，1978年版，第34、59頁。
〔註2〕　《張家山漢墓竹簡（第247號墓）釋文修訂本》，文物出版社，2006年版，第23頁。

機關大部分在京師，因此稱爲中都官。」〔註3〕于豪亮先生認爲都官爲在京師地區且直屬中央政府的官署。筆者以爲此觀點比較符合歷史事實。張家山漢墓竹簡《二年律令·秩律》有這樣一條律文：「太醫、祝長及它都官長，黃（廣）鄉長，萬年邑長，長安廚長，秩各三百石，有丞、尉者二百石，鄉部百六十石。」引文中「太醫、祝長及它都官長」的記載證明中央官署的長官都可泛稱爲「都官長」。京畿地區的地方行政機關雖然地處京師地區，但都不屬於都官。《漢書·宣帝紀》記載神爵元年（前61年）：「發三輔、中都官徒弛刑……詣金城。」《漢書·成帝紀》建始二年（前31年）詔：「三輔長無共張徭役之勞，赦奉郊縣長安、長陵及中都官耐罪徒。」《後漢書·光武帝紀》建武五年（29年）五月丙子詔：「其令中都官、三輔、郡、國出繫囚，罪非犯殊死一切勿案，見徒免爲庶人。」三輔與中都官並提，說明三輔不屬都官。長安、長陵與中都官並提，說明三輔地區的縣級行政機構也不屬都官。也就是說，嚴格意義的都官應該是地處京師的中央官署的總稱，不包括京師地方機構。

1986年9月至1987年5月，考古工作者對未央宮內的一處中央官署遺址進行了大規模考古發掘，該遺址在今陝西西安市未央未央宮鄉盧家口村東。這塊遺址的發掘就爲我們研究漢代中央官署的布局機構及其治安警備機構的設置提供了最直接的證據。

一、官署遺址的發掘

根據考古發掘，未央宮西北部爲中央官署遺址所在地。東距未央宮內前殿遺址約850米，西距未央宮西宮牆約110米。中央官署遺址周圍置牆垣，形成了一座封閉式大院落。院落平面呈長方形，東西長約135.4米，南北寬約71.2米，面積9460.8平方米。牆體夯築，牆基深1.25～1.7米。四面圍牆內外均置壁柱，並且內外對稱分佈，這使牆體更爲堅固。除東牆以外，西、南、北牆之外均置廊，廊道寬分別爲0.9、2.3與1.3米。除了南牆，西、北牆的廊外和東牆之外均置斜坡散水。南牆東、西端和北牆西端之外各有一段南北牆與其垂直相交，牆長2.2～2.3米，寬1.5～2.2米。院落東北角雖未發現上述牆垣遺址，但有一座小房子基址。在官署院落四角設置的牆垣和小房子應與其安全保衛有關。在官署院落之內，中部偏東位置，有一條南北向排水渠將

〔註3〕 于豪亮：《雲夢秦簡所見職官述略》，《于豪亮學術文存》，中華書局，1985年版，第112頁。

其分爲東、西並列兩座院子，簡稱東院和西院。東院之中有南北並列的兩排房屋。南、北排房屋間距 23.3 米，其間有天井和迴廊。東院南排房屋東西並列三座，自東向西依次編號爲第一、二、三號房。東院北排房屋東西並列三座，自西向東編號依次爲第四、五、六號房。西院範圍東西 73.2 米，南北 68.6 米，院子西、南、北牆分別爲官署院落的西牆和南、北牆西段。西院南牆東端和東牆南端各闢一門，二者分別爲西院南門與東門。西院之中也有南北並列的兩排房屋，二者南北間距 19.5 米。西院南排房屋東西並列三座，自東向西編號依次爲第九、十、十一號房，每房南面各闢一門，門道寬 2.1～2.4 米。西院北排房屋東西並列四座，自西向東編號依次爲第十二、十三、十四和十五號房。〔註4〕

圖 2-1-1　未央宮中央官署遺址平面、剖面示意圖

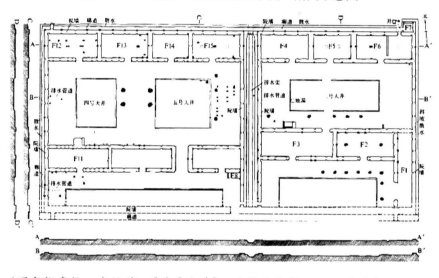

（選自劉慶柱、李毓芳：《漢長安城》，文物出版社，2003 年版）

除未央宮內中央官署以外，在漢代長安城的南部和中部還設有不少的宗廟和官署，如西安漢城遺址向家巷附近出土有「蕭將軍府」的瓦片，當爲蕭望之府第之物。〔註5〕東漢時期，作爲朝廷大臣的「三公」官府就設在南城牆東門（開陽城門）內，靠近南宮的東門，正如《後漢書・百官志》注引《古今注》曰：「永平十五年，更作太尉、司徒、司空府開陽城門內。」

〔註 4〕 參見劉慶柱、李毓芳：《漢長安城》，文物出版社，2003 年版，第 89～96 頁。
〔註 5〕 陳直：《漢書新證》，天津人民出版社，1979 年版，第 406 頁。

　　總體而言，秦漢京師各種官署並不一定集中在某個特定的場所。例如，專司廟祀供物的長安廚，依其職掌，置於東、西市和廟的附近，中央的最高官署，當然要設在未央宮的周邊；衛尉、太常、少府等宮內諸官署應置於宮內；以丞相府為首的外朝諸官署則置於宮外，但確切的位置目前尚不知道。

二、官署周邊的戍衛

　　西漢時期，長安城未央宮西北部的中央官署遺址內的房屋建築形式基本一致，從其出土的文物分析，當時不僅院落之間各個房屋戒備森嚴，而且院落周圍也有嚴密的警衛防守。

　　中央官署遺址布局十分嚴整，周築圍牆，牆體堅固，並有嚴密警衛。例如，在未央宮中央官署東院南排房屋的西側房子，其北門外兩側就曾出土過守門衛士所使用的鐵、戟等。

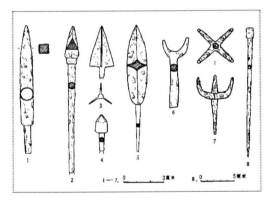
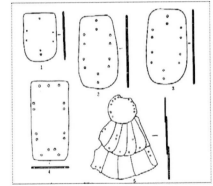

圖 2-1-2　未央宮中央官署遺址出土的鐵器　　　　圖 2-1-3　未央宮中央官署遺址出土的鐵甲片和冑片

（漢長安城未央宮 1980～1989 年考古發掘報告）

　　此外，中央官署與外面相通的門道只有兩處，一在西院東南角，一在東院東北角，門道狹窄，便於控制，門道之旁建築了負責安全保衛人員值勤的小房子。官署遺址曾出土許多漢代兵器，應是官署衛兵們的遺物，由此不難想像這裡戒備之森嚴。此外，院內房門之前還安排有手執鐵戟的士兵守衛。

三、官署門前的警衛

　　據史書記載，管理京師治安的中尉直接負責這些官署門外的保衛任務。每年由內郡到長安去的衛士，一部分組織成為南軍，由衛尉統帥；一部分給

事中都諸官府爲衛士。《漢書·魏相傳》記載：「河南卒戍中都官者二三千人。」顏師古注曰：「來京師諸官府爲戍卒，若今衛士上番分守諸司。」又，《漢書·蕭何傳》載：「令卒五百人一都尉爲（蕭）相國衛。」《漢書·趙廣漢傳》載：「初，廣漢客私酤酒長安市，丞相（史）〔吏〕逐去。……有詔即訊，辭服，會赦，貶秩一等。廣漢疑其邑子榮畜教令，後以它法論殺畜。人上書言之，事下丞相御史，案驗甚急。廣漢使所親信長安人爲丞相府門卒，令微司丞相門內不法事。」《漢書·韓延壽傳》亦載：「延壽嘗出，臨上車，騎吏一人後至，敕功曹議罰白。還至府門，門卒當車，願有所言。延壽止車問之。」以上引文說明官府門前設有門卒或門衛，直接負責管理府門的安全。

圖 2-1-4　擁慧門吏（左）、擁慧門吏（中）、持盾門吏（右）

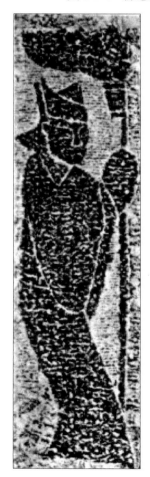

（選自王建中、閃修山：《南陽兩漢畫像石》，文物出版社，1990 年版）

第二節　武　庫

武器裝備是戰爭的工具，也是決定戰爭勝負的重要因素，武庫則是儲藏這些兵器的倉庫。戰國以前，車是戰爭的主要工具，所以《說文》解釋說：「庫，兵車藏也。」到戰國時期，兵器作爲軍事力量的重要組成都分，受到各國統治者格外重視，武庫制度也就相應地發展起來。時至秦漢，都城內的武庫已經成爲中央政府直接控制的精良兵器倉庫，它作爲一處軍事重地，對保障京師及至全國的安全、穩定起著重要作用。〔註6〕

一、武庫的考古發現

秦漢時期的武庫是專門用以儲存武器專備的中央兵器庫。近些年，通過勘探發掘，基本探明了都城內武庫的位置、規模、形制與布局。同時，還獲得了一大批兵器的實物資料。

（一）秦都咸陽武庫

關於秦都咸陽是否設有武庫，史書無明文記載，故有學者大膽推測秦咸陽無武庫。但筆者認爲當時咸陽應該設有武庫。理由一：《史記·王翦列傳》：公元前 224 年，「秦始皇既滅三晉，走燕王，而數破荊師」。乘此良機，秦國又大舉進攻楚國，遣李信爲將。李信誇耀「不過用二十萬人」，而老將王翦，則說「非六十萬人不可」。秦始皇遣李信攻楚，最終損兵折將，大敗而歸。此時秦始皇只好重新啓用王翦，「空秦國甲士」，改派六十萬大軍隨王翦出征。在極短的時間內，重新調集六十萬大軍。可以猜測，如果秦軍沒有一個充足的武器保障，它怎麼可能在重創之餘如此迅速地重新武裝起六十萬大軍呢。而且這些兵器也只能是就近從都城咸陽附近的武庫中調運。理由二：《史記·

〔註 6〕　有關秦漢京師武庫制度的研究論著主要有：中國社會科學院考古研究所漢城工作隊：《漢長安城武庫遺址發掘的初步收穫》，載《文物》，1978 年第 4 期；王仲殊：《漢代考古學概說》，中華書局，1984 年版；江立新：《先秦武庫試探》，《江西師範大學學報》，1987 年第 1 期；莊春波：《秦武庫制度》，《史學月刊》，1991 年第 6 期；楊泓等著《中國古代兵器與兵書》，新華出版社，1993 年版；中國社會科學院考古研究所編著：《漢長安城武庫》，文物出版社，2005 年版；〔韓〕李成珪：《前漢帝國中央武庫收藏目錄之發現——關於尹灣簡牘〈永始四年武庫兵車器集簿〉之探討》，選自長沙市文物考古研究所編《長沙三國吳簡暨百年來簡帛發現與研究國際學術研討會論文集》，中華書局，2005 年版。

秦始皇本記》：秦二世元年冬，陳勝部將周章軍至戲，少府章邯言於二世：「盜已至，眾強，今發近縣不及矣。酈山徒多，請赦之，授兵以擊之」。二世乃大赦天下。同書同卷又載：「隱宮徒刑者七十餘萬人，乃分作阿房宮，或作麗山。」可見，當時修驪陵人員若按一半計算的話，仍有三十萬之多，倉促間迅速將這數十萬的人員全部武裝起來趕赴戰場，若沒有龐大的兵器庫和豐富的兵器貯備，是根本不可能的。因此，這裡只有一種解釋，即當時的咸陽附近可能設有龐大的武器庫，不僅為正式軍隊的征伐提供武器保障，同時也為臨時擴充軍隊提供足夠的武器。

圖 2-2-1　西漢武庫遺址位置示意圖

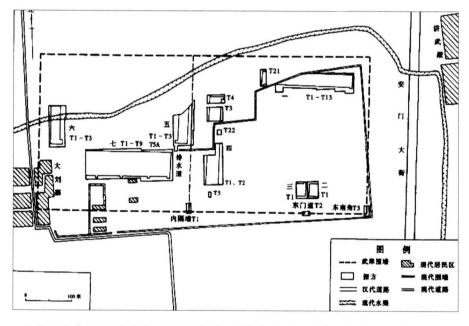

（中國社會科學院考古研究所編著：《漢長安城武庫》，文物出版社，2005年版）

（二）兩漢長安武庫

漢承秦制，京師長安繼續設置武庫。有關長安武庫始建年代，文獻記載有兩種說法。其一，《史記·高祖本紀》：「（高祖八年）蕭丞相營作未央宮，立東闕、北闕、前殿、武庫、太倉。」其二，《漢書·高帝紀》：「（高祖七年）蕭何治未央宮，立東闕、北闕、前殿、武庫、太倉」。哪個記載符合歷史事實呢？未央宮於高祖九年（前 198 年）建成，《史記·高祖本紀》：「（九年）未

央宮成」。《漢書‧高帝紀》：「（九年）朝未央宮。」若從《史記》所載高祖八年始建，未央宮前後只建了一年即告完成，未免過於短促。長樂宮是利用原秦朝興樂宮改建而成，前後也用了近兩年的時間，故筆者以爲武庫的始建年代以《漢書》所載「高祖七年」（前 200 年）或許更爲接近事實。呂后改庫曰靈金藏。惠帝以此庫鑄禁兵器，名曰靈金內府。

關於長安武庫位置，史書亦有不同記載。一說是位於長樂、未央二宮之間。《史記‧樗里子列傳》：「樗里子卒，葬於渭南章臺之東。曰：『後百歲，是當有天子之宮夾我墓。』⋯⋯至漢興，長樂宮在其東，未央宮在其西，武庫正直其墓。」另一說是位於未央宮內。《三輔黃圖》卷六載：「武庫在未央宮。」近些年，通過勘探發掘，在長樂宮遺址和未央宮遺址之間、安門大街以西 82 米的一片高地上發現並清理出一組大型建築遺址。從遺址出土大量西漢鐵、銅兵器看，該建築主要用於儲藏兵器，與武庫的用途一致，說明這組建築遺址應是史籍所載的武庫。從而證明武庫不在未央宮內，應在長樂宮、未央宮之間。武庫遺址呈長方形的院落，東西長約 710 米，南北寬約 322 米，周長約 2064 米。中間有一南北向的內隔牆，內隔牆以東第一、二、三、四號遺址是一組建築，內隔牆以西第五、六、七號遺址爲另一組建築。各號遺址大體相同：均有隔牆、廊道等建築。但因用途不同，因此建築形制也略有區別。第一、三、四、七號遺址是庫房遺址，每個大房的西南門外有一夯土垛，當是守兵站崗之處，第二、五、六號遺址是駐兵房，牆寬達八米許，房間較窄。

圖 2-2-2　西漢武庫遺址平面復原、分佈圖

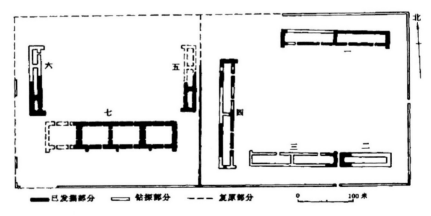

（選自：中國社科院考古研究所編著：《漢長安城武庫》，文物出版社，2005年版）

（三）兩漢洛陽武庫

西漢洛陽武庫與長安武庫並置，猶如敖倉與太倉並置，直屬於中央政府。〔註7〕《漢書·荊燕吳傳》，景帝三年（前154年）吳楚反，吳將桓將軍說吳王曰：「吳多步兵，步兵利險；漢多車騎，車騎利平地。願大王所過城邑不下，直去，疾西據雒陽武庫，食敖倉粟，阻山河之險以令諸侯，雖無入關，天下固已定矣。」洛陽素有「天下之中」之稱，漢中央置糧倉兵庫於此，以鎮撫關東，而劉濞終不能用桓將軍之計，實爲戰略上一大失誤。又，《漢書·周亞夫傳》載，周亞夫將兵擊吳楚，趙涉進諫：「吳王素富，懷輯死士久矣。此知將軍且行，必置間人於殽黽阨陝之間。且兵事上神密，將軍何不從此右去，走藍田，出武關，抵雒陽，間不過差一二日，直入武庫，擊鳴鼓。諸侯聞之，以爲將軍從天而下也。」此時雙方都把戰略決戰的著眼點放在搶佔洛陽武庫。周亞夫用趙涉之策，捷足先登，攻守之勢逆轉，足見洛陽武庫戰略地位之重要性。武帝在位時，備受寵愛的王夫人曾想將其子封到洛陽爲王，武帝則以「雒陽有武庫敖倉，天下衝阨，漢國之大都也。先帝以來，無子王於雒陽者。去雒陽，餘盡可」〔註8〕，予以拒絕，亦可見洛陽武庫的重要地位。陳直先生推測洛陽武庫可能直接屬管轄長安武庫的中尉（執金吾）。〔註9〕

關於東漢洛陽武庫的具體位置，有學者根據《永樂大典》卷九五六一引元《河南志》「古代洛陽」的相關記載，確定位於洛陽城東北角的穀門內以東、永安宮以北，與太倉南北相對。但《後漢書·堅鐔傳》注引《洛陽記》曰：「建始殿東有太倉，倉東有武庫。」似乎武庫在太倉以東，而非以南。《河南志》「後漢京城圖」中武庫與太倉也是東西相對。由於目前沒有相關考古資料，關於兩漢洛陽武庫的精確位置，還有進一步探討的必要。

二、管理武庫的職官

近年出土於尹灣漢墓的《武庫永始四年兵車器集簿》是一部記錄漢成帝時期東海郡武庫所收藏兵器與軍車名目及數量的集簿。該集簿記載永始四年「武庫」所收藏的器物總計爲240種23268487件。〔註10〕都城長安武庫中的

〔註7〕 傳世文物有可考證洛陽武庫者，如容庚《漢金文錄》卷二《洛陽武庫鐘》銘文；《封泥考略》卷四有「洛陽武庫」封泥。
〔註8〕 《史記》卷六○《三王世家》，第2115頁。
〔註9〕 陳直：《漢書新證》，天津人民出版社，1979年版，第110頁。
〔註10〕 中國社會科學院簡帛研究中心：《尹灣漢墓簡牘》，中華書局，1997年版。

兵車器種類之多，數量之大，就可想而知了。〔註 11〕那麼，秦漢政府如何管理這樣龐大的武庫呢？通過對文獻記載的分析，筆者發現秦漢京師武庫有一套自上而下的隸屬系統和職官制度。

（一）兵曹

秦漢中央太尉或大司馬（大將軍）屬官中有「兵曹」一職。兵曹的職責便是「主兵事」〔註 12〕，即凡有關國家武器裝備方面的事務均由兵曹處理。在兵曹的掾屬中，亦有專門負責武器裝備的職史，如《後漢書・百官志》「大將軍」條記載：「兵曹掾史主兵事器械。」由此可知，大尉或大司馬（大將軍）的「兵曹」是全國武器裝備事務的最高主管部門，各地武庫長官除了向地方長官負責，還要向兵曹負責。《漢書・魏相傳》記載：

> 後遷河南太守，禁止姦邪，豪強畏服。會丞相車千秋死，先是千秋子爲雒陽武庫令，自見失父，而相治郡嚴，恐久獲罪，乃自免去。相使掾追呼之，遂不肯還。……武庫令西至長安，大將軍霍光果以責過相曰：「幼主新立，以爲函谷京師之固，武庫精兵所聚，故以丞相弟爲關都尉，子爲武庫令。今河南太守不深惟國家大策，苟見丞相不在而斥逐其子，何淺薄也！」……大將軍用武庫令事，遂下相廷尉獄。

洛陽武庫因其地處扼要且爲「天下精兵所聚」，故武庫令的置罷由大將軍掌握，多選用親重之人任之。洛陽武庫令出走，大司馬大將軍親自過問，責罰河南太守，一方面說明大將軍對洛陽武庫負有責任，另一方面也說明洛陽武庫受大將軍和河南太守的雙重隸屬關係。〔註13〕

〔註11〕 韓國學者李成珪先生的《前漢帝國中央武庫收藏目錄之發現——關於尹灣簡牘〈永始四年武庫兵車器集簿〉之探討》（參見長沙市文物考古研究所編《長沙三國吳簡暨百年來簡帛發現與研究國際學術研討會論文集》，中華書局，2005 年版，第 429 頁）一文，通過層層論證，推測《永始四年武庫兵車器集簿》之「武庫」爲在長安的執金吾之屬官武庫令所管轄的漢帝國中央武庫的結論。

〔註12〕 《後漢書》卷一一四《百官志》，第 3559 頁。

〔註13〕 《漢書・杜欽傳》載：「時帝舅大將軍王鳳以外戚輔政，求賢知自助。鳳父頃侯禁與欽兄緩相善，故鳳深知欽能，奏請欽爲大將軍軍武庫令。」古今眾多學者認爲，此多一「軍」字。《漢紀》、《資治通鑑》「成帝建始三年條」中也將此句記爲「大將軍武庫令」。然而筆者不敢苟同。其一，漢代官印中「軍司空丞」、「軍中司空」、「軍監之印」，分別是大將軍幕下軍司空丞、軍中司空、軍監之官印。《漢書・杜延年傳》：「補軍司空」，《漢書・馮奉世傳》：「前將

（二）武庫令、丞

京師武庫隸屬於中尉（武帝時更名爲執金吾）之武庫令。〔註14〕前引《漢書・百官公卿表》：「中尉，秦官，掌徼循京師……武帝太初元年更名執金吾。屬官有中壘、寺互、武庫、都船四令丞。」又，《後漢書・百官志》：「執金吾一人，中二千石。本注曰，掌宮外戒司非常水火之事，月三繞行宮外，及主兵器……武庫令一人，六百石。」中尉（執金吾）負責京師治安，武庫亦在其管轄範圍之內。西漢哀帝時，毋將隆爲執金吾時，侍中董賢使中黃門發武庫兵，送董賢及上乳母王阿舍。隆奏則言：「武庫兵器，天下公用，國家武備，繕治造作，皆度大司農錢。」〔註15〕。皇帝將武庫兵私用，執金吾毋將隆上書此事，從中可見，京師武庫當屬執金吾管轄。武庫令以下的佐官稱爲武庫丞。《漢書・百官公卿表》中尉屬官武庫令有「三丞」。《金石索・金索》：「武庫中丞印」一方，此「中丞」當爲長安武庫「三丞」之一。

秦漢政府十分重視對武庫令的選任。《漢書・魏相傳》霍光曰：「幼主新立，以爲函谷京師之固，武庫精兵所聚，故以丞相弟爲關都尉，子爲武庫令。」以丞相子擔任武庫令的情況，雖然是非常時期的舉措，但在通常情況下，委派武庫令也應是很謹慎的。皇帝常常會重用宗室重臣出任武庫令，其目的就是要直接而有效的控制武庫。另外，皇帝不把武器管理權交給守衛皇宮安全

軍韓增奏以爲軍司空令。」以上說明大將軍幕下職官全部都冠以「軍」字，其武器庫的正式名稱也不是「武庫」，而應是「軍武庫」。其二，《漢書・杜欽傳》：「鳳父頃侯禁與欽兄緩相善，故鳳深知欽能，奏請欽爲大將軍軍武庫令。職閒無事，欽所好也。」王先謙：《漢書補注》卷六〇《杜欽傳》：「宋祁曰：『軍武庫，一本無軍字，諸本皆有。予謂當存軍字，是大將軍軍之武庫也。』」其三，「軍武庫印」、「軍武庫丞」印的存在便是很好的說明。其四，羅福頤《秦漢南北朝官印徵存》記載有「票軍庫丞」印，這顯然是票騎將軍所屬軍庫丞之印。綜合以上四點，筆者以爲當時大將軍之下亦有武器庫，稱爲「軍武庫」，以區別於京師之「武庫」。

〔註14〕《史記》、《漢書》中記載的「武庫」似爲執金吾管轄的長安與洛陽之武庫，其長官成爲「武庫令」。除京師武庫以外，地方郡縣之武庫均被稱爲「庫」，其長官稱爲「庫令」。在秦漢文獻以及出土簡牘、印章、封泥中，除「洛陽武庫」印以外，其餘郡國之武庫均稱「庫」，而沒有稱「武庫」的。如：《漢書・成帝紀》：「潁川鐵官徒申屠聖等百八十人殺長吏，盜庫兵，自稱將軍，經歷九郡。……廣漢男子鄭躬等六十餘人攻官寺，篡囚徒，盜庫兵，自稱山君。……十二月，山陽鐵官徒蘇令等二百二十八人攻殺長吏，盜庫兵，自稱將軍。」居延漢簡：「出弓橫內七□付都尉庫（28・19）」，「五月甲戌，居延都尉德、庫丞登兼行丞事下庫丞倉□（139・13）」等等。

〔註15〕《漢書》卷七七《毋將隆傳》，第 3264 頁。

的衛尉，而是交給守衛皇宮之外京城之內安全的執金吾，這正體現了皇帝內外相互制約的治安原則，以防止掌武器權力的武庫令與衛尉聯合威脅皇帝的安全。

三、武器的管理制度

秦漢時期的武器生產是比較發達的，它爲當時的軍隊始終保持著巨大的軍事儲備，並在維護王朝集權統治方面起著重要作用。當時統治者對武器的生產、入庫、儲存、調用高度重視，管理嚴格。

（一）實行兵器計簿制度

武庫兵器物資裝備的入庫、儲存、調用皆登記註冊，並有一套嚴格的計簿制度。睡虎地秦墓竹簡《秦律十八種・金布律》規定：

> 官相輸者，以書告其出計之年，受者以入計之。八月、九月中其有輸，計其輸所遠近，不能逮其輸所之計・□□□□□□移計其後年，計毋相繆。工獻輸官者，皆深以其年計之。〔註16〕

簡文說明凡官府輸入武庫的物資，皆以文書通知出簿的日期，輸入的一方按收到日期登記入簿。若調用的時間是年底（秦以九月爲歲盡，十月爲歲首），而運輸距離較遠，趕不上輸入一方的年終結算，則將出簿年份改爲下年度，使出入簿計不矛盾。由工官制造輸入的物資則出入雙方都應按生產的年份登記。又，睡虎地秦墓竹簡《效律》規定：

> 甲旅札贏其籍及不備者，入其贏旅衣札，而責其不備旅衣札。

〔註17〕

> 殳、戟、弩，鏾汈相易殹（也），勿以爲贏、不備，以職（識）耳不當之律論之。〔註18〕

表明秦代武器入庫必須進行登記選冊，標明記號。甲的旅札數超過或不足簿登記數的，多餘的要上交，不足者要進行補償。又，睡虎地秦墓竹簡《秦律雜鈔》規定：

〔註16〕睡虎地秦墓竹簡整理小組：《睡虎地秦墓竹簡》，文物出版社，1978年版，第58頁。
〔註17〕睡虎地秦墓竹簡整理小組：《睡虎地秦墓竹簡》，文物出版社，1978年版，第120頁。
〔註18〕睡虎地秦墓竹簡整理小組：《睡虎地秦墓竹簡》，文物出版社，1978年版，第121頁。

稟卒兵，不完善（繕），丞、庫嗇夫、吏貲二甲，法（廢）。〔註19〕

藏（藏）皮革橐（蠹）突，貲嗇夫一甲，令、丞一盾。藏（藏）

律。〔註20〕

表明武器庫內物資必須妥善保管，如果對兵器保管不善而造成遺失或損壞，主管官吏要受到貲甲、盾的懲罰。西漢長安城武庫曾出土有一些骨簽：這些骨簽刻字是設在地方上的中央官向皇室和中央上繳各種產品的記錄。例如：

三年潁川王官丞□工　　　　□冗工玄黃造（4：T4③：7）

三年河南工官令……　　　　□……（4：T4③：6）

五年河南工官長令丞口□　　……造（4：T4③：10）

元始二年武威工官……□　　……掾林主……　　……省（4：T4

③：11）

工官簽東平工官六十六（4：T4③：23）　五年河內工□　……

□（4：T4③：27）〔註21〕

武庫所藏兵器由少府屬官考工令丞督造，最終並交由執金吾藏入武庫。此外，從《居延漢簡》看，士兵領取兵器也要認真登記。一個軍事單位的兵器和守禦裝備要按名稱、數量、品種、總計定期上報給上級單位，每月一次為「月言簿」，三月一次則為「四時簿」，總稱為「兵簿」和「被兵簿」。上級官員還要定期檢查上報文簿和實際數量是否吻臺，以防無故損壞或丟失。居延新簡：

戍卒東郡清西成里騶毋害

　　六石具弩一完。蘭冠各一完　　　　　　E.P.T 51：112

　幩一完。稾矢銅鍭五十完

戍卒東郡臨邑馬都里樊非人

　　三石具弩一完

　幩一完。

　　稾矢銅鍭五十其十斤呼冊完　　　　　　E.P.T 52：5

戍卒東郡臨邑武陽里文□

〔註19〕睡虎地秦墓竹簡整理小組：《睡虎地秦墓竹簡》，文物出版社，1978 年版，第134 頁。

〔註20〕睡虎地秦墓竹簡整理小組：《睡虎地秦墓竹簡》，文物出版社，1978 年版，第136 頁。

〔註21〕中國社會科學院考古研究所編著：《漢長安城武庫》，文物出版社，2005 年版，第 177～178 頁。

弩幡一，完。蘭、蘭冠各一，完。　　　　　　　E.P.T 59：11

這是戍卒剛剛到達邊塞時從武庫接受武器裝備的記錄，其兵器基本完好。此條記載雖然說明邊境地區武庫中武器出入登記制度，但京師武庫應該於此更爲嚴格。

（二）私人不得擅用庫兵

秦漢武庫兵器任何人不得私自取用。例如前引執金吾毋將隆，針對哀帝以武庫兵賜董賢及乳母一事，上奏曰：「武庫兵器，天下公用，國家武備，繕治造作，皆度大司農錢。大司農錢自乘輿不以給共養，共養勞賜，壹出少府。蓋不以本臧給末用，不以民力共浮費，別公私，示正咟也。古者諸侯方伯得顓征伐，乃賜斧鉞。漢家邊吏，職在距寇，亦賜武庫兵，皆任其事然後蒙之。……臣請收還武庫。」武庫爲國家軍事設施，財政開支取自大司農，故謂之「公用」。武庫兵器不得授予私人，雖貴爲天子亦不能例外。

（三）不得無詔發武庫兵

武器關係到國家治亂安危，因此提取武庫兵器必須持有特別的證件或天子的詔書。《漢書・武五子傳》記載漢武帝征和二年（前 91 年），江充治巫蠱案：「太子使舍人無且，持節夜入未央宮殿長秋門，因長御倚華具白皇后，發中廄車載射士，出武庫兵，發長樂宮衛，告令百官曰江充反。乃斬充以徇，炙胡巫上林中。」太子持節夜入未央宮，得「出武庫兵」的詔命，而《漢書・劉屈氂傳》卻說：「太子亦遣使者矯制，赦長安中都官囚徒，發武庫兵。」詔命也罷，矯制也罷，都說明發武庫兵都必須要有嚴格的手續。闌入武庫行盜者，亦將嚴懲。春秋決獄：「甲爲武庫卒，盜強弩弦，一時與弩異處，當何罪？論曰：兵所居比司馬，闌入者髡，重武備、責精兵也。弩蘗機郭，弦軸異處，盜之不至，盜武庫兵陳。論曰：大車無軏，小車無軏，何以行之？甲盜武庫兵，當棄市乎？曰：雖與弩異處，不得弦不可謂弩，矢射不中，與無矢同，不入與無鏃同。律曰：此邊鄙兵所臧直百錢者，當坐棄市。」武庫重地，比之宮門，嚴懲闌入者。甲於武庫行盜，因弩弦異處，而未得弦，但其行爲仍然構成盜武庫罪。

（四）民間不許私造兵器

秦代實行嚴格的兵器管制，尤其是統一六國後，將社會上的兵器盡數沒收和銷毀，以解除敵對勢力反抗。從秦簡的有關法律上看，秦代武器上都標有官府名稱，士兵入伍時登記領取，退伍時歸還官府，不是原來兵器則要賠

償，這反映出秦對兵器的生產、保管、發放和收繳都有一套嚴格的管理制度。秦末農民戰爭只能「斬木為兵，揭竿為旗」〔註22〕，恰恰證明秦代兵器治安管理的嚴格。正如吾丘壽王對漢武帝所說：

> 秦兼天下，廢王道，立私議，滅《詩》《書》而首法令，去仁恩而任刑戮，墮名城，殺豪桀，銷甲兵，折鋒刃。其後民以鉏鋤棰梃相撻擊，犯法滋眾，盜賊不勝〔註23〕

時至兩漢，對武器的社會管理經歷了一個由寬鬆到嚴格的過程。《漢書・吾丘壽王》丞相公孫弘奏言：

> 民不得挾弓弩，十賊彍弩，百吏不敢前，盜賊不輒伏辜，免脫者眾，害寡而利多，此盜賊所以蕃也。禁民不得挾弓弩，則盜賊執短兵，短兵接，則眾者勝。以眾吏捕寡賊，其勢必得。盜賊有害無利，則莫犯法，刑錯之道也。臣愚以為禁民毋得挾弓弩便。

丞相公孫弘上奏禁止百姓攜帶弓弩，雖然最後漢武帝並沒有採納，但卻反映出在此之前百姓是可以攜帶弓弩的。又，《漢書・蓋寬饒傳》：「寬饒初拜為司馬，未出殿門，斷其襌衣，令短離地，冠大冠，帶長劍。」《太平御覽・職官部》「尚書郎」引《東觀漢記》曰：「樊梵字文高，為郎。每嘗直事，駐車待漏；雖在閑署，冠劍不解於身。」據此，漢代官吏都可以私人持有兵器。但到社會比較動盪時，政府這種對兵器的社會管理就會嚴格起來。凡是反抗當局者要尋求武器，往往只能奪取武庫，因為除此別無兵器來源。東漢永初年間（107年至113年）羌族叛亂，持竹木枝以代矛，或執銅鏡以象兵，從中便可看出漢代兵器管制的嚴格程度。〔註24〕

　　兵器的製造，都由國家統一管理，自古皆然。在西漢，少府屬官考工令、

〔註22〕《史記》卷六《秦始皇本紀》，第281頁。

〔註23〕《漢書》卷六四《吾丘壽王》，第2796頁。

〔註24〕儘管秦漢時期政府不允許民間私造兵器，但民間擁有私人武器的現象卻非常普遍。秦統一六國後曾下詔收繳兵器，這主要是指收繳東方各國的兵器，至於民間的私人兵器並未完全被禁止，如項羽「學書不成，去學劍」，韓信則是好帶刀劍，淮陰少年侮辱韓信說：「若雖長大，好帶刀劍，中情怯耳。」漢興，進一步明確肯定了吏民持有私人兵器的合法權力，從而使得私兵器的社會擁有範圍更加擴大，上至高官顯貴下至百姓民眾大多擁有數量不等的私人兵器。例如，霍氏在平陽的親族都有大量私兵器，「諸霍在平陽，奴客持刀兵入市鬭變，吏不能禁」。王氏也有過之而無不及，哀帝時司隸校尉曾奏言：「（曲陽侯王根）遊觀射獵，使奴從者被甲持弓弩，陳為步兵。」漢時民間習劍風氣的盛行，也是平民多持有私兵器的反映，如司馬相如「少時好讀書，學擊劍」。

丞負責兵器的製造是有明確記載的。《漢書・田蚡傳》引顏師古曰：「考工，少府之屬官也，主作器械。」《後漢書・百官志》：「考工令一人，六百石。本注曰：主作兵器弓弩刀鎧之屬，成則傳執金吾入武庫，及主織綬諸雜工。」發現於金關遺址的一支箭桿上，便刻有「元鳳三年，執金吾護工卒史喜、考工令通、瓹常、令史奉省……」的字樣〔註25〕。又，西漢武庫遺址所發現的骨簽亦有「鴻嘉元年考工製作工，壽王繕嗇夫霸佐，咸主丞惲橡放省（4：T4③：1）」的字樣。〔註26〕另外，在河南靈寶張灣的東漢墓葬裏，發現有一件銅弩機，上有銘文曰：「永元六年考工所造八石鐖。郭工吳孟作，造工王山，太僕監古工掾口，令儉，丞詩，掾□，史旦主。」〔註27〕這些出土資料有力說明，當時的武器是由漢王朝中央的考工令所製造。

第三節　城　門

城門是進入京城的唯一關口，是維繫全城安全的關鍵，是戰爭中攻城的重點，也是城防的薄弱環節。故而城門既要建造得堅固而牢靠，又要設置重兵把守。〔註28〕

一、城門配置與勘察

新中國成立以後，考古工作者通過對漢長安城遺址的考古調查，發現西漢長安全城共十二座城門，每面城牆各有三座城門。同時，《三輔黃圖》引《三輔決錄》也記載：

> 長安城，面三門，四面十二門，皆通達九逵，以相經緯，衢路乎正，可並列車軌。十二門三塗洞闢，隱以金椎，周以林木。左右

〔註25〕甘肅居延考古隊：《居延漢代遺址的發掘和新出土的簡冊文物》，《文物》，1978年第1期。

〔註26〕中國社會科學院考古研究所編著：《漢長安城武庫》，文物出版社，2005年版。

〔註27〕楊泓：《古代兵器史稿》，上海科技出版社，1988年版，第107頁。

〔註28〕關於漢代城門制度的研究論著主要有：馬先醒：《漢代洛陽之城池與城門》，收入所著《漢簡於漢代城市》，簡牘學會刊行，1980年版；何漢南：《漢長安城門考》，《文博》，1989年第2期；馬小奇、張培東：《中國古代交通》，北京科學技術出版社，1995年版；佐原康夫、張宏彥：《漢長安城再考》，《考古與文物》，2001年第4期；李遇春：《漢長安城城門述論》，《考古與文物》，2005年第6期；秦彥仕：《〈墨子・備城門〉諸篇綜合研究》，四川大學2006年博士學位論文。

出入，爲往來之徑，行者升降，有上下之別。

東城牆自北向南爲宣平門、清明門、霸城門，南城牆自東向西爲覆盎門、安門、西安門，西城牆自南向北爲章城門、雍門、直城門，北城牆自西向東爲橫門、廚城門、洛城門，歷史文獻記載與考古發掘所發現的城門數量完全吻合。

<table>
<tr><td>

圖 2-3-1
陝西西安漢長安城門及街道構造示意圖

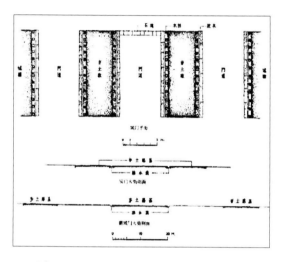

（《劉敦楨全集第 9 卷》，中國建築工業
出版社，2007 年版，第 42 頁）

</td><td>

圖 2-3-2
章城門及門外城壕平面示意圖

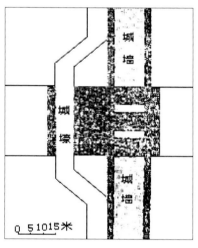

（王仲殊：《漢代考古學概
說》，第 5 頁）

</td></tr>
</table>

王莽統治時期，曾對京師十二城門進行過一次更名活動。《三輔黃圖》卷一「都城十二門」條記載：王莽將宣平門改名爲春王門、清明門改爲宣德門、霸城門改爲仁壽門、覆盎門改爲永清門、安門改爲光禮門、西安門改爲信平門、章城門改爲千秋門、直城門改爲直道門、雍門改爲章義門、橫門改爲朔都門、廚城門改爲建子門、洛城門改爲進和門。

西漢長安城城門名稱表

長安城城牆面	城門名（新莽以前）	城門名（王莽所改）
東　牆	宣平門 清明門 霸城門	春王門 宣德門 仁壽門

南　牆	覆盎門 安　門 西安門	永清門 光禮門 信平門
西　牆	章城門 直城門 雍　門	千秋門 直道門 章義門
北　牆	橫　門 廚城門 洛城門	朔都門 建子門 進和門

　　東漢洛陽，京師亦有十二座城門，東邊城牆有上東門、中東門、旄（耗）門，北邊城牆有穀門、夏門，西邊城牆有上西門、雍門、廣陽門，南邊城牆為津門、小苑門、平城門、開陽門。儘管東漢洛陽城雖也有城門十二座，但它們不是平均分佈在城的四面，而是東、西面各三座城門，南面四座城門，北面二座城門，這與西漢長安城城門的分佈情況有所不同。那麼我們不禁要問，東漢洛陽城門如此設置是什麼原因造成的呢？洛陽城南鄰洛水，北靠邙山。洛水不僅是洛陽城生活用水的重要來源，而且還起著運輸四方漕糧、貢賦京師的交通要道作用。東漢時期的太學、辟雍、明堂、靈臺等重大建築均建於南郊，著名的南市也設於此地。故而洛陽城南貿易往來，異常活躍。而與之形成鮮明對比的是城門的邙山地區，此地區為帝陵所在。除非重大禮儀活動，否則很少有人員往來。與實際狀況相結合，故北面城牆僅僅開闢兩座城門，而南面城牆則要闢四門以便往來的需要。《古詩十九首》中《驅車上東門》寫到：

> 驅車上東門，遙望郭北墓。白揚何蕭蕭，松柏夾廣路。下有陳死人，杳杳即長暮。潛寐黃泉下，千載永不寤。浩浩陰陽移，年命如朝露。人生忽如寄，壽無金石固。萬歲更相送，聖賢莫能度。服食求神仙，多為藥所誤。不如飲美酒，被服紈與素。

所謂「郭」，外城也。漢代沿襲舊俗，死人多葬於郭北。洛陽城北的北邙山，就是墓葬之地；詩中的「郭北墓」，正指邙山墓群。作者驅車出了上東門，遙望城北，看見邙山墓地的樹木，不禁悲從中來，便用「白揚何蕭蕭，松柏夾廣路」兩句寫所見、抒所感。

漢魏洛陽城城門歷代名稱表

城牆面	東　漢	曹　魏	西　晉	北　魏
東　面	上東門 中東門 旄　門	建春門 東陽門 清明門	建春門 東陽門 清明門	建春門 東陽門 青陽門
南　面	開陽門 平城門 宜陽門 津陽門	開陽門 平昌門 宜陽門 津陽門	開陽門 平昌門 宜陽門 津陽門	開陽門 平昌門 宜陽門 津陽門
西　面	廣陽門 雍　門 上西門 ——	廣陽門 西明門 閶闔門	廣陽門 西明門 閶闔門	西明門 西陽門 閶闔門 承明門
北　面	夏　門 穀　門	大夏門 廣莫門	大夏門 廣莫門	大夏門 廣莫門

二、管理城門的職官

城門是京城出入的咽喉，倡導「兼愛」、「非攻」的墨翟，對於城門功用多有研究。《墨子》一書就有「備城門」等篇章。該書除了介紹戰時退敵守衛城門外，還講到了平時的城門治安防範。例如，《墨子‧號令》記載城門黃昏關閉、清晨開啓，應擊鼓爲號令。大鼓設在守城主將的大門裏。黃昏擊鼓十聲，各個城門一律關閉。違反禁令的行路人，要抓起來審問。晨鼓響時，各個城門的守門吏自官署取出鑰匙，打開城門，最後將鑰匙交還。開啓城門後，「諸城門若亭，謹候視往來行者符」，查驗往來行人的憑證。秦漢政府繼承了這一思想，專門設置職官對城門進行守備。

（一）城門校尉

西漢京師地區設城門校尉一職來對城門進行管理。《漢書‧百官公卿表》記載城門校尉職掌時說：「掌京師城門屯兵。」這支由城門校尉所率領的城門兵在組織系統上具有很強的獨立性，它既不屬於中尉所率北軍，也不屬於衛尉所率南軍。《漢書‧張湯傳》記載：「安世深辭弗能得。後數日，竟拜爲大司馬車騎將軍，領尚書事。數月，罷車騎將軍屯兵，更爲衛將軍，兩宮衛尉，城門、北軍兵屬焉。」又，《漢官解詁》：「中壘、城門，北軍士校，修爾車馬，

以戒不虞。漢掌兵官。」以上引文，城門兵、北軍、南軍並提，說明城門校尉應為獨立兵種。

關於城門校尉始置於何時？文獻記載卻存異說。如錢文子《補漢兵志》記載：「自（漢武帝征和二年）戾太子敗乃置城門校尉掌城門屯兵，有司馬、十二城門候。」而《玉海》卷一三七《兵制二‧漢城門屯兵》卻記載：「《表》：城門校尉掌京師城門屯兵，有司馬，十二城門侯。《武紀》：征和二年七月，初置城門屯兵。」注引環濟《要略》：「城門校尉，高帝置，從緹騎百二十人了，武帝始增屯兵。」城門校尉置於漢高祖時期，還是漢武帝時期呢？筆者以為《玉海》中「高帝」似為「武帝」之誤。理由有三：其一，詳查目前所能見到的漢代史書，城門校尉一詞於武帝之前的史書中從未出現過，唯武帝之後乃有記載。其二，從班表記載順序來看。《漢書‧百官公卿表》在敘城門校尉之前記載武帝初置的司隸校尉，在敘完城門校尉之後又載武帝所置中壘校尉。可見，在「城門校尉」條前後皆為武帝初置官職，故筆者認為城門校尉很有可能也置於武帝時，否則班固是不會這樣記載的。其三，大量文獻記載可證。《漢書‧武帝紀》、《漢書‧百官公卿表》、《漢書‧元后傳》等皆載城門校尉是由於戾太子之變而設立的。依據以上三條，筆者認為城門校尉當置於武帝征和二年（前 91 年）。但值得注意的是，在漢武帝前期，城門作為京城門戶，地位十分重要，但是平時戒備士兵不多，也沒有專職守備軍隊。因城門屬京城範圍，故由負責京師警備的中尉管轄。直至發生「戾太子案」後，漢武帝以「太子在外，始置屯兵長安諸城門」〔註 29〕，來加強京師的治安管理。

新莽統治時期京城仍設城門校尉，但改稱城門將軍。《漢書‧翟方進傳》記載王莽以「常鄉侯王惲為車騎將軍屯平樂館，騎都尉王晏為建威將軍屯城北，城門校尉趙恢為城門將軍，皆勒兵自備」。同書《王莽傳》亦載：「陳崇又奏：『安漢公祠祖禰，出城門，城門校尉宜將騎士從。入有門衛，出有騎士，所以重國也。』」城門校尉所領城門兵均為內郡徵來者，正如《漢書‧王莽傳》所載：「（王）莽曰：『城門卒，東方人，不可信。』莽更發越騎士為衛，門置六百人，各一校尉。」

東漢亦設城門校尉，《後漢書‧百官志》：「城門校尉一人，比二千石。本注曰：掌洛陽城門十二所。」下有「司馬一人，千石。本注曰：主兵。」同

〔註29〕 《漢書》卷六六《劉屈氂傳》，第 2882 頁。

書同卷還記載：

> 「城門每門候一人，六百石。本注曰：雒陽城十二門，其正南
> 一門曰平城門，北宮門，屬衛尉。其餘上西門，雍門，廣陽門，津
> 門，小苑門，開陽門，耗門，中東門，上東門，穀門，夏門，凡十
> 二門。」注引《漢官秩》曰：「平城門爲宮門〔註30〕，不置候，置屯
> 司馬，秩千石。」

可知，東漢繼續設置城門校尉對城門進行管理，除平城門屬衛尉下屬的屯司
馬掌管外，其餘十一座城門，每門設城門候一人。

（二）司馬、城門候

城門校尉的下屬見於記載者有司馬、城門候二職。《漢書·百官公卿表》
載：「城門校尉，掌京師城門屯兵，有司馬，十二城門候。」〔註31〕關於司馬
一職，《後漢書·百官志》記載：「司馬一人，本注曰：主兵。」可知司馬的
職掌應是率兵守護城門的安全。與司馬不同，城門候則負責城門的啓閉。《漢
書·蔡義傳》：「數歲，遷補覆盎城門候。」師古曰：「門候，主候時而開閉也。」
《三輔黃圖》卷一「都城十二門」亦載：「漢城門皆有候，門候主候時，謹啓
閉也。」又，《後漢書·郅惲傳》：「（郅惲）爲上東城門候。帝嘗出獵，車駕
夜還，惲拒關不開。」門候郅惲拒開城門的行爲說明城門候的職掌便是負責
城門的啓閉。此外，《文選·西京賦》：「城尉不弛柝，而內外潛通。」李善注：
「城門校尉不廢擊柝之備，內外已自嘿通也。善曰：弛，詩紙切。鄭玄周禮

〔註30〕　關於平城門的性質，楊寬先生《中國古代都城制度史研究》書中認爲：「除平
　　　　城門外，其餘十一門屬城門校尉管理，平城門屬於宮門。」學者張金龍也同
　　　　意此說，並認爲平城門爲北宮門，屬衛尉所轄。筆者查閱文獻發現，平城門
　　　　的用法略顯含混，共有兩種用法，一種是指宮城南門，一種是指雒陽城南門。
　　　　《續漢書》劉昭注引述前人對平城門的解釋說：「《漢官秩》曰：平城門爲宮
　　　　門，不置候，置屯司馬，秩千石。」李尤銘曰：「平城司午，厥位處中。」這
　　　　裡《漢官秩》講的平城門是宮門，而李尤銘所講的平城門應該是城門，因爲
　　　　十二城門對應十二天干，這才能說「司午」。那麼，平城門是宮門還是城門呢？
　　　　筆者認爲平城門是城門的可能性較大。《續漢書·百官志》明確記載城門校尉：
　　　　「掌雒陽城門十二所。」《河南志》「後漢京城圖」亦以平城門爲城門，而不
　　　　是宮門。此外，平城門是建武十四年南宮前殿建成以後才開闢建設的。《後漢
　　　　書·百官志》引《古今注》：「建武十四年九月開平城門。」南宮前殿建於這
　　　　年正月，而平城門建於這年九月。豈能先建宮殿，後闢宮門。
〔註31〕　羅福頤：《秦漢魏晉南北朝官印徵存》卷四《新莽官印》有「昭城門候」印。
　　　　此外，西安漢城遺址還出土有「建春門候」印，皆應屬十二城門候者。

注曰：檊，戒夜者所擊也。柝與檊同音。」這表明城門校尉以及其屬下的司馬與城門候在夜間也要守衛城門的，並以擊柝警備之。

（三）城門令史、城門亭長

在城門校尉屬官中，司馬和城門候是比較高的官職，下面還有屬官，今可考者有城門令史和城門亭長。如，《漢書‧王莽傳》：「王興者，故城門令史。」《後漢書‧李固傳》：「詣闕上書，乞收固屍。不許，因往臨哭，陳辭於前，遂守喪不去。夏門亭長呵之。」《後漢書‧耿弇傳》注引《續漢書》曰：「弇歸，主人食未已，薊中擾亂，上駕出南城門，頗遮絕輜重，城中相掠。弇既與上相失，以馬與城門亭長，乃得出。」西漢長安、東漢洛陽十二城門外都設有一亭，用以加強防衛。《後漢書‧百官志》「城門校尉」條劉昭注引蔡質《漢儀》曰：「雒陽二十四街，街一亭；十二城門，門一亭。」所謂「門一亭」應當是指城門外的亭。《後漢書‧桓帝紀》：「本初元年，梁太后徵帝到夏門亭。」李賢注：「洛陽城北面西頭門也，門外有萬壽亭。」城門亭長大概就是管理這些城門亭的日常事務。

城門為京城門戶，安全自然重要，秦漢皇帝也常常將城門兵權交給自己的親信或是朝廷重臣來控制。如西漢太師孔光就曾「領城門兵」〔註32〕。成帝時，「以（王）音為大司馬車騎將軍，領尚書事，而平阿侯（王）譚位特進，領城門兵。……（譚）遂辭讓不受領城門職」〔註33〕，「乃復令（王）譚弟成都侯（王）商位特進，領城門兵，得舉吏如將軍府」〔註34〕。後「特進成都侯（王）商代音為大司馬衛將軍，而紅陽侯（王）立位特進，領城門兵。」〔註35〕清代學者錢大昕認為：「漢時城門校尉、司隸校尉任寄最重。」〔註36〕《歷代職官表》對此也有一番記載：「漢代城門校尉，其任至巨，如王譚、王商、王立等皆以特進相代領城門兵；至幕府得舉吏，如將軍；而孔光為太師，亦兼領城門兵；谷永與王譚書，所謂『至戚賢舅執管鑰於外』。蓋因門禁之重，故必擇大臣以兼領其事。」〔註37〕尤其是到東漢，城門校尉更由外戚所控制。《後漢書‧靈帝紀》記載：「桓帝崩，無子，皇太后與父城門校尉竇

〔註32〕《漢書》卷八一《孔光傳》，第3363頁。

〔註33〕《漢書》卷八五《谷永傳》，第3456頁。

〔註34〕《漢書》卷八五《杜鄴傳》，第3474頁。

〔註35〕《漢書》卷九八《元后傳》，第4027頁。

〔註36〕錢大昕：《廿二史考異》卷一七《三國志三‧孫破虜討逆傳》。

〔註37〕紀昀：《歷代職官表》卷四六《步軍統領‧漢》案語。

武定策禁中，使守光祿大夫劉候持節，將左右羽林至河間奉迎。」又，《後漢書·皇后紀》記載：「於是景爲衛尉，耀城門校尉，晏執金吾，兄弟權要，威福自由。」從以上的記載可以看出，東漢城門校尉地位之高，職權之重，是其他官員所無法比擬的。

三、城門的管理制度

（一）重兵把守、控制出入

如前所述，城門兵是武帝於征和二年（前91年）戾太子發動未遂政變後，爲加強京師的防衛力量而設，正如《漢書·武帝紀》所載：「秋七月，按道侯韓說、使者江充等掘蠱太子宮。壬午，太子與皇后謀斬充，以節發兵，與丞相劉屈氂大戰長安，死者數萬人。庚寅，太子亡，皇后自殺。初置城門屯兵。更節加黃旄。」西漢城門兵力數史書沒有明確記載，馬端臨《文獻通考·兵考二》云：「惟城門屯兵數無所考，以宮掖門司馬所領者推之，多者七百二人，少者止三十人，況十二門止於一校，必非重兵所在，多不過三千人耳。」城門屯兵應該與各宮門屯駐衛士數目相去不大，或略多一些。據史書記載：東漢南宮衛士537人，北宮衛士471人，左都候衛士416人，右都候衛士383人，七宮門司馬衛士639人，總計爲2506人。據此推測，城門候領兵大致以2500～3000範圍計。

（二）朝起夕閉、定時開關

秦漢政府制定有一套嚴格的城門啓閉制度。白天城門開啓，供人們出入；天黑，諸城門關閉。《後漢書·郅惲傳》記載：「郡舉孝廉，爲上東城門候。帝嘗出獵，車駕夜還，惲拒關不開。帝令從者見面於門間。惲曰：『火明遼遠。』遂不受詔。帝乃回從東中門入。明日，惲上書諫曰：『昔文王不敢槃於遊田，以萬人惟憂。而陛下遠獵山林，夜以繼晝，其如社稷宗廟何？暴虎馮河，未至之戒，誠小臣所竊憂也。』書奏，賜布百匹，貶東中門候爲參封尉。」東漢初年洛陽城門之一的上東門候郅惲，可以說是位堅守職責的官員。當時光武帝劉秀經常出城遊獵。車駕深夜還城，當其到達城東面最北端的上東門外，郅惲依照城門管理制度，拒不開門。光武帝派侍從交涉，郅惲仍然嚴守城門。皇帝只好前往下一座城門進城，到中東門外，中東門候迎接皇帝入內。第二天，光武帝接到郅惲的上書，指責皇帝夜以繼日的遊獵，違反城門管理制度。光武帝經過反思之後，決定賞賜郅惲，而將中東門門候貶職。

（三）三途洞開、左出右入

1957 年考古工作者對西漢長安城直城門、西安門、霸城門與宣平門進行了發掘﹝註38﹞，證實了西漢長安城每個城門有三個門道，這與班固《西都賦》「披三條之廣路，立十二之通門」、張衡《西京賦》「城郭之制，則旁開三門，參塗夷庭，方軌十二」的記載完全相符。這三個門道，中間一條道路稱「馳道」，是專供皇帝行走的，其他官吏與平民不得行其上，雖貴為皇太子也不例外。《漢書·成帝紀》：「（成）帝為太子。壯好經書，寬博謹慎。初居桂宮，上（元帝）嘗急召，太子出龍樓門，不敢絕馳道，西至直城門，得絕乃度，還入作室門。」對於「馳道」，顏師古注引應劭曰：「馳道，天子所行道也，若今之中道。」普通民眾則走兩邊門道。《三輔黃圖》卷一「都城十二門」條引《三輔決錄》曰：「長安城，……十二門三塗洞闢，隱以金椎，周以林木。左右出入，為往來之徑，行者升降，有上下之別。」

東漢洛陽城每個城門也有三個門道，與西漢情況大致相同。通過對該城夏門的勘探得到證實，魏晉洛陽城也沿襲東漢洛陽城城門的形制。《洛陽伽藍記》記載：「門有三道，所謂九軌。」《河南志》卷二引陸機《洛陽記》曰：「洛陽十二門，門有閣，閉中，開左右出入。」中央為御道，為皇帝專行；兩邊道路，百姓當行。《太平御覽》引陸機《洛陽記》曰：「宮門及城中大道皆分作三，中央御道，兩邊築土牆，高四尺餘，外分之。唯公卿尚書章服道從中道，凡人皆行左右，左入右出，夾道種榆槐樹。此三道四通五達也。」

（四）緊急情況、城門戒嚴

一般情況下，城門管理官員會嚴格按照城門啓閉時間管理城門。但若遇到非常事件，則要依照命令臨時關閉城門，不准出入。例如，《漢書·武帝紀》記載：「秋，閉城門大搜。」顏師古注引臣瓚曰：「《漢帝年記》六月禁逾侈，七月閉城門大搜，則搜索逾侈者也。」李奇曰：「搜索巫蠱也。」同書同傳又載：「冬十一月，發三輔騎士大搜上林，閉長安城門索」，顏師古注引臣瓚曰：「搜，謂索姦人也。上林苑周數百里，故發三輔車騎入大搜索也。《漢帝年記》發三輔騎士大搜長安上林中，閉城門十五日，待詔北軍征官多餓死。然即皆搜索，非數軍實也。」又，《漢書·劉屈氂傳》記載：「其秋，戾太子為江充

﹝註38﹞ 王仲殊：《漢長安城考古工作的收穫》，《考古通訊》，1957 年第 5 期；王仲殊：《漢長安城考古工作收穫續記》，《考古通訊》，1958 年第 4 期。

所譖，殺充，發兵入丞相府，屈氂挺身逃，亡其印綬。是時，上避暑在甘泉宮，……乃賜丞相璽書曰：『捕斬反者，自有賞罰。以牛車為櫓，毋接短兵，多殺傷士眾。堅閉城門，毋令反者得出。』」《後漢書·禮儀志》記載：「登遐，皇后詔三公典喪事。百官皆衣白單衣，白幘不冠。閉城門、宮門。近臣中黃門持兵，虎賁、羽林、郎中署皆嚴宿衛，宮府各警，北軍五校繞宮屯兵，黃門令、尚書、御史、謁者晝夜行陣。」以上文獻記載都說明，若京城發生威脅皇帝安全的宮廷政變，或皇帝大喪等特殊時期，城門將臨時關閉，用以防止暴亂和罪犯逃逸等事件發生。

第三章　京師的地方治安機構與管理制度

兩漢京師社會公共秩序的治安管理分別由縣、郡、州三級管理機構擔任。縣級管理機構為西漢的長安縣令和東漢的洛陽縣令；郡級管理機構為西漢的京兆尹和東漢的河南尹；州級管理機構則為司隸校尉。

縣級治安機構：長安縣（西漢）、洛陽縣（東漢）

西漢長安在行政區劃上為一縣邑，行政長官為長安縣令，既負責行政、司法，也直接職掌治安管理和打擊犯罪的工作，正如《漢舊儀》：「長安城方亦十三里，經緯各長十五里，十二城門，九百七十三頃。城中皆屬長安令。」又如，《漢書・義縱傳》記載：「遷為長陵及長安令，直法行治，不避貴戚。」《漢書・薛宣傳》：「將軍王鳳聞其能，薦宣為長安令，治果有名。」同書《尹賞傳》：「賞以三輔高第選守長安令，得壹切便宜從事。賞至，修治長安獄，穿地方深各數丈，致令辟為郭，以大石覆其口，名為『虎穴』。乃部戶曹掾史，與鄉吏、亭長、里正、父老、伍人，雜舉長安中輕薄少年惡子，無市籍商販作務，而鮮衣凶服被鎧捍持刀兵者，悉籍記之。」尹賞為長安令後，整修長安城中的牢獄。然後讓戶曹掾史與鄉吏、亭長、里正、父老和盜賊的鄰居，分別舉報長安地區行為不軌的青年，藉此整治社會秩序。

東漢時期，洛陽縣令則是京師地方的縣級行政官員，其主要職責也是維持社會治安、嚴懲罪犯。如董宣為洛陽令時，「湖陽公主蒼頭白日殺人，因匿主家，吏不能得，及主出行，而以奴驂乘，宣於夏門亭候之，乃駐車叩馬，

以刀畫地，大言數主之失，叱奴下車，因格殺之」〔註1〕。爲嚴懲殺人罪犯，董宣不怕得罪皇親國戚，親自出馬格殺罪犯，並因此獲得「強項令」的美稱。虞延任洛陽令時，外戚「陰氏有客馬成者，常爲奸盜，延收考之」〔註2〕。陰氏雖然諂之於帝，但虞延還是設法使馬成「後數日伏誅」，沉重打擊了貴戚仗勢犯罪的囂漲氣焰。又，《後漢書·班固傳》記載：「洛陽令种兢嘗行，固奴干其車騎，吏椎呼之，奴醉罵，兢大怒，畏憲不敢發，心銜之。及竇氏賓客皆逮考，兢因此補繫固，遂死獄中。」班固的惡奴曾擾亂洛陽令种兢的車騎，雖然种兢懾於班固依附於竇憲的淫威而隱忍不發，但當竇氏集團被摧毀之後，「兢因此補繫固」。洛陽令嚴懲犯罪貴戚的行爲，無疑有力地維護了社會秩序。

郡級治安機構：京兆府（西漢）、河南府（東漢）

西漢三輔是京兆尹、左馮翊和右扶風的總稱，由秦朝掌治京師的內史和掌治列侯的主爵中尉演變而來。三輔長官直接負責該地區治安工作。《漢書·雋不疑傳》載：「始元五年，有一男子乘黃犢車，建黃旂，衣黃襜褕，著黃冒，詣北闕，自謂衛太子。公車以聞，詔使公卿將軍中二千石雜識視。長安中吏民聚觀者數萬人。右將軍勒兵闕下，以備非常。丞相、御史、中二千石至者立莫敢發言。京兆尹不疑後到，叱從吏收縛。」此案發生在京師，屬於京兆尹管轄地區，所以京兆尹雋不疑敢於「叱從吏收縛」。另外，漢代三輔行政長官還要不定期出巡檢查各縣官吏的工作，不能無故取消。如《漢書·韓延壽傳》就記載在宣帝時，韓延壽爲左馮翊，「歲餘，不肯出行縣」，他的官僚（丞掾）勸說道：「宜循行郡中，覽觀民俗，考長吏治迹。」韓延壽回答曰：「縣皆有賢令長，督郵分明善惡於外，行縣恐無所益，重爲煩擾。」但最終韓延壽還是迫不得已，只好依例行縣。

東漢洛陽，與西漢三輔情況相似，貴族、官僚雲集，難以治理，管轄制度也略同於西漢，一般的刑事案件均由河南尹處理。《後漢書·周紆傳》：「皇后弟黃門郎竇篤從宮中歸，夜至止奸亭，亭長霍延遮止篤，篤蒼頭與爭，延遂拔劍擬篤，而肆詈恣口。篤以表聞。詔召司隸校尉、河南尹詣尚書譴問，遣劍戟士收紆送廷尉詔獄。」即爲一例。

〔註1〕 《後漢書》卷七七《酷吏列傳》，第2489～2490頁。
〔註2〕 《後漢書》卷三三《虞延列傳》，第1153頁。

州級治安機構：司隸校尉

西漢司隸校尉監察百官。《漢書·蓋寬饒傳》記載寬饒由太中大夫遷爲司隸校尉後，「刺舉無所迴避」，並將自己的俸祿之半以給吏民，使爲耳目，監察百官，成效顯著。以致京師出現了「公卿貴戚及郡國吏繇使至長安，皆恐懼莫敢犯禁，京師爲清」的局面。

時至東漢，司隸校尉同樣負有糾察京師的重任。如果用人得當，對外戚、宦官等權臣橫行不法的黑暗政治確能起到一定的控製作用。例如，陽球爲司隸校尉時，剛一上任，就捕獲王甫等宦官，將其擊斃於刑杖之下。京師震懾，洛陽秩序一時安定下來。〔註3〕虞詡代陳禪爲司隸校尉後，「數月間，奏太傅馮石、太尉劉熹、中常侍程璜、陳秉、孟生、李閏等，百官側目，號爲苛刻」〔註4〕。又，《後漢書·皇甫嵩傳》記載：「元義（張角）數往來京師，以中常侍封諝、徐奉等爲內應，約以三月五日內外俱起。未及作亂，而張角弟子濟南唐周上書告之，於是車裂元義於洛陽。靈帝以周章下三公、司隸，使鈎盾令周斌將三府掾屬，案驗宮省直衛及百姓有事角道者，誅殺千餘人。」此外，车融、馮緄、應奉、王暢，以及後來的許永、華松、公孫曄、王防等任司隸校尉時，也能夠舉法無所迴避，使貴族、宦官等勢力爲之斂手。

綜上所述，兩漢京師地方社會秩序的治安管理機構由縣、郡、州三級組成。這三級治安機構都是本轄區內的最高治安職官。特殊時期，需要配合中央政府的統一部署，採取一些相應的治安行動。例如，漢武帝征和元年（前92年）：「冬十一月，發三輔騎士大搜上林，閉長安城門索，十一日乃解。巫蠱起。」〔註5〕這種由中央政府發動的治安活動，三輔長官都需要密切配合、參與。但在平時，三輔地方社會治安機構與中央警衛機構，尤其是與皇帝皇宮安全警備機構有不同的職責範圍，不能夠隨便逾越。譬如，咸宣爲右扶風時，因追捕逃入上林苑的罪犯，「闌入上林中蠶室門攻亭格殺信，射中苑門，宣下吏，爲大逆。」〔註6〕就被視爲越權而犯了大逆罪，最後落得自殺的結果。

那麼，京師城市街區、居住區、商業區等社會公共場所的具體治安管理由誰負責呢？這是下面所要重點展開論述的內容。

〔註3〕　《後漢書》卷七七《酷吏傳》，第2500頁。
〔註4〕　《後漢書》卷五八《虞詡傳》，第1870頁。
〔註5〕　《漢書》卷六《武帝紀》，第208頁。
〔註6〕　《漢書》卷九〇《咸宣傳》，第3661～3662頁。

第一節　街　區

交通對於一個城市的發展至關重要。《鹽鐵論・力耕篇》：「自京師東西南北，歷山川，經郡國，諸殷富大都，無非街衢五通，商賈之所湊，萬物之所殖者。」所謂「街衢五通」是指城市的街道。那麼，秦漢京師道路建設怎樣，管理又如何呢？〔註7〕

一、城內街道分佈

據史書記載，漢長安城有內「八街九陌」，如《三輔黃圖》卷二引《三輔舊事》所載：「長安城中八街九陌。」漢長安城是一個不規則的城池，除西面中間的直門與東面南頭的霸門東西對直外，其餘各門均非相互對應，而直門和霸門之間又有長樂宮等相阻。這樣，各城門都有一條大街通入城內，故漢長安城十二城門應有街道十二條。但由於霸門、覆盎門入門不遠即是長樂宮，章城門、安門入門不遠就是未央宮，不可能形成大街。因此，實際只有八座城門各有一條大街通入城內，恰與文獻記載相符。

西漢長安城道路數據表

直城門大街	起　點	直城門	6081.3（米）
	終　點	霸城門	
安門大街	起　點	安　門	5600.7（米）
	終　點	宣平門大街	
宣平門大街	起　點	宣平門	3714.8（米）
	終　點	廚城門大街	
清明門大街	起　點	清明門	3082.5（米）
	終　點	安門大街	
雍門大街	起　點	雍　門	2132.1（米）
	終　點	廚城門大街	

〔註7〕　有關這方面的研究論著有：王子今：《秦漢交通史稿》，中央黨校出版社，1992年版；辛德勇：《西漢至北周時期長安附近的陸路交通》，載《中國歷史地理論叢》，1988年第3輯。

洛城門大街	起　點	洛城門	839.4（米）
	終　點	宣平門大街	
廚城門大街	起　點	廚城門	3232.3（米）
	終　點	直城門大街	
橫門大街	起　點	橫　門	2945.6（米）
	終　點	直城門大街	

資料來源：陝西測繪局：《漢長安城遺址測繪研究獲得的新信息》，《考古與文物》，
　　　　　2000 年第 5 期。

　　「八街」是西漢長安城的主幹大街，每街均爲三條平行的乾道。中間的一條最寬，達二十米，稱爲御道。兩邊的各寬十二米，由兩條排水溝相隔開。北宋宋敏求所著《長安志》載長安城「八街」的名稱分別爲華陽街、香室街、章臺街、夕陰街、尙冠街、太常街、藁街和前街。據王仲殊、王社教先生考證，安門大街可能是章臺街、直城門大街可能是藁街，清明門大街可能是香室街，橫門大街可能是華陽街。〔註8〕八街以外，西漢長安城還有九陌。關於九陌，古文獻沒有明確解釋，目前說法紛紜，莫衷一是。有的說「九陌」是指每面城牆各有三門，門闢三道，共九道；有學者認爲九陌是指長安城通往郊區的九條大道，即橫門、廚城門、洛城門、宜平門、清明門、覆盎門、安門、雍門、直城門等通往城外的大道〔註9〕；也有學者認爲陌係指田間道，西漢城中無田，不得有陌，「九陌」非西漢事。〔註10〕但絕大多數學者普遍認爲長安城內東西街道稱「陌」，而南北街道則稱「街」。

　　除以上街道外，長安城還有各種不同用途的道路，如長安城內側，沿城牆築有環城道路；在市場之內也有規整的道路，如在東、西市之內，就各有兩條東西向與南北向相交道路。當時諸陵縣之間亦有道路相連。《漢書·宣帝紀》記載：「（宣帝即位前曾）數上下諸陵，周遍三輔。」師古曰：「諸陵皆據高敞地爲之，縣即在其側。帝每周遊往來諸陵縣，去則上，來則下，故言上

〔註 8〕　王仲殊：《漢代考古學概說》，第 5 頁；王社教《漢長安城八街九陌》，《文博》，
　　　　　1999 年第 1 期，第 26 頁。
〔註 9〕　孟凡人：《漢長安城形制布局中的幾個問題》，中國社會科學院考古研究所漢
　　　　　唐與邊疆考古研究編委會《漢唐與邊疆考古研究》（第一輯），科學出版社，
　　　　　1994 年版。
〔註10〕　陳子怡：《漢長安街道考》，陝西省博物館印。

下諸陵。」有學者指出，三輔地區會有多條道路相通，否則不會周遊諸陵縣如此方便。此外，王子今先生也認爲當時已經形成了以長安爲中心，以諸陵爲重要樞紐的幹線支線和聯絡線齊備的大致呈傘狀的交通網絡系統。〔註11〕

圖 3-1-1　以長安爲中心的三輔交通體系

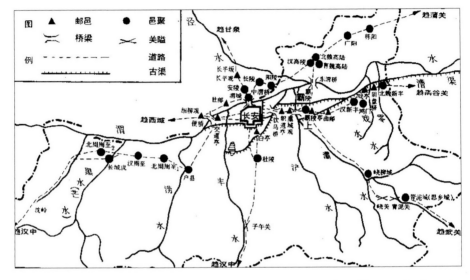

（選自辛德勇：《西漢至北周時期長安附近陸路交通》，《中國歷史地理論叢》，1988 年第 3 輯）

據《三輔黃圖》記載，東漢洛陽城內有十二城門，二十四街。見之於史書記載的街道有：長壽街、萬歲街、士馬街、銅駝街、香街。〔註12〕在考古鑽探工作中，發現了許多街道的遺迹，它們主要是屬於北魏時期。但由於北魏洛陽街道主要是沿用東漢以來的街道，只是因宮殿和個別城門位置的改變而有所增築或改修而已。因此，可以以目前鑽探出來的街道遺迹爲主要根據，並參照東漢時期的宮殿範圍和城門的位置，來判斷東漢洛陽城內街道的分佈。據學者王仲殊推測：洛陽城內南北縱行的主要大街，共有五條：第一條

〔註11〕王子今：《秦漢交通史稿》，中央黨校出版社，1992 年版，第 279 頁。

〔註12〕長壽街見《後漢書・劉隆傳》：「帝詰吏由趣，吏不肯服，抵言於長壽街上得之。」萬歲街、士馬街見吳樹平輯《風俗通義》佚文。銅駝街見〔晉〕陸機《洛陽記》說：「洛陽有銅駝街。漢鑄銅駝二枚，在宮南四會道相對。俗語曰：金馬門外集眾賢，銅駝陌上集少年。」香街見於華延儁的《洛陽記》說：「漢有兩銅駝在官之南街，……東西相對，高九尺，漢時所謂銅駝街。又曰洛陽又有香街。」

可稱「開陽門大街」，自開陽門往北，全長約 2800 米；第二條可稱「平城門大街」，自平城門往北，遇南宮的南門而止，長約 700 米；第三條可稱「小苑門大街」，自小苑門往北，至北宮的南門而止，全長約 2000 米；第四條可稱「津門大街」，自津門往北，全長約 2800 米；第五條可稱「穀門大街」，自穀門往南，遇北宮的北牆而東折，然後再折而向南，全長約 2400 米。東西向橫行的大街亦有五條：第一條可稱「上東門大街」，自上東門往西，遇北宮的東牆而止，長約 600 米；第二條可稱「中東門大街」，自中東門往西，穿南宮與北宮之間而過，全長約 2200 米；第三條稱「上西門大街」，自上西門往東，遇北宮的西牆而止，長約 500 米；第四條可稱「雍門大街」，自雍門往東，遇「津門大街」而止，長約 500 米；第五條可稱「旄門－廣陽門大街」，自旄門至廣陽門，橫貫全城，全長 2460 米。〔註 13〕以上各條大街，互相交叉結合，形成許多十字路口和丁字路口，若以每二個路口之間為一段，則共有二十四段。《續漢書·百官志》注引《漢儀》：「洛陽二十四街，街一亭。十二城門，門一亭。」可能就是指此而言。

二、街道治安機構

秦漢都城內的治安，既有中央直屬的執金吾徼循京師，又有京畿三輔官員捕惡禁猾，還有街道的街亭等基層治安官員防止奸盜。據文獻記載，秦漢京師「每街一亭」，擁有「八街九陌」的西漢長安城內應有十七個街亭。又，《三輔黃圖》載：「長安閭里一百六十，室居櫛比，門巷修直。」漢代有規定「十里一亭」，長安也應有十六個街亭，二者是基本吻合的。東漢洛陽城每街亦設一亭，故有二十四亭。《元河南志·後漢城闕宮殿古迹》在「都亭二十四」目下列舉了具體的亭名，分別是：芳林亭、奉常亭、廣世亭、昌益亭、廣莫亭、定陽亭、遮要亭、暴視亭、廣陽亭、西明亭、萬歲亭、文陽亭、東明亭、視中亭、東因亭、建春亭、止奸亭、德宮亭、東陽亭、千秋亭、安眾亭、孝敬亭、清明亭。計二十三亭，其一亭名亡佚。〔註 14〕秦漢亭內有完備的建築

〔註 13〕 王仲殊：《漢代考古學概說》，中華書局，1984 年版，第 19 頁。

〔註 14〕 高敏先生認為「都亭」是位於城市中的亭，他與其他司奸盜的亭並沒無兩樣，只不過是在城市中，故云「都亭」。以洛陽為例，洛陽城內有二十四街，每街一亭，這些亭都是都亭（參見高敏：《秦漢「都亭」考略》，《秦漢史探討》，中州古籍出版社，1998 年版，第 225～233 頁）。學者張繼海在《漢代城市社會》書中不同意高敏先生的說法，而認為洛陽的都亭只有一個，與《河南志》所記其他二十三亭，恰好合計為二十四亭。

和設施，楊鴻年先生逐條列舉材料，推測亭有門、有牆、有樓、有屋、有正堂、有偏室、還有床席等等。〔註 15〕畢漢斯講到亭制，論述比較準確。他認爲：「亭有兩個功能，一是作爲政府招待場所，另一是作爲維持法律和秩序的警察局。」〔註 16〕雖然此時還不能稱其爲警察局，但事實上亭已經具備了警察的崗亭性質。

秦漢的街亭隸屬於鄉，還是直接統屬於縣廷呢？由於史籍記載過於簡略，且存矛盾，今人意見也多有分歧。其一，「以鄉統亭」說〔註 17〕。其二，「鄉亭不同系統不同性質」說〔註 18〕。其三，「鄉亭不同系統同級」說〔註 19〕。筆者認爲第二、三種論斷最值得重視。首先，從文獻記載上看，亭內負責人的任命、差使，以及亭的管理、修繕等都由縣來負責的。《後漢書·魯恭傳》：

圖 3-1-2
安徽宿縣墓門
持盾亭長畫像

> 拜（魯恭爲）中牟令。恭專以德化爲理，不任刑罰。訟人許伯等爭田，累守令不能決，恭爲平理曲直，皆退而自責，輟耕相讓。亭長從人借牛而不肯還之，牛主訟於恭。恭召亭長，敕令歸牛者再三，猶不從。恭歎曰：「是教化不行也。」欲解印綬去。掾史涕泣共留之，亭長乃慚悔，還牛，詣獄受罪，恭貰不問。於是吏人信服。

可見，縣長直接管理亭長，根本沒有鄉吏的參與。從

〔註 15〕 楊鴻年：《漢魏制度叢考》（第二版），武漢大學出版社，2005 年版，第 478 頁。

〔註 16〕 Hans Bielenstein, "*Lo-Yang in Later Han Times*", The Museum of Far Eastern Antiquities 48 (1976), pp.42-43.

〔註 17〕 蔡美彪：《漢代「亭」的性質及其行政系統》，《光明日報》，1954 年 12 月 23 日。

〔註 18〕 王毓銓：《漢代亭與鄉里不同性質不同系統說》，《歷史研究》，1954 年第 2 期。

〔註 19〕 傅舉有：《有關秦漢鄉亭制度的幾個問題》，《中國史研究》，1985 年第 3 期；朱紹侯：《〈尹灣漢墓竹簡〉解決了漢代官制中幾個疑難問題》，《許昌師專學報》，1999 年第 1 期；楊際平：《漢代內郡的吏員構成與鄉、亭、里關係——東海郡尹灣漢簡研究》，《廈門大學學報》，1998 年第 4 期。

某種程度意義上說，亭與鄉是兩種不同性質的組織系統，且處於平等地位。其次，從出土資料來看，睡虎地秦簡所記載的大量案例中，鄉都是直接統轄里的各種活動，未曾與亭有過來往。尹灣漢墓簡牘《集簿》：

> 鄉百七十，□百六，里二千五百卅四，正二千五百卅二人。亭
> 六百八十八，卒二千九百七十二人，郵卅四人四百八如前。

從《集簿》可見，「鄉」與「亭」單獨一行，這表明「鄉」與「亭」似乎屬不同系統。又，《東漢郡吏員簿》記載東海郡管轄下各縣吏員的定員：

> 海西吏員百七人　令一人秩千石　丞一人秩四百石　尉二人秩
> 四百石官有秩一人　鄉有秩四人令史四人　獄史三人　官嗇夫三人
> 鄉嗇夫十人　遊徼四人　牢監一人　尉史三人　官佐七人　鄉佐九
> 人　亭長五十四人凡　百七人。

在引文中，我們看到鄉與亭同屬於縣。雖然目前關於亭的隸屬關係還存在異議，但有一點可以肯定的是：「亭」是治安保衛機構。

（一）街亭亭長

顧名思義，亭長即為一亭之長。《漢書‧高帝紀》：「泗上亭長。」師古注曰：「秦法十里一亭。亭長者，主亭之吏也。亭謂停留行旅宿食之館。」《後漢書‧百官志》：「亭有亭長，以禁盜賊。本注曰：亭長，主求捕盜賊，承望都尉。」很明顯，亭的主要職責是追捕盜賊，禁奸懲惡，維護地方治安。和鄉亭、城門亭一樣，街亭亭長負責交通線上的治安工作，並檢驗行人的證件。《漢書‧王莽傳》記載：「大司空士夜過奉常亭，亭長苛之，告以官

圖 3-1-3
四川蘆山墓門
持戟亭長等畫像

名，亭長醉曰：『寧有符傳邪？』士以馬箠擊亭長，亭長斬士，亡，郡縣逐之。家上書，莽曰：『亭長奉公，勿逐。』大司空邑斥士以謝。」又，《後漢書‧虞延傳》記載虞延為亭長時：「時王莽貴人魏氏賓客放從，延率吏卒突入其家捕之，以此見怨，故位不升。」可見，亭長的職責便是在交通要道處捕捉盜賊。倘若有需要還可以在其管轄區域內依法進入住家捉拿罪犯。除此之外，亭長對可疑之人也有權收捕。如《風俗通義‧怪神》載：「亭卒上樓掃除，見死婦，大驚，走白亭長。亭長擊鼓會諸廬吏，共集診之。」又，《新論‧見徵》載：「余從長安歸沛，道疾，蒙絮被，絳罽襜褕，乘驛馬，宿於下邑東亭中。亭長疑是賊，

發卒夜來攻。」又，《三國志・魏書・武帝紀》載：「太祖乃變易姓名，間行東歸。出關，過中牟，為亭長所疑，執詣縣邑中，或竊識之，為請得解。」街亭多設立於交通要道、河津渡口，南來北往的人大都要經過亭，亭為這些行人的住宿提供了便利。同時對於行人和借宿的路人而言，他們也都處於亭的監視之下，如若發現異常現象，亭長有權力、也有責任及時進行處理。

（二）街亭求盜

亭長屬吏中掌管捕盜賊的亭卒，稱為「求盜」。《史記・高帝本紀》《集解》引應劭曰：「求盜者，舊時亭有兩卒，其一為亭父，掌開閉掃除，一為求盜，掌逐捕盜賊。」又，《漢書・淮南王傳》：「又欲令人衣求盜衣。」師古注曰：「求盜，卒之掌逐捕賊盜者。」可見求盜是亭長下屬的卒，他的具體職責就是逐捕盜賊，維護治安。睡虎地秦簡中記載了求盜的有關活動，如求盜報告發現不明死因的屍體，或者逮捕了某個罪犯，還有在亭長的率領下去搜捕逃犯等。可以說，在維護治安方面，亭長多是領導者和組織者，完全去與盜賊等不法者相格鬥的應該是求盜。睡虎地秦簡《法律答問》：「求盜追捕罪人，罪人格殺求盜。」求盜的職責非常單一，就是專職捕盜。又，睡虎地秦簡《封診式》記載：「市南街亭求盜在某里曰甲縛詣男子丙，及馬一匹，……丙盜此馬、衣，今日見亭旁，而捕來詣」。市南之衢有亭，求盜是街亭捕盜賊專職吏，發現亭旁有人盜衣服和馬，就將其捕送官府。

求盜是專職捕盜的職官，但如果讓求盜去做迎送或其它的雜事，是要受到懲罰的。睡虎地秦簡《秦律雜抄・捕盜律》記載：「求盜勿令送逆為它，令送逆為它事者，貲二甲。」這反映出當時對抓捕盜賊的重視，不允許其它事情干擾求盜執行任務。只是這條律令顯然不會被嚴格執行。《史記・高祖本紀》記載：「高祖為亭長，乃以竹皮為冠，令求盜之薛治之，時時冠之。」因為魯國薛縣有治冠師，所以求盜就被亭長劉邦役使去定制竹皮冠。

儘管求盜是亭長的下屬，但是有時為了滿足防備盜賊的需要，他也會跟從其他官吏，如張家山漢簡《奏讞書》記載七月乙酉新郪信爰書：

> 求盜甲告曰：「從獄史武備盜賊，武以六月壬午出行公梁亭，至
> 今不來，不智（知）在所，求弗得。公梁亭校長丙坐以頌毄（繫），
> 毋毄（繫）牒，弗窮訊。七月甲辰淮陽守偃刻（劾）曰：「武出備盜
> 賊而不反（返），其蹤迹類或殺之。獄告出入廿日弗究訊，吏莫追求，
> 坐以毄（繫）者毋毄（繫）牒，疑有奸詐（詐）。其謙（廉）求捕其

賊，復（覆）其奸詐（詐）及智（知）縱不捕賊者，必盡得，以法
論。」

此即是一個典型的例子。在這個案例中，求盜甲就是跟隨獄史武，以至於武
失蹤後，求盜甲因脫不了嫌疑而被囚禁。

三、街道交通管理

秦漢政府爲了有效維護京師地區街道的治安，規定了以下三項主要措
施：第一，嚴格實行警蹕制度；第二，嚴禁夜間行動；第三，實施交通分離。
現分別詳述如下：

（一）實行警蹕制度

警蹕制度是專供皇帝使用的道路管理制度。《史記‧梁孝王世家》記載：
「得賜天子旌旗，出從千乘萬騎。東西馳獵，擬於天子。出言蹕，入言警。」
又，《漢書‧韓安國傳》：「梁王父兄皆帝主，而所見者大，故出稱蹕，入言警。」
師古曰：「蹕，止行人也。警，令戒肅也。天子出入皆備此儀。而令云出稱警
入言蹕者，互舉之耳。」「警」是指戒肅，左右侍衛嚴密警備；「蹕」就是止
行人，清理道路，禁止閒雜車馬人等通行；合稱爲警蹕，大致相當於後代的
道路交通管制。凡皇帝出行而不避的則爲「犯蹕」，要受到相應的懲罰。《史
記‧張釋之傳》記載一則漢文帝對犯蹕者實行處罰的事例：

> 上（文帝）行出中渭橋，有一人從橋下走出，乘輿馬驚。於是使
> 騎捕，屬之廷尉。（張）釋之治問。曰：「縣人來，聞蹕，匿橋下。久
> 之，以爲行已過，即出，見乘輿車騎，即走耳。」廷尉奏當一人犯蹕，
> 當罰金。文帝怒曰：「此人親驚吾馬，吾馬賴柔和，令他馬，固不敗
> 傷我乎？而廷尉乃當之罰金！」釋之曰：「法者，天子所與天下公共
> 也。今法如此而更重之，是法不信於民也。且方其時，上使立誅之則
> 已。今既下廷尉，廷尉，天下之平也，一傾而天下用法皆爲輕重，民
> 安所錯其手足？唯陛下察之。」良久，上曰：「廷尉當是也。」

在中國古代冷兵器時代，警蹕清散道路上的閒雜人員，能夠使皇帝與平民保
持較遠距離，應該說這是一項非常有效的皇帝安全措施。

（二）嚴禁夜間行動

秦漢法律規定：薄暮之後，城門關閉，居民不得無故夜行，正如《文選‧
樂府八首》鮑明遠《放歌行》：「鐘鳴猶未歸。」李善注引崔寔《政論》：「鐘

鳴漏盡，洛陽城中，不得有行者。」又，《三國志・魏書・田豫傳》：「年過七十而以居位，譬猶鐘鳴漏盡而夜行不休，是罪人也。」夜晚往往容易發生刑事治安事件，政府於是利用強制手段將居民全部限制在家中，這樣既易於管理，也有利於降低案件的發生率。對宵禁法的貫徹實施，主要體現在以下三個方面：其一，有吏卒進行夜間巡視。例如，《漢書・趙敬肅王傳》：「彭祖不好治宮室機祥，好爲吏。上書願督國中盜賊。常夜從走卒行徼邯鄲中。」師古曰：「徼，謂巡察也。」其二，各個城門、里門夜間都要按時關閉，不許通行；其三，設於道路之上的街亭，也是執行宵禁法的一個重要組成部分。例如：《史記・李將軍列傳》：

> 與故潁陰侯屛居藍田南山中射獵。嘗夜從一騎出，從人田間飲。還至亭，霸陵尉醉，呵止廣，廣騎曰：「故李將軍。」尉曰：「今將軍尚不得夜行，何故也！」宿廣亭下。居無何，匈奴入隴西，殺太守，敗韓將軍。韓將軍後徙居右北平，死。於是上乃召拜廣爲右北平太守。廣請霸陵尉與俱，至軍而斬之，上書自陳謝罪。

又，《後漢書・酷吏列傳》：

> 皇后弟黃門郎竇篤從宮中歸，夜至止奸亭，亭長霍延遮止篤。篤蒼頭與爭，延遂拔劍擬篤，而肆詈恣口。篤以表聞。詔召司隸校尉、河南尹詣尚書譴問。

竇篤是外戚，理應住在洛陽城內。他從宮中行夜路回家，結果被洛陽二十四街亭之一的止奸亭亭長攔住。此外，《三國志・魏書・武帝紀》注引《曹瞞傳》：「太祖初入尉廨，繕治四門，造五色棒，縣門左右各十餘枚，有犯禁者，不避豪強，皆棒殺之。後數月，靈帝愛幸小黃門蹇碩叔父夜行，即殺之。京師斂迹，莫敢犯者。」據此可知，無論是貴戚、高官，只要是在夜間私自出行，亭長就有權力進行阻攔。如果發生衝突，責任也不在亭長。

但不得不承認，法律雖然規定「禁止夜行」，但是否眞正執行則是另一回事。《史記・秦始皇本紀》記載：「始皇爲微行咸陽，與武士四人俱，夜出逢盜蘭池，見窘，武士擊殺盜，關中大索二十日。」《漢書・東方朔傳》記載：「建元三年，微行始出，北至池陽，西至黃山，南獵長楊，東遊宜春，微行常用飲酎已。……微行以夜漏下十刻乃出，常稱平陽侯。」遊樂縱情，往往「夜漏下十刻乃出」，這就說明「禁止夜行」的規定在貴族生活中實際上形同虛設。前引《後漢書・郅惲傳》：「惲遂客居江夏教授。郡舉孝廉，爲上東城

門候。帝嘗出獵，車駕夜還，憚拒關不開。」《後漢書・桓榮傳》：「（何湯）守開陽門候。上微行夜還，湯閉門不納，更從中東門入。」這些都是皇帝破壞嚴禁夜行這一禁制的事例。

（三）實施交通分離〔註20〕

為保證交通道路的安全、便捷、通暢，京師出現了複雜多樣的交通建築形式。如皇帝出行專用之馳道，上下雙層之複道以及兩側築壁之甬道。使皇帝、達官貴人行車與社會一般車輛分道而行，可以減少避讓所帶來的不便。

秦漢京師內的街道均分成三條並行的道路，正如《西都賦》所說「披三條之廣路」。中間的一條道路寬度較大；兩側的兩條道路寬度較小。根據文獻記載，中間的一條道路稱為「馳道」，專供皇帝行走。《史記・秦始皇本紀》《正義》引應劭曰：「謂於馳道外築牆，天子於中行，外人不見。」可見馳道是皇帝專用道路，目的就是為了保護皇帝的安全。馳道全由黃土夯築而成，路面平整，絕無雜草。《漢書・東平思王劉宇傳》：「無鹽危山土自起覆草，如馳道狀。」其所言雖為漢代馳道，但與秦馳道的原貌大致相仿。馳道上：「道廣五十步，三丈而樹，厚築其外，隱以金椎，樹以青松。」〔註21〕所謂「三丈而樹」，王先謙《漢書補注》解釋說：「王先愼曰：三丈，中央之地，惟皇帝得行，樹之以為界也。」《三輔黃圖》亦云：「漢令：諸侯有制得行馳道中者，行旁道，無得行中央三丈也，不如令沒入其車馬，蓋沿秦制。」所謂「厚築其外」，顏師古注為：「築令堅實，而使隆高耳。」即通過夯築，使整個路面高出地表。馳道屬皇帝專用，任何人不得妄入。《漢書・成帝紀》記載：「上嘗急召，太子出龍樓門，不敢絕馳道，西至直城門，得絕乃度，還入作室門。」元帝緊急召見太子，太子也不敢行馳道，而是繞行西至直城門，說明無論何時任何人都不能橫穿馳道。又，雲夢龍崗秦簡記載：

簡54：敢行馳道中者，皆遷之；其騎及以乘車、軺車

簡55：☑牛、牛車、輂車☑

簡58：行之，有（又）沒入其車、馬、牛縣、道【官】，縣、道☑

〔註22〕

〔註20〕 關於這一措施，王子今先生有較為充分的研究，參閱《秦漢交通史稿》，中央黨校出版社，1994年版，第256~267頁。

〔註21〕 《漢書》卷五一《賈山傳》，第2328頁。

〔註22〕 中國文物研究所，湖北省文物考古研究所：《龍崗秦簡》，中華書局，2001年

可見，有敢於在馳道當中行走的人，將被一律流放。他們所騎的馬匹以及用於在馳道上行走的乘車、輕車、牛、牛車，由縣、道官府沒收。雲夢龍崗秦簡又載：

> 簡 60：中，及弩道絕馳道，馳道、弩道同門、橋及限（？）☐
> 簡 64：☐有行馳道☐☐☐中而弗得，貲官嗇☐
> 簡 73：☐賊迹，貲二甲，其罪匿之☐☐〔註23〕

這些都是管理馳道的律文。馳道是專供皇帝車馬行駛的道路，禁止任何人在馳道中間行走。同時，百姓也不允許橫穿馳道，否則要治罪。如有違法在馳道中行走者，官吏未能察覺處置，處罰二甲。〔註24〕

除馳道外，京師還有甬道。所謂「甬道」，《史記・高祖本紀》《正義》引韋昭云：「起土築牆，中間爲道。」應劭云：「恐敵抄輜重，故築垣牆如街巷。」秦始皇二十七年在築馳道的同時，又在皇陵與宮殿之間「築甬道，自咸陽屬之」。此後甬道越築越長，凡馳道之中皆築有夾牆作爲甬道，專任皇帝通行，正所謂：「令咸陽之旁二百里內，宮觀二百七十複道甬道相連，帷帳鐘鼓美人充之，各案署不移徙。」〔註25〕

除以上馳道、甬道之外，京師還有複道。杜牧《阿房宮賦》曾描寫阿房宮的複道：「複道行空，不霽何虹？」秦漢眾多宮殿樓閣之間，有空中複道相連；橫空的複道，宛若天上的彩虹，華麗而壯觀。裴駰《集解》引如淳曰：「上下有道，故謂之複道」。可知複道有上下兩重，上面爲空中通道，類似於現在的天橋。《史記・秦始皇本紀》載：「周馳爲閣道，自殿下直抵南山。表南山之顛以爲闕。爲複道，自阿房渡渭，屬之咸陽，以象天極閣道絕漢抵營室也。」複道從阿旁宮殿前向南直抵終南山，向北渡渭水而與咸陽宮相連接。此複道縱貫南北，綿延數十公里，其壯觀氣概，可以想見。司馬遷還寫道：「秦每破諸侯，寫放其宮室，作之咸陽北阪上，南臨渭，自雍門以東至涇、渭，殿屋

版，第 95 頁。

〔註23〕 中國文物研究所，湖北省文物考古研究所：《龍崗秦簡》，中華書局，2001 年版，第 97、98、100 頁。

〔註24〕 到西漢中後期，由於馳道制度對交通的負面影響，馳道的管理日趨寬鬆。《鹽鐵論・刑德》記載宣帝已出現「今馳道不小也，而民公犯之，以其罰罪之輕也」。《漢書・平帝紀》記載漢平帝元始元年（1 年）元月：「罷明光宮及三輔馳道。」學者王子今認爲：罷三輔馳道不可能是毀斷已有道路，應理解爲禁行馳道中的制度廢止。《秦漢交通史稿》，第 38 頁。

〔註25〕 《史記》卷六《秦始皇本紀》，第 257 頁。

複道周閣相屬。」〔註 26〕此謂秦每滅一國，就派人把該國王宮摹畫出來，然後在咸陽宮附近，仿照原樣重建。這組仿六國王宮的宮殿群，地處咸陽北阪之上，南臨渭水，從雍門向東，直抵涇、渭交界處，又以複道將這些宮殿一一連接起來。在以咸陽宮爲中心的廣大地區內，多處秦皇宮殿群，均用複道相連接，眞可謂史無前例。

　　時至西漢，長安的皇宮較爲分散，除長樂宮、未央宮外，還有桂宮、北宮、光明宮，以及城外建章宮，這些皇宮均有宮牆包圍，各自獨立，其間亦多有複道相連接。《雍錄》卷二記載：「漢之複道，不止未央、長樂有之。未央之北有桂宮、北宮、明光之屬，皆各自爲宮，而能常相往來者，中間皆有複道也。」班固《西都賦》記載：「周廬千列，徼道綺錯。輦路經營，修塗飛閣。自未央而連桂宮，北彌明光而緪長樂，陵墱道而超西墉，混建章而外屬。」宮內地面有輦道，空中有飛閣，自未央而連桂宮，北至光明，而東接長樂，凌空飛懸而超越西城牆，把城外的建章宮連而爲一。我們不禁要問，秦漢政府

圖 3-1-4　漢・建章宮（複道、輦道相屬）

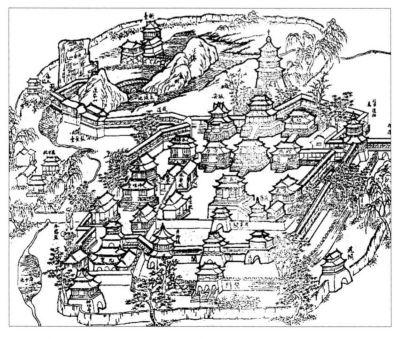

（選自：〔清〕畢沅：《關中勝迹圖志》卷三十二）

〔註26〕　《史記》卷六《秦始皇本紀》，第 239 頁。

爲何要建造如此浩大的複道系統呢？筆者以爲主要原因有：其一，爲保證皇帝巡幸各宮室的絕對秘密和安全。因爲複道兩旁遮以木板，皇帝行其中，外人不得見。其二，緩解交通壓力。《史記・叔孫通列傳》：「孝惠帝爲東朝長樂宮，及間往，數蹕煩人，乃作複道，方築武庫南。」可見修築複道可以減輕因爲警蹕而帶來的交通不便。

第二節　閭　里

　　關於京師居住區的治安管理，前輩學者曾有所論及，其中的卓見也使筆者頗受啓益。〔註 27〕近些年，隨著簡牘、石碑等考古資料的不斷出土，使得有關這一專題略顯不足的文獻記載得以補充。在此基礎上，筆者擬掇拾史料，對秦漢京師閭里治安管理問題進行一番考述。

一、閭里形制的討論

（一）閭里的分佈

　　秦漢京師的居住區布局遵循「凡仕者近宮，不仕與耕者近門，工賈近市」〔註 28〕的傳統來安排的。官僚貴族住宅一般稱「第」或「舍」，「第」又分爲「大第」和「小第」。漢高祖十年（前 197 年）曾下詔：「爲列侯食邑者，皆佩之印，賜大第室。吏二千石，徙之長安，受小第室。」〔註 29〕西漢長安城中的「大第」規模宏大，競相仿照皇家建築。這類「大第」一般被稱爲「甲第」或「甲舍」，即第一等的第、舍，非一般官吏所居住，只有像蕭何、霍光、董賢等這樣的朝廷重臣或權臣才能享有如此殊榮。這些「大第」多數分佈在

〔註 27〕　相關研究論著可參考：馬先醒《漢代長安里第考》，《漢簡與漢代城市》，簡牘社，1976 年；劉運勇《西漢長安》，中華書局，1982 年版。王仲殊《西漢的都城》，《漢代考古學概說》，中華書局，1984 年；何雙全《〈漢簡・鄉里志〉及其研究》，《秦漢簡牘論文集》，甘肅人民出版社，1989 年版；楊寬《西漢長安布局結構的再探討》，《考古》，1989 年第 4 期；王子今《漢代長安鄉里考》，《人文雜誌》，1992 年第 6 期；劉慶柱、李毓芳《漢長安城的宮城和市里布局形制述論》，《考古學研究——紀念陝西省考古研究所成立三十週年》，三秦出版社，1993 年；趙岡《中國城市發展史論集》，聯經出版事業公司，1995 年版；張繼海《漢代城市社會》，社會科學文獻出版社，2006 年版；王子今《西漢長安居民的生存空間》，《人文雜誌》，2007 年第 2 期。

〔註 28〕　《管子・匡君大匡第十八》。

〔註 29〕　《漢書》卷一《高帝紀》，第 78 頁。

未央宮的附近，其中以未央宮北闕附近地區爲主，東部數量較少。以未央宮爲基點，前者稱爲北第，後者則稱爲東第。

相比較而言，一般居民則多集中在長安城東北角，居民區稱里，並實行什伍編制，正如《後漢書・百官志》「亭里」條本注曰：「什主十家，伍主五家，以相檢察。民有善事惡事，以告監官。」以西漢長安爲例，《三輔黃圖》記載其有「閭里一百六十」〔註30〕。同書卷二「長安城中閭里」條記述：「室居櫛比，門巷修直。有宣明、建陽、昌陰、尚冠、修城、黃棘、北煥、南平、大昌、戚里。」《文選・西徵賦》描述長安「街里蕭條，邑居散逸」情景時也寫道：「所謂尚冠、修成、黃棘、宣明、建陽、昌陰、北煥、南平，皆夷漫滌蕩，亡其處而有其名。」霍光立宣帝，曾遣宗正劉德「至曾孫尚冠里舍，洗沐，賜御府衣」〔註31〕，迎入未央宮。宣帝即位後又曾「時會朝請，舍長安尚冠里」〔註32〕。近些年，經考古發掘出土的漢簡也能反映出長安城內的一些里名，如居延漢簡：

　　　　長安宜里閻常字中允　　出　　乘方相車駕桃花牡馬一匹齒十八歲騘牝馬一匹齒八歲皆十一月戊辰出已。」（62・13）

　　　　長安有利里宋賞年廿四　　長七尺二寸黑色（甲附37）

　　　　京兆尹長安棘里任□方，弩一矢廿四劍一卩牛車一兩……（280・4）

　　　　京兆尹長安南里張延年，劍一（280・8）

　　　　長安囂陵里尹勝（304・34）

　　　　正月癸酉河南都尉忠丞下郡大守諸侯相承書從事下當用者實字子功年五十六大狀黑色長須建昭二年八月庚辰亡過客居長安當利里者雒陽上商里范義壬午實買所乘車馬更乘騂牡馬白蜀車緤布併塗載布（157・24A）

　　　　長安假陽里閻丹年十一_{閻放復致北出}_{孫昌復致北出}三月己巳南嗇夫入，守亭長出

502・2（大）〔註33〕

〔註30〕陳直：《三輔黃圖校證》，陝西人民出版社，1980年版，第32頁。
〔註31〕《漢書》卷八《宣帝紀》，第237頁。
〔註32〕《漢書》卷八《宣帝紀》，第237頁。
〔註33〕謝桂華、李均明等：《居延漢簡釋文合校》，文物出版社，1987年版，第109、673、470、471、534、259、599頁。

又，居延新簡：

> 元延三年五月從史義叩頭死罪義以四月☐
>
> 五日書下自罷其六日幼實受長安苟里☐☐（74EPT51：416A）

〔註 34〕

以上傳世文獻記載與出土簡牘資料互相補充，可以得知西漢長安有宣明里、建陽里、昌陰里、尚冠里、修城里、黃棘里、北煥里、南平里、大昌里、戚里里、宜裏里、苟里、假陽里、當利里、有利里、南里、嚚陵里等二十餘里名，這與「長安閭里一百六十」的數字還是相差很遠的。有關其餘長安城中的里名及其具體位置，目前尚無法確定。

（二）閭里的形制

秦漢京師閭里四周築有牆垣，以規範內外，即《六韜・農器》中所說的「里有周垣，不得相過」。睡虎地秦簡《法律答問》中有這樣一條：「越里中之與它里界者。垣爲完（院）不爲？巷相直爲院，宇相直者不爲院。」「垣」即爲牆垣，里與里之間的牆稱爲「垣」，若兩巷相對，其間的牆則稱爲「院」。本律是對翻越里牆者處罰的規定，正說明里必定有里牆。又，張家山漢簡《雜律》規定：

> 越邑里、官市院垣，若故壞決道出入，及盜啓門戶，皆贖黥。
>
> 其垣壞高不盈五尺者，除。（182）〔註 35〕
>
> 捕罪人及以縣官事徵召人，所徵召、捕越邑里、官市院垣，追
>
> 捕、徵者得隨迹出入。（183）〔註 36〕

律文規定：擅自翻越、故意毀壞閭里、市場的圍牆以及私自打開閭里和市場的門戶，都要處以贖黥的懲罰。當損壞牆垣沒有達到五尺高度時，屬於情節輕微，免於實施處罰。此律文爲秦漢里築有牆的又一證明。

里是長方形還是正方形？日本學者佐藤武敏在《漢代長安の市》一文中，從井田法和阡陌制的角度進行考慮，認爲漢代城市中里的形狀應是長

〔註 34〕 甘肅省文物考古研究所等編：《居延新簡》，文物出版社，1990 年版，第 206 頁。

〔註 35〕 張家山二四七號漢墓竹簡整理小組：《江陵張家山漢簡》，文物出版社，2001 年版，第 157 頁。

〔註 36〕 張家山二四七號漢墓竹簡整理小組：《江陵張家山漢簡》，文物出版社，2001 年版，第 157 頁。

方形的，並進一步推測其是東西長、南北短的長方形。〔註37〕筆者查閱史書，《漢書‧梅福傳》曾記載：「今仲尼之廟不出闕里。」顏師古注：「闕里，孔子舊里也。」《後漢書‧明帝紀》亦云：「幸孔子宅，祠仲尼及七十二弟子。」李賢注：「孔子宅在今兗州曲阜縣故魯城中歸德門內闕里之中，背洙面泗，矍相圃之東北也。」《水經注》卷二五《泗水》解釋：「闕里背洙面泗，南北百二十步，東西六十步，四門各有石闕，北門去洙水百步餘。」引文說明闕里是東西長而南北短的長方形，從而也證明了佐藤武敏的推論是合理的。

里有幾個門呢？都城中的里都設有供居民出入的大門，史籍中稱爲「里門」或「閭門」〔註38〕。但文獻關於里門數量的記載卻存在矛盾，目前學術界也暫時沒有統一定論。《洛陽伽藍記》卷五載：「里開四門，門置正二人。」何茲全先生利用居延漢簡的資料推測，里的外圍牆上「築有很多大門，至少有四座門，多者則在五座以上」，並繪製了一份里的結構草圖。〔註39〕

但筆者同時也查閱到一些文獻記載「里」只有兩個門。例如，《春秋繁露‧求雨》記載春旱舉行乞雨儀式時：「春旱求雨，令縣邑以水日禱社稷山川，家人祀戶，無伐名木，無斬山林，暴巫，聚尪，八日於邑東門之外，爲四通之壇，……令民閉邑里南門，置水其外，開邑里北門，具老豭豬一，置之於里北門之外。」這條史料只記載里有南北兩門。那麼，里門到底有多少呢？居延漢簡的出土似乎爲解決這一問題提供了一些幫助：

〔註37〕 佐藤武敏：《漢代長安の市》，中國古代史研究會編《中國古代史研究》第 2 期，雄山閣，1965 年版，第 20～23 頁。

〔註38〕 「里門」的記載見於：睡虎地秦簡《法律問答》：「燐火延燔里門，當貲一盾。」《漢書‧龔勝傳》：「勝居彭城廉里，後世刻石表其里門。」《漢書‧游俠傳》：「人嘗置酒請涉，涉入里門，客有道涉所知母病避疾在里宅者。」「閭門」的記載見於：《漢書‧循吏傳》：「及至孝、宣，由仄陋而登至尊，興於閭閻。」師古注曰：「閭，里門也。」《後漢書‧鄭玄傳》：「然則公者仁德之正號，不必三事大夫也。今鄭君鄉宜曰『鄭公鄉』。昔東海於公僅有一節，猶或戒鄉人侈其門閭。」有學者提出「外門」也是里門的一種稱呼，如學者張繼海《漢代城市研究》、馬新《漢唐村落形態略論》。筆者以爲此說有可商榷之處。漢代「外門」實際上是一種寬泛的概念，不是僅特指里門。如《漢書‧揚雄傳》：「爾乃虎路三嵏以爲司馬，圍經百里而爲殿門。」顏師古注引：「應劭曰：『外門爲司馬門，殿門在內也。』」

〔註39〕 選自何雙全：《〈漢簡‧鄉里志〉及其研究》，《秦漢簡牘論文集》，甘肅人民出版社，1989 年版，第 186 頁。

圖 3-2-1　里結構草圖

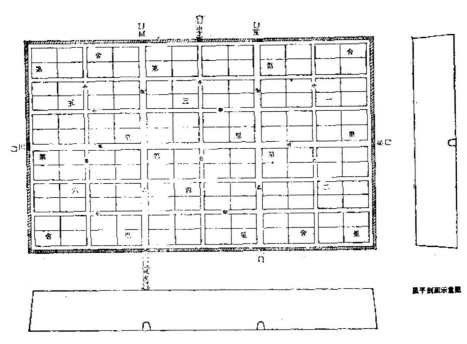

（何雙全：《〈漢簡・鄉里志〉及其研究》，《秦漢簡牘論文集》，甘肅人民
出版社，1989 年版）

驚虜隧卒東郡臨邑呂里王廣，卷上字次君　糞賣八稯布一匹直
二百九十礫得定安里隨方子惠所舍在上中門第二里三門東入，任者
閭少季薛少卿（287・13）〔註40〕

終古隧卒東郡臨邑高平里召勝字海翁　糞賣九稯曲布三匹匹三
百卅三凡直千礫得富里　張公子所舍在里中二門東入任者同里徐廣
君（282・5）〔註41〕

☐包，自有舍入里五門東入舍居延☐能長君言礫得廣漢☐
（340・33）〔註42〕

以上簡文，「門」字前都標有數字加以區別，似乎當時一個里應該不只兩個門。
值得注意的是，里門之內還存在里中門。班固《西都賦》：「內則街衢洞達，
閭閻且千。」關於閭閻中的「閻」字《字林》曰：「閭，里門也。閻，里中門

〔註40〕　謝桂華、李均明等：《居延漢簡釋文合校》，文物出版社，1987 年，第 485 頁。
〔註41〕　謝桂華、李均明等：《居延漢簡釋文合校》，文物出版社，1987 年，第 472 頁。
〔註42〕　謝桂華、李均明等：《居延漢簡釋文合校》，文物出版社，1987 年，第 534 頁。

也。」段玉裁注云：「閭，里中門。……別於閭闬為里外門也。」由此可見，秦漢時期，里門之內還有中門。之所以如此，大概是為了加強對里中居民的管理。閭里都設里門，但里門的大小不盡相同。普通的里門規模應該不大，但並不排除有大里門者，如《史記·外戚世家》褚先生記述武帝尋訪同母姊事：「乘輿馳至長陵。當小市西入里，里門閉，暴開門，乘輿直入此里，通至金氏門外止。……詔副車載之，回車馳還，而直入長樂宮。」皇帝乘輿可以自由出入里門，可見里門之寬廣。京城高官貴族所居之處的里門一般也較寬敞，有的甚至可驅車直入。如「徙居陵里。內史慶醉歸，入外門不下車」，萬石君極其生氣，其子慶與諸子弟不得不「入里門，趨至家」〔註43〕。

　　普通的一里有多少戶人家？關於這一問題，先秦兩漢的文獻記載不一。《周禮·地官·遂人》：「五家為鄰，五鄰為里。」《漢書·食貨志》：「在野曰廬，在邑曰里。五家為鄰，五鄰為里，四里為族。」近年，湖北省江陵鳳凰山十號漢墓出土的《鄭里廩簿》記載了鄭里二十五戶人家的人口和土地狀況。〔註44〕以上是 25 家為一里之說。《漢書·張安世傳》：「安世乃止，不敢復言。遂下詔曰：『其為故掖廷令張賀置守冢三十家。』上自處置其里居。」這是 30 家為一里之說。《管子·小匡》：「制五家為軌，軌有長。十軌為里，里有司。」出土的銀雀山漢墓竹簡《田法》：「五十家二為里，十里而為州。」〔註45〕這是 50 家為一里之說。《公羊傳》「宣公十五年」何休注：「一里置八十戶，八家為一巷。」這是 80 家為一里之說。《管子·度地》：「百家為里。」《後漢書·百官志》：「里魁掌一里百家。」這是 100 家為一里之說。另據尹灣漢簡《集簿》統計，西漢時東海郡有人口 266,290 戶，置 2,534 個里，平均每里有 105 戶。〔註46〕《漢書·戾太子傳》：「故皇太子諡曰戾，置奉邑二百家……以湖閿鄉邪里聚為戾園。」這是 200 家為一里者。以上文獻關於一里戶數，記載差異較大。長沙馬王堆三號漢墓出土的《駐軍圖》中，清楚地標明了 21 個里的戶數。其中最大的龍里有 108 家，最小的資里則只有 12 家。〔註47〕現將圖

〔註43〕《漢書》卷四六《石奮傳》，第 2196 頁。

〔註44〕裘錫圭：《湖北江陵鳳凰山十號漢墓出土簡牘考釋》，《文物》，1974 年第 7期。

〔註45〕銀雀山最簡整理小組：《銀雀山竹書〈守法〉、〈守令〉等十三篇》，《文物》，1985 年第 4 期。

〔註46〕謝桂華：《尹灣漢墓簡牘和西漢地方行政制度》，《文物》，1997 年第 1 期。

〔註47〕馬王堆漢墓帛書整理小組：《馬王堆三號漢墓出土駐軍圖整理簡報》，《文

中可以辨考的里戶數統計列表如下：

馬王堆出土《駐軍圖》所見里戶數

里　名	戶　數	里　名	戶　數	里　名	戶　數
上蛇里	二十三戶	乘陽里	十七戶	□　里	□六戶
？　里	三十戶	垣　里	八十一戶	？　里	三十五戶
□　里	□十戶	沙　里	四十三戶	資　里	十二戶
絧	五十三戶	智　里	六十八戶	龍　里	一百零八戶
淄　里	十三戶	路　里	四十三戶	蛇下里	四十七戶
慮　里	三十五戶	？　里	五十七戶	□□里	□十四戶
波　里	十七戶				

由此看來，里中的居民總數是沒有固定數字的。正如何茲全先生指出的「當時里內居民並無定制，以各郡縣鄉的大小和人口多少而設」〔註48〕。換言之，里中的戶數，往往受到地理環境、人口密度、政治形勢以及經濟發展等多種條件的影響，似乎不存在一個固定的數字。

二、擾亂閭里秩序的刑事犯罪

　　楚漢之爭結束後，劉邦採納婁敬的建議遷都長安。此後二百餘年間，長安逐漸發展成爲一座規模宏大、市井繁華的都城。《漢書‧地理志》記載西漢長安縣的人口，在漢成帝元始二年有「戶八萬八百，口二十四萬六千二百」〔註49〕，平均每戶僅三人，這個數字顯然是偏低的。據學者考證，西漢長安城人口最多時，包括皇族、居民、士兵，約有五十餘萬之眾。〔註50〕《漢書‧王莽傳》記載赤眉軍攻入長安，由於長安城中糧盡，「民飢餓相食，死者數十萬，長安爲虛，城中無人行」。這也從側面說明當時長安城內至少應有數十萬人。這樣一個人口眾多的都城，構成成分也是極其複雜的。貴族、外戚、高

物》，1976 年第 1 期。

〔註48〕 何雙全：《〈漢簡‧鄉里志〉及其研究》，《秦漢簡牘論文集》，甘肅人民出版社，1989 年版，第 179 頁。

〔註49〕 《漢書》卷二八《地理志》，第 1543 頁。

〔註50〕 武伯綸：《西安歷史述略》，陝西人民出版社，1978 年版，第 104 頁。

官、豪強布滿京城。同時，還有混水摸魚者遊浮於京師，以致西漢京師出現「東市賈萬，城西萬章，翦張禁，酒趙放，杜陵楊章等皆通邪結黨，挾養姦軌，上干王法，下亂吏治，併兼役使，侵漁小民，爲百姓豺狼」時，政府「二十年莫能禽討」〔註51〕的局面。足可見京師犯罪活動之猖獗。具體而言，西漢長安存在的社會治安問題主要包括有：

（一）侵奪財產案件頻繁發生

西漢前期，長安的治安已經不是很好，正如賈誼所言：「盜者剟寢戶之簾，搴兩廟之器，白晝大都之中剽吏而奪之金。」〔註52〕文景之後，隨著長安人口的劇增，偷盜問題也越來越嚴重。《史記・張釋之列傳》：「有人盜高廟坐前玉環。」《漢書・張湯傳》：「會人有盜發孝文園瘞錢。」當時已經發展到盜發皇家祭祀用品的程度，可見一斑。武帝葬茂陵，史書記載入葬不久便有隨葬品失盜現象。《漢武帝內傳》載：「帝冢中先有一玉箱，一玉杖，……其後四年，有人於扶風市中買得此二物。」武帝隨葬玉箱、王杖，竟然有人於市中買賣，足見西漢偷盜隨葬品活動之猖獗。武帝之後，偷盜由原來一些單個的犯罪分子逐步發展成爲團夥犯罪。《漢書・張敞傳》記載宣帝時：「京師浸廢，長安市偷盜尤多，百賈苦之。……（張）敞皆召見責問，因貰其罪，把其宿負，令致諸偷以自贖。偷長曰：『今一旦召詣府，恐諸偷驚駭，願壹切受署。』（張）敞皆以爲吏，遣歸休。」引文中的「偷長」就應當是偷盜團夥魁首。這類偷盜集團常鬧得長安市上「百賈苦之」，故皇帝不得不親自過問，最後京兆尹張敞竟「一日捕得數百人」。此外，《漢書・王尊傳》亦有漢成帝時期長安社會秩序的記載：「南山盜賊阻山橫行，剽劫良民，殺奉法吏，道路不通，城門至以警戒。步兵校尉使逐捕，暴師露眾，曠日煩費，不能禽制。二卿坐黜，群盜浸強，吏氣傷沮，流聞四方，爲國家憂。」其間無不反映出當時京師偷盜活動之猖獗。

（二）人身傷害案件時有發生

據史書記載，西漢京師人身傷害案件可分以下幾類：其一，因怨而仇殺，此類案件存在較多。《史記・游俠列傳》：「（郭）解姊子負解之勢，與人飲，使之嚼。非其任，強必灌之。人怒，拔刀刺殺解姊子，亡去。」同傳又載：「郭

〔註51〕《漢書》卷七六《王尊傳》，第 3234 頁。
〔註52〕《漢書》卷四八《賈誼傳》，第 2244 頁。

解出入，人皆避之。有一人獨箕倨視之，解遣人問其名姓。客欲殺之。」此外，游俠原涉與王遊有仇，便「選賓客，遣長子初從車二十乘劫王游公家。……遂殺遊公父及子，斷兩頭去」〔註53〕。這些都是京師游俠因怨殺人的實例。西漢皇族、官員以怨恨殺人的例子也很多。《史記・袁盎列傳》：「景帝時時使人問籌策。梁王欲求為嗣，袁盎進說，其後語塞。梁王以此怨盎，曾使人刺盎。」因袁盎阻止梁孝王為嗣，梁孝怨恨在心，於是便令刺客殺之。又，《史記・李將軍列傳》：「（李敢）怨大將軍青之恨其父，乃擊傷大將軍，……（李）敢從上雍，至甘泉宮獵。驃騎將軍去病與青有親，射殺敢。」李敢怨衛青陷害其父，將其擊傷，而衛青的外甥霍去病則因此積怨，並借機射箭殺死李敢。再如，《漢書・薛宣傳》載哀帝時申咸說薛宣「不宜復列封侯在朝省」，薛宣之子薛況則「欲令創（申）咸面目，使不居位。……遂令明遮斫（申）咸宮門外，斷鼻唇，身八創。」以上三例是西漢京師貴族、外戚、高官因怨殺人的事實。其二，受雇報仇殺人，即「受賕報仇」，這是西漢京師社會上盛行一種利用財勢進行違法犯罪的行為。《漢書・酷吏傳》記載成帝時：「上怠於政，……長安中姦猾浸多，閭里少年群輩殺吏，受賕報仇，相與探丸為彈，得赤丸者斫武吏，得黑丸者斫文吏，白者主治喪。」這些「閭里少年」在某種意義上已具備流氓組織的一些特點，他們常常受人雇傭而報仇殺人，鬧得當時京師「薄墓塵起，剽劫行者，死傷橫道，枹鼓不絕」〔註54〕。所謂「枹鼓不絕」，即指報警之用的枹鼓聲不斷。此外，出土文獻也曾記載西漢京師的人身傷害案件。如敦煌馬圈灣漢簡載：「殺人長安，臧關東，變名。」〔註55〕此人在長安殺人後，曾藏匿於關東。居延漢簡114.21記載：「名捕平陵德明里李蓬，字遊君，年卅二、三，坐賊殺平陵遊徼周敕，攻□□市，賊殺遊徼業譚等，亡為人奴□。」〔註56〕這是緝捕罪犯的文書，犯罪分子就曾在長安一帶活動。

（三）劫持人質案件偶有發生

劫，是指用暴力脅迫，把質抓起來、扣起來，作為交換條件。換言之，劫質是指以暴力手段控制一人或多人的人身自由，並以處死或傷害、折磨被

〔註53〕 《漢書》卷九二《游俠傳》，第3718頁。

〔註54〕 《漢書》卷九○《酷吏傳》，第3673頁。

〔註55〕 甘肅省文物考古研究所：《敦煌漢簡釋文》，甘肅人民出版社，1991年，第80頁。

〔註56〕 謝桂華、李均明：《居延漢簡釋文合校》，文物出版社，1987年，第186頁。

控制者相挾持，強迫第三方或被控制者本人滿足其某種要求的行為。劫質可分為對內型與對外型兩類。所謂對內型劫持，是指矛盾僅限於劫持者與被劫持者之間，劫持的目的在於迫使劫持對象本人做出某種承諾、實施某種行為。在這裡，劫持者提出的條件可以通過劫持對象本人直接得到滿足，而無需將劫持對象作為籌碼施壓於第三方。對外型劫持，則是指劫持者將劫持對象作為籌碼，挾持與劫持對象相關聯的第三方滿足其需要的行為。在西漢歷史上，京師劫持案件偶有發生。譬如，《漢書‧酈商傳》記載周勃欲誅諸呂，但由於呂祿掌握北軍，無法奪得兵權，考慮到酈商之子酈寄與呂祿善，「於是乃使人劫商，令其子寄給呂祿」。就西漢整體而言，無論是對內還是對外型劫持事件，多數都是以劫財為主要目的。《史記‧貨殖列傳》：「閭巷少年，攻剽椎埋，劫人作奸……其實皆為財用耳。」可見這些「閭巷少年」因為經濟利益驅使，作奸犯科，劫持人質。又，《漢書‧趙廣漢傳》：「長安少年數人會窮里空舍謀共劫人，坐語未訖，廣漢使吏捕治具服。富人蘇回為郎，二人劫之。」此例中富人蘇回被劫持，劫質者的目的亦是劫財。《晉書‧刑法志》記載：「漢科有持質。」引張斐《律表》曰：「劫名其財為持質。」張斐直接將劫持人質定義為勒索財物，正說明勒索財物是漢代劫持事件的主要特徵。

　　以上是秦漢時期京師地區三種較大的犯罪種類，當然，除此之外，其它的一些具體犯罪種類還有很多，難以一一詳列，以上僅舉其大概而已。我們不禁要問，京師地區為何會出現如此多的犯罪活動呢？筆者認為這不僅與京師社會的區域特點有關，而且與西漢政治、經濟的發展密切相關。下面筆者將就京師地區犯罪活動頻繁出現的原因作具體探討。

　　第一，多重的社會結構。京師為天子所在，這是都城社會結構的最重要特徵。或許正因如此，這就為皇帝直接干預京師的治安管理提供了條件。在某些情況下，皇帝的這種干預直接影響了京師治安管理的正常運轉。尤其是當嚴於執法的治安官員觸及到皇室宗親利益時，皇帝或出於壓力，或出於私心，便會出來偏袒這些權貴，導致治安官員無法施政。有時治安官員也會因此而被罷黜，嚴重的還會喪命。例如，漢代治理有方的京兆尹趙廣漢、張敞、王尊、王章、王駿五人，其中有三人因觸犯皇族官僚利益，或被格殺或被免職。此外，敢於執法的司隸校尉也會因為觸犯統治階級利益，而受到免職或被殺的懲罰。如元帝時司隸校尉諸葛豐追捕不奉法度的外戚許章到宮門，結

果皇帝卻取消了司隸校尉權力的象徵——「節」〔註57〕。秉公執法的司隸校尉王尊因揭露丞相匡衡、御史大夫張譚包庇石顯，而被人藉故彈劾，被貶為高陵縣令。在西漢君主專制體制下，官吏只對皇帝負責。官吏只能把皇帝的命令隨時體現在自己所負責的地區事務中，以求得仕途的通達。京師治安官員亦不例外。杜周任廷尉時，就善於迎合武帝，「上所欲擠者，因而陷之，上所欲釋者，久繫待問而微見其冤狀」。在他任內大案要案特別多，史稱「二千石繫者新故相因，不減百餘人。郡吏大府舉之廷尉，一歲至千餘章」〔註58〕。這不僅反映了京師治安受皇帝支配，而且治安結果也受皇帝的影響。

除皇帝以外，京師還居住有大量的宗室貴族與高級官僚。他們中的一些人，不滿足於已享有的法定特權，還要以各種手段獲取法外特權。尤其是一些宗室貴族或高官子弟，「辜榷為奸利」〔註59〕，日益淫荒越法，肆無忌憚，這也是影響京師社會秩序的一個不治之症。例如，景帝時，中尉郅都「致行法不避貴戚，列侯宗室見都側目而視」〔註60〕後因為處理臨江閔王劉榮「侵廟壖〔註61〕地為宮」〔註62〕案得罪竇太后，被免職。又，內史寧成嚴於執法，太后執政，「外戚多毀成之短，抵罪髡鉗」〔註63〕。除宗室貴族外，京師亦為中央高官集中地。有時這些掌握實權的官員也會影響治安官員正常工作的進行。元帝時，「中書令石顯用事顓權，（陳）咸頗言顯短，顯等恨之。……於是石顯微伺知之，白奏咸漏泄省中語，下獄掠治」〔註64〕。據此可見高官對京師治安工作的負面作用。有些權貴甚至公開違法，如富平侯張放受成帝寵愛，驕蹇不法，他家裏窩藏罪犯，官吏來捕，「奴從者閉門設兵弩射吏，距使者不肯內」〔註65〕。再如，漢成帝時，孫寶為京兆尹，欲「取奸惡，以成嚴

〔註57〕《漢書》卷七七《諸葛豐傳》，第3249頁。
〔註58〕《史記》卷一二二《酷吏列傳》，第3153頁。
〔註59〕《漢書》卷八四《翟方進傳》，第3416頁。
〔註60〕《漢書》卷九〇《酷吏傳》，第3468頁。
〔註61〕關於「壖（壖）」字，胡平生先生通過詳細考證後認為「壖（壖）地」可理解為禁苑外側縱深四十里的隔離帶。律令規定，不得獵取此隔離地帶內的野獸，如有獵取者，要按照盜獵禁苑中野獸的法律論罪。」參見胡平生《雲夢龍崗秦簡「禁苑律」中的「壖（壖）」字及相關制度》，《江漢論叢》，1991年第2期。
〔註62〕《漢書》卷五三《臨江閔王劉榮傳》，第2412頁。
〔註63〕《史記》卷一二二《酷吏列傳》，第3135頁。
〔註64〕《漢書》卷六六《陳咸傳》，第2900頁。
〔註65〕《漢書》卷五九《張延壽傳》，第2655頁。

霜之誅」，即準備打擊犯罪分子，但一聽霸陵杜稚季爲奸首，急道：「其次」
〔註 66〕不欲治之。這是因爲杜稚季與衛尉淳于長、大鴻臚蕭育等皆厚善。孫
寶欲附淳于長，只好不了了之。綜上所言，京師宗室、貴族、高官是最難治
理的，正如《三輔黃圖・秦漢風俗》所言：「漢之京輔，號爲難理。」

　　第二，遷豪政策的實施。西漢因襲秦朝遷豪政策，於高祖九年，「徙齊
楚大族昭氏、屈氏、景氏、懷氏、田氏五姓關中」〔註 67〕。此後「世世徙吏
二千石、高訾富人及豪桀併兼之家於諸陵」〔註 68〕。京師每修一陵，就要從
各地遷徙數萬人到京師，此政策直到元帝時期才廢止，歷時二百餘年。西漢
遷豪是作爲「強本弱末」的國策來實施的，正如主父偃所說：「豪桀兼併之家，
亂眾民，皆可徙茂陵，內實京師，外銷姦猾，此所謂不誅而害除。」〔註 69〕
應該承認，歷史上十全十美的政策是不存在的，有些弊多利少，有些弊少利
多。誠然，西漢的遷豪政策在「強幹弱支」方面是成功的，但該政策同時也
產生了不良的後果，即造成長安諸陵充斥著從四面八方遷徙而來的富豪雄
桀，使得京師「五方雜厝，風俗不純。其世家則好禮文，富人則商賈爲利，
豪桀則游俠通姦」〔註 70〕，客觀上造成遷徙而來的眾多富豪、游俠等各種勢
力在京師地區的聚合，對京師治安管理造成很大壓力。以京師游俠犯罪爲例，
《西都賦》講到長安「於是既庶且富，娛樂無疆，都人士女，殊異乎五方。
遊士擬於公侯，列肆侈於姬姜，鄉曲豪俊游俠之雄。……連交合眾，騁騖乎
其中。」又，《史記・游俠列傳》：「朋黨宗強比周，設財役貧，豪暴侵淩孤弱，
恣欲自快，游俠亦醜之。」游俠中有一批人專以鬥毆、搶劫、暗殺爲事。更
有甚者，京師重地居然被「北道姚氏，西道諸杜，南道仇景，東道佗羽公子」
〔註 71〕四豪俠劃分了勢力範圍。這些游俠又多與貴戚官僚相互往來，雙方互
相利用，以鞏固各自的利益和地位。總言之，遷豪政策是導致京師各種犯罪
案件頻發的重要因素之一。

　　第三，管理體制的漏洞。作爲封建君主制度初步建立的西漢時期，社會
治安管理體制的系統化和完善化尚需要一個過程。就京師治安機構而言，當

〔註 66〕　《漢書》卷七七《孫寶傳》，第 3259 頁。
〔註 67〕　《漢書》卷一《高帝紀》，第 66 頁。
〔註 68〕　《漢書》卷二八《地理志》，第 1642 頁。
〔註 69〕　《漢書》卷六四《主父偃傳》，第 2802 頁。
〔註 70〕　《漢書》卷二八《地理志》，第 1642 頁。
〔註 71〕　《漢書》卷九二《萬章傳》，第 3705 頁。

時京師的軍隊、行政和監察機構均履行著社會治安管理職能，一項治安職事分由多個系統管理，這本身就不符合機構設置原則。不僅如此，西漢長安治安系統機構重疊，且較爲分散，尚未形成統一的管理組織。當時京城有郎中令、衛尉、中尉；京畿有司隸校尉、京輔都尉、左輔都尉與右輔都尉等；縣有縣令、尉；鄉里有遊徼、亭長、求盜等。這樣的機構設置雖然達到了統治者「居重馭輕」的目標，但問題也就出現在這方面。京師治安管理爲一個有機整體，機構繁多且無統一領導，必然會妨礙各機構效率的發揮。例如，漢武帝時，義縱爲右內史，王溫舒爲中尉，此二人雖皆負責京師治安，但並不相互配合。王溫舒「所爲不先言縱，縱必以氣淩之，敗壞其功」〔註72〕。右內史與中尉各行其是，京師治安管理也就可想而知了。又，漢成帝時，負責糾察京師百官的司隸校尉遣屬吏奉詔書要求京兆尹王尊派兵逮捕罪犯，而京兆尹卻以「詔書無京兆文」〔註73〕爲由，拒不發兵。此外，武帝時京師分爲京兆尹、左馮翊、右扶風三個行政區域，合稱三輔。長安城在京兆尹境內本屬京兆尹管理，但地居三輔之間，罪犯在長安作案後，很容易竄入左馮翊、右扶風地界。而三輔行政長官之間無隸屬關係，這給京兆尹逮捕罪犯造成了很多的困難。《漢書‧趙廣漢傳》載：「左馮翊、右扶風皆治長安中，犯法者從迹喜過京兆界。」趙廣漢歎曰：「亂吾治者，常二輔也。誠令廣漢得兼治之，直差易耳。」京師分爲三輔，儘管有利於政府防止官吏專權，但卻忽略了對京師治安管理的消極影響，爲罪犯逃脫提供了可乘之機。

第四，財富分配的不均。超過常規的剝削往往給民眾帶來致命打擊，從而促使其走上犯罪的道路。《論語‧衛靈公》載孔子曰：「小人窮斯濫矣。」意思是說百姓窮苦就會犯上作亂，擾亂社會秩序。尤其是西漢中期後，沉重賦役與土地兼併不斷造成自耕農破產，如武帝時內史寧成就曾「貰貸買陂田千餘頃，假貧民，役使數千家」〔註74〕。時至西漢末年，這種情況更爲嚴重，皇族、貴戚、官僚依仗特權瘋狂地兼併土地。成帝長安附近的杜陵樊嘉、茂陵摯綱、平陵如氏等皆依仗財勢吞併農民的土地。哀帝時，一次賞賜寵臣董賢土地就達二千頃之多。在各方面兼併勢力的摧殘下，階級矛盾日益尖銳，百姓生活在殘酷壓迫下，或淪爲奴婢，或四處流亡。當時的社會情況正如諫

〔註72〕 《史記》卷一二二《酷吏列傳》，第3146頁。
〔註73〕 《漢書》卷七六《王尊傳》，第3233頁。
〔註74〕 《史記》卷一二二《酷吏列傳》，第3135頁。

大夫龔勝所言：「百姓貧，盜賊多，吏不良，風俗薄。」〔註75〕百姓生活陷入絕境，最終不得不起而反抗。《漢書・食貨志》：「重以貪暴之吏，刑戮妄加，民愁亡聊，亡逃山林，轉爲盜賊，赭衣半道，斷獄歲以千萬數。」正是由於政府的斂財無度，豪強瘋狂的兼併土地，造成貧富差距的懸殊，不滿現狀的人們便會參與到犯罪活動中來。

　　第五，社會風氣的轉變。學者嚴昌洪認爲「社會風氣」是「社會風俗」的一部分，它是指一定時期內，社會上一般人日常生活思想言行的普遍傾向。〔註76〕戰國是一個社會轉型時期，地主制經濟正在形成，社會生活能力和財富積累有限。在社會財富不甚豐富的情況下，當時人們都主張崇尚節儉，量入而出。《論語・述而》：「奢則不孫（遜），儉則固。與其不孫（遜）也，寧固。」當時錢財並不代表地位，人們更多地強調義字，正如《論語・里仁》所言：「君子喻於義，小人喻於利。」但到了西漢中期，隨著商品經濟的發展，人們越來越認識到金錢在生活中的重要性。《漢書・王吉傳》：「古者衣服車馬貴賤有章，以襃有德而別尊卑，今上下僭差，人人自制，是以貪財誅利，不畏死亡。」可見，此時人們已越來越重視金錢。傳世漢代瓦當文字中，與富相關的吉語數量龐大，如「富貴」、「安樂富貴」、「長樂富貴」等。〔註77〕這些瓦當，多爲「富貴」兩字相連，而「貴富」例極少，正說明「富」字的分量在「貴」字之上。〔註78〕在西漢追求金錢風氣盛行的影響下，人們的觀念發生了變化，由原來「尚儉」逐步趨向「崇奢」。尤其是到漢武帝時，皇親宗室，公卿百官爭於奢侈，競相攀比。司馬遷說：「大臣宗室以侈靡相高。」〔註79〕《史記・平準書》也記載：「宗室有土卿大夫以下，爭於奢侈，室廬輿服僭於上，無限度。」可見，逐利金錢、崇侈上僭已成爲西漢中後期的一大潮流。就連漢武帝在詔書中也曾說：「方今世俗奢僭罔極，靡有厭足。」〔註80〕生活的奢靡必然會造成道德的淪喪，從而助長各種犯罪活動。

〔註75〕《漢書》卷七二《龔勝傳》，第 3081 頁。

〔註76〕嚴昌洪：《關於社會風俗史的研究》，《江漢論叢》，1984 年第 2 期，第 70～71 頁。

〔註77〕陳直：《摹廬叢著七種》，齊魯書社，1981 年版；傅嘉儀：《秦漢瓦當》，陝西旅遊出版社，1999 年版。

〔註78〕彭衛、楊振紅：《中國風俗通史・秦漢卷》，上海文藝出版社，2002 年，第 12 頁。

〔註79〕《史記》卷一三〇《太史公自序》，第 3317 頁。

〔註80〕《漢書》卷一〇《成帝紀》，第 324 頁。

正如賈誼所說：「今世以侈靡相競，而上亡制度，棄禮誼，捐廉恥，日甚，可謂月異而歲不同矣。逐利不耳，慮非顧行也，今其甚者殺父兄矣。盜者剟寢戶之簾，搴兩廟之器，白晝大都之中剽吏而奪之金。」〔註81〕社會風氣的浮奢傾向具有敗壞人心，催傷道德的嚴重腐蝕作用。正是在這種風氣下影響了，西漢京師出現了如此眾多的刑事、經濟犯罪活動。

上述諸方面是造成西漢京師地區出現大量犯罪活動的一些原因。需要注意的是，這些原因並不是孤立地，而是相互地、交叉地起作用。

三、閭里的治安職官

秦漢里內居民皆按什伍之制編排起來，五家爲伍，十家爲什。《漢書·酷吏傳》載：「鄉吏、亭長、里正、父老、伍人」師古注曰：「五家爲伍。伍人者，各其同伍之人也。」〔註82〕雖然里是國家最基層的組織，但所轄事務繁多，幾乎涉及到居民生活的各個方面。因此，管理里中事務的里吏，是不可缺少的。

（一）里正（里典）

里正，里的主管官員。其職責範圍很廣，包括監督居民戶口登記，維護里中治安，告知居民服役等事務。《爾雅·釋詁》：「正，長也。」說明里正應爲一里之長。秦時里的主管官員稱爲里典〔註83〕。睡虎地秦簡《法律答問》：

〔註81〕 《漢書》卷四八《賈誼傳》，第2244頁。
〔註82〕 學者張繼海在《漢代城市社會》書中認爲：「在睡虎地秦簡和張家山漢簡中，均稱呼平民爲士伍某某，以示他們都被編入什伍組織，具有士伍的身份。」但筆者以爲士伍不是指什伍組織。衛宏《漢官儀》：「無爵爲士伍。」意思是說沒有爵位的人被稱爲士伍。《漢書·景帝紀》李奇曰：「有爵者奪之，使爲士伍，有位者免官也。」師古曰：「此說非也。謂奪其爵，令爲士伍，又免其官職，即今律所謂除名也。謂之士伍者，言從士卒之伍也。」無論是李說，還是顏說，均不認爲士伍是指什伍組織。學者劉海年根據歷史文獻和雲夢秦簡提供的材料綜合起來分析後認爲「士伍」是指：第一，傅籍之後至六十歲免老前的男性丁。第二，無爵或者曾有爵而被奪爵位者。第三，非刑徒和奴隸。（參見《戰國秦代法制管窺》，法律出版社，2006年版，第318頁）。
〔註83〕 傳統觀點認爲秦時爲避嬴政諱改里正爲里典，但筆者認爲此說存在疑問。《呂氏春秋》中就有用「正」字。《呂氏春秋·辯土》：「正其行，通其風，夬心中央，帥爲泠風。」《呂氏春秋·不苟》：「繆公能令人臣時立其正義，故雪殽之恥，而西至河雍也。」《呂氏春秋·高義》：「正法枉必死，父犯法而不忍，王赦之而不肯，石渚之爲人臣也。」睡虎地秦墓竹簡《編年紀》記載昭王、始皇事時，皆不避諱「正」字。如「（秦王嬴政）七年，正月甲寅，鄢令史。」

　　　　可（何）謂「衛（率）敖」？「衛（率）敖」當里典謂毆（也）。
　　〔註84〕

睡虎地秦簡《封診式》：

　　　　經死　爰書：某里典甲曰：「里人士五（伍）丙經死其室，不智
　　（知）故，來告。」

　　　　封守　鄉某爰書：以某縣丞某書，封有鞫者某里士五（伍）甲
　　家室、妻、子、臣妾、衣器、畜產。……幾訊典某某、甲伍公士某
　　某：「甲黨（倘）有【它】當封守而某等脫弗占書，且有罪。」某等
　　皆言曰：「甲封具此，毋（無）它當封者。」即以甲封付某等，與里
　　人更守之，侍（待）令。〔註85〕

從爰書中「某里典甲」以及當「某里士伍甲」的家庭財產被查抄時，要里典
作人證，並「訊典某某」的記載可以推測，里典當為秦朝閭里的主管官吏。
時至漢代，則有里正、里魁等多種稱呼。《漢書·韓延壽傳》記載：「又置正、
五長。」師古曰：「正，若今之鄉正、里正也。五長，同伍之中置一人為長也。」
又，《後漢書·百官志》載：「里有里魁，民有什伍，善惡以告。本注曰：里
魁掌一里百家。什主十家，伍主五家，以相檢察。民有善事惡事，以告監官。」
里正在里內設有專門辦公的地方，稱作「街彈之室」。《周禮·地官·里宰》
云：「以歲時合耦於鋤，以治稼穡，趨其耕耨。」鄭玄注曰：「鋤者，里宰治
處也，若今街彈之室。」東漢建初二年（77 年）漢侍廷里父老僤所刻買田約
束石券，即樹立於「街彈之室」內。

　　就里正的職責而言，除了協助完成上級的各項工作之外，里正最主要的
職責就是維護里內的安定，時刻監視里內是否發生了什麼異常情況。睡虎地
秦簡《法律答問》中記載有以下一則問答：「賊人甲室，賊傷甲，甲號寇，其
四鄰、典、老皆出不存，不聞號寇，問當論不當？審不存，不當論；典、老
雖不存，當論。」〔註86〕由此可見，里中居民均有義務制止犯罪行為的發

　　「（秦王嬴政）十八年，攻趙。正月，恢生。」由此看來，似乎「里典」應該
　　是官職本稱。
〔註84〕睡虎地秦墓竹簡整理小組：《睡虎地秦墓竹簡》，文物出版社，1978 年版，第
　　237 頁。
〔註85〕睡虎地秦墓竹簡整理小組：《睡虎地秦墓竹簡》，文物出版社，1978 年版，第
　　249 頁。
〔註86〕睡虎地秦墓竹簡整理小組：《睡虎地秦墓竹簡》，文物出版社，1978 年版，第
　　193 頁。

生。而里典與父老則需承擔更爲重大的責任。《漢書・韓延壽傳》載：「置
（里）正、五長，相率以孝悌，不得舍姦人。閭里千佰有非常，吏輒聞知，
姦人莫敢入界。」說明里內居民都在里吏的嚴密監視之下，尤其是外來人戶
檢查防範更爲嚴格。另外，里正還是里內居民的擔保人。例如賜爵一事，張
家山漢簡《二年律令・置後律》記載：「嘗有罪耐以上，不得爲人爵後。諸當
拜爵後者，令典若正、伍里人毋下五人任占。（390）」〔註87〕這種擔保無疑需
要里正承擔連帶責任，如果發現拜爵中存在問題，里正也難逃其咎。之所以
這樣規定，就是想充分利用里正對里內情況的熟悉來將里內居民牢牢控制在
國家的手中。倘若治安方面遇有非常之事，里正必須及時向上級彙報。居延
新簡：

　　　　□內郡蕩陰邑焦里田亥告曰所與同郡縣□□□□死亭東內中東

　　首正偃置冥口吟、兩手捲足展衣□□當時死身完毋兵刃木索迹實疾

　　死審皆證□（E.P.T 58：46）〔註88〕

在上級官署查抄罪犯家室時，里正（里典）也必須到場作證，並有責任提供
具體情況介紹、協助查封與保管。

（二）里監門

顧名思義，里監門〔註89〕應和看守里的門戶有關。張家山漢簡《二年律
令・戶律》中對此有明確的記載：

　　　　田典更挾里門鑰，以時開；伏閉門，止行及作田者；其獻酒及

　　乘置乘傳，以節使，救水火，追盜賊，皆得行，不從律，罰金二兩。

　　（305、306）〔註90〕

　　　　募民欲守縣邑門者，令以時開閉門，及止畜產放出者，令民共

　　（供）食之，月二戶。（308）〔註91〕

〔註87〕張家山二四七號漢墓竹簡整理小組：《江陵張家山漢簡》，文物出版社，2001
　　　　年版，第185頁。

〔註88〕甘肅省文物考古研究所等編：《居延新簡》，文物出版社，1990年版，第352
　　　　頁。

〔註89〕吳榮曾先生曾指出：「監門」並非官吏，而是介於平民與奴隸的中間階層（《監
　　　　門考》，《中華文史論叢》，1981年第3期）。

〔註90〕張家山二四七號漢墓竹簡整理小組：《江陵張家山漢簡》，文物出版社，2001
　　　　年版，第175頁。

〔註91〕張家山二四七號漢墓竹簡整理小組：《江陵張家山漢簡》，文物出版社，2001
　　　　年版，第175頁。

據此可知，里門是有專門官吏控制的。《史記‧張耳陳餘列傳》記載秦始皇曾懸賞捉拿張耳、陳餘，張、陳二人於是「乃變名姓，俱之陳，爲里監門以自食」，《集解》引張晏曰：「監門，里正衛也。」《史記‧酈食其列傳》又載：「酈生食其者，……家貧落魄，無以爲衣食業，爲里監門吏。」《正義》引《戰國策》云齊宣謂顏斤蜀曰：「夫監門閭里，士之賤也。」里監門每月的生活由里內兩戶居民供養，能夠勉強保證衣食，所以張耳、陳餘、酈食其才會充任里監門以自食。但同時，里監門也是一種由官府招募、地位低賤的役差，充任者多爲貧窮之人，絕對不會得到人們的關注，所以張耳、陳餘才能以監門自隱。秦漢時期的里監門不僅監視里內的居民，同時還可以防範里外的不法之徒入內作案。在官府進行大規模搜捕時，里監門往往通過對里門的把守來配合搜捕行動，使搜捕對象不能逃逸出里門。可以說，在整個鄉里基層治安管理中，里監門居於協助地位。

（三）閭佐

關於「閭左」的屬性，當今學者尚多有不同說法，或曰「居閭里之左」者〔註92〕，或曰「復除」者〔註93〕，或曰「身份卑賤」者〔註94〕。諸家的具體說法雖不完全一樣，但總體而言都沒有超出左、右與貧、富的聯繫。筆者以爲這與閭里的實際情況並不相符。其一，由於土地兼併存在，田無常主，人無恒產，不可能因貧富變化而隨時變更宅地。其二，當時百姓鄉里宗族觀念十分強烈，多聚族而居，故以貧富分居里之左右之說難以成立。那麼「閭左」是指什麼呢？筆者同意學者張漢東的觀點，即「閭左」是一種里職。〔註95〕在秦漢各級行政機構中，多有佐官一職。見之於文獻的有「書佐」〔註96〕、「府佐」〔註97〕等。在鄉級行政機構中，鄉有「鄉佐」〔註98〕，亭有「亭佐」

〔註92〕　《史記》卷四八《陳涉世家》，第 1950 頁。
〔註93〕　《漢書》卷四九《晁錯傳》，第 2285 頁。
〔註94〕　楊寬先生認爲：秦所謫發的對象是里中身份卑賤者，古時重右輕左，右示尊貴，左示卑賤，豪富之家稱爲「豪右」。「閭左」之「左」正與「豪右」之「右」相對應，當指里閭中身份卑賤者。（詳見：《中國古代都城制度是研究》，上海人民出版社，2003 年版，第 243 頁）
〔註95〕　張漢東：《閭左新解》，載中國社會科學雜誌社（未定稿），1984 年第 27 期。
〔註96〕　《漢書‧王尊傳》：「太守奇之，除補書佐，署守屬監獄。」《漢書‧薛宣傳》：「少爲廷尉書佐、都船獄史。」《漢書‧朱博傳》：「乃召見諸曹史書佐及縣大吏，選視其可用者，出教置之。」
〔註97〕　《漢書‧儒林傳》：「散賜九族，田畝不益，德配周召，忠合《羔羊》，未得登

〔註99〕。《通典‧職官十八》「佐史」條載有：「太常佐、太常太祝佐、太常明堂佐、光祿佐、衛尉佐、太僕佐、廷尉佐、大鴻臚佐、大鴻臚大行令佐、宗正佐、大司農佐、雒陽市佐、執金吾佐、少府佐、雒陽縣佐史。」由此推之，閭里似亦應有「閭佐」或「里佐」。同時，在歷史文獻中「左」、「佐」也常常通用。如少府屬官「佐弋」，在《史記‧秦始皇本紀》記爲「佐弋」，而《漢書‧百官公卿表》則記爲「左弋」。故「閭左」很有可能是指「閭佐」。參考其它官佐職掌，閭佐應爲里正之副，佐助里正主閭里事務。《湘西里耶秦代簡牘選釋》：「卅年三月己未，平邑鄉涇下佐冒與平邑故鄉守士五（伍）量、中、哀，佐淫，童禺□……不備十三眞錢百九十五，負童分錢□卅八。」〔註100〕關於「涇下」，該文作者認爲是里名，因此，「涇下佐」很可能就是涇下里佐。佐淫，應爲平邑鄉佐。里佐不見於以往史書記載，此簡牘的發現彌補了歷史文獻之空白。總而言之，筆者以爲里佐應當是里正（里典）的助手。

（四）什長、伍長

商鞅變法推行什伍之制，爲眾所周知。但在現存歷史文獻和已發現的簡牘中關於秦代什伍制度的記載非常有限。兩漢史籍，除《後漢書‧百官志》中述及「人有什伍」以外，既未能見到關於系統論述什伍制的文字，也沒有史料提到什長一職。大概是因爲職務過於微小的緣故而缺載。不過，既然有什、伍的編制，就應該設什長、伍長以便管理。《漢書‧韓延壽傳》記載韓延壽：「置正、五長。」師古曰：「五長，同伍之中置一人爲長也。」《漢書‧循吏傳》亦載黃霸：「置父老師帥伍長，班行之於民間，勸以爲善防奸之意。」可知伍長的職責與里正相似，主要還是協助上級工作，並同樣負有維護治

司徒，有家臣。」師古曰：「司徒，掌禮教之官，言寬中學行堪爲之也。家臣，若今諸公國官及府佐也。」

〔註98〕 《後漢書‧張宗傳》：「王莽時，爲縣陽泉鄉佐。」《後漢書‧第五倫傳》：「顯拔鄉佐玄賀，賀後爲九江、沛二郡守，以清絜稱，所在化行，終於大司農。」《後漢書‧黨錮傳》：「行春到高密縣，見鄭玄爲鄉佐，知其異器，即召署郡職，遂遣就學。」

〔註99〕 《後漢書‧趙孝王良傳》引《東觀記》曰：「乾私出國，到魏郡鄴、易陽，止宿亭，令奴金盜取亭席，金與亭佐孟常爭言，以刃傷常，部吏追逐，乾藏逃，金絞殺之，懸其屍道邊樹。」《後漢書‧陳寔傳》：「少作縣史，常給事廝役，後爲都亭佐。」

〔註100〕 湖南省文物考古研究所：《湘西里耶秦代簡牘選釋》，《中國歷史文物》，2003年第1期，第8～25頁。

安、推行教化責任。但伍長在治安方面主要是制止和糾舉犯罪，而沒有司法處理權。漢律規定：里內什伍官吏要熟知本轄區居民情況，一旦發生治安事件，一方面要及時向上級提供線索，糾舉罪犯。如尹賞爲長安令，命「鄉吏、亭長、里正、父老、伍人，雜舉長安中輕薄少年惡子」〔註101〕等犯罪分子；另一方面還要組織居民追捕罪犯。再如，西漢哀帝時鮑宣說：「部落鼓鳴，男女遮迣。」顏師古注曰：「言聞桴鼓之聲以爲有盜賊，皆當遮列而追捕。」〔註102〕

四、閭里的治安管理

要營造一個井然有序的京師秩序，對閭里人口進行有效地管理，嚴格控制人口的隨意流動，是十分必要的。以下就是秦漢政府爲管理閭里居民而採取的主要措施：

（一）嚴格執行戶籍管理制度

戶籍制度，即戶籍管理制度，是政府對所轄民戶的基本情況進行登記，並進行相關管理的一項行政管理制度，其基本目的在於維護社會治安和提供人口資料。春秋戰國時各國政權都已將全國人口編入國家的戶籍，並把個體小農編成五家爲一伍的組織。這種辦法，秦國雖然推行較遲，直到公元前375年才始「爲戶籍相伍」〔註103〕，但秦國對戶籍的管理卻非常嚴格。《商君書・境內篇》云：「四境之內，丈夫女子皆有名於上，生者著，死者削。」同書《去強篇》亦云：「舉民眾口數，生者著，死者削。」秦律規定，民戶遷居都應報告官府，重新登記戶口，叫做「更籍」。戶口數字記錄必須準確，否則當地管理官員就要受到相應的懲罰。睡虎地秦簡《法律答問》記載：「可（何）如爲大誤？人戶、馬牛及者（諸）貨材（財）直（值）過六百六十錢爲大誤，其它爲小。」〔註104〕又，《效律》記載：「人戶、馬牛一以上爲大誤。」〔註105〕因「大誤」受到的處罰是：「入戶、馬牛一，貲一盾；自二以上，貲一甲。」

〔註101〕《漢書》卷九○《尹賞傳》，第3673頁。
〔註102〕《漢書》卷七二《鮑宣傳》，第3088頁。
〔註103〕《史記》卷六《秦始皇本紀》，第289頁。
〔註104〕睡虎地秦墓竹簡整理小組：《睡虎地秦墓竹簡》，文物出版社，1978年版，第242頁。
〔註105〕睡虎地秦墓竹簡整理小組：《睡虎地秦墓竹簡》，文物出版社，1978年版，第125～126頁。

從中可見，秦漢對戶籍管理的嚴格程度。此外，秦律還規定：凡滿十七歲的男子必須向官府申報、登記戶口。對於已到年齡而未登記入籍的或隱瞞民戶的行為，都要給與嚴厲的懲罰。睡虎地秦墓竹簡《秦律雜抄》：

> 匿敖童，及占瘰（癃）不審，典、老贖耐，百姓不當老，至老
> 時不用請，敢為酢（詐）偽者，貲二甲；典、老弗告，貲各一甲；
> 伍人，戶一盾，皆遷（遷）之。傅律。〔註106〕

又，《法律答問》記載：

> 今咸陽發偽傳，弗智（知），即復封傳它縣，它縣亦傳其縣次，
> 到關而得，今當獨咸陽坐以貲，且它縣當盡貲？咸陽及它縣發弗智
> （知）者當皆貲。……甲徙居，徙數謁吏，吏環，弗為更籍，今甲
> 有耐、貲罪，問吏可（何）論？耐以上，當貲二甲。〔註107〕

這段史料說明凡遷居外地，必須遷移戶籍，本人必須同戶籍在同一地區。對於有特殊情況，必須遷移的人口，政府則發行「傳」等通行憑證。此外，秦律對於逃亡人口的管理也有明確的記載。《封診式·覆》記載：

> 敢告某縣主：男子某辭曰：「士五（伍），居某縣某里，去亡。」
> 可定名事里，所坐論云可（何），可（何）罪赦，【或】覆問毋（無）
> 有，幾籍亡，亡及捕事各幾可（何）日，遣識者為騰，騰皆為報，
> 敢告主。〔註108〕

這段史料是一則向縣長彙報審理逃亡男子的案例，在審訊過程中要查問該男子姓名、身份，籍貫、前科及其它有關問題。記錄人要準確記錄，並將所錄全部回報。

漢代的戶籍管理制度雖源於秦制，但隨著社會的發展，其內容不斷調整和充實，管理機構也逐步完備。總體上看，漢代戶籍登記的內容與秦相比沒有太大變化，但戶籍的類型趨於多樣化。如商人有市籍，皇家宗室有名籍，官僚則有宦籍。從已發現的漢簡中，可以知道漢代的戶籍是把每戶的家長、姓名、籍貫、住址、爵位、職業、年齡、妻子、兄弟、姊妹以及牛馬、田宅、奴

〔註106〕 睡虎地秦墓竹簡整理小組：《睡虎地秦墓竹簡》，文物出版社，1978年版，第143頁。

〔註107〕 睡虎地秦墓竹簡整理小組：《睡虎地秦墓竹簡》，文物出版社，1978年版，第176頁。

〔註108〕 睡虎地秦墓竹簡整理小組：《睡虎地秦墓竹簡》，文物出版社，1978年版，第250頁。

婢、車輛的數量和價值，都登記在內的。例如，居延漢簡（附第37簡）：「長安有利里宋賞年廿四，長七尺二寸黑色。」漢代對於藏匿人口也有較爲嚴厲的懲罰，首匿罪就是其中之一。「首匿」原是秦朝的舊罪名，意思是爲謀首而藏匿罪犯。漢代此罪名主要是指窩藏謀反和大逆不道的罪犯。漢武帝時就曾「重首匿之科」，凡犯首匿罪者一概棄市，嚴重的還要「夷三族」。但隨著儒家思想逐步融入到法律思想中，從漢宣帝時期開始，廢除了過去的「首匿相坐」的規定，以顯示政府的「親親之道」。漢宣帝就曾下詔曰：「父子之親，夫婦之道，天性也。……今子首匿父母，妻匿夫，孫匿大父母，皆勿坐。其父母匿子，夫匿妻，大父母匿孫，罪殊死，皆上請廷尉以聞。」〔註109〕可見，西漢中後期對首匿罪制定了從寬處罰的規定，即凡子藏匿父母，妻藏匿夫，雖犯罪但不予追究責任，而對母藏匿子，夫藏匿妻，要想從寬，先要上請，這正是西漢法律與儒家「親親相隱」思想融合的重要標誌。

爲了有效維護京師的社會秩序，漢代百姓戶籍一般由官府掌管，每年都要核對一次，即所謂「貌閱」制度。每年秋後，以縣爲單位，全縣居民都要到縣廷接受審查。縣令要對每一個登記的居民進行詳細的審視，正如《後漢書・百官志》所云：「秋冬歲盡，各計縣戶口墾田，錢穀入出，盜賊多少，上其集簿。」此外，「案比」也是漢代戶口登記與核查的一項重要工作。《後漢書・江革傳》李賢注「案比」道：「案驗以比之，猶今貌閱也。」可以說，戶籍制度把居民牢牢地束縛在自己的家鄉，成爲官府逮捕罪犯的重要依據和線索。

（二）嚴懲偷盜等犯罪活動

秦漢政府對偷盜等嚴重破壞京師秩序的刑事違法行爲，運用法律手段進行嚴懲。睡虎地秦墓竹簡《法律答問》：

> 五人盜，臧（贓）一錢以上，斬左止，有（又）黥以爲城旦；不盈五人，盜過六百六十錢，黥劓以爲城旦；不盈六百六十到二百廿錢，黥爲城旦；不盈二百廿以下到一錢，遷之。……甲謀遣乙盜，一日，乙且往盜，未到，得，皆贖黥。〔註110〕

律文講庶民甲唆使庶民乙偷盜未遂，中途被捕獲，但最後還是被處以贖黥刑

〔註109〕《漢書》卷八《宣帝紀》，第251頁。
〔註110〕睡虎地秦墓竹簡整理小組：《睡虎地秦墓竹簡》，文物出版社，1978年版，第150頁。

罰。可見偷盜主謀者無論是偷盜成功還是未遂，都要給與嚴厲懲罰。又，《法律答問》載：

> 夫盜千錢，妻所匿三百，可（何）以論妻？妻智（知）夫盜而
> 匿之，當以三百論爲盜，不智（知），爲收。」

同書還記載：「甲盜，臧（贓）直（值）千錢。乙智（知）其盜，受分臧（贓）不盈一錢，問乙可（何）論？同論。」〔註111〕

丈夫盜竊，在其妻處藏匿了三百。如果妻子知道丈夫偷盜而藏錢，應該以偷盜三百錢論處，若不知道，則應該沒收。此外，皇帝的宗廟、陵園、宮殿等都是皇權的象徵，偷盜這些物品，都將從重懲罰。漢文帝對這樣的罪犯「欲致之族」。縱觀秦漢法律，對於偷盜行爲皆實行從重懲罰原則。

睡虎地秦墓竹簡《法律答問》

五人盜者		不盈五人盜者	
罪行輕重	懲罰程度	罪行輕重	懲罰原則
臧（贓）一錢以上	斬左止，有（又）黥以爲城旦	不盈二百廿以下到一錢	遷之
──	──	不盈六百六十到二百廿錢	黥爲城旦
		盜過六百六十錢	黥劓以爲城旦

上表正體現了秦律對五人以上集體盜者實行格外重罰制度的精神，即五人以上的集團犯罪比五人一下的處罰要重的多。

張家山漢簡《盜律》、《效律》

罪行輕重	懲罰程度（盜）	懲罰程度（貪）
不盈廿二錢到一錢	罰金一兩	無懲罰
不盈百一十到廿二錢	罰金四兩	無懲罰
不盈二百廿到百一十錢	耐爲隸臣妾	誶官嗇夫
六百六十到二百廿錢	完爲城旦舂	貲嗇夫一盾
盜臧直過六百六十錢	黥爲城旦舂	貲嗇夫一盾或一甲，止於貲官嗇夫二甲

〔註111〕睡虎地秦墓竹簡整理小組：《睡虎地秦墓竹簡》，文物出版社，1978年版，第157頁。

此表亦能反映出漢律對盜罪的懲罰程度要重於同等程度的貪污，盜罪從重懲罰原則顯而易見。

（三）嚴防鬥毆等犯罪行為

秦漢政府對鬥毆、行兇等嚴重破壞京師秩序的違法行為也實行嚴懲。睡虎地秦墓竹簡《法律答問》：

> 或與人鬥，縛而盡拔其鬚麋（眉），論可（何）也？當完城旦。……
>
> 或鬥，齧斷人鼻若耳若指若唇，論各可（何）也？議皆當耐。……
>
> 鈹、戟、矛有室者，拔以鬥，未有傷也，論比劍。〔註112〕

秦漢規定，如果有人與他人鬥毆，將他人捆綁起來並拔其鬍鬚眉毛，應當處以完城旦；若咬斷他人的鼻子，或耳朵、或手指、或嘴唇，應當以耐刑論處；如果使用戟、矛等兵器鬥毆，即使沒有傷人，也要與拔劍相鬥同樣論處。對於殺人等嚴重犯罪活動，秦漢法律分類比較詳細，將殺人根據不同客體和情由分為謀殺、賊殺、斗殺和誤殺等。其中，鬥殺就是鬥毆而殺人至死。張家山漢簡《奏讞書》就曾詳細記載發生在咸陽境內一件殺人搶劫案件的偵破過程：

> 六月癸卯，典贏告曰：不智（知）何人刺女子婢冣里中，奪錢，不智（知）之所，即令獄史順、去疢、忠、大□固追求賊。……其一人公士孔，起室之市，落莫（暮）行正旗下，有頃即歸，明有（又）然，衣故有帶，黑帶，帶有佩（佩）處而無佩（佩）也，瞻視應對冣（最）奇，不與它人等。……孔毋解。即就訊礫，恐獨欲答，改曰：貧急毋作業，恒遊旗下，數見賈人券，言雅欲薊（剽）盜，詳（佯）為券，操，視可盜，盜置券其旁，令吏求賈市者，毋言。孔見一女子操簽但（撢）錢，其時吏悉令黔首之田救蚤（蝨），邑中少人，孔自以為利足刺殺女子奪錢，即從到巷中，左右瞻無人，以刀刺，奪錢去走。〔註113〕

女子婢擔錢一千二百從市而歸，途巷中時被不明身份的罪犯用刀刺傷，錢被搶劫。典贏報案。獄史順、去疢、忠等人追捕罪犯不得，改由獄史舉鬮偵察。

〔註112〕睡虎地秦墓竹簡整理小組：《睡虎地秦墓竹簡》，文物出版社，1978年版，第186～187頁。

〔註113〕張家山二四七號漢墓竹簡整理小組：《江陵張家山漢簡》，文物出版社，2001年版，第228頁。

他發現公士孔較爲可疑，經過調查，公士孔曾將一刀送給他人，而此刀與刺殺女子婢的刀恰好吻合。在證據面前，公士孔最終承認犯罪事實。又，睡虎地秦簡《法律答問》：

> 求盜追捕罪人，罪人格（格）殺求盜，問殺人者爲賊殺人，且鬥（鬥）殺？鬥（鬥）殺人，廷行事爲賊。〔註114〕

> 甲謀遣乙盜殺人，受分十錢，問乙高未盈六尺，甲可（何）論？當磔。〔註115〕

> 臣妾牧殺主。可（何）謂牧？欲賊殺主，未殺而得，爲牧。〔註116〕

律文表明若教唆少年犯罪，懲治尤重。簡文中六尺合約現代一米三八，大概是十一二歲的少年，教唆此少年的甲被判處死刑磔。求盜追捕罪犯，罪犯擊殺求盜，罪犯應該以鬥殺罪論處，這些記載反映出秦漢法律對殺人、教唆他人殺人等犯罪一般都有輕罪重判的傾向。

（四）全面實施連坐互保制度

連坐是指因他人犯罪而親屬、伍人、同僚以及其他關係者被牽連入罪。中國古代什伍相連制度由來已久，商鞅曾令「民爲什伍，而相牧司連坐。不告姦者腰斬，告姦者與斬敵者同賞，匿奸者與降敵同罰」〔註117〕。此後歷朝政府全面實行犯罪連坐制度，這一點一直沒有太大的變化。犯罪連坐具體分爲「親屬連坐」、「鄰里連坐」、「職官連坐」等幾種類型。

「親屬連坐」又稱「同居連坐」，是指罪犯家庭成員之間的連坐。睡虎地秦墓竹簡《法律答問》解釋說：

> 盜及者（諸）它罪，同居所當坐，可（何）謂「同居」？戶爲同居。〔註118〕

> 可（何）謂「室人」？可（何）謂「同居」？「同居」，獨戶母

〔註114〕睡虎地秦墓竹簡整理小組：《睡虎地秦墓竹簡》，文物出版社，1978年版，第179～180頁。

〔註115〕睡虎地秦墓竹簡整理小組：《睡虎地秦墓竹簡》，文物出版社，1978年版，第180頁。

〔註116〕睡虎地秦墓竹簡整理小組：《睡虎地秦墓竹簡》，文物出版社，1978年版，第184頁。

〔註117〕《史記》卷六八《商君列傳》，第2230頁。

〔註118〕睡虎地秦墓竹簡整理小組：《睡虎地秦墓竹簡》，文物出版社，1978年版，第160頁。

之謂毆（也）。「室人」者，一室，盡當坐罪人之謂毆（也）。〔註119〕即一戶中同母之人謂之「同居」。如果某人發生犯罪行為，同戶其他人應連坐。又，睡虎地秦簡《法律答問》：「削（宵）盜，臧（贓）直（值）百一十，其妻、子智（知），與食肉，當同罪。」〔註120〕案例說夜間行盜，得一百錢，其妻、子均知情，並拿藏錢買肉吃，應同樣論罪。

「鄰里連坐」又叫「什伍連坐」，是指鄰居之間的連坐。睡虎地秦簡《法律答問》：「可（何）謂『四鄰』？『四鄰』即伍人謂毆（也）。」〔註121〕又，《秦律雜抄》：「百姓不當老，至老時不用請，敢為酢（詐）偽者，貲二甲；典、老弗告，貲各一甲；伍人，戶一盾，皆遷之。傅律。」〔註122〕按照這一規定，若有人逃避徭役，里吏和同伍之人若不告發，則要承擔相應連帶責任。在「連坐」的程度上，「什」與「伍」是不同的。一般來說，對於與犯罪者同什的人懲罰要輕於同伍的人。《秦律雜抄》：「什伍智（知）弗告，貲一甲；伍二甲。敦（屯）表律。」〔註123〕另外，也並非所有犯罪，鄰里都要連坐。《法律答問》：「賊入甲室，賊傷甲，甲號寇，其四鄰、典、老皆出不存，不聞號寇，問當論不當？審不存，不當論；典老雖不存，當論。」〔註124〕如果鄰里不在家，則不必承擔法律責任。但里典、伍老等則都要受到牽連，這或許是因為里典、伍老本身就有負責里中治安的緣故，無論發生任何犯罪，都是在其職權範圍之內。

「職官連坐」是指官吏舉薦他人為官，如果被舉薦的人失職、犯罪，原舉薦人也要承擔相應的刑事責任。正如《史記·范雎列傳》所載：「秦之法，任人而所任不善者，各以其罪罪之。」睡虎地秦簡《效律》：「官嗇夫貲二甲，令、丞貲一甲；官嗇夫貲一甲，令、丞貲一盾。其吏主者坐以貲、誶如官嗇

〔註119〕睡虎地秦墓竹簡整理小組：《睡虎地秦墓竹簡》，文物出版社，1978年版，第238頁。
〔註120〕睡虎地秦墓竹簡整理小組：《睡虎地秦墓竹簡》，文物出版社，1978年版，第158頁。
〔註121〕睡虎地秦墓竹簡整理小組：《睡虎地秦墓竹簡》，文物出版社，1978年版，第194頁。
〔註122〕睡虎地秦墓竹簡整理小組：《睡虎地秦墓竹簡》，文物出版社，1978年版，第143頁。
〔註123〕睡虎地秦墓竹簡整理小組：《睡虎地秦墓竹簡》，文物出版社，1978年版，第145頁。
〔註124〕睡虎地秦墓竹簡整理小組：《睡虎地秦墓竹簡》，文物出版社，1978年版，第193頁。

夫。其它冗吏、令史掾計者，及都倉、庫、田、亭嗇夫坐其離官屬於鄉者，如令、丞。」〔註125〕意思是說，某項犯罪發生之後，官府的嗇夫罰二甲，縣令、丞則要罰一甲；若官府的嗇夫罰一甲，縣令、丞則要罰一盾。同時，其他相關官吏也要受到不同程度的懲罰。

　　以上是秦漢時期的連坐制度。那麼，對於被連坐者，是否所有人都要受到懲罰呢？筆者以爲並非所有人都要受到連坐的懲罰。睡虎地秦簡《法律答問》：「吏從事於官府，當坐伍人不當？不當。」〔註126〕「大夫寡，當伍及人不當？不當。」〔註127〕前者是在官府中任職的官吏不連坐，後者有大夫以上爵位者不連坐。總而言之，秦漢的連坐制度並非不分犯罪性質、情節輕重和人員的身份地位一概使用。

第三節　市　場

　　市場，是指進行商品交易的場所。〔註128〕早在春秋戰國時期，都城就已出現市場，如齊國臨淄有大市、中市，燕國國都有左市。秦統一六國之後，各地經濟貿易往來繼續擴大。《漢書·伍被傳》：「重裝富賈，周流天下，道無不通，交易之道行。」又，《鹽鐵論·力耕篇》：「自京師東西南北，歷山川，經郡國，諸殷富大都，無非街衢五通，商賈之所湊，萬物之所殖者。」隨著

〔註125〕睡虎地秦墓竹簡整理小組：《睡虎地秦墓竹簡》，文物出版社，1978年版，第123～124頁。

〔註126〕睡虎地秦墓竹簡整理小組：《睡虎地秦墓竹簡》，文物出版社，1978年版，第217頁。

〔註127〕睡虎地秦墓竹簡整理小組：《睡虎地秦墓竹簡》，文物出版社，1978年版，第217頁。

〔註128〕有關秦漢市場的研究成果主要有：李劍農《先秦兩漢經濟史稿》，三聯書店，1957年版；佐藤武敏《漢代長安の市》，中國古代史研究會編《中國古代史研究》第2期，雄山閣，1965年版；劉志遠《漢代市井考——說東漢市井畫像磚》，《文物》，1973年第3期；林劍鳴《秦漢時代的市政》，《歷史教學問題》，1983年第5期；徐君峰：《西漢長安之市場及其繁榮的地理因素》，《人文雜誌》，1993年第5期；李祖德著、林英樹譯《漢代の市》，載五井直弘《中國の古代都市》，汲古書院，1995年版；高維剛：《秦漢市場的設置與管理》，《四川教育學院學報》，1996年第4期；王凱旋《東漢「市」考略》，《史學集刊》，1998年第2期；楊寬《中國古代都城制度史研究》，上海人民出版社，2003年版；黃今言《秦漢商品經濟研究》，人民出版社，2005年版；張繼海《漢代城市社會》，社會科學文獻出版社，2006年版。

社會生產力的提高，商品交換領域擴大，市場已成爲城市中不可分割的重要組成部分。「天下熙熙，皆爲利來。天下壤壤，皆爲利往」〔註129〕這是司馬遷描述的西漢前期經濟的發展狀況。「爭名者於朝，爭利者於市」〔註130〕則反映出「市」在當時社會產品交換和社會生活中的作用。

一、京師市場的規劃與建設

秦漢京師的市場，具有規劃整齊，店鋪林立，商賈眾多，貨源充足，商業繁榮等特點，班固《兩都賦》及張衡的《西京賦》中對此都曾有過較爲生動的描述。

（一）市場數量與位置

秦都咸陽市場的具體位置，由於目前無出土遺物，尚無法斷定，但咸陽存在市場卻毫無問題。《史記・商君列傳》：「令既具，未布，恐民之不信，已乃立三丈之木於國都市南門，募民有能徙置北門者予十金。」《華陽國志・蜀志》亦載：「……營廣府舍，……修整里闠，市張列肆，與咸陽同制。」此外，秦公子十二人曾被「僇死咸陽市」〔註131〕；丞相李斯也被「腰斬咸陽市」〔註132〕，這些都可證明咸陽有市。不僅如此，咸陽市場可能還有多處，如直市〔註133〕、軍市〔註134〕等。

漢長安城是當時全國的政治、經濟、文化中心，它的工商業十分發達，其活動中心主要是在九市。《三輔黃圖》卷二引《廟記》云：「長安市有九，各方二百六十六步，六市在道西，三市在道東，凡四里爲一市。……當市樓有令署，以察商賈貨財買賣貿易之事，三輔都尉掌之。」〔註135〕張衡《西京賦》亦曰：「……郭開九市，通闠帶闤，旗亭五重，俯察百隧。」關於九市名稱與位置，至今仍未有確切定論。目前主要說法有三：第一，長安九市

〔註129〕《史記》卷一二九《貨殖列傳》，第3256頁。
〔註130〕《史記》卷七○《張儀列傳》，第2282頁。
〔註131〕《史記》卷八七《李斯列傳》，第2552頁。
〔註132〕《史記》卷八七《李斯列傳》，第2562頁。
〔註133〕宋敏求：《長安志》卷十九「富平縣」條。
〔註134〕蔣孔鴻：《商君書錐指》卷一《墾令篇》，中華書局，2001年版，第15頁。
〔註135〕《太平寰宇記》卷二五引《廟記》文字略同。《文選・兩都賦》李善注引《漢宮闕疏》曰：「長安立九市，其六市在道西，三市在道東。」《太平御覽》卷一九一引《宮闕記》亦同，而《長安志》作「六市在道東，三市在道西」。恐爲誤文。

是指西市與東市，其中西市包括六個市場，東市則包括三個市場；第二，長安九市中有四市在城內，五市在城外，城內四市分別是東、西、南、北市。以上這兩種說法雖然略有差異，但基本上都認為西漢長安城有九個市場。而第三種觀點則認為九市中的九是約數。汪中《述學・釋三九》：記載「凡一二之所不能盡者，則約之以三，以見其多，三之所不能盡者，則約之以九，以見其多。」〔註136〕通過查閱相關史書，筆者發現長安市場，可查者有東市、西市、柳市、直市、交門市、孝里市及交道亭市。〔註137〕就面積而言，據最新考古勘測數據，長安城西市總面積 296676.6 平方米，總周長 2199.8 米；東市總面積 769826.7 平面米，總周長 3524.3 米〔註138〕。過去依據文獻得出西市較東市面積要大的結論，現為考古勘探資料所否定。〔註139〕就地域而言，漢長安的市場主要分佈在城的西北部和橫橋附近〔註140〕。這是因為通

〔註136〕劉慶柱：《漢長安城的宮城和市里布局形制述論》，《古代都城與帝陵考古學研究》，科學出版社，2000 年版，第 169 頁。

〔註137〕東市見《三輔黃圖》卷二、《漢書・晁錯傳》及《漢書・食貨志》；西市見於《三輔黃圖》卷二、《漢書・惠帝紀》、《漢書・食貨志》；柳市見《三輔黃圖》卷二、《漢書・萬章傳》顏注引《漢宮闕疏》；直市見《三輔黃圖》卷二及《長安志》；交門市（在渭橋北頭）、孝里市（在雍門東）及道亭市（在便橋東）均見《太平御覽》卷八二七引《漢宮闕疏》。

〔註138〕陝西省測繪局：《漢長安城遺址測繪研究獲得的新信息》，《考古與文物》，2000 年第 5 期，第 44 頁。

〔註139〕學者劉慶柱此前推測東市範圍東西約 780 米，南北約 650～700 米，市內面積約 52.65 萬平方米；西市範圍東西約 550 米，南北約 420～480 米，市內面積約 24.74 萬平方米（《漢長安城布局結構辨析》，《考古》，1987 年第 10 期）。

〔註140〕楊寬先生認為西漢長安的東市和西市不在長安城內，而是在城外的「北郭」之中。但筆者以為東、西二市在城內的可能性比較大。《三輔黃圖》及《漢宮闕疏》記載：「長安城中，經緯各長三十二里十八步，地九百七十三頃，八街九陌，三宮九府，三廟，十二門，九市，十六橋。」《三輔黃圖》卷五亦載：「當市觀、旗亭樓，……在（長安）城內。」可見，屬於市場內代表性的建築物──市觀、旗樓均在長安城內。此外，《漢書・劉屈氂傳》記載：「初，漢節純赤，以太子持赤節，故更為黃旄加上以相別。太子召監北軍使者任安發北軍兵，安受節已，閉軍門不肯應太子。太子引兵去，毆四市人凡數萬眾，至長樂西闕下，逢丞相軍，合戰五日，死者數萬人，血流入溝中。」太子政變欲發北軍不成，轉而發四市人數萬眾。此四市不太可能在城外，因為當時管理城門並非為太子掌握，太子也不太可能出城門後再入城作戰。《後漢書・劉玄傳》：「時王匡、張卬守河東，為鄧禹所破，還奔長安。卬與諸將議曰：『……今獨有長安，見滅不久，不如勒兵掠城中以自富。』……卬與湛、殷遂勒兵掠東西市。」商議「勒兵掠城中」，而後「掠東西市」，這就說明東

往西域的交通道路（即絲綢之路）被開闢以後，從西域來的商人首先要從便橋或中渭橋（即橫橋）渡過渭河進入長安城內，城內西北部成為商賈雲集的場所，商業發達就成為很自然的事情。另外，西漢帝陵多設置於長安的西部和北部，徙居陵縣者多為郡國豪傑與高訾豪富，往來長安頻繁。長安城與諸陵縣之間的交通要道出現比較繁榮的市場，在某種程度上也是貿易往來的結果。

關於東漢洛陽的市場，《太平御覽》卷一百九十一引《洛陽記》記載東漢京師有三市，「金市在大城西，南市在大城南，馬市在大城東」。同書卷八二七引《洛陽記》亦云：洛陽的三市是：「大市名金市，在大城中；馬市在城東，□陽市在城南。」兩引文中的市名略有不同，但數量基本相同。洛陽設三市，這可能是就較重要的市而言，實際數量當不止此數。《晉書‧食貨志》記載：永平五年（62 年），洛陽「立粟市於城東」，就是明顯的一例。此外，洛陽似乎還有西市。《後漢書‧蔡茂傳》有「近湖陽公主奴殺人西市」的記載。〔註141〕

（二）市場的內部結構

在都城內設置固定市場的制度，戰國時的秦國就已有之。《史記‧秦始皇本紀》記載：秦獻公七年（前 378 年）「初行為市」，便是建立固定市場於秦國都城之始。商鞅變法時的新都咸陽，也建有固定市場，故而有「市南門」與「北門」的專設市門。《史記‧呂不韋列傳》亦載：他將《呂氏春秋》「布咸陽市門，懸千金其上」，求有增損其書者。他之所以這樣做，大概是由於市已成為人們出入必經之地，故可設想為固定市場。《華陽國志》記載秦惠王命張若在成都「廣營府舍，……市張列肆，與咸陽同制」。據此，「市」內有「列肆」，即排列整齊的許多店鋪，又有「里」、「闤」，即門禁，還設有專門官吏主管之，可見其為固定市場甚明。

漢代繼承秦朝固定市場制度，於高祖六年（前 201 年）便在長安「立大市」〔註142〕，到漢惠帝六年（前 189 年）夏六月，又起「長安西市」〔註143〕。從文獻記載和考古資料來看，秦漢都城的市應該是方形。《三輔黃圖》卷二《廟

西市當在城內。王莽失敗後，長安城內「市里不改於舊」，「百姓爭還長安，市里且滿」，則為又一例證。

〔註141〕 在目前情況下，還不能排除這些市場是臨時設立的，史書中未載其以後的變化。
〔註142〕 《史記》卷二二《漢興以來將相名臣年表》，第 1120 頁。
〔註143〕 《漢書》卷二《惠帝紀》，第 91 頁。

記》云：「長安市有九，各方二百六十六步。六市在道西，三市在道東。凡四里爲一市。」山東臨沂銀雀山出土的竹簡中，有《市法》的殘簡，是戰國時代著作，講到「國市之法，外營方四百步」，即市的外圍牆每邊長四百步，故而當時市場的結構是四周築牆，呈正方形。在四川新繁縣、廣漢縣和彭縣出土的市井畫像石磚、內蒙古和林格爾東漢墓壁畫——寧城幕府圖上所顯示的市井圖也均呈方形，與上述文獻記載完全一致。

市場內部各自排成行列，這種行列稱爲「列肆」、「市列」。《漢書・食貨志》記載：「開市肆以通之。」師古曰：「肆，列也。」爲便於顧客買貨和官府控制、檢查，凡同類之商品，鱗次櫛比，各自排成行列，這種行列稱之爲「列肆」、「市列」。此外，在市區一般都建有商人貯存貨物的地方，這就是「廛」。班固《兩都賦》云：「旁流百廛」。李善注曰：「廛，市場邸舍也。」新繁縣出土市井畫像磚，在列肆後面靠市牆的房屋建築，隱約可見屋內有堆積之物，似乎就是廛。〔註 144〕富商大賈將這些貨物存放，積貯倍息，以便待時出售。

圖 3-3-1　東漢畫像磚所見「市」的結構圖

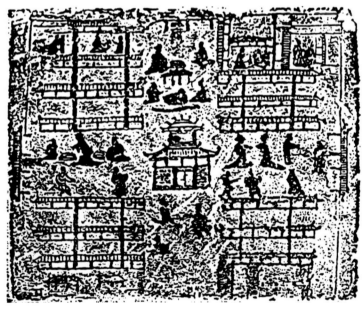

（《四川漢代畫像石》，上海人民美術出版社，1987 年版）

〔註 144〕黃今言：《秦漢商品經濟研究》，人民出版社，2005 年版，第 171 頁。

二、市場的治安設施

20 世紀 80 年代中期，漢長安城東市和西市的遺址被發掘。考古工作者發現，秦漢政府對京師市場的建設頗為重視，治安設施也逐漸走向健全。例如，京師市場四周築圍牆，以總出入，並設有市門，以便檢驗，更有高樓「旗亭」，便於監視。

（一）築市牆以總出入

秦漢時期的市場一般都有圍等基礎設施。官府為便於對商業活動的控制和管理，將「市」與「里」區分開來，在市的四周建有圍牆，稱為「圜」。〔晉〕崔豹《古今注・都邑》記載：「圜，市之垣也。」圜所圈圍的市區，一般是呈正方形的建築格式，這可從四川出土的漢代《市井》畫像磚中得到反映。另據考古工作者對長安的東市和西市的最新勘探結果，兩市的四周都築有圍牆，市牆較直，市的平面也呈近似方形〔註145〕；市內各有二條東西和南北方

圖 3-3-2

（這是四川廣漢縣周村出土的市集畫像磚。畫像磚的左邊有一門，門上題「東市門」。畫像磚右端是二層的市樓，樓內題「市樓」二字。樓頂上裝飾一隻鳳，二樓上懸掛一個鼓，早、晚擊鼓以通告開閉市門。樓下端坐二人，可能是管理市場的官吏。市門與市樓之間為交易場所，有列肆坐售的，也有擺攤販賣的。這塊畫像磚，生動地反映出漢代市場交易的繁忙興旺情景，是漢代繁盛商業活動的寫照。）

〔註145〕陝西省測繪局：《漢長安城遺址測繪研究獲得的新信息》，考古與文物，2000年第 5 期。

向的道路，形成「井」字形。這些市內道路均通至市外，在與市牆相交處開
辟爲市門；每面市牆各闢二門，故而每個市場應該各有八座市門。

（二）設市門以便檢驗

因市場垣牆圍繞，爲供人們出入，便設市門，叫做「闤」。《古今注》記
載：「闤，市之門也。」市門見於文獻的有：《史記‧日者列傳》：「宋忠、賈
誼忽而自失，芒乎無色，悵然噤口不能言。……出市門僅能自上車。」《漢書‧
五行志》：「五年十月，楚王都彭城，大風從東南來，毀市門。」《後漢書‧獻
帝紀》：「冬十月，長安市門自壞。」市門見於考古資料者：四川新繁縣出土
的市井畫像磚，市的四周築有市牆，其畫面上分別有隸書「東市門」和「北
市門」字樣。廣漢縣出土的市井畫像磚左邊亦有市門，其上有「東市門」三
字。彭縣出土市井畫像磚則排列有「北市門」、「南市門」字樣。以上文獻記
載和畫像石皆證明市場有門。市門每天要按照規定時間啓閉。《太平御覽》卷
三九引《風俗通》記載：「市買者當清旦而行，日中交易所有，夕時便罷。」
開市即開市門，罷市即關市門。看守市門者，稱「門卒」，西漢末年的梅福棄
官之後，就曾爲「吳市門卒」〔註146〕。

（三）建市樓以監市內

爲了監督市內治安狀況，市場內專門建有「市樓」的建築，又稱「旗亭」。
《三輔黃圖》卷二記載：「市樓皆重屋」、「市樓有令署，以察商賈貨財買賣貿
易之事。」張衡《西京賦》：「郭開九市，通圜帶闤，旗亭五重，俯察百隧。」
說明市樓應是多層建築。市場官吏站在其上，便能俯察商賈的買賣活動。在
漢代畫像石中，在新繁縣出土的畫像磚上，市區中央聳立有多層的市樓一座。
其上刻有隸書題記「市儓（樓）」二字。西漢市樓之上懸有旌旗，指揮市門開
啓。鄭玄注《周禮‧地官‧司徒下》記載：「上旌者，以爲眾望也，見旌則知
當市也。」《史記‧三代世表》集解引薛綜曰：「旗亭，市樓也。立旗於上，
故取名焉。」東漢京師市場中的市樓上取消旌旗，代之以懸鼓，以擊鼓當市
代替旌旗當市。同樣，擊鼓也是關閉市門的信號。《洛陽伽藍記》卷二「龍華
寺」條云：「上有二層樓，懸鼓擊之以罷市。」四川廣漢縣出土的東漢市集畫
像磚上，在一座兩層市樓的樓頂立一朱雀，在第二層樓中懸一大鼓。如果市
場內發生治安事件，當市鼓敲響的時候，市場的大門隨即關閉。

〔註146〕《漢書》卷六七《梅福傳》，第 2927 頁。

三、市政官吏設置與職權

　　隨著經濟的發展，秦漢京師市場開始繁榮起來。維護市場治安也就成爲京師治安的重要內容之一。秦漢政府在市場中設有專門的市署，即管理機構和吏員。管理市場的最高官吏稱爲「市長」、「市令」；協助市長、市令處理市場日常事務的官員爲「市丞」；「市掾」、「市嗇夫」則是處理市場內各項具體任務的官吏。

（一）市長、市令——主持京師市場全面事務的政府職官

　　市長是總管市場內行政和貿易活動的職官。西漢初年，長安僅設一人管理市政，即「市長」。司馬遷的先祖就曾爲漢市長一職，《漢印文字徵》卷五所載「長安市長」印文的出土也證明了此官的存在。景帝以後，京師地被分爲三輔，長安市長一職也被分割。《漢書·百官公卿表》云：京兆尹的屬官有「長安市廚兩令丞」、左馮翊的屬官有「左都水、鐵官、雲壘、長安四市四長丞」，這表明京兆尹地區的市場是由長安市令掌管，而左馮翊地區市場則由長安四市長管理。武帝元鼎四年（前 113 年），西漢政府設立三輔都尉，京師的市長、市令由京兆尹、左馮翊、右扶風的屬官改爲三輔都尉的屬官。京師市場之所以歸「典兵禁，備盜賊」的三輔都尉掌管，大概是因爲市場乃財物彙集之地，人員眾多，治安問題嚴峻，用掌管治安的三輔都尉管理當然最爲有效的。王莽改制，「遂於長安及五都立五均官，更名長安東西市令及洛陽、邯鄲、臨菑、宛、成都市長皆爲五均司市稱師。東市稱京，西市稱畿，洛陽稱中，餘四都各用東西南北爲稱，皆置交易丞五人，錢府丞一人」〔註 147〕。時至東漢，洛陽亦設「市長一人，秩四百石」〔註 148〕。《後漢書·李雲傳》有「太常楊秉、洛陽市長沐茂、郎中上官資並上疏請雲。帝恚甚，有司奏以爲大不敬」之類文字記載。東漢洛陽市長直接隸屬於河南尹，正如《後漢書·百官志》所載：「雒陽市長、滎陽敖倉官，中興皆屬河南尹。」

（二）市丞、市佐——協助市長處理市場日常事務的官員

　　輔佐市長、市令管理市場的官員稱爲「市丞」、「市佐」。「市丞」見於文獻記載的有：《漢書·百官公卿表》記載京兆尹屬官有「市廚兩令丞」。《後漢書·百官志》引《漢官》：「市長一人，秩四百石。丞一人，二百石，明法補。員吏

〔註 147〕　《漢書》卷二四《食貨志》，第 1180 頁。
〔註 148〕　《後漢書》卷一一六《百官志》，第 3589 頁。

三十六人，十三人百石嗇夫。」《後漢書・張酺傳》：「竇景家人復擊傷市卒，吏捕得之，景怒，遣緹騎侯海等五百人歐傷市丞。」《後漢書・耿弇傳》：「及恭至洛陽，鮑昱奏恭節過蘇武，宜蒙爵賞。於是拜為騎都尉，以恭司馬石修為洛陽市丞，張封為雍營司馬，軍吏范羌為共丞，餘九人皆補羽林。」以上均為市丞的相關文獻記載。「市佐」見於文獻和出土資料的有：《宣和集古印史》中收有「洛陽市佐」之印。《通典・職官十八・秩品一》「後漢官秩差次」條記載東漢有「雒陽市佐」一職。總上所舉，市丞、市佐的職責主要是協助市長、市令管理市中的日常事務。

（三）市掾、市嗇夫——處理市場內各項具體事務的官吏

除設市長、令、丞、佐以外，市場還有市掾、市嗇夫等市吏。關於市掾文獻記載有，《後漢書・費長房傳》：「費長房者，汝南人也，曾為市掾。」《後漢書・第五倫傳》注引《華嶠書》記載漢光武帝與第五倫談話，講到他領長安那段經歷時，有「聞卿為市掾」〔註149〕之語。東漢時的碑刻中也有「市掾」的記載，如《薌他君石祠堂題記》：「惟主吏……修身仕宦，縣諸曹、市掾、主簿、廷掾、功曹、召府。」〔註150〕《文叔陽畫像題字》：「叔陽故曹吏。行亭、市掾、鄉嗇夫、廷掾、功曹、府文學掾。」〔註151〕此外，《成陽靈臺碑陰》有：「縣令管君即請署門下議生，都市掾。」〔註152〕《洛陽令曹全碑陰》還有「故市掾」〔註153〕八人題名，均可證明市掾的存在。奸商易在量器和衡器上做手腳，而市掾的職責就是「平銓衡，正斗斛」，即裁判買賣雙方的爭議，保障市內交易活動的正常進行。關於「市嗇夫」一職，《後漢書・百官志》引《漢官》記載東漢時洛陽市長員吏有「十三人百石嗇夫」。又，《漢書・何武傳》載：「武弟顯家有市籍，租常不入，縣數負其課。市嗇夫求商捕辱顯家。」可見市嗇夫的職責主要是負責徵收市租。銀雀山漢墓竹簡《守法守令等十三篇》887 簡：「……□也。市嗇夫使不能獨利市，邑嗇夫……。」即市嗇夫不能壟斷市的收益。歷代王朝統治者無不重視對市場內商賈活動與商品交換的管理，上述市政官吏的設置只是其中的一方面。另一方面，政府又制定了一套

〔註149〕 《後漢書》卷四一《第五倫傳》，第 1396 頁。
〔註150〕 羅福頤：《薌他君石祠堂題記解釋》，《故宮博物院院刊》，1960 年第 2 期。
〔註151〕 《八瓊室金石補證》卷四。
〔註152〕 《隸釋》卷一。
〔註153〕 《金石萃編》卷十八。

嚴密的市場治安管理制度。

四、市場治安管理制度

市場狀況被視爲瞭解一個國家經濟政治情況的一
面鏡子，正如《管子》所載：「市者，可以知治亂。」
先秦時期在市場管理方面已有一些法律規定，如《周
禮・地官》記載市場設有「司市」，負責日常事務。市
內商品，以類相屬，分別陳列，違禁物品「不鬻於市」；
市場價格由官府規定，不得隨意變更；買賣雙方要有
憑證等等。隨著中央集權體制的確立，秦漢市場管理
在繼承前制的基礎上又有了進一步發展。筆者試從以
下幾個方面進行分析：

圖 3-3-3
薌他君石祠堂題記

（一）嚴格控制市場的啟閉時間

秦漢政府對京師商品交易規定了固定的地點，指
定在幾個京城閭里之中。市署爲保證市場交易的正常
進行，規定市門每天要定時啟閉。《後漢書・孔奮傳》
記載：「建武五年，河西大將軍竇融請奮署議曹掾，守
姑臧長。八年，賜爵關內侯。時天下擾亂，唯河西獨
安，而姑臧稱爲富邑，通貨羌胡，市日四合。」章懷
注曰：「古者爲市一日三合。」隨著一天之內貿易高潮的不同，有的規定「一
日三會」，有的「市日四合」，夜晚則閉市。但不管市每日三合還是每日四
合，至少可以肯定的是，京師市場每日都要開放的。又，張家山漢簡《奏
讞書》：「其一人公士孔，起室之市，落莫（暮）行正旗下，有頃即歸，明有
（又）然，衣故有帶，黑帶，帶有佩（佩）處而無佩（佩）也，瞻視應對寂
（最）奇，不與它人等。」簡文又載：「貧急毋作業，恒遊旗下，數見賈人
券，言雅欲剿（剿）盜，詳（佯）爲券，操，視可盜，盜置券其旁，令吏
求賈市者，毋言。」〔註154〕公士孔每天到市內閑逛，伺機作案，證明市場是
每天開市的。關於市在一天中具體的開放時間，文獻中沒有明確記載。《史
記・孟嘗君列傳》記載：「明旦側肩爭門而入，日暮之後過市朝者掉臂而不

〔註154〕張家山二四七號漢墓竹簡整理小組：《江陵張家山漢簡》，文物出版社，2001
　　　　年版，第 229 頁。

顧。非好朝而惡暮，所期物忘其中。」《索隱》曰：「期物，謂入市心中所期之物利。人平明側肩爭門而入，至日暮所期忘其中。忘者，無也。其中，市朝之中。言日暮物盡，故掉臂不顧也」。這說明市場應是早晨開放，人們紛紛到市內交易，日暮之後停止交易，市門關閉。不同於以往史學界所認為的「日中而市」。秦漢時期的這種對商賈經營時間進行限制的管理方法，有維護秩序，防止混亂之意。這一措施直到唐代還在繼續實行，《唐會要・關市令》記載：「其市當以午時擊鼓二百下。而眾大會。日入前七刻。擊鉦三百下。散。」

（二）維持正常的市場交易秩序

市場為貨物存積、人員混雜之處，發生最多的治安事件是盜竊、鬥毆事件。秦漢市吏對市場的治安管理也主要表現在維護市場的正常交易秩序，嚴防市內盜竊、鬥毆等刑事事件的發生。西漢宣帝時霍光秉政，「是時大將軍霍光秉政，諸霍在平陽，奴客持刀兵入市鬥變，吏不能禁，及翁歸為市吏，莫敢犯者」〔註155〕。又，據《太平御覽》卷八二七「市」條記載：「永平中，王尊為京兆尹，拊循貧弱，不私豪強。長安宿豪大猾東市賈萬城、西萬章、箭張禁、酒趙放，尊以正法按誅，皆伏其辜。」官府、市吏維護市場秩序，嚴厲打擊盜賊及擾亂市場治安者，對貿易的正常進行起了一定保證作用。

（三）禁止市場內非法經營活動

秦漢政府規定從事貿易的商賈要獲得經營權，應當先到官府去登記，獲得市籍。〔註156〕可以說，市籍是商賈經商的許可證。從法律層面上講，有市籍者可在市場內經商，無市籍者不得進行經營活動，否則屬於違法行為。從外邦來的商人，同樣應持有證明文件，才能允許從事貿易經營活動。睡虎地秦簡《法律答問》：「客未布吏而與賈，貲一甲。可（何）謂『布吏』？詣符傳於吏是謂布吏。」〔註157〕意思是說，從外邦來的商人，如果不先向管理市

〔註155〕《漢書》卷七六《尹翁歸傳》，第3206頁。

〔註156〕對於擁有「市籍」者，指的是哪些人，目前史學界有不同意見。第一種觀點認為：「市籍」是指在市場內擁有店鋪的商人的名籍，此觀點為學術界大多數學者所贊同。另外一種觀點認為：「市籍」是指居住在市內的居民。

〔註157〕睡虎地秦墓竹簡整理小組：《睡虎地秦墓竹簡》，文物出版社，1978年版，第231頁。

場的官吏出示證明文件而擅自貿易者，要罰出一甲。由此可見，秦市場內，不僅有本國商人，而且還有外邦商賈。但無論是本國，還是外邦商人，均需持有從商許可證方可貿易。

　　在貿易買賣過程中，所有商品都必須標明價格。睡虎地秦墓竹簡《秦律十八種・金布律》規定：「有買及買（賣）殹（也），各嬰其賈（價），小物不能各一錢者，勿嬰。……賈市居列者及官府之吏，毋敢擇行錢，布；擇行錢、布者，列伍長弗告，吏循之不謹，皆有罪。」〔註158〕有所買賣，應標明價格，小件物品每件價值不到一錢的不必標明價格。此外，市場內的商賈和管理府庫的官吏都不准對錢和貨幣有所選擇。值得注意的是，秦漢政府實行的是鹽、酒、鐵官營政策，凡是非法經營者，發現後必將嚴懲。如趙廣漢在任京兆尹時，奉命搜索私酒之源。於是率領市吏來到博陸侯霍禹之府，「直突入其門，廋索私屠酤，椎破盧罌，斧斬其門關而去」，後來趙廣漢的賓客「私酤酒長安市」，丞相手下官吏將其從市內「逐去」〔註159〕。

　　市場買賣之間，難免會產生摩擦，處理不當就會激起矛盾，影響市場內的治安秩序。政府規定商賈在市場上出賣的超過一定價值的商品，要立契約。這樣如果買賣雙方有爭執，市吏就會根據「券」來處理這類治安事件。同時，另一方面又可以維護市場交換秩序，限制不法商人販賣僞劣商品。漢律規定：「市買爲券，書以別之，各得其一，訟責案券以正之。」〔註160〕「券」大概相當於現在的購物發票，買賣雙方各執一份。若發生糾紛，則以此爲憑證。1973年在湖北江陵鳳凰山漢墓出土的竹簡中記有：「九月四日付翁伯……三合，合五十四，直百六十四」，當爲券書。

（四）嚴格禁止刑徒等罪犯入市

　　爲了維持京師市場治安，秦漢政府規定禁止刑徒等罪犯入市。睡虎地秦簡《秦律十八種・司空》規定：「舂城旦出繇者，毋敢之市及留舍闠外，當行市中者，回，勿行。」意即刑徒外出服役時，不准前往市場，也不許在市門外停留，如果必須經過市場，也要折回或繞行，決不允許從市場通過。之所以這樣規定，也許是爲了防止刑徒趁市內人多雜亂之際逃亡。

〔註158〕睡虎地秦墓竹簡整理小組：《睡虎地秦墓竹簡》，文物出版社，1978年版，第57頁。
〔註159〕《漢書》卷七六《趙廣漢傳》，第3204頁。
〔註160〕程樹德：《九朝律考》卷一《漢律考》，中華書局，2003年版，第122頁。

五、市場管理的實施效果

上文所述是秦漢政府對於京師市場管理的規定，那麼秦漢時期的市場秩序和運行機制如何呢？筆者認為：秦漢市場官吏的設置和法律的頒佈維護了京師市場的穩定，打擊了盜賊和擾亂市場治安者，保證了市場交易的順利進行，但不宜估計過高。也應看到，秦漢王朝末期京師市吏往往也會成為剝削百姓的工具。

（一）市場秩序有時也較混亂

秦漢京師市場的正常秩序常常受到各方面勢力的干擾，尤其是來自政治特權階層。《漢書‧尹翁歸傳》記載：「大將軍霍光秉政，諸霍在平陽，奴客持刀兵入市鬥變，吏不能禁。」《漢書‧張敞傳》亦云：「（宣帝時）京師寢廢，長安市偷盜尤多，百姓苦之。」在當時市場上，除經常出現鬥毆盜竊事件外，有關非法經商、行奸牟利，欺行霸市、買賣糾紛等情況。到王莽時期，這種情況就更為嚴重，平抑物價變成了「令市官收賤賣貴」〔註161〕，「中黃門王業領長安市買，賤取於民，民甚患之」〔註162〕。

（二）貴族、官僚常參與經商

這部分人利用手中的特權，辜榷為利。例如，景帝時，趙王彭祖「擅權，使使即縣為賈人榷會，入多於國經租稅」，韋昭注曰：「榷者，禁他家，獨王家得為之。」〔註163〕此外，還有不少貴戚近臣子弟賓客「多辜榷為奸利者」〔註164〕。所謂「辜榷」，就是利用權勢專斷買賣，如張安世，使用家僮七百人，進行手工業品的製造和買賣「治產業」、「殖其貨」，而發其大財，「富於大將軍（霍）光」〔註165〕。因為當時壟斷市場的官商大量存在，故貢禹曾經上書說：「欲令近臣自諸曹侍中以上，家亡得私販賣，與民爭利，犯者輒免官削爵，不得仕宦。」〔註166〕但官僚經商的勢頭並未得到遏制，而且一些商人也會與之相勾結，從中獲利。《漢書‧貨殖傳》記載羅裒，初坐賈京師，又往來於巴蜀，「數年間致千餘萬」，他將錢的一半賄賂曲陽侯王根等

〔註161〕 《漢書》卷九九《王莽傳》，第 4118 頁。
〔註162〕 《漢書》卷九九《王莽傳》，第 4177 頁。
〔註163〕 《史記》卷五九《五宗世家》，第 2098 頁。
〔註164〕 《漢書》卷八四《翟方進傳》，第 3416 頁。
〔註165〕 《漢書》卷五九《張安世傳》，第 2652 頁。
〔註166〕 《漢書》卷七二《貢禹傳》，第 3077 頁。

人，「依其權力，賒貸郡國，人莫敢負」，後又「擅鹽井之利，期年所得自倍」。〔註167〕西漢王莽改制，市署稱司市。史書記載：「令市官……賒貸予民，收息百月三。」〔註168〕說明當時市場機構已經腐敗不堪，不再可能實行市場管理政策。

（三）市場多被豪強富商壟斷

在漢初未實行鹽鐵專賣制度之前，鹽鐵經營多由豪商所控制。《鹽鐵論・復古篇》載：「往者，豪強大家，得管山海之利，採鐵石鼓鑄，煮海為鹽。一家聚眾，或至千餘人……。」同書《禁耕篇》：「夫權利之處，必在深山窮澤之中，非豪民不能通其利。」當時的蜀卓氏、程鄭，宛的孔氏，魯之曹邴氏等，皆專營鹽鐵，控製鹽鐵產銷而致富。大批富商大賈或「塇財役貧，轉轂百數，廢居邑」〔註169〕，或「商賈大者積貯倍息，小者坐列販賣，操其奇贏，日遊都市，乘上之急，所賣必倍。故其男不耕耘，女不蠶織，衣必文采，食必粱肉」〔註170〕。這些人在漢武帝時雖然遭受打擊，但昭宣之後，隨著工商政策的鬆動，元氣逐漸恢復，又出現了一批新的富商大賈，如「前富者既衰，自元、成訖王猗，京師富人杜陵樊嘉，茂陵摯網，平陵如氏、苴氏，長安丹王君房，豉樊少翁、王孫大卿，為天下高訾。樊嘉五千萬，其餘皆鉅萬矣。王孫卿以財養士，與雄桀交。」〔註171〕他們通過與官吏勾結，依仗權勢，或「擅鹽井之利」〔註172〕，或「糴賤販貴」〔註173〕，進而壟斷市場。

（四）無市籍者亦在市場經商

以往學者認為政府對市場的控制是非常嚴格的，似乎在市場內從事經商活動的皆要有市籍。但仔細考察，即使沒有市籍，有時也可以很方便的到市內賣東西。《後漢書・方術列傳》引《謝承書》曰：「穆嘗養豬，豬有病，使人賣之於市。語之言『如售，當告買者言病，賤取其直；不可言無病，欺人

〔註167〕《漢書》卷九一《貨殖傳》，第 3690 頁。
〔註168〕《漢書》卷九九《王莽傳》，第 4118 頁。
〔註169〕《漢書》卷二四《食貨志》，第 1162 頁。
〔註170〕《漢書》卷二四《食貨志》，第 1132 頁。
〔註171〕《漢書》卷二四《食貨志》，第 3694 頁。
〔註172〕《漢書》卷二四《食貨志》，第 3690 頁。
〔註173〕《漢書》卷六六《楊惲傳》，第 2896 頁。

取貴價』也。賣豬者到市即售，亦不言病，其直過價。穆怪之，問其故。齎牛直追以還買豬人。」這是直接到市場內售貨的例證。此外，張家山漢簡《奏讞書》案例：「四月丙辰，黥城旦講乞（乞）鞫，曰：故樂人，不與士五（伍）毛謀盜牛，雍以講爲與毛謀，論黥講爲城旦。覆視其故獄：元年十二月癸亥，亭慶以書言雍廷，曰：毛買（賣）牛一，質，疑盜，謁論。毛曰：盜士五（伍）犯牛，毋它人與謀。犯曰：不亡牛。毛改曰：酒巳嘉，平可五日，與樂人講盜士五（伍）和牛，牽之講室，講父士五（伍）處見。」居民毛在偷了一頭牛後，直接牽到雍縣市中想要賣掉。可見，政府對臨時性質的、規模較小的經商活動似乎沒有很嚴格的限制。

第四章　秦朝至東漢京師治安機構的演變

　　自秦朝至東漢四百餘年間，京師治安機構的設置經歷了一個由創建（秦朝）到完備（西漢中期）再到精簡（東漢初期）的演變過程，正如《後漢書・百官志》所云：

> 漢之初興，承繼大亂，兵不及戢，法度草創，略依秦制，後嗣因循。至景帝，感吳楚之難，始抑損諸侯王。及至武帝，多所改作，然而奢廣，民用匱乏。世祖中興，務從節約，並官省職，費減億計，所以補復殘缺，及身未改，而四海從風，中國安樂者也。

西漢初期的京師治安體制大致是在繼承秦制的基礎上而設置的，到漢武帝統治時期，對秦制做了一定修定與補充，至東漢初年，則呈現出另一番面貌。

第一節　「兵不及戢，法度草創」——秦朝至西漢前期京師治安機構的創建

　　秦朝統一之後，在繼承春秋戰國各國管理經驗的基礎上，創建京師治安制度，正如班固所說：「秦兼併天下，建皇帝之號，立百官之職。」〔註1〕從秦開始，中央就在京城與京畿兩個級別地區建立了一套比較完整的治安管理機構。但由於秦漢王朝是剛剛建立中央集權制政權，軍政不分，一職多能的現象比較突出。當時除了負責保護皇帝和處理京師暴亂或叛亂等惡性治安事

〔註 1〕《漢書》卷二四《食貨志》，第3690頁。

件的京師常備軍以外，京師行政、司法系統部分官員也是京師治安管理的重要參與者。

一、京城地區常備軍隊的草創

歷代王朝京師治安的重點應該是皇宮和皇帝本人的安全，秦朝與西漢亦不例外。秦至西漢前期，政府爲加強對皇帝本人以及整個京城的安全保衛，創建了京師軍事防衛系統。該系統包括：郎中令所領郎官、衛尉所率南軍以及中尉所掌北軍。這些京師常備軍隊是這一時期軍隊之精銳所在。

（一）郎中令所領郎官

秦漢時期對皇帝居住的皇宮實行嚴密的宮禁制度，尤其重視皇帝所居殿門的安全。當時負責皇帝宿衛殿門的就是郎中令，這在前文中已有所論及。《漢書・百官公卿表》記載：「郎中令，秦官，掌宮殿掖門戶，有丞。武帝太初元年更名光祿勳。屬官有大夫、郎、謁者，皆秦官。」《初學記・職官部・光祿卿》引《齊職儀》曰：「初秦置郎中令，掌宮殿門戶。及主諸郎之在殿中侍衛。故曰郎中令。」《漢官答問》卷二「郎中令」條又載：「光祿勳初名郎中令，太初元年更名光祿勳，秩兩千石，掌宮殿掖門戶，典三署郎，更直執戟宿衛門戶，考其德行而進退之。……與九卿最爲親近，稱爲宿衛近臣，昭宣以來多以將軍兼之，父爲光祿勳子爲中郎將，亦不避之。」〔註2〕據此可知，在秦朝和西漢太初元年以前，郎中令的職掌是執戟立於殿階兩旁，擔負皇宮殿門警衛的重任。

郎中令在秦漢時期是中央政府一個重要的職官，其地位最爲密切，所以又叫「內卿」。惠士奇《禮說・內宰》條記載：「周之內宰，猶漢之內卿。內卿，光祿也。漢初，爲郎中令，後轉爲光祿勳，其府在宮中，故曰內卿。」時至武帝太初元年，郎中令更名爲光祿勳，職掌未變。《漢書・張湯傳》：「安世子延壽重厚，可以爲光祿勳，領宿衛臣。」《漢書・周仁傳》：「景帝初立，拜仁爲郎中令。仁爲人陰重不泄。常衣弊補衣溺褲，故爲不潔清，以是得幸，入臥內。」這些史料有力的印證了光祿勳宿衛殿門的職責。對於郎中令的人

〔註2〕將軍最初是爲征伐叛亂和進行外征而臨時設置的官職，因此戰事一但結束，將軍之職就被罷免。漢武帝以前大體都是這個原則。而在昭宣以後，情況發生了變化。此時將軍之職似爲常設機構。例如，右將軍光祿勳馮奉世，右將軍光祿勳辛慶忌，右將軍光祿勳王章，左將軍光祿勳甄豐，右將軍光祿勳甄邯，以將軍兼領光祿勳的例子。

選，皇帝往往會任命自己最信任的人來擔當此職。

西漢光祿勳任職表		東漢光祿勳任職表					
徐自爲	《漢書》卷6	杜林	《後漢書》卷1	樊準	《後漢書》卷32	郭憲	《後漢書》卷27
韓說	《漢書》卷33	任隗	《後漢書》卷21	宣酆	《後漢書》卷7	席廣	《後漢書》卷32
張安世	《漢書》卷59	鄧鴻	《後漢書》卷4	劉寬	《後漢書》卷8	馮石	《後漢書》卷33
許商	《漢書》卷60	呂蓋	《後漢書》卷4	袁滂	《後漢書》卷8	周章	《後漢書》卷33
楊惲	《漢書》卷66	魯恭	《後漢書》卷25	楊賜	《後漢書》卷8	梁不疑	《後漢書》卷34
范明友	《漢書》卷68	張酺	《後漢書》卷45	丁宮	《後漢書》卷8	袁盱	《後漢書》卷34
辛慶忌	《漢書》卷69	梁鮪	《後漢書》卷4	劉弘	《後漢書》卷8	桓典	《後漢書》卷37
于永	《漢書》卷71	李脩	《後漢書》卷5	荀爽	《後漢書》卷9	袁彭	《後漢書》卷45
平當	《漢書》卷71	袁敞	《後漢書》卷45	趙謙	《後漢書》卷9	伏黯	《後漢書》卷79
彭宣	《漢書》卷71	劉熹	《後漢書》卷5	鄧泉	《後漢書》卷9	楊彪	《後漢書》卷54
匡衡	《漢書》卷72	馮石	《後漢書》卷5	郗慮	《後漢書》卷9	周舉	《後漢書》卷61
蕭望之	《漢書》卷78	許敬	《後漢書》卷6	祋諷	《後漢書》卷15	陳蕃	《後漢書》卷61
馮奉世	《漢書》卷79	王卓	《後漢書》卷6	岑杞	《後漢書》卷17	杜喬	《後漢書》卷62
孔光	《漢書》卷81	郭虔	《後漢書》卷6	賈建	《後漢書》卷17	荀爽	《後漢書》卷62
馬宮	《漢書》卷81	劉壽	《後漢書》卷6	桓虞	《後漢書》卷19	劉宣	《後漢書》卷63
王安	《漢書》卷82	吳雄	《後漢書》卷7	耿秉	《後漢書》卷19	桓典	《後漢書》卷64
王邑	《漢書》卷84	房植	《後漢書》卷7	竇固	《後漢書》卷23	蕭越	《後漢書》卷74

師丹	《漢書》卷86	尹頌	《後漢書》卷7	馬防	《後漢書》卷23	劉昆	《後漢書》卷79
周堪	《漢書》卷88	周景	《後漢書》卷7	竇瑰	《後漢書》卷23	召馴	《後漢書》卷79
		周暢	《後漢書》卷81	劉寬	《後漢書》卷25	孫堪	《後漢書》卷79
				王湛	《後漢書》卷27	劉賜	《後漢書》卷11

考西漢任光祿勳者，主要特徵有：第一，光祿勳的任者多為皇帝親信大臣，皇帝與光祿勳的關係比較密切；第二，任光祿勳者多冠以將軍、侍中、諸吏等中朝加官的稱號；第三，光祿勳初遷官多為將軍、御史大夫，有不少成為朝官的領袖，如張安世、蕭望之、師丹等；第四，任光祿勳者所遷的最高官職多為三公，其次為諸將軍。東漢一代光祿勳任者中，光祿勳從中央官員中遷任的計有二十餘人，約占全部的三分之一。

秦朝至西漢初年，郎中令（光祿勳）屬下的主要警備力量是郎官。郎官出現於春秋時期，至戰國時列國所設郎官，已初步具備了宿衛、近侍、參政等職責。《史記·儒林列傳》注引衛宏《詔定古文尚書序》云：「秦既焚書，恐天下不從所改更法，而諸生到者拜為郎，前後七百人，乃密種瓜於驪山陵谷中溫處，瓜實成，詔博士諸生說之。」隨著秦朝的建立，統治範圍的擴大以及專制主義中央集權的加強，作為皇帝侍衛近臣郎官的人數迅速增加。人數的迅速增多，使得郎中令內部的分工成為了必然。秦朝至西漢初年，郎中令所屬郎官有三種，《史記·秦始皇本紀》記載：「（秦二世）乃行誅大臣及諸公子，以罪過連逮少近官三郎，無得立者。」索隱云：「三郎謂中郎、外郎、散郎。」《漢書·惠帝紀》又載：「中郎、郎中滿六歲爵三級，四歲二級。外郎滿六歲二級。中郎不滿一歲一級。外郎不滿二歲賜錢萬。」上引史料說明秦和西漢初年存在三郎體制，即中郎、郎中和外郎。

圖 4-1-1
漢代郎中鄭固碑

　　考中郎之職掌，《初學記·職官部》記載：「以其爲郎居中，故曰郎中。」
《漢書·惠帝紀》：「中郎、郎中滿六歲爵三級，四歲二級。」顏師古注引：
「蘇林曰：『中郎，省中郎也。』」可見，中郎不僅要負責宮殿之內的安全，
而且能夠出入禁中。可以說，中郎是三郎中最爲接近皇帝者，秩位亦高。正
如汲黯對漢武帝所說：「臣願爲中郎，出入禁闥，補過拾遺，臣之願也。」
〔註3〕

　　考郎中之職掌，《史記·淮陰侯列傳》記載韓信曾說：「臣事項羽，官不
過郎中，位不過執戟。」又，《史記·叔孫通列傳》云：「漢七年，長樂宮
成，諸侯群臣朝十月。儀：先平明，謁者治禮，引以次入殿門。廷中陳車騎
戌卒衛官，設兵，張旗志。傳曰『趨』。殿下郎中俠陛，陛數百人。」據此可
知，郎中的主要職責是執戟殿下，保護皇帝的安全，但不能出入禁中。也就
是說，相比較中郎而言，郎中宿衛的範圍要遠離皇帝些。

　　關於外郎職掌，除前引《漢書·惠帝紀》有所記載之外，其他諸史書均
無記載。其職掌如何，眾說紛紜。嚴耕望先生指出「外郎者，蓋即以居廊
外爲稱」〔註4〕。王克奇先生也認爲外郎者，應爲郎中給事宮外者，故曰外
郎。〔註5〕

（二）衛尉所率南軍

　　西漢著名的文賦家揚雄，專爲負責守衛皇宮的衛尉題寫了一首箴言，當
時揚雄亦是漢代京師治安官員之一。箴言如下：

> 茫茫上天，崇高其居；設置山險，盡爲防禦。重垠累垓，以難
> 不律；闢爲城衛，以待暴卒。國以有固，人以有內；各保其守，永
> 攸不敗。維昔庶僚，官得其人；荷戈而歌，中外以堅。齊桓怵惕，
> 宿衛不救；門非其人，戶廢其職。曹子剽劍，遂成其詐；軻挾匕首，
> 而衛人不寤。二世妄宿，敗於望夷。閻樂矯詔，戟者不推；尉臣司
> 衛，敢告執維。〔註6〕

〔註3〕　《史記》一二〇《汲黯列傳》，第3310頁。
〔註4〕　嚴耕望：《秦漢郎吏制度考》，《嚴耕望史學論文選集》，聯經出版事業公司，
　　　　1991年版，第332頁。
〔註5〕　王克奇：《論秦漢郎官制度》，《秦漢官制史稿（上冊）》，齊魯書社，1984年版，
　　　　第360頁。
〔註6〕　徐堅等著：《初學記·職官部下·衛尉卿》，中華書局，2004年第2版，第308
　　　　頁。

秦漢時期，九卿之一的衛尉統領南軍，負責宮門以及宮門內至殿門外的治安警衛工作。《漢書‧百官公卿表》記載：「衛尉，秦官，掌宮門衛屯兵，有丞。……景帝初更名中大夫令，後元年復爲衛尉。屬官有公車司馬、衛士、旅賁三令丞。衛士三丞。又，諸屯衛候、司馬二十二官皆屬焉。長樂、建章、甘泉衛尉皆掌其宮，職略同，不常置。」顏師古曰：「《漢舊儀》云：『衛尉寺在宮內。』胡廣云：『主宮闕之門內衛士，於周垣下爲區廬。區廬者，若今之仗宿屋矣。』」然《太平御覽‧職官部二八‧衛尉卿》引《漢書舊儀》記載：「衛尉寺在京內，胡廣云：『宮闕之內，衛士於周垣下爲廬者，若今之伏宿屋矣。』」筆者認爲此處「京」字疑爲誤寫，應爲「宮」字。孫逢吉《職官分紀》卷十九《衛尉》引《漢舊儀》亦爲：「衛尉寺在宮中。」錢文子《補漢兵志》亦稱：「衛士屬衛尉，其寺在宮中。」

圖4-1-2　漢故衛尉卿衡府君之碑

關於衛尉的職掌，《初學記‧職官部下‧衛尉卿》引《漢官解詁》記載：「衛尉掌宮闕周廬殿。屯陳夾道，當兵交戟。」胡廣注曰：「宮闕之內周廬殿，各陳屯交兵士，以示威武，交戟以避妄出入者。」《西京賦》：「徼道外周，千廬內附。衛尉八屯，警夜巡晝。」注曰：「衛尉帥吏士周宮外，於四方四角，立八屯士。士則傳宮外向爲廬舍，晝則巡行非常，夜則警備不虞也。」這些記載清楚表明衛尉典掌衛兵，晨昏巡警，職責重大。《漢書‧霍光傳》又載：「宣帝自在民間聞知霍氏尊盛日久，內不能善。光薨，上始躬親朝政。……乃徙光女婿度遼將軍、未央衛尉、平陵侯范明友爲光祿勳，次婿諸吏中郎將、羽林監任勝出爲安定太守。……頃之，復徙光長女婿長樂衛尉鄧廣漢爲少府。更以禹爲大司馬，冠小冠，亡印綬，罷其右將軍屯兵官屬，特使禹官名與光俱大司馬者。又收范明友度遼將軍印綬，但爲光祿勳。……諸領胡越騎、羽林及兩宮衛將屯兵，悉易以所親信許、史子弟代之。」從這段文字記載中我們可以看出，皇帝爲從霍氏手中奪回屬於自己的權利，就要首先將未央衛尉范明友徙爲光祿勳，長樂衛尉徙爲少府。除此之外，還要將兩宮衛將屯兵（南軍），悉用自己的親信掌控，這些都足以說明衛尉一職的重要性。

　　根據文獻記載，西漢初年衛尉的屬吏包括公車司馬令、丞，衛士令、丞，屯衛候、司馬二十二官等。關於公車司馬令、丞，《漢舊儀》記載：「公車司馬令，周官也。秩六百石，冠一梁，掌殿司馬門，夜徼宮中，天下上事及闕下。凡所徵召，皆總領之。」〔註7〕司馬門是皇宮大門，是出入皇宮的必經之路，公車司馬令就掌管司馬門的守衛。除此之外，公車司馬還負責全國的奏章。出土的敦煌懸泉漢簡記載：

　　簡146：出綠緯書一封、西域都護上、詣行在所公車司馬以聞、綠
　　　　　緯孤與緹檢皆完、緯長丈一尺。元始五年三月丁卯日入時、
　　　　　遮要馬醫王竟、奴鐵柱付縣（懸）泉佐馬賞。（II 0114②：
　　　　　206）

　　簡245：入東綠緯書一封、敦煌長上詣公車。元始五年二月甲子旦、
　　　　　平旦受遮要奴鐵柱、即時使御羌行。（II 0114②：165）

簡146與簡245記錄了兩件「綠緯書」，其中一件「上詣公車」，另一件「上詣行在所公車司馬以聞」。「公車」是「公車司馬」的省稱。這兩件綠緯書都是發自西北邊地的公文，前者發自平望候，後者發自敦煌長和西域都護；它們都寄往公車司馬，即遞送朝廷。

　　公車司馬令手下有各宮門的屯衛兵，謂之材士，白天警衛，夜間在宮中各處巡視。此外，公車司馬令的屬官還包括公車大誰卒或者大誰長。《漢書‧五行志》：「業等收縛考問，褒故公車大誰卒」。顏師古注曰：「大誰者，主問非常之人，云姓名是誰也。而應氏乃以讙譁為義，云大讙呵，不當厥理。後之學者輒改此書誰字為讙，違本文矣。大誰本以誰何稱，因用名官，有大誰長。今此卒者，長所領士卒也。」大誰卒如果在巡邏過程中遇到行者，則連問：「誰？誰？」意思就是問行者姓名。

　　與公車司馬令不同，衛士令、丞直接統率宮內駐屯的衛士。衛士平日的軍營就在宮牆下，輪流到各宮門值勤，並在宮內日夜巡邏。王先謙《漢書補注》云：「衛士令見〈藝文志〉，亦秦官，省文稱之曰衛令。〈李斯傳〉趙高將弒二世，詐詔衛士，而〈秦始皇本紀〉遣閻樂至殿門縛衛令。可參證也可……。」衛士令掌率衛士宿衛，《漢書‧元帝紀》顏師古注曰：「衛尉有八屯。」由於缺乏更多的史料記載，陳樹鏞《漢官問答》在此處注云「未詳」。勞幹先生認為：當時未央和長樂兩衛尉，每宮有八屯，二宮共計十六屯，尚餘六屯。按

〔註7〕　孫星衍輯、周天遊點校：《漢官六種》，中華書局，1990年版，第133頁。

照西漢時代所徙民的陵墓縣治，有長陵、安陵、陽陵、茂陵、平陵五陵，加上杜陵，共爲六縣。其數恰符。

屯衛候、司馬二十二官，這是《漢書·百官公卿表》一個總體的概括，實際上具體包括衛司馬、衛候等許多的具體屬官在內。王先謙《漢書補注》：「屯司馬，若後漢南宮、南屯司馬之比也。屯衛司馬一官，省文則稱屯司馬，或衛司馬，屯而爲衛，上文衛尉云掌宮門衛屯兵，即其證也。衛司馬見元紀、陳湯、段會宗、谷永、鄭吉、傅介子、蓋寬饒、西域傳，衛候見馮奉世、西域傳，候及司馬共二十二官也。」衛司馬、候司馬等官即衛尉之屬官。顏師古在《漢書·元帝紀》「衛司馬谷吉使匈奴」之下注曰：「即衛尉八屯之衛司馬。」〔宋〕徐天麟解釋長樂司馬時說：「長樂宮四面皆有公車司馬門，每門各二司馬，此即八屯司馬之一也。」因此我們可以推斷，《漢書·百官公卿表》所記載的「諸屯衛候、司馬二十二官」應當是指屯司馬、衛司馬、長樂司馬等各種名稱而言。

漢初京城常備部隊的主體是南軍和北軍，但由於當時沒有留下明確記載，所以後人對南北軍的名稱由來、南北軍的組成及其統領問題存在很多的爭議。《漢書·刑法傳》曾記載：「天下既定，踵秦而置材官於郡國，京師有南北軍之屯。至武帝平百粵，內增七校，外有樓船，皆歲時講肄，修武備云。」然而，《漢書》無兵志，有關西漢一代的軍事制度，僅此寥寥數語。錢文子《補漢兵志》，陳元粹爲其作注，是對西漢軍事制度具有重要價值的論述，專門立有「南北軍」條目來進行論述。《補漢兵志》記載：「其次則有南軍，有北軍。南軍則衛士是也。」注曰：「案〈外戚傳〉及本紀，考祿、產本末，則南軍當是衛尉，以其在北軍之南，故謂南軍。」〔註8〕此引文論述了南軍得名的由來以及南軍的統率問題等等。〔清〕俞正燮《癸巳類稿·漢南北軍義》則對西漢南北軍有另外一番記載：「漢初有南北軍，〈刑法志〉云：高祖天下既定，京師有南北軍之屯。與惟見此，〈百官表〉無之，他紀傳亦不說。今案高祖時之南北軍，以衛兩宮，漢五年，治長樂宮，八年，治未央宮，皆有衛。長樂在東爲北軍，未央在西南爲南軍。」可見，俞正燮認爲西漢南軍、北軍都是皇宮衛士，只是因爲宮殿的位置不同而別名之。因長樂宮在長安城東爲北軍，未央宮在西南爲南軍，並謂南北軍最初是守衛兩皇宮。然《三

〔註8〕 錢文子：《補漢兵志》，《二十五史補編》（第一冊），中華書局，1956年版，第417頁。

輔黃圖》記載：「長樂宮，本秦之興樂宮也。高皇帝始居櫟陽‧七年長樂宮成，徙居長安城。……高帝居此宮，後太后常居之，孝惠至平帝，皆居未央宮。」據此可知西漢時期，長樂宮是皇太后之宮，由於長樂宮在未央宮之東，太后常常在此宮攝政，所以長樂宮和未央也常常被稱爲東西二宮。《史記‧魏其武安侯列傳》所載「武安謂灌夫曰：程、李俱東西宮衛尉」，指的就是長樂衛尉程不識和未央衛尉李廣。〔註9〕同書還記載：漢武帝賜魏其食，曰：「東朝廷辯之。」集解如淳曰：「東朝，太后朝。」可見當時有東西宮，而沒有南北宮之稱，南北軍之名又從何而來！《癸巳類稿‧漢南北軍義》接上文繼續記載：「知北軍事長樂者，周勃入北軍，問爲呂右袒，爲劉左袒，北軍爲呂后，故兩問是也。知南軍是衛未央者，南軍相國呂產，不知北軍已失，乃入未央宮，周勃分北軍卒千人，與朱虛侯，令入宮衛帝，乃殺產，帝勞之，又殺呂更始，乃還，馳入北軍報周勃。」關於劉章殺（長樂衛尉）呂更始的過程俞正燮記載過於簡略，《漢書‧高后紀》卻詳細記載了這一事件的經過：「（劉）章已殺產，帝令謁者持節勞章。章欲奪節，謁者不肯，章乃從與載，因節信馳斬長樂衛尉呂更始。還入北軍，復報太尉勃。勃起拜賀章，曰：『所患獨產，今已誅，天下定矣。』」顏師古注曰：「因謁者所持之節，用爲信也，章與謁者同車，故爲門者所信。得入長樂宮。」從上述史料中，我們可以肯定的是周勃在誅呂過程中已經獲得北軍的軍權，劉章是受周勃的委託帶領千名北軍士卒去保護皇帝的安全。但劉章殺死呂產後，如果沒有謁者的節，劉章根本進不去長樂宮，殺長樂衛尉呂更始更無從說起。若按俞正燮關於北軍爲長樂宮衛的解釋，既然周勃已經控制了北軍的領導權，警備長樂宮的北軍軍權自然也歸周勃所控制，那麼劉章還有必要用謁者的節去殺統轄北軍的長樂衛尉嗎！再有，如果按俞正燮所說，劉章進入長樂宮，理應屬於北軍的範圍，但是史書又記載：「（劉章）還入北軍，復報太尉勃。」所以，俞正燮關於西漢南北軍的記載難以令人信服。又，程大昌《雍錄》是這樣記載南北軍的：

> 漢有南、北軍，尋、循其名而思之，知其扈衛屯營，決相南北
> 矣，而史家不嘗分別其地何在也。按漢制，有衛尉總掌宮中衛士。

〔註9〕 學者蘇誠鑒在《西漢南北軍的由來及其演變》一文中認爲：「李廣爲長樂衛
　　　 尉，程不識爲未央衛尉。」實非如此。《漢書‧李廣傳》記載：「武帝即位，
　　　 左右言廣名將也，由是入爲未央衛尉，而程不識時亦爲長樂衛尉。」

故〈百官表〉曰：「掌宮門衛屯兵也。」又曰：「長樂、甘泉、建章各有衛尉而不常置。」則知表之所敘衛尉也，其職掌官屬皆指未央衛尉也。……〈呂后紀〉：「周勃以節得入北軍，軍皆左袒爲劉氏。」則呂祿之軍見奪於勃者，是爲北軍也。紀又曰：「勃以入北軍，尚有南軍，乃使劉章監軍門，而別遣平陽侯吉（告）衛尉，毋納呂產殿門。」故劉章得以殺產於未央殿門之外也。夫惟未得南軍而使衛尉毋納呂產，則衛尉所掌是爲南軍矣。又使劉章往監軍門，而呂產不得遂入未央殿門，則劉章所監之門亦南軍之門也。

陳樹鏞《漢官答問》卷四亦載：

漢有南北軍，南軍者，衛尉掌之，所以衛宮。〈漢書·百官公卿表〉，「衛尉掌宮門衛屯兵」是也。……何以知衛尉掌南軍也？〈高后紀〉：「（周）勃遂將北軍，然尚有南軍。令平陽侯告衛尉毋內相國產殿門，產欲如宮作亂，殿門弗入，產不得南軍，遂爲朱盧侯所誅。」』故知衛尉所掌即南軍也。……衛尉所掌何以名南軍也？未央宮正門能在北，而其殿皆南向，衛尉屯兵殿門內以衛宮，其地在南，故曰南軍也。

陳樹鏞認爲衛尉所掌軍隊之所以被稱爲南軍，是因爲儘管未央宮以北爲正門，但是其殿均南向，衛尉屯兵殿內以衛宮，因其地在南，故曰南軍。此推斷指出衛尉掌南軍衛士的記載有一定的道理。實際上，據《三輔黃圖》、《長安志》相關文獻記載，我們可以清楚地看到，衛尉防守的宮廷，均在長安城的南部，因此稱之爲南軍，是完全有可能的。換言之，由於西漢皇宮位於京城南部，衛尉所率軍隊屯兵於宮牆之下，故而稱爲南軍。

上述關於南軍名稱由來的各種記載，雖然存在很大的分歧，但是他們卻也有一個共同之點，就是皆承認了衛尉統轄南軍衛士，歷史事實亦確實如此。《史記·呂太后本紀》載：

高后病甚，乃令趙王呂祿爲上將軍，軍北軍；呂王產居南軍。……（周）勃欲入北軍，不得入。襄平侯紀通尚符節，乃令持節矯內勃北軍。勃復令酈寄、典客劉揭說祿，曰：「帝使太尉守北軍，欲令足下之國，急歸將印，辭去。不然，禍且起。」祿遂解印屬典客，而以兵授太尉勃。勃入軍門，行令軍中曰：「爲呂氏右袒，爲劉氏左袒。」軍皆左袒。勃遂將北軍。然尚有南軍，丞相平召硃盧侯

章佐勃。勃令章監軍門，令平陽侯告衛尉，毋
內相國產殿門。產不知祿已去北軍，入未央宮
欲為亂。殿門弗內，徘徊往來。平陽侯馳語太
尉勃，勃尚恐不勝，未敢誦言誅之，乃謂硃盧
侯章曰：「急入宮衛帝。」章從勃請卒千人，入
未央宮掖門，見產廷中。餔時，遂擊產，產走。
天大風，從官亂，莫敢鬬者。逐產，殺之郎中
府吏舍廁中。章已殺產，帝令謁者持節勞章。
章欲奪節，謁者不肯，章乃從與載，因節信馳
斬長樂衛尉呂更始。還入北軍，復報太尉勃。
勃起拜賀章，曰：「所患獨產，今已誅，天下定
矣。」

圖4-1-3
漢執金吾承武君碑

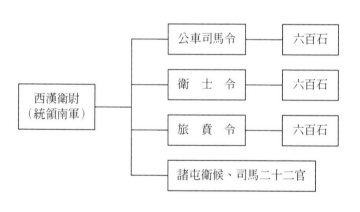

根據這些記載，《補漢兵志》陳元粹注曰：「案《外戚傳》及本紀，考祿、
產本末，則南軍當是衛尉，以其在北軍之南，故謂南軍。」胡三省說：「衛
尉掌宮衛門屯兵，周勃之入北軍也，尚有南軍，乃先使曹窋告衛尉毋入呂
產殿門，然後使朱盧侯逐產，殺之未央郎中府吏廁中，以此知南軍屬衛尉」
〔註10〕，馬端臨也說：「蓋產所將南軍在殿廬之內，……蓋衛士即南軍也。」
〔註11〕又，《玉海‧兵制二》注：「衛尉掌宮門屯衛兵，即所謂南軍也。」
《補漢兵志》：「南軍則衛士也。」可謂南軍統領衛士遂成古今學術界的普
遍共識。

〔註10〕司馬光《資治通鑑》卷十三《漢紀五》注。
〔註11〕馬端臨《文獻通考》卷一五○《兵考二》。

（三）中尉所掌北軍

秦漢時期衛尉守衛宮門，中尉則負責京城的治安工作。此官秦時稱中尉，漢武帝太初元年（前104年）更名執金吾。《漢書・百官公卿表》記載：

> 中尉，秦官，掌徼循京師，有兩丞、候、司馬、千人。武帝太初元年更名執金吾。屬官有中壘、寺互、武庫、都船四令丞。都船、武庫有三丞，中壘兩尉。又式道左右中候、候丞及左右京輔都尉、尉丞兵卒皆屬焉。初，寺互屬少府，中屬主爵，後屬中尉。自太常至執金吾，秩皆中二千石，丞皆千石。〔註12〕

據此可知，中尉應是秦官。但事實上，中尉一官不僅僅限於秦國，戰國其他國家也設此官。王先謙《漢書補注》就曾指出：「趙烈侯官荀欣爲中尉，則是官不獨秦有也。」

據《漢書・百官公卿表》記載，秦漢先後擔任過中尉或執金吾者，有六十餘人以上。從任職名單看，其人選非同一般。當時有由太守爲中尉者、廷尉爲中尉、少府爲中尉者、中大夫爲中尉者；同時也有由中尉任職後陞遷爲御史大夫、丞相者。

任中尉時間	任中尉者
漢高帝元年至十一年（前20年～前196年）	先後有周昌、丙猜、戚鰓等
文帝元年至十四年（前179年～前166年）	有宋昌、周舍等
景帝元年至後元二年（前156年～前142年）	有衛綰、郅都、寧成、廣意等
武帝建元元年至元封六年（前140年～前105年）	有韓安國、趙禹、李息、殷容、司馬安、黃霸、王溫舒、尹齊等
任執金吾時間	**任執金吾者**
天漢二年至後元二年（前99年～前87年）	有杜周、范方渠、郭廣意等。
昭帝始元元年至元平元年（前86年～前74年）	有馬適建、壺信、李壽等。
宣帝本始二年至甘露二年（前72年～前52年）	有辟兵、郅元、延年、廣意、賢、田聽天等。

〔註12〕 有學者指出中尉也是中央九卿之一。然王先謙《後漢書集解》云：「惠棟曰：『韋昭《辨釋名》曰，執金吾常徼循宮外司執姦邪，至武帝更名金吾，爲外卿，不見九卿之列。』王先謙曰：『《百官公卿表》有執金吾，翟方進自執金吾遷丞相，非不見九卿之列也。』」

元帝初元元年至竟寧元年（前 48 年～前 32 年）	有馮奉世、李延壽、王章等。
成帝建始元年至綏和二年（前 31 年～前 7 年）	有任千秋、辛慶忌、韓勳，翟方進、廉褒（子上）、尹岑（子河）、趙護（子夏）、宏、王幼公、間宗（君蘭）、孫雲（子叔）等。
哀帝建平二年至元壽二年（前 5 年～前 1 年）	公孫祿（中子）、蕭育、毋將隆、申屠博、韓容（子伯）、孫建（子夏）等。
平帝元始元年至元始二年（1 年～2 年）	有任岑、尹賞等。

　　西漢初期中尉率領北軍守衛京城安全，由於這支軍隊駐紮在長安城的北部，因而稱其爲北軍。北軍平時主要在京城內巡邏，是穩定京師秩序的重要力量。《玉海·兵制》記載：「漢宮城內爲南軍，宮衛屯兵屬焉，衛尉主之。宮城門外爲北軍，京輔兵屬焉，中尉主之。」陳樹鏞《漢官答問》卷四亦云：

> 　　漢有南北軍，……北軍者中尉掌之，內衛京師外備征伐。〈百官表〉云：「中尉掌徼循京師。」是也。……何以知中尉掌北軍也？〈百官表〉：「中尉之屬有中壘令丞，而表又云，中壘校尉掌北軍壘門，夫中壘校尉而掌北軍之壘門，則北軍有中壘之名可知。中尉之屬官有中壘令丞與尉，則中壘即北軍而爲中尉所掌，又可知也。中尉所掌何以名北軍也？」〈高祖紀〉：「蕭何立未央宮北闕東闕」，顏師古云：「北闕爲正門，又有東闕，其西南則無門闕矣。」據此，則未央宮以北闕爲正門，而中尉屯重兵於其外以備非常，以其地在北，故曰北軍也。

　　可見，在漢武帝設置三輔都尉之前，北軍的警衛範圍很廣，不僅包括京城地區，京畿的守衛也要由北軍負責。然後世學者有言北軍歸中壘校尉統領者，如錢文子《補漢兵志》：「北軍在未央北，爲軍壘垣，置中壘校尉，以一校守之。有事屯兵其中，事已輒罷，武帝時有諸校尉，則常屯矣。」門人陳元粹注曰：「漢初有南北軍，則中壘校尉掌北軍門壘，當是高帝所置。諸呂反，太尉不得入，北軍則中壘校尉所守也。」也就是說，武帝之前

圖 4-1-4　中壘右尉印

（選自《封泥彙編》）

的北軍爲中壘校尉統領，武帝後仍以中壘主之。事實是否果眞如此呢？

　　筆者通過閱讀《漢書‧百官公卿表》後認爲北軍歸中壘校尉統領之說，忽略了時間序列上的先後。因爲「中尉」一職，雖爲秦制，然漢初並無「中壘校尉」之設，當時的北軍當屬中尉統領。故北軍屯兵有「中尉卒」之稱。直到漢武帝改中尉爲執金吾時，才在屬官中增設中壘令一職。在有關北軍的史料記載中，中壘校尉一詞在漢武帝之前從未出現過，只有到漢武帝之後才有相關記載，正如班固所說中壘校尉「皆武帝置」〔註13〕。陳元粹「中壘校尉掌北軍門壘，當是高帝所置」的說法應該是沒有歷史根據的，北軍始終由中壘校尉掌管的說法也是不符合事實的。當然，需指出的是，中尉統領北軍只是西漢初期之制。武帝太初元年更名「執金吾」後，北軍乃非「中尉」所轄，而逐步改爲由護軍使者和中壘校尉統領。理由如下：

　　首先，在目前所見到的漢武帝以後的漢代原始材料中，尚未發現漢武帝以後執金吾統率北軍的任何記錄。《漢書‧百官公卿表》、《後漢書‧百官志》以及《漢官儀》、《漢舊儀》等書籍在記載執金吾職掌的時候均未提及到北軍情況。同時，上述諸書在論及北軍設置時也未曾提到過執金吾。《漢書‧百官公卿表》：「中壘校尉掌北軍壘門內。」《宋書‧百官志》亦載：「漢有南北軍，衛京師。武帝置中壘校尉，掌北軍營。光武省中壘校尉，置北軍中候，監五校營。」沈約認爲中壘校尉是漢武帝以後掌北軍的武官，其職能在東漢被北軍中候所取代。〔註14〕

　　其次，中尉和執金吾官名的含義不同。關於中尉官名的由來，《漢書‧百官公卿表》顏師古注引應劭云：「自上安下曰尉，武官悉以爲稱。」表明中尉爲朝中的領兵之官。武帝將其更名爲執金吾後，設中壘、寺互、武庫、都船等。機構有所擴大，屬官亦有所增多。對於執金吾名稱的由來，顏師古解釋：「金吾，鳥名也，主辟不祥。天子出行，職主先導，以禦非常，故執此鳥之象，因以名官。」〔註15〕崔豹《古今注》：「車幅，棒也。漢朝執金吾，金吾亦棒也。以銅爲之，黃金塗兩末，謂爲金吾。御史大夫、司隸校尉亦得執焉。御史、校尉、郡守、都尉、縣長之類，皆以木爲吾焉。用以夾車，故謂之車

〔註13〕《漢書》卷十九《百官公卿表》，第737頁。
〔註14〕沈約認爲中壘校尉掌北軍事務，但實際上中壘校尉負責北軍日常軍務，而護軍使者才是眞正的領導者。詳見後文。
〔註15〕《漢書》卷十九《百官公卿表》，第733頁。

幅。一曰形似輻，故謂之車輻也。」〔註 16〕俞樾對此提出了異議，他認爲：

> 崔豹〈古今注〉：金吾，棒也，以銅爲之，黃金塗兩末。御史大夫、司隸校尉亦得執焉。御史、校尉、郡守、都尉、縣長之類，皆以木爲吾。據此，漢制有金吾，有木吾，豈得以金吾爲鳥名乎！吾，實大棒之名，以大棒可禦非常，故以吾名之。執金吾者，執此棒也。應説參以崔注，其義方盡。〔註 17〕

俞樾的這番考證，不無道理，這對於我們瞭解執金吾的來歷有很大的幫助。但無論是顏說還是俞說，都表明了執金吾不再是一般的領兵之官，和中尉有很大的區別。

再次，漢武帝太初改制前後北軍的任務有所不同。在漢武帝改中尉爲執金吾以前，北軍一般不外出作戰。遇到非常時期，也僅僅是駐守在京師附近。例如，高祖時，淮南王反叛，中央命令發中尉卒三萬人爲皇太子衛駐守霸上。文帝時爲備匈奴，發中尉材官屬衛將軍軍於長安。正如賀昌群先生所說：「漢初，京師幃南北軍，猶未遠出征伐。」〔註 18〕漢武帝改中尉爲執金吾後，北軍常常被派遣出征，正所謂「京師之兵，始從遠調」〔註 19〕。例如，元鼎六年（前 111 年）西羌人反叛漢朝，漢武帝於是調發隴西、天水等郡騎士以及中尉卒十萬餘人，由將軍李息、郎中令徐自爲率領西征。同年，中尉士兵又參加了平定南越、東越叛亂的戰事。通過以上對比，可以看出武帝以後的北軍與漢初的北軍已有所不同。

總上所言，秦朝至西漢初期，負責京師治安的常備軍隊——北軍，屬中尉統轄。

二、京畿地區治安機構的設置

在地方政權中，京畿地區爲陵廟所在，治安狀況的好會與否事關重大。秦漢時期，京畿地區除警備武官負責治安管理以外，地方政權仍然是行政和治安職能合一，即地方行政首長同時也是地方治安的最高負責人。

（一）中尉

中尉除率領北軍警備京城安全以外，另一個重要的職責就是負責處理京

〔註 16〕崔豹：《古今注》，遼寧教育出版社，1998 年版，第 2 頁。
〔註 17〕王先謙：《漢書補注》（上冊），中華書局，1983 年版，第 302 頁。
〔註 18〕賀昌群：《賀昌群文集》，商務印書館，2003 年版，第 295 頁。
〔註 19〕賀昌群：《賀昌群文集》，商務印書館，2003 年版，第 296 頁。

師地區的重大治安刑事案件。《太平御覽》卷二百三十七《職官部》對此作了
一個簡單的概述：「（執金吾）舊掌京師盜賊，考按疑事。漢郅都、寧成、王
溫舒、咸宣等皆截理橫噬虎而冠者也，止切理辨亦旋誅黜。又置執金吾丞。後
漢掌宮外戒司非常水火之事，日三繞行宮外，及主兵器。自中興但專徼循，
不與他政。」〔註20〕又，《北堂書鈔》卷五四《設官部六‧執金吾》：「徼循宮
外，掌司非常，以禦非常，司職姦邪，禽討姦猾。禁執典兵，從領宿衛。」陳
樹鏞《漢官答問》對於執金吾的京師治安任務有一個詳細而又綜合的介紹：

> 執金吾初名中尉，武帝太初元年更名執金吾（《表》）。秩中兩千
> 石〔註21〕，掌徼循京師（《表》）。戒司非常水火之事（《續百官
> 志》）。⋯⋯糾京師豪強不法者（《郅都傳》）。捕有罪，治大獄則使之
> （《衛綰傳》）。⋯⋯輿馬導從，充滿道路（《續百官志注》）。督捕姦
> 盜，則司馬督候屬焉（《漢舊儀》）。

同時，中尉還有逮捕和處理罪犯之權。《漢書‧晁錯傳》記載：「⋯⋯乃使中
尉召錯，紿載行市，錯衣朝衣，斬東市。」再如，景帝時臨江王劉榮犯罪後，
被囚於中尉府，中尉郅都迫其自殺。可見，秦漢時期的中尉日常主要的工作
就是負責京師的治安工作，防備盜賊，有權逮捕和處理罪犯。居延漢簡：

> 詔所名捕平陵長蘿里男子杜光字長孫故南陽杜衍☐
> 多☐黑色肥大頭髮少年可卅七八☐☐☐☐五寸☐☐☐楊伯
> 初亡時駕騏牡馬乘闌輿車黃車茵張白車蓬騎騏牡馬
> 　因坐役使流亡☐户百廿三擅置田監。
> 　史不法不道丞相御史☐執全吾家屬
> 　所二千石奉捕（183‧13）〔註22〕

這條簡文從字體、內容看，屬西漢時代，應是丞相、御史大夫移書執金吾的
捕亡詔書。詔書要求執金吾追捕「不法不道」罪犯的「初亡」家屬。詔書既
然下達給執金吾，案犯很有可能在京師犯罪，然後被捕獲或在逃，所以詔書
要求捕其家屬。

　　關於秦朝至西漢初年中尉屬官設置情況，《漢書‧百官公卿表》在記載漢

〔註20〕　《北堂書鈔》引《漢官儀》記載爲「不與國政」。

〔註21〕　《續漢書‧百官志》注引《漢官秩》云：「比二千石。」筆者認爲《續漢書》
　　　　的記載可能有誤。

〔註22〕　謝桂華、李均明等：《居延漢簡釋文合校》，文物出版社，1987年版，第294
　　　　頁。

武帝更名執金吾前曾寫到:「(中尉)有兩丞、候、司馬、千人。」師古注曰:
「候及司馬及千人皆官名也。屬國都尉云有丞、候、千人。西域都護云司馬、
候、千人各二人。凡此千人,皆官名也。」顏師古在這裡重點解釋了中尉屬
官丞、候、司馬及千人是官名。史書中也確實有司馬、候官職的記載。例如,
《漢書‧季布傳》記載:「嘗為中司馬,中尉郅都不敢加。」顏師古注引如淳
曰:「中尉之司馬。」《漢書‧平帝紀》又載:「遣執金吾候陳茂假以鉦鼓,募
汝南,南陽勇敢吏士三百人,諭說江湖賊成重等二百餘人,送家在所收事。」
顏師古注引應劭曰:「將帥乃有鉦鼓,今茂官輕兵少,又但往諭曉之耳,所以
假鉦鼓者,欲重其威也。」可知,中尉(執金吾)屬下的候是帶兵的官吏。
但史籍中尚未見到「千人」一官的具體記載。

中尉改稱職金吾後,屬官也逐漸增多。《漢書‧百官公卿表》記載執金吾
屬官有「中壘、寺互、武庫、都船四令丞。都船、武庫有三丞,中壘兩尉。
又式道左右中候、候丞及左右京輔都尉、尉丞兵卒皆屬焉。」寺互掌官府門
禁,最初屬於少府,繼而屬主爵,最後屬執金吾。都船,如淳注曰:「都船獄
令,掌治水。」式道左右中候,應劭注曰:「式道凡三候,車駕出還,式道候
持麾至宮門。門乃開。」《後漢書‧百官志》本注曰:「本有式道、左右中候
三人,六百石。車駕出,掌在前清道,還持麾至宮門,宮門乃開。」這兩條
注解已經把式道左右中候的設置情況、職掌及其演變基本上說清楚了。

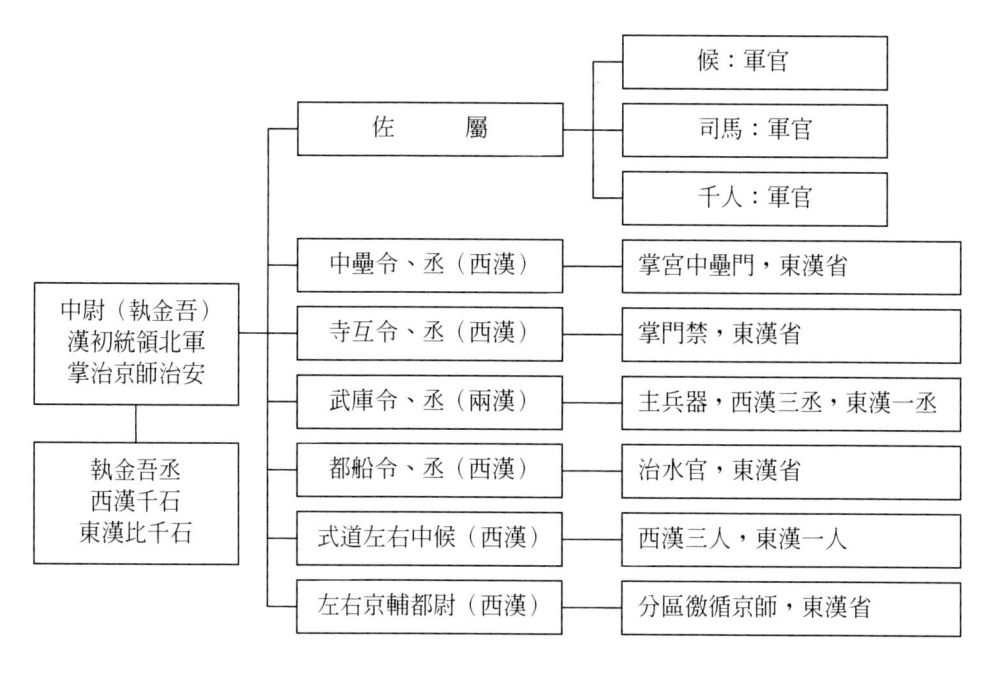

（二）內史

內史是秦至西漢初年掌管京師行政的最高長官。《三輔黃圖》記載：「秦併天下，置內史以領關中。項籍滅秦，分其地爲三；以章邯爲雍王，都廢丘；司馬欣爲塞王，都櫟陽；董翳爲翟王，都高奴。謂之三秦。漢高祖入關，定三秦，元年更爲渭南郡，九年罷郡，復爲內史。」秦孝公十二年（前 350 年）都於咸陽。秦王嬴政統一六國後仍以咸陽爲都，在全國推行郡縣制，同時京畿內不設郡，設內史管轄，以別於其它諸郡。《漢書・

圖 4-1-5　內史之印

（選自《封泥彙編》）

百官公卿表》記載：「內史，周官，秦因之，掌治京師。」《史記・秦始皇本紀》又載：「十七年，內史騰攻韓。」秦王嬴政在剷除了呂不韋集團勢力之後，開始著手統一六國戰爭。首先從六國中最弱小的韓國開刀，恰巧此時韓國南陽假守騰獻城投降，秦王遂任命假守騰爲內史。公元前 230 年，秦王嬴政派內史騰攻韓，得韓王安，盡納其地。此外，《史記・蒙恬列傳》：「始皇二十六年，蒙恬因家世而得秦將，攻齊大破之，拜爲內史，秦以併天下，乃使蒙恬將三十萬眾北逐戎狄，收河南。」以上事例皆可說明當時內史地位非常重要，可以領兵。

秦內史政區與官職同名，爲郡級建制。雖然我們不能把秦內史只看作治安官員，但作爲京畿地區的行政長官兼掌治安確是毫無疑義的。睡虎地秦簡有《內史雜律》一篇，秦簡整理小組注云：「內史雜，關於掌治京師的內史職務的各種法律規定。」〔註 23〕目前所見十一條關於內史雜的律文雜亂無章，其中包括一條要求在縣的都官應抄寫常用法規的規定，一條都官機關註銷和補充辦公物品的規定，一條只能用書面報告而不能用口頭報告的規定，四條有關人事任免的規定，一條關於「學室」入學資格的規定，一條檢驗度量衡和外借度量衡器械的規定以及兩條糧食的守衛和防火的規定。

漢承秦制，初期也以內史掌治京師。《史記・晁錯列傳》記載：「景帝即位，以錯爲內史。錯常數請間言事，輒聽。寵幸傾九卿，法令多所更定。」此外，《封泥考略》有「內史之印」，當即漢初有「內史」之證物。

〔註23〕 睡虎地秦墓竹簡整理小組：《睡虎地秦墓竹簡》，文物出版社，第 104～105 頁。

第二節　「多所改作，然而奢廣」——西漢中期京師治安機構的擴充與完備

經過漢初六十餘年的恢復和發展，到公元前 140 年漢武帝即位後，西漢王朝達到了空前繁榮的階段。漢武帝是西漢王朝較有作爲的一位皇帝，他的突出功績之一就是採取了一系列的加強京師治安管理的措施，京師治安機構大爲擴充，並趨於完備。

一、京城常備軍隊實力的擴充

西漢武帝時期，隨著封建國家中央集權制的加強，採取了進一步強化京師常備軍實力的措施。這其中包括擴充郎官組織、增添期門、羽林軍以及設置八校尉等。

（一）擴充郎官組織

漢初沿用秦朝制度，郎中令下設郎中、中郎、外郎等三種郎官。但隨著國家政治和軍事情況的變化，漢武帝於太初元年（前 104 年）更名郎中令爲光祿勳，郎官的組織得到擴充。《漢書·百官公卿表》記載：「郎掌守門戶，出充車騎，有議郎、中郎、侍郎、郎中，皆無員，多至千人。議郎、中郎秩比六百石，侍郎比四百石，郎中比三百石。中郎有五官、左、右三將，秩皆比二千石。郎中有車、戶、騎三將，秩皆比千石。」據此記載，西漢武帝以後，光祿勳之郎官已有中郎、郎中、侍郎、議郎等多種郎官。《漢書·王嘉傳》記載：「王嘉字公仲，平陵人也。以明經射策甲科爲郎，坐戶殿門失闌免。」師古注曰：「戶，止也。嘉掌守殿門，止不當入者而失闌入之，故坐免也。」可見，郎官有守衛宮門的任務。實際上，在議郎、中郎、郎中、侍郎中眞正具有警衛任務的是中郎和郎中，而侍郎、議郎〔註 24〕主要是負責議論侍從，

〔註24〕　西漢光祿勳的郎官中，唯有議郎的地位最爲特殊。《漢官舊儀》及《漢舊儀》
　　　　俱謂：「議郎十二人，不屬署，不直事侍御史。遷補博士、諸侯王郎中令。」
　　　　這些史料皆稱議郎與其他郎官有別。具體而言，首先，地位不同。議郎在郎
　　　　官中的地位最高。《漢書·百官公卿表》：「議郎、中郎秩比六百石，侍郎比四
　　　　百石，郎中比三百石。中郎有五官、左、右三將，秩皆比二千石。郎中有車、
　　　　戶、騎三將，秩皆比千石。」通過比較可以看出，中郎秩比六百石，侍郎比
　　　　四百石，郎中比三百石。議郎、中郎地位要比侍郎高，侍郎又比郎中的地位
　　　　高。其次，職掌不同。議郎雖名爲郎，但它並不是皇帝的侍從武官，而是皇
　　　　帝左右的侍從文官，備顧問奉使，職在言論。如《漢書·王莽傳》：「於是公

並不具備守衛宮殿掖門戶的警備職責。

漢代中郎、郎中並不是直接隸屬於光祿勳。中郎由五官、左、右中郎將統領，郎中則由車、戶、騎郎中將統帥，郎中將與中郎將才真正直接隸屬於光祿勳。關於中郎將與郎中將的軍事建置，現分別考證如下：

1. 五官、左、右中郎將

根據《漢書·百官公卿表》「中郎有五官、左、右三將，秩皆比二千石」的記載，推斷西漢郎中令下應有五官中郎將、左中郎將和右中郎將等武將。《漢書·儒林傳》載：「房鳳字子元，不其人也。以射策乙科為太史掌故。太常舉方正，為縣令都尉，失官。大司馬票騎將軍王根奏除補長史，薦鳳明經通達，擢為光祿大夫，遷五官中郎將。」《太平御覽》卷三四六引陶弘景《刀劍錄》曰：「董卓少時，耕野得一刀，無文字。及貴，示五官郎蔡邕。」《初學記·職官部下·光祿卿》本注引《漢

圖 4-2-1　中郎將印

（選自《封泥彙編》）

官》云：「郎中令屬官有五官中郎將、左右中郎將，日三署。」引文中的郎官稱謂上面冠以五官二字，證明班固的記載是正確的。但是關於五官、左、右中郎將的職掌和屬官設置情況，史書記載略有不同。《漢舊儀》：「五官中郎將，秩比二千石，主五官郎中。左、右中郎將，秩比二千石，主謁者、常侍侍郎，以貲進。本注曰：左主謁者，右主常侍侍郎。五官屬光祿勳，不得上朝謁。兼左、右曹諸吏，得上朝謁。」〔註25〕《初學記·職官部下·光祿卿》注引《漢官》：「郎中令屬官，有五官中郎將，左右中郎將，日三署。署中各有中郎、議郎、侍郎、郎中，皆無員外，多至千人，主執戟衛宮陛，及諸虎賁郎

卿大夫、博士、議郎、列侯張純等九百二人皆曰……奏可。」《漢書·韋賢傳》記載元帝於光永四年：「下詔先議罷郡國廟，……其與將軍、列侯、中二千石、二千石、諸大夫、博士、議郎議。」可以看出，議郎在真正意義是皇帝身邊的參議顧問。再次，來源不同。議郎多出於明經科，即多為明經文學之士。《漢官舊儀》與《漢官儀》皆謂：「詔選諫大夫、議郎、博士、諸侯王傅、僕射、郎中令，取明經。」如眭弘、翟方進俱以明經取為議郎。《漢書·成帝紀》：「公卿大夫、博士、議郎其各悉心，惟思變意，明以經對，無有所諱。」《漢書·翟方進傳》：「以射策甲科為郎。二三歲，舉明經，遷議郎。」而其他郎官多為由訾選、蔭任、軍功特拜三途，這在本書第一章已有所論及。

〔註25〕孫星衍輯、周天遊點校：《漢官六種》，中華書局，1990年版，第65頁。

羽林皆屬焉。謂之郎中令者，言領諸郎而爲之令長。」筆者通過閱讀史書，認爲上引《漢舊儀》和《初學記》所記載的內容都存在一定疑問。

首先，《漢舊儀》「左中郎將主謁者，右中郎將主侍郎」的記載是不符合歷史事實的。筆者考證，西漢謁者的長官爲謁者僕射，而非左中郎將。《漢書·百官公卿表》記載西漢謁者「掌賓贊受事」，即朝會時，謁者接待賓客並接受奏章等事宜。〔註26〕又，《漢官儀》：「謁者僕射，秦官也。僕，主也。古者重武事，每官必有僕射，以督課之。」《宋書·百官志》亦云：「謁者僕射，一人。掌大拜授及百官班次。領謁者十人。謁者掌小拜授及報章。蓋秦官也。謁，請也。應氏《漢官》曰，堯以試舜，賓於四門，是其職也。秦世謁者七十人，漢因之。」可見，謁者的長官爲謁者僕射，而非左中郎將。關於右中郎將是否主常侍侍郎，由於缺乏史書的具體記載，目前尚無定論。實際上，漢武帝以前，並沒有常侍侍郎一職，最早出現常侍侍郎一職的是《史記·滑稽列傳》所載武帝時期東方朔曾說：「使張儀、蘇秦與僕並生於今之世，曾不能得掌故，安敢望常侍侍郎乎！」《漢書·東方朔傳》也云：「上以朔爲常侍郎，遂得愛幸。」但都沒有說明常侍侍郎的歸屬問題。

其次，《初學記》「郎中令屬官，……署中各有中郎、議郎、侍郎、郎中，皆無員外，多至千人」的記載也是存在問題的。引文中出現的是「郎中令」，而不是「光祿勳」，說明《初學記》記載的應爲太初元年漢武帝改制之前中郎將的建置問題。引文指出三署皆有議郎、侍郎、郎中等武官，那麼西漢史書中就應該有五官議郎、五官侍郎、五官中郎或者左中郎、右中郎的記載才對，但筆者通過閱讀西漢史籍，如《史記》、《漢書》、《漢舊儀》以及《漢官儀》等，尚未發現這些武官的相關文獻記載。此外，郎中在西漢爲郎中將掌率，而非中郎將（下文詳述）。朱紹侯先生在《略論秦漢中央三級保衛制》一文中將《初學記》原文修改爲「……署中各有中郎將。議郎、侍郎、郎中，皆無員外，多至千人」〔註27〕。黃今言先生在《秦漢軍制史論》書中也表示贊同這種觀點。〔註28〕筆者認爲這樣改寫具有一定的道理，但是同時又忽略了另一方面，就是到東漢時期，確實出現了《初學記》所記載「署中各有中

〔註26〕　由於荊軻行刺的事件，秦王嬴政爲防止此類事件的再次發生，便讓謁者在殿堂上手持短兵器，以保護皇帝的安全。正所謂「其後謁者之引客，持匕首劍刺腋」（《史記·秦始皇本紀》）。

〔註27〕　朱紹侯：《略論秦漢中央三級保衛制》，《南都學壇》，1989年第4期，第2頁。

〔註28〕　黃今言：《秦漢軍制史論》，江西人民出版社，1993年版，第128頁。

郎、議郎、侍郎、郎中，皆無員外，多至千人」的情況。《後漢書・和帝紀》就有明確記載：「元興元年春正月戊午，引三署郎召見禁中。」注引《漢官儀》：「三署謂五官署也，左、右署也，各置中郎將以司之。郡國舉孝廉以補三署郎，年五十以上屬五官，其次分在左、右署，凡有中郎、議郎、侍郎、郎中四等，無員。」同時，史書中也有了「五官郎中」的相關記載。《後漢書・百官志》記載：「五官中郎將一人，比二千石。本注曰：主五官郎。五官中郎，比六百石。本注曰：無員。五官侍郎，比四百石。本注曰：無員。五官郎中，比三百石。本注曰：無員。凡郎官皆主更直執戟，宿衛諸殿門，出充車騎。唯議郎不在直中。」《三國志・吳書・朱據傳》亦云：「朱據，字子範，吳郡吳人也。有姿貌臂力，又能論難。黃武初，徵拜五官郎中，補侍御史。」據此以上引文可知，東漢五官、左、右中郎將署內確實設有中郎、郎中等職。〔註29〕換言之，《初學記》關於郎中將的記載應該是東漢的情況，而不是西漢情況。

通過以上的分析，可知郎中令（光祿勳）的屬官中包括有五官、左、右中郎將。從秩級上比較，五官中郎將、左中郎將、右中郎將都是比二千石。因此三者是平行機構，共同對光祿勳負責。但實際上五官中郎將在中郎將中的地位似乎是最高的。《漢舊儀》：「拜御史大夫為丞相，左、右、前、後將軍贊，五官中郎將授印綬；拜左、右、前、後將軍為御史大夫，中二千石贊，左、右中郎將授印綬。」〔註30〕可見，五官中郎將的地位要比左、右中郎將高。

2. 郎中車、戶、騎將

《漢書・百官公卿表》記載：「郎中有車、戶、騎三將，秩皆比千石。」顏師古注引如淳曰：「主車曰車郎，主戶衛曰戶郎。」西漢郎將有中郎將與郎中將之別。西漢中葉以後，中郎將分為五官中郎將、左中郎將、右中郎將，郎中將則分為郎中車將、郎中戶將與郎中騎將，一般可省稱為車將、戶將、騎將，分別管轄車郎中（簡稱車郎）、戶郎中（簡稱戶郎）、騎郎中（簡稱騎郎）。以上中郎將與郎中將皆為郎中令（光祿勳）屬官。

關於車將、車郎，《漢書・辛慶忌傳》有「郎中車騎將軍」一語，《漢書補注》對此作了解釋：「劉敞曰：郎中車騎將軍不成文，明衍軍字。是歷郎中，

〔註29〕西漢五官、左、右中郎將屬官主要是中郎。到東漢時期，車、戶、騎郎中將均被省去，故將郎中放置到中郎將三署中。

〔註30〕孫星衍輯、周天遊點校：《漢官六種》，中華書局，1990年版，第66頁。

兼車騎將，史省文，總言之耳。又曰：郎中車騎將軍衍車、軍字，當云郎中
騎將，不然，著車去騎，爲車將也。」據此可知劉敞認爲「郎中車騎將軍」
除衍「軍」字外，又衍「車」字或「騎」字，即郎中車騎將軍當作郎中車將
或郎中騎將。〔註31〕桓譚《新論・離事》：「余年十七爲奉車郎中，衛殿中小
苑西門。」可見，西漢確實設有車將與車郎，並於皇帝車駕外出時以御車爲
職，平時則負護門戶安全。

　　談到戶將、戶郎，《漢書・楊惲傳》：「惲不服罪，而召戶將尊。」注引蘇
林曰：「直主門戶者也。」師古曰：「戶將，官名，主戶衛，屬光祿也。」《史
記・滑稽列傳》：「太守入跪拜。王先生謂戶郎曰：『幸爲我呼吾君至門內遙語。』
戶郎爲呼太守。」據此可知，戶將、戶郎的任務應該是主管宮殿門戶。郎中戶
將蓋寬饒劾奏衛將軍張安世子侍中陽都侯彭祖過殿門而不下車〔註32〕，便是
例證。宣帝時，又有郎中戶將蔡千秋、長樂戶將尹更始。此外，《漢印文字徵》
收有「郎中戶將」印。據此可以證明西漢郎官當中確實存在戶將與戶郎。

　　相比前兩者而言，騎將、騎郎的史料要多一些。《漢書・高惠高后文功臣
表》記載楊武「以郎中騎將漢元年從起下邽」，楊喜「以郎中騎漢王二年從起
杜」。《史記・樊噲列傳》：「（樊噲）斬縣令丞各一人，首十一級，虜二十人，
遷郎中騎將。」《漢書・李廣傳》：「景帝即位，爲騎郎將。」師古曰：「爲騎
郎之將，主騎郎。」「郎中騎將」、「騎郎將」很可能是同一官名的不同叫法。
此外，《漢印文字徵》收有「騎五百將」印。騎將之下的騎郎，見於記載的有
張釋之、公孫敖。可見，騎將、騎郎多外從征伐，漢初極爲常見。

　　通過以上考證，筆者認爲《漢書・百官公卿表》關於郎中車、戶、騎將
的記載，經過散見於其他各處史料以及考古資料的證明，基本上可以說是正確
的。換言之，西漢確實存在郎中車、戶、騎三將，且分別管車、戶、騎郎。

　　對於郎中車、戶、騎三將的軍事建置問題，由於文獻記載的不同，後世
學者的觀點存在很大差異。楊鴻年先生對此有自己的見解。首先，他指出郎

〔註31〕陳直《漢書新證》：「劉敞謂軍字衍文是也。郎中車騎將，謂慶忌歷任郎中車
　　　　將、及郎中騎將也。」筆者認爲此說有可取之處，今尋其思路，略作補充。
　　　　筆者認爲引文中的郎中車騎將軍當作郎中車騎將，蓋先後爲郎中車將及郎中
　　　　騎將，史家省文。但在此前提下，我們也不應該否定車騎將軍存在的可能
　　　　性。如程不識、金日磾都曾擔任過車騎將軍一職。這表明漢代確有車騎將軍
　　　　之職。郎中車騎將軍便有可能是指車騎將軍，而以郎中兼任，但此官不屬於
　　　　本書討論範圍之內，故不詳述。
〔註32〕《漢書》卷七七《蓋寬饒傳》，第3243頁。

中車、戶、騎三將各分左右，即車將分爲左、右車將，分別統領左、右車郎，戶將分爲左、右戶將，下有左、右戶郎，騎將分爲左、右騎將，左、右騎郎分別隸屬之。左車將、左戶將、左騎將稱爲左署車、戶、騎三將，右車將、右戶將、右騎將則稱爲右署車、戶、騎三將。其次，楊先生認爲郎中將與中郎將實際上是屬於同一署內的地位高低不同的兩級領導，即左署的車、戶、騎三將，統屬於左中郎將，右署的車、戶、騎三將，統屬於右中郎將。〔註33〕楊先生所述西漢郎中車、戶、騎三將組織結構可表述如下：

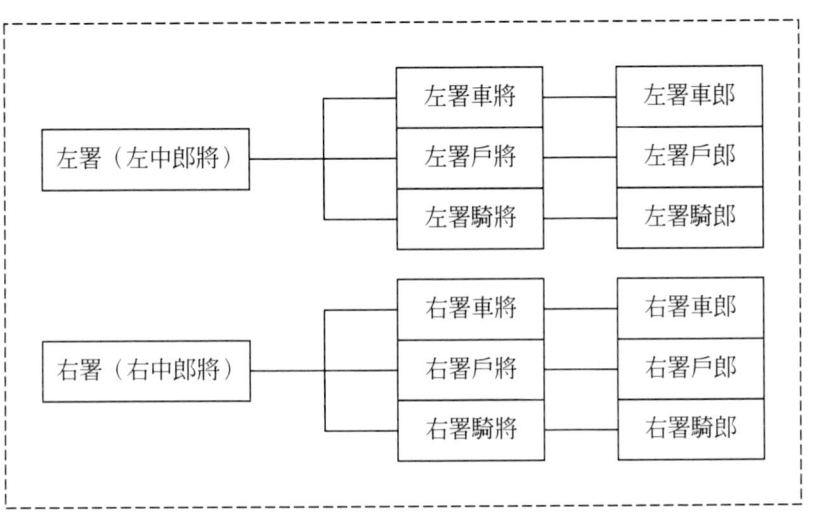

楊鴻年先生所列理由有二：

其一，《漢書・百官公卿表》載：「郎中有車、戶、騎三將，秩皆比千石。」顏師古注引《漢儀注》云：「郎中令主郎中，左右車將主左右車郎，左右戶將主左右戶郎。」《漢舊儀》亦載：「郎中令主郎中。左車將主左車郎，右車將主右車郎，左戶將主左戶郎，右戶將主右戶郎。」〔註34〕據此，楊先生認爲西漢郎中車、戶、騎三將應各有左右之分。學者嚴耕望〔註35〕、朱紹侯〔註36〕、安作璋、熊鐵基〔註37〕均有相同的論斷。

〔註33〕 楊鴻年：《漢魏郎官》，《中國古代史論叢》（第七輯），福建人民出版社，1983年版，第206～207頁。

〔註34〕 孫星衍輯、周天遊點校：《漢官六種》，中華書局，1990年版，第65頁。

〔註35〕 嚴耕望：《秦漢郎吏制度考》，《嚴耕望史學論文選集》，聯經出版事業公司，1991年版，第335頁。

〔註36〕 朱紹侯：《略論秦漢中央三級保衛制》，南都學壇，1989年第4期，第3頁。

〔註37〕 安作璋、熊鐵基：《秦漢官制史稿》上冊，齊魯書社，1984年版，第112頁。

其二，《漢書・張釋之傳》載：「張釋之……以訾爲騎郎，事文帝，十年不得調，……欲免歸。中郎將爰盎知其賢，惜其去，乃請徙釋之補謁者。」楊先生指出：張釋之爲騎郎，依照班表說法，升調去留應由騎將主管，而與中郎將無涉，今惜釋之去而請徙之的，不是騎將而是中郎將，因此騎郎只屬騎將而與中郎將無關的說法是不夠正確的。〔註38〕此外，《資治通鑑・漢紀三》載：「馬童面之，指示中郎騎王翳曰：『此項王也！』……王翳取其頭。」楊先生指出：「中郎騎地位是中郎，性質是騎郎。依照班表所說，騎郎都是郎中，沒有中郎，而現在王翳偏偏以中郎爲騎郎。因此說騎郎都是郎中，也是靠不住的。」〔註39〕據上述兩引文，再加中郎將秩級高於郎中將，故楊先生認爲班表關於郎官制度的記載是不可靠的，正確的結論應該是左署車、戶、騎將，統屬於左中郎將，右署車、戶、騎將，統屬於右中郎將。〔註40〕學者陳梧桐〔註41〕、李德龍〔註42〕亦持相同的觀點。

通過以上的分析，我們可以看出楊先生的觀點包括兩個基本要點：一爲西漢郎中車、戶、騎三將各分左右，二爲左署車、戶、騎將隸屬於左中郎將，右署車、戶、騎將隸屬於右中郎將。那麼歷史事實是否如此呢？通過查閱史書，筆者發現「西漢郎中三將各分左右」說不僅存在疑問，且缺乏有力的證據。以下筆者將從文獻記載和考古資料兩方面進行闡述：

第一，從文獻記載方面分析

首先，《漢舊儀》、《漢儀注》僅記載了車、戶將各分左右，並未言「左騎將主左騎郎，右騎將主右騎郎」。楊先生及其他學者依據《漢舊儀》、《漢儀注》推斷出西漢存在左右騎將與左右騎郎，筆者認爲此結論似顯臆斷。嚴耕望先生曾指出：「自武帝創建羽林、期門後，騎郎之職遂爲所奪，並騎將亦不常置。」〔註43〕歷史事實也確實如此。騎將、騎郎在武帝以後的史籍中，再未出現過，

〔註38〕楊鴻年：《漢魏郎官》，《中國古代史論叢》（第七輯），福建人民出版社，1983年版，第 206 頁。
〔註39〕楊鴻年：《漢魏郎官》，《中國古代史論叢》（第七輯），福建人民出版社，1983年版，第 206 頁。
〔註40〕楊鴻年：《漢魏郎官》，《中國古代史論叢》（第七輯），福建人民出版社，1983年版，第 207 頁。
〔註41〕陳梧桐：《西漢軍事史》，軍事科學院編纂《中國軍事通史》（第五卷），軍事科學出版社，1998 年版，第 93 頁。
〔註42〕李德龍：《漢初軍事史研究》，民族出版社，2001 年版，第 98 頁。
〔註43〕嚴耕望：《秦漢郎吏制度考》，《嚴耕望史學論文選集》，聯經出版事業公司，

這表明騎將、騎郎很有可能只存在於漢初，武帝以後則不再設置。而《漢書‧百官公卿表》所述爲西漢一代官制，故將郎中車、戶、騎三將相提並論。騎將、騎郎的消失似與武帝大規模組建騎兵有關。漢武帝即位後，爲了對匈奴發動攻擊，開始大規模組建騎兵集團。與此同時，駐守京師的軍隊也逐步擴充騎兵軍事力量，其中最重要的舉措就是設置期門、羽林騎。《漢書‧地理志》：「漢興，六郡良家子選給羽林、期門。」可見，期門、羽林是善於騎射的勇將，其主要職掌是「執兵送從」，即負責皇帝出行時安全，這與漢初騎郎「送從、扈從」的職掌基本相同。自武帝創建期門、羽林後，騎將不復見史籍，正說明騎郎之職可能已爲期門、羽林騎所奪。據《史記‧叔孫通列傳》：「殿下郎中俠陛，陛數百人。」可知郎中在漢初主要任務是執戟宿衛。而到漢武帝時期，《漢書‧霍光傳》載：「太后被珠襦，盛服坐武帳中，侍御數百人皆持兵，期門武士陛戟，陳列殿下。」這裡以期門陛戟，而不是郎中，證明漢武帝以後郎中之職漸歸期門、羽林騎矣，故《漢舊儀》、《漢儀注》、《漢書‧百官公卿表》顏師古注引如淳注，皆不言騎將與騎郎。總之，騎將、騎郎此時已不再設置，無左右之分的可能性。

其次，無可靠史料作爲旁證。《漢舊儀》、《漢儀注》雖記載車、戶將各分左右，但並未舉具體事例來加以佐證。退一步講，假設西漢存在左右車、戶將，那麼史書中就應有左、右車將或左、右戶將的具體實例。就筆者目前所能見到的西漢史籍中，尚未發現左右車將、左右戶將的任何實例記載。《漢書補注》王先謙按郎中令屬郎有：「車郎見藝文志，亦曰輦郎，見劉向傳。戶郎見王嘉傳。騎郎見張釋之衛青公孫敖傳，亦曰郎中騎，見功臣表。戶將見楊惲傳。郎中戶將，見蓋寬饒儒林傳。郎中騎將見樊噲傳，亦曰騎郎將，見功臣表蓋寬饒李廣傳。郎中車騎將見辛慶忌傳。」〔註44〕《漢書新證》陳直按語：「郎中車戶騎三將，屬吏可考者，有車郎，見藝文志。輦郎，見劉向傳。戶郎，見王嘉傳。騎郎，見張釋之傳。」〔註45〕以上王先謙、陳直均從文獻記載方面對西漢郎中三將屬吏進行了詳細的考證，記載雖有所不同，但均不言有左右車將、左右戶將。另外，有學者曾提出在漢代史籍中有「右郎中」的記載。如《後漢書‧律曆志》有「右郎中陳調」一語，《隸釋》卷七所輯東漢

1991 年版，第 336 頁。

〔註44〕 王先謙：《漢書補注》，中華書局，1983 年版，第 298～299 頁。

〔註45〕 陳直：《漢書新證》，天津人民出版社，1979 年版，第 90 頁。

馮緄碑：「舉孝廉除右郎中。」這些「右郎中」的記載能否證明車、戶將各分左右呢？答案是否定的。實際上，「右郎中」僅限於東漢，西漢史書中則無任何記載。故筆者認爲「右郎中」應爲東漢右中郎將所屬的郎中。《後漢書・百官志》云：「中興……省車、戶、騎凡三將。」可知，東漢時期已無車、戶、騎三將。另據《後漢書・百官志》：「右中郎將，比二千石。本注曰：主右署郎。中郎，比六百石。侍郎，比四百石。郎中，比三百石。」可知，東漢右中郎將管轄右署，署中有中郎、侍郎與郎中。這樣東漢史書中出現「右郎中」的記載就不足爲奇了，但西漢則絕無所見。總之，從史料辨析的角度看，「郎中車、戶將各分左右」說在無可靠史料作爲旁證的情況下，孤證難以成立。

再次，《漢舊儀》、《漢儀注》關於郎將建置的記載疑問很大，並不能引以爲據。《漢舊儀》載：「五官中郎將，秩比二千石，主五官郎中。……郎中令主郎中。左車將主左車郎，右車將主右車郎，左戶將主左戶郎，右戶將主右戶郎，秩皆比千石，獨郎中令比二千石。」〔註46〕短短幾句，就有三處疑問。其一、「五官中郎將，秩比二千石，主五官郎中」的記載忽略了時間序列上的差異。事實上，兩漢五官中郎將的屬郎不是固定的。西漢五官中郎將統轄的是五官中郎。時至東漢，五官中郎將管轄五官署，署中有中郎、侍郎與郎中。也就是說，直到東漢，五官中郎將才管轄五官郎中。其二、「郎中令主郎中」的記載過於片面。《漢書・百官公卿表》：「郎中令……屬官有大夫、郎、謁者，皆秦官。又期門、羽林皆屬焉。」可見，西漢郎中令不僅主郎中，中郎、期門、羽林、謁者亦在其管轄範圍之內。其三、「郎中令比二千石」的記載不符合事實。據《漢書・百官公卿表》、《後漢書・百官志》可知西漢郎中令等九卿秩皆中二千石，而非比二千石。鑒於以上三點，筆者認爲《漢舊儀》、《漢儀注》對於郎將記載的可信度不高，並不能引以爲據。

第二，從考古資料方面分析

就筆者所知，目前尚無左右車將、左右戶將的任何遺存被發現。西北大學現藏有「右將」瓦當〔註47〕，有學者提出這可能是右車將、右戶將的簡稱。但從史書中透露出來的點滴情況看，並非如此。《漢書・百官公卿表》：「前後左右將軍……漢不常置，或有前後，或有左右，皆掌兵及四夷。」《後漢書・百官志》「大將軍」條蔡質《漢儀》曰：「漢興，置大將軍、驃騎，位次丞相，

〔註46〕 孫星衍輯、周天遊點校：《漢官六種》，中華書局，1990年版，第65頁。
〔註47〕 劉士莪：《西北大學藏瓦選集》，西北大學出版社，1987年版。

車騎、衛將軍、左、右、前、後，皆金紫，位次上卿。」據此可知，兩漢曾有右將軍之職，「右將」很有可能爲「右將軍」省稱。另據《後漢書‧和帝紀》：「三年春正月甲子，皇帝加元服，賜諸侯王、公、將軍、特進、中二千石、列侯、宗室子孫在京師奉朝請者黃金，將、大夫、郎吏、從官帛。」注云：「將謂五官及左右郎將也。」可知，「右將」亦有可能是指右中郎將。筆者在文獻中未能找到證明「右將」是指郎中將的任何記載。

總上所述，通過從文獻記載與考古資料兩方面的分析，筆者認爲「西漢郎中三將各分左右」之說是存在疑問的。在無其它有力證據支持的情況下，還很難證明其正確性。就楊先生提出的「左署車戶騎三將，統屬於左中郎將，右署車戶騎三將，統屬於右中郎將」之說，筆者認爲亦有可商榷之處。

首先，從郎官選舉方面分析

楊先生依據中郎將爰盎推薦騎郎張釋之爲謁者事推斷出騎郎屬於中郎將，筆者認爲此結論似顯牽強。其一、西漢選舉方式極爲靈活，薦舉與徵辟這兩種選官方式就常常結合進行。〔註48〕如《漢書‧李尋傳》：「（李尋）事丞相翟方進，方進亦善爲星曆，除尋爲吏，數爲翟侯言事。帝舅曲陽侯王根爲大司馬票騎將軍，厚遇尋。……根於是薦尋。哀帝初即位，召尋待詔黃門。」丞相辟李尋爲屬吏，故屬辟除。後李尋又被王根舉薦，爲待詔黃門，則屬於公卿舉薦、皇帝徵召之例。這證明公卿可向皇帝推薦人才，其所薦舉之人可以不是自己的屬吏。換言之，中郎將是可以向皇帝薦舉不屬自己的騎郎。其二、中郎將本就有薦舉諸郎之職責。李孔懷先生對此有詳細的論述。他寫道：「除光祿依四行拔和薦舉郎官外，郎之領官如中郎將亦可視郎官之優勢而進退。」〔註49〕事實確實如此。

〔註48〕 薦舉是指公卿以個人的名義向皇帝推薦人才。徵辟制度則包含皇帝徵召和公府辟除兩種選官方式。由皇帝授職的稱爲「徵」，由高級官員任用屬吏則爲「辟」。一般而言，徵召只是皇帝針對個別人採用的臨時性選官方法，並無一定之歸。學者劉文瑞認爲「辟」應分爲辟舉和辟除兩途。兩者最大的不同是，辟舉爲朝廷推薦官吏人選，辟主並沒有人事任免權，而只有向皇帝推薦的權力。而辟除則爲自任部屬，辟主享有完全的用人權。辟舉之人，不限於辟主的掾屬，而主要是辟主之外的官署；辟除則只能限於自己的掾吏，不能涉及辟主官署之外的官職。也就是說，在漢代，除了辟除這種任命官員的方法外，一些官員還有權力向上推薦並不屬於自己掾吏的人才，即辟舉。（參見劉文瑞《秦漢選官制度雜議》，《紀念林劍鳴教授史學論文集》，中國社會科學出版社，2002年版，第56～57頁）

〔註49〕 李孔懷：《漢代郎官述論》，《秦漢史論叢》（第二輯），陝西人民出版社，1983年版，第168頁。

西漢諸郎、謁者的獎懲均由光祿勳或中郎將負責。《漢書・楊惲傳》：「惲爲中郎將。……郎、謁者有罪過，輒奏免，薦舉其高弟有行能者，至郡守九卿。」可見，中郎將薦舉諸郎是其本職，推薦騎郎張釋之亦屬於其職權之內，不能據此證明騎郎與中郎將存在隸屬關係。

其次，關於「中郎騎」

《資治通鑑・漢紀三》有「中郎騎王翳」〔註50〕的記載，楊先生據此認爲班表所載騎郎都是郎中之說是不正確的。實際上，王先謙在《漢書補注》中對「中郎騎」已做了詳細的解釋，即「中郎騎史表作郎中騎，與楊喜同。漢初但有郎中，無中郎」。〔註51〕也就是說，《資治通鑑》可能將「郎中騎」誤寫爲「中郎騎」。〔註52〕下面我們再看看《史記》、《漢書》是如何記載王翳的。《史記・項羽本紀》：「馬童面之，指王翳曰：『此項王也。』……王翳取其頭，餘騎相蹂踐爭項王，相殺者數十人。最其後，郎中騎楊喜，騎司馬呂馬童，郎中呂勝、楊武各得其一體。」《漢書・項籍傳》：「馬童面之，指王翳曰：『此項王也。』……王翳取其頭。」上引兩段史料，雖有王翳其人，但並未出現「中郎騎王翳」。

再次，從秩級方面分析

《漢書・百官公卿表》記載：「中郎有五官、左、右三將，秩皆比二千石。郎中有車、戶、騎三將，秩皆比千石。」可見，中郎將的秩級確比郎中將高，那能否證明郎中三將隸屬於左、右中郎將呢？答案是否定的。西漢中郎將地位之所以高，是因爲其所轄中郎給事省中，最爲親要。〔註53〕另外，中郎將

〔註50〕　《漢書・高惠高后文功臣表》載杜衍嚴侯王翳「以中郎騎漢王二年從起下邳」。然《史記・高祖功臣侯者年表》作「郎中騎」王翳。王先謙《漢書補注》云：「王翳，《史表》作『王翳』。《索隱》引《漢表》作翳。《項羽傳》亦作翳，是《漢表》之誤已久。」其說是。

〔註51〕　〔清〕王先謙：《漢書補注》，中華書局，1983年版，第244頁。

〔註52〕　在漢代史書中還存在很多將「郎中」與「中郎」相混的例子。如《漢書》記載灌夫景帝時爲郎中將，而《史記・魏其武安侯列傳》作中郎將（學者王克奇通過考證，認爲此處中郎將當爲郎中將之誤，參見王克奇《論秦漢郎官制度》，《秦漢官制史稿（上）》，齊魯書社，1984年，第349頁）。此外，唐蒙在《史記》、《漢書》列傳中也有郎中將與中郎將相互顛倒之處。唐蒙出使夜郎時之官職，《史記・西南夷列傳》、《漢書・西南夷傳》作「郎中將」，而《史記・司馬相如列傳》、《漢書・司馬相如傳》皆作「中郎將」（學者賈雪楓通過考證，認爲唐蒙出使夜郎時當爲郎中將較合理，參見賈雪楓《漢使身份考》，《文史雜誌》，2002年第6期）。

〔註53〕　王克奇：《論秦漢郎官制度》，選自安作璋、熊鐵基：《秦漢官制史稿》（上冊），

又常加「侍中」等中朝官號給事內朝，職位越顯親要，故地位亦高。關於郎中將的地位，安作璋、熊鐵基先生認爲：「車、戶、騎三將有一定過渡性質。……在戰爭中，車、騎將本來可以很多，屬於郎中令後，主車、主騎，一則性質變了，主要是宿衛的任務，二則也用不了那麼多，自然其地位就低一些。後來到了東漢就取消了。」〔註54〕事實正是如此。前文已述，西漢中葉以後，車、戶將均負責有門戶的守衛工作，職掌亦漸不分，騎將已爲其他武官所代替，地位自然不會很高。到東漢時期，郎中將已無職掌之分，漸被省去。再者說，西漢郎中令屬官有太中大夫、期門僕射，秩比千石，與郎中將同，難道也能說它們隸屬於中郎將嗎！

鑒於以上三點分析，筆者認爲楊先生提出的「左署郎中三將，統屬於左中郎將，右署郎中三將，統屬於右中郎將」說理由並不充分。合理的結論似乎應是：中郎將與郎中將是同一署內職能分工略有不同的兩個相對獨立的武官。理由如下：

從文獻記載方面分析：在筆者目前所見到的西漢原始材料中，尚無左、右中郎將統帥郎中三將的任何記載。《史記》、《漢書》、《後漢書》在談到郎中三將時從未提到過他們隸屬於左、右中郎將。黃今言先生曾指出「諸郎又分爲三署郎、車郎、戶郎、期門郎、羽林郎，各署長官分別統轄，歸光祿勳總領其事」〔註55〕，實際上，在西漢史籍中郎中將與中郎將的屬郎常同時出現，亦不見存在隸屬關係。如董仲舒謂：「夫長吏多出於郎中、中郎。」〔註56〕《資治通鑒》卷十一漢高帝六年：「（大朝），衛官俠陛及羅立廷中，皆執兵，張旗幟。」注云：「衛官侍衛之官，郎中及中郎執戟侍衛者是也。」可見，西漢的郎中與中郎是各自獨立的。

從屬郎性質方面分析：按秦漢的宮省制度，皇宮可分爲省中和宮中，中郎爲給事省中者，而給事宮中的則稱爲郎中。《漢書・惠帝紀》顏師古注引蘇林曰：「中郎，省中郎也。」可見，中郎確爲給事省中者。郎中又如何呢？《史記・叔孫通列傳》：「殿下郎中俠陛。」可見，郎中主要給事宮中，是不得出入省中的。以上史實說明，中郎將所轄中郎與郎中將所領郎中的性質是

齊魯書社，1984 年版，第 349 頁。

〔註54〕 安作璋、熊鐵基：《秦漢官制史稿》（上冊），齊魯書社，1984 年版，第 115 頁。

〔註55〕 黃今言：《秦漢軍制史論》，江西人民出版社，1993 年版，第 129 頁。

〔註56〕 《漢書》卷五六《董仲舒傳》，第 2512 頁。

有明顯區別的。

從加官方面分析：中郎將常加「侍中」等中朝官之號給事內朝。《漢書・劉輔傳》顏師古注引孟康曰：「中朝，內朝也。大司馬左右前後將軍、侍中、常侍、散騎、諸吏爲中朝。」《通典・職官三》：「侍中、中常侍得入禁中。」可見，加「侍中」者常從皇帝左右，出入省中，有資格在內朝參政。《漢書・百官公卿表》載：「侍中、左右曹諸吏、散騎、中常侍，皆加官，所加或列侯、將軍、卿大夫、將、都尉、尚書、太醫、太官令至郎中。」如前所述，這裡的「將」即指五官、左、右中郎將。換言之，西漢中郎將常加侍中官。如《漢書・金日磾傳》：「元帝爲太子時，敞爲中庶子，幸有寵，帝即位，爲騎都尉光祿大夫，中郎將侍中。」《漢書・張湯傳》又載：「安世子千秋、延壽、彭祖，皆中郎將侍中。」〔註57〕但尚未見到西漢時期有郎中車、戶、騎三將加此官給事內朝者。

從職掌方面分析：儘管中郎將與郎中將均負責宿衛宮禁，出充車騎，但他們之間也是有區別的。其一、中郎將平時有統率某一地區屯兵的權力。如張放在成帝時，就曾「爲侍中中郎將，監平樂屯兵，置莫府，儀比將軍。」〔註58〕而郎中將卻無此兵權。其二、就處理匈奴事務而言，多由中郎將擔任。如綏和元年（前8年），烏珠留若鞮單于立，漢政府就派中郎將夏侯藩等人出使祝賀；單于入朝，遣中郎將迎護；單于朝罷歸，又遣中郎將護送單于。〔註59〕單于死，亦遣中郎將爲使者弔喪。〔註60〕自武帝以來，以中郎將身份出使匈奴可考者還有丁野林、韓隆、王駿、王昌等人。據廖伯源先生考證，成帝至漢光武建武二十六年止，出使匈奴者之官銜可考者凡三十六人，其中明確記載以中郎將身份出使者爲二十人，超過一半。〔註61〕然目前尚未見有以郎中

〔註57〕除正文所引例證外，下例亦可見其事：《史記・漢興以來將相名臣年表》：「二月丁卯，侍中、中郎將霍禹爲右將軍。」《漢書・外戚恩澤侯表》：「初元元年癸卯以皇太后兄侍中中郎將封。」《漢書・景武昭宣元成功臣表》：「以侍中中郎將受楊惲言霍禹等反謀。」《漢書・元帝紀》：「三月，封皇太后兄侍中中郎將王舜爲安平侯。」《漢書・宣帝紀》：「封賀所子弟子侍中中郎將彭祖爲陽都侯。」《漢書・王莽傳》：「伊休侯者，歆長子也，爲侍中五官中郎將，莽素愛之。」

〔註58〕《漢書》卷五九《張延壽傳》，第2654頁。

〔註59〕《漢書・匈奴傳》：「元壽二年，單于來朝……既罷，遣中郎將韓況送單于。」

〔註60〕《漢書・天文志》：「鴻嘉元年正月，匈奴單于雕陶莫皋死。五月甲午，遣中郎將楊興使弔。」

〔註61〕廖伯源：《從漢代郎將職掌之發展論官制演變》，《秦漢史論叢》，五南圖書出版公司，2003年版，第60～61頁。

將明確身份處理匈奴事務者。其三、前文所述，西漢中郎將負責郎官的選舉、考覈與罷黜，而郎中將則從未擁有過此權。以上大量史實證明，中郎將與郎中將的職權雖存在某些相同之處，但他們之間還是有許多不同之處的。

通過以上的分析可知，無論是在組織系統上，還是職掌上，中郎將與郎中將都是存在差異的，他們之間似乎不存在隸屬關係。換言之，中郎將與郎中將應為同一署內職能分工略有不同的兩個相對獨立的武官。

綜上所述，西漢中郎將分為五官中郎將、左中郎將、右中郎將，郎中將則分為郎中車將、郎中戶將與郎中騎將，以上中郎將與郎中將應是職能分工略有不同的兩個相對獨立的警備武官，皆係光祿勳（郎中令）屬官（見下表）。關於西漢是否存在左、右車將和左、右戶將，由於在漢代史籍中未能見到具體材料加以佐證，因此在目前情況下，西漢「郎中車、戶、騎三將各分左右」說缺乏證據，故不可信。就楊鴻年先生提出的「左署車、戶、騎三將，統屬於左中郎將；右署車、戶、騎三將，統屬於右中郎將」之說，筆者以為缺乏理論依據。

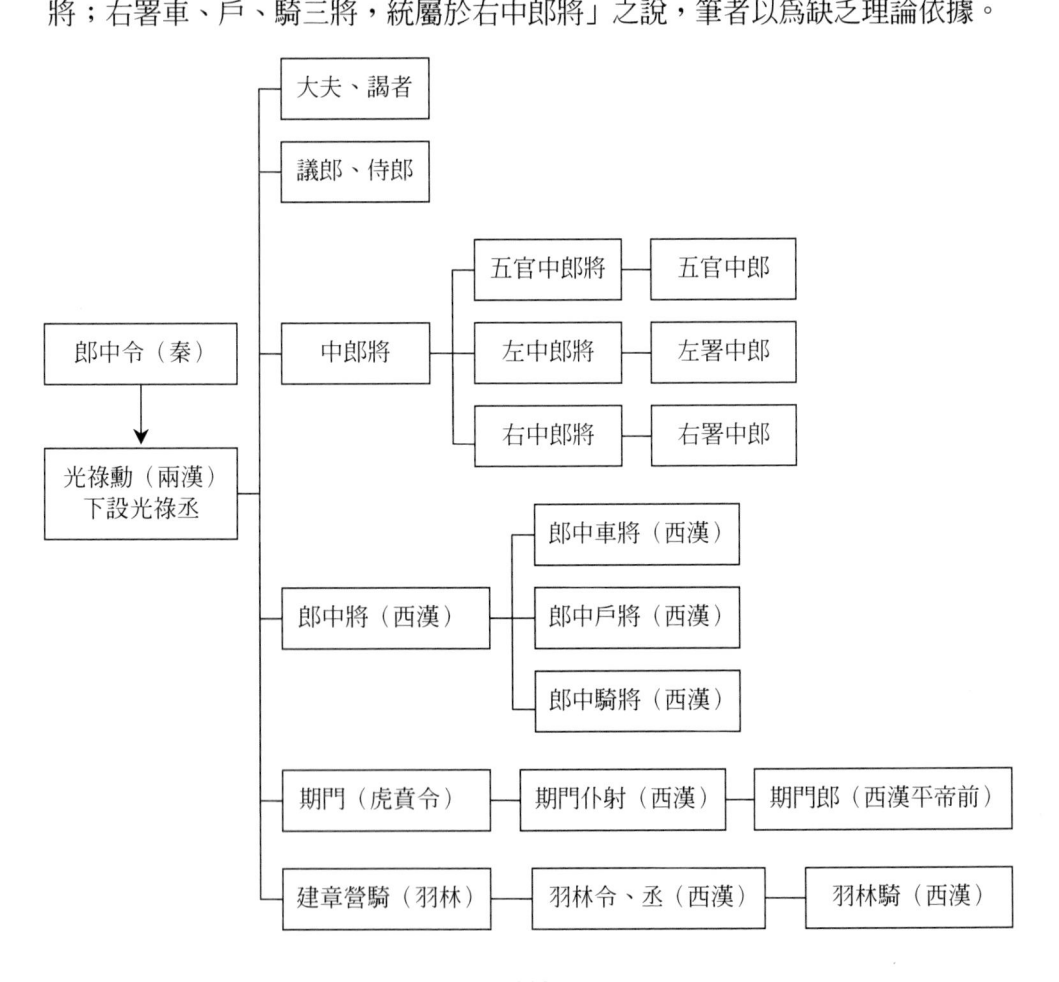

（二）增設期門、羽林軍

西漢武帝太初元年（前 104 年），爲進一步加強皇帝身邊的貼身侍衛力量，漢武帝在更名郎中令爲光祿勳的同時，屬官中又增設了期門、羽林軍。《漢書‧百官公卿表》「郎中令」條：「期門掌執兵送從，武帝建元三年初置，比郎，無員，多至千人，有僕射，秩比千石。平帝元始元年更名虎賁郎，置中郎將，秩比二千石。……羽林掌送從，次期門，武帝太初元年初置，名曰建章營騎，後更名羽林騎。又取從軍死事之子孫養羽林，官教以五兵，號曰羽林孤兒。羽林有令丞。宣帝令中郎將、騎都尉監羽林，秩比二千石。」根據引文可知，期門、羽林軍任務皆爲「掌送從」，即皇帝出行時的警衛部隊，警衛的次序是期門在前，羽林在後。期門的首領先爲期門僕射，平帝時改期門爲虎賁郎後，長官相應變成了虎賁中郎將。羽林軍的首領羽林令、丞，宣帝時令中郎將、騎都尉監羽林軍。〔註62〕皇帝往往任命自己的親信來掌管期門、羽林軍，正如《漢書‧霍光傳》所載：「諸領胡越騎、羽林及兩宮衛將屯兵，悉易以所親信許。」

1. 期門、羽林的初設時間

班表記載期門、羽林均爲漢武帝時期設置，但《漢書‧枚乘傳》記載景帝時枚乘上吳王書曰：「今大王還兵疾歸，尚得十半。不然，漢知吳之有吞天下之心也，赫然加怒，遣羽林黃頭循江而下，襲大王之都。」又，《風俗通義》載劉向曰：「文帝衣服衣罽，襲氈帽，騎駿馬，從侍中、近臣、常侍、期門、武騎獵漸臺下，騎射狐兔。」據此有學者認爲羽林應該在漢景帝時期已經存在，期門軍則置於漢文帝時期。筆者認爲景帝時期已存在羽林的說法並不可取。因爲《漢書‧枚乘傳》這條史料只是記載當時吳國設有羽林黃頭，並不能表示當時中央政府已經設置了羽林軍。此外，黃今言先生也認爲《風俗通義》中的「文帝」似爲「武帝」之誤。證據是引文中的漸臺屬於建章宮，而

〔註62〕 西漢時期期門屬於郎官，享有郎官的待遇，但是否存在羽林郎呢？筆者通過閱讀史料，發現西漢可能不存在羽林郎。因爲：第一，在《漢書》中稱羽林軍爲羽林騎或者羽林孤兒，沒有一處稱「羽林郎」者。第二，《漢書‧百官公卿表》中記載有「期門，比郎」，而在羽林後卻無「比郎」的記載。第三，《漢書‧甘延壽傳》：「甘延壽字君況，北地鬱郅人也。少以良家子善騎射爲羽林，投石拔距絕於等倫，嘗超逾羽林亭樓，由是遷爲郎。試弁，爲期門，以材力愛幸。」可見，甘延壽是先由羽林陞遷爲郎之後再爲期門，這也恰恰說明羽林不屬於郎官。但到東漢建武時代，才設置羽林郎和羽林中郎將。這樣，羽林才屬於郎官之列。

建章宮是在武帝時修建的，所以文帝時不可能「獵漸臺下」，故期門應爲武帝所設。〔註63〕黃今言先生的論點是正確的，但論據有需要補充之處。西漢建章宮確有漸臺，《史記‧孝武本紀》：「於是作建章宮，度爲千門萬戶。前殿度高未央。其東則鳳闕，高二十餘丈。其西則商中，數十里虎圈。其北治大池，漸臺高二十餘丈，名曰泰液，池中有蓬萊、方丈、瀛州、壺梁，象海中神山、龜、魚之屬。」同書《郊祀志》的記載與此相同。但漢代並非只有建章宮有漸臺。《漢書‧翼奉傳》就記載：「未央宮又無高門、武臺、麒麟、鳳皇、白虎、玉堂、金華之殿，獨有前殿、曲臺、漸臺、宣室、溫室、承明耳。」《漢書‧元后傳》云：「舜既得傳國璽，奏之，莽大說，乃爲太后置酒未央宮漸臺，大縱眾樂。」陳直《三輔黃圖校證》卷五《臺榭》記載漸臺：

> 「在未央宮太液池中，高十丈。漸，浸也，言爲池水所漸。又一說：漸，星名，法星以爲臺名。未央宮有滄池，池中有漸臺，王莽死於此。」直按：漸臺，見《漢書‧郊祀志》，本文與顏師古注完全相同。《水經注‧渭水》「沈水又逕漸臺東」，引《漢武帝故事》曰：「建章宮有太液池，池中有漸臺，高三十丈。漸，浸也，爲池水所浸，一說星名也。」爲本文及顏注之來源。建章宮太液池，與未央宮滄池，各有漸臺，王莽之死，則在滄池中之漸臺，亦見《漢書‧王莽傳下》。《史記‧佞倖傳》鄧通之漸臺，《正義》引《關中記》，亦爲滄池之漸臺。

據此可知建章宮太液池和未央宮滄池，均有漸臺。《風俗通義》所載的漸臺是哪一個漸臺，由於史料的限制，無從可考。實際上，文景時期，有關期門、羽林軍的記載僅僅上引《漢書‧枚乘傳》的記載，而期門、羽林軍的很多記載都是在漢武帝及其以後才出現的，這也許能夠說明在武帝以前，期門、羽林軍尚處於萌芽階段，直到武帝時期才真正建立。

2. 期門、羽林之名的來歷

期門之號，《漢書‧東方朔傳》：「八、九月中，與侍中、常侍、武騎及待詔隴西、北地良家子能騎射者，期諸殿門，故有『期門』之號，自此始。」又《宋書‧百官志》記載：「虎賁中郎將，《周官》有虎賁氏。漢武帝建元三年，始微行出遊，選材力之士執兵從送，期之諸門，故名期門。無員，多至千人。」由此可見，期門即有約定時間在某門下扈從之意，主要任務也是執

〔註63〕黃今言《漢代期門羽林考釋》，《歷史研究》，1996年第2期，第37頁。

戟宿衛殿門。關於羽林之名,《漢書‧百官公卿表》師古注曰:「言其如羽之疾,如林之多也。」又,《漢舊儀》記載:「孝武太初初置羽林,象天有羽林星,爲國之羽翼,如林之盛也。」〔註64〕還有一種解釋,即《通考》引吳氏《能改齋漫錄》:「按《晉志》羽林軍四十五在營寶星之南,一曰天軍,主軍騎,則漢名軍以羽林法天文耳。」總體來件,以上兩種說法雖有所不同,但皆認爲羽林之名似乎與天文有關。

3. 期門、羽林軍的職掌

期門、羽林軍的首要任務是執戟殿下,保護皇帝安全。蔡質《漢儀》:「正月旦,天子幸德陽殿,臨軒。公、卿、將、大夫、百官各陪位朝賀。蠻、貊、胡、羌朝貢畢,見屬郡計吏,皆陛觀,庭燎。宗室諸劉親會,萬人以上,立西面。位既定,上壽。群計吏中庭北面立,太官上食,賜群臣酒食,西入東出。御史四人執法殿下,虎賁、羽林張弓挾矢,陛戟左右,戎頭偪脛陪前向後,左右中郎將位東南,羽林、虎賁將位東北,五官將位中央,悉坐就賜。作九賓散樂。」〔註65〕又,《後漢書‧禮儀志》記載:「近臣中黃門持兵,虎賁、羽林、郎中署皆嚴宿衛,宮府各警,北軍五校繞宮屯兵,黃門令、尚書、御史、謁者晝夜行陳。……五官、左右虎賁、羽林五將,各將所部,執虎賁戟,屯殿端陛左右廂,中黃門持兵陛殿上。」可知,期門、羽林軍作爲漢武帝以後新產生的一支精幹的警備力量,其主要任務便是負責皇帝的安全保衛工作。

其次,期門、羽林軍還要「掌執兵送從」、「掌送從」,即負責皇帝出行時安全。《漢書‧五行志》:「成帝鴻嘉、永始之間,好爲微行出遊,選從期門郎有材力者,及私奴客,多至十餘,少五六人,皆白衣袒幘。」又,《漢書‧霍光傳》:「太后被珠襦,盛服坐武帳中,侍御數百人皆持兵,期門武士陛戟,陳列殿下。」可見,期門、羽林不僅要侍從皇帝外出,就連皇帝死後,太后聽政,期門、羽林軍也要宿衛其左右。

再次,在某些重要時期,期門、羽林軍還要奉命外出征伐。例如,在宣帝神爵元年(前61年),西羌叛亂,西漢政府便「發三輔、中都官徒弛刑,及應募佽飛射士、羽林孤兒,……詣金城」〔註66〕。《漢書‧趙充國傳》又載:「充國子右曹中郎將印,將期門佽飛、羽林孤兒、胡越騎爲支兵,至令居。」此外,

---

〔註64〕 孫星衍輯、周天遊點校:《漢官六種》,中華書局,1990年版,第90頁。
〔註65〕 孫星衍輯、周天遊點校:《漢官六種》,中華書局,1990年版,第210頁。
〔註66〕 《漢書》卷八《宣帝紀》,第260頁。

《漢書‧馮奉世傳》:「今發三輔、河東、弘農越騎、迹射、伙飛、轂者、羽林孤兒及呼速絫、嘺種。」以上引文可以說明期門、羽林負有對外征討之責。

4. 期門、羽林不屬南軍

通過前文的分析,對於西漢衛尉所統領的衛士稱爲南軍並無異議,而對期門、羽林軍是否屬於南軍,則有不同看法。〔註67〕古今眾多著名學者一般認爲:漢代期門、羽林軍歸屬衛尉統領的南軍。例如,《玉海‧兵制二‧漢南北軍屯》:「南軍有郎衛、有兵衛,掌出入宮禁,爲宿衛;彼北軍止於護城耳。……古者前朝後市,王宮在南,故漢衛宮之兵在城內者爲南軍,衛城之兵在城外者爲北軍。中興置北軍中候以監五營,始謂五校爲北軍。」〔註68〕同書又載漢武帝「恐中尉之權太重,又於光祿勳置羽林、期門,而後南北二軍之勢始均」;《西漢會要》、《文獻通考》卷一五〇《兵考二‧兵制》同樣認爲期門、羽林軍歸屬南軍。當代學者林劍鳴所著《秦漢史》〔註69〕和白鋼《中國政治制度通史》(第三卷)〔註70〕書中也執這種看法。鄒文濤先生在《西漢南北軍考辨》一文中也認爲:「所謂南軍,當駐於未央宮內,初由議郎中郎侍郎組成,武帝後增設羽林、期門(虎賁)。其統率爲郎中令(光祿勳)。所謂北軍,當駐於未央宮北的壽、桂宮與東、西市之間,初由千餘人組成,漢武帝擴爲八校尉。其統領爲護北軍使者。兩軍以位置相對,故名。」〔註71〕但筆者通過閱讀史籍,發現這種觀點是存在疑問的。

依據史書記載分析。《漢書‧百官公卿表》記載:「郎中令,秦官,掌宮殿掖門戶,有丞。武帝太初元年更名光祿勳。屬官有大夫、郎、謁者,皆秦官。又期門、羽林皆屬焉。……衛尉,秦官,掌宮門衛屯兵。」《史記‧孝文本紀》載漢文帝曾「拜宋昌爲衛將軍,鎮撫南北軍,以張武爲郎中令,行殿

〔註67〕 學者蘇誠鑒在《西漢南北軍的由來及其演變》一文中指出:諸校尉(包括城門校尉)掌管的兵,因駐紮在未央宮北,才是北軍。與之相對,守衛宮門和「繳循京師」的衛兵才是被稱爲南軍。蘇誠鑒雖然承認北軍駐紮在未央宮北,以之相對的南軍則駐紮在未央宮,但在北軍中又加上了城門校尉這支軍隊,在南軍中又加入了「繳循京師」的中尉卒。據《漢書‧百官公卿表》,城門校尉兵不在北軍之列。

〔註68〕 王應麟:《玉海》,《四庫類書叢刊》,上海古籍出版社,1992年版。

〔註69〕 林劍鳴:《秦漢史》,上海人民出版社,2003年版,第324頁。

〔註70〕 白鋼主編:《中國政治制度通史》(第三卷),人民出版社,1996年版,第339頁。

〔註71〕 鄒文濤:《西漢南北軍考辨》,《中國史研究》,1988年第1期,第93頁。

中」。在官秩上，光祿勳與衛尉同屬於九卿，彼此之間不存在統屬與被統屬的關係。期門、羽林屬光祿勳，南軍衛士由衛尉統領，二者應是各自獨立的。

　　根據軍隊職能分析。《漢書‧百官公卿表》記載期門、羽林的任務除宮殿宿衛外，還要「執兵送從」、「掌送從」，即擔任皇帝出行時的貼身護衛，護衛的次序是期門在前，羽林在後。和其它郎衛一樣，他們是以皇帝為中心從事保衛工作的。而南軍衛士的主要任務是白天在各宮門嚴查出入，晚上則巡夜於宮中，並不是皇帝的貼身侍衛，也不直接接觸皇帝。皇帝車駕出行時，也只負責沿途清道，防備意外。總之，南軍是擔任外層的保護工作。

　　從建軍背景方面分析。漢武帝時期，光祿勳的兵力並沒有定額，最多時也只有千人左右。根據《漢書‧武帝紀》建元元年（前140年）詔曰：「衛士轉置送迎二萬人，其省萬人。」估計武帝時南軍的兵力大約在萬人上下。勞幹先生認為當時南軍有八千人左右。〔註72〕而此時的北軍兵力可達到數萬人，《漢書‧酷吏傳》記載：「是時上方欲作通天台而未有人，（王）溫舒請覆中尉（北軍）脫卒，得數萬人作。」南北兩軍兵力確實不平衡。但是筆者認為，漢武帝增設期門、羽林軍的目的不應該是南北軍平衡問題，而是要擴充貼身郎衛的力量，使其與南北軍形成鼎足之勢，避免主將權力過重。當時北軍的實力強大，漢武帝如果要使南北軍平衡的話，就應該增加南軍的人數，而不是裁減萬人了。而且，在期門、羽林軍成立之前，郎衛與南軍的力量差距就比較大。如果這兩支軍隊再歸屬南軍，那麼光祿勳與衛尉的力量對比就更懸殊了，這豈非又造成新的不平衡。

　　從選拔標準和經濟待遇上分析。期門、羽林軍要求受募對象必須具有一定的身體素質和技能技巧。期門軍就必須是「善騎射」的良家子弟。《漢書‧東方朔傳》記載：「……詔隴西北地良家子能騎射者期諸殿門。」《漢書‧地理志》亦云：「漢興，六郡良家子選給羽林、期門。」在服役期間，期門、羽林軍是享有俸祿待遇的，而南軍士兵是按照兵役制度徵召而來的義務兵，在服役期間，沒有報酬。

　　總而言之，在目前所見到的漢代原始材料中，尚無衛尉統率期門、羽林

〔註72〕　《漢書‧韋賢傳》記載：「上食二萬四千四百五十五，用衛士四萬五千一百二十九人。」這四萬五千餘衛士，勞幹先生認為是「按工而言，即每人服務一日算作一人，……實際上，宮衛的衛士當八千人左右。」據此可以推斷，武帝時的南軍軍力約在萬人左右。（勞幹：《漢代兵制與漢簡中的兵制》，《歷史語言研究所集刊》（第十卷），中華書局，1987年版，第37頁）

的任何記錄。《漢書》、《漢官儀》、《漢舊儀》在記載衛尉及其職能時均未提及期門、羽林軍。此外，兩者的職能和地位待遇也有很大差別。因此，筆者認為光祿勳統領的期門、羽林軍是自成系統的京城警衛部隊，而非隸屬於宿衛皇宮的南軍。

（三）增置八校尉兵

武帝為加強京師的防衛力量，在京師常備軍中增置八校尉，使京師治安警衛力量大大加強，兵力更為充實。《漢書·百官公卿表》記載：「中壘校尉掌北軍壘門內，外掌西域。屯騎校尉掌騎士。步兵校尉掌上林苑門屯兵。越騎校尉掌越騎。長水校尉掌長水宣曲胡騎。又有胡騎校尉，掌池陽胡騎，不常置。射聲校尉掌待詔射聲士。虎賁校尉掌輕車。凡八校尉。」又，《漢書·刑法志》：「武帝平百粵，內增七校。」顏師古注引晉灼曰：「《百官表》：中壘、屯騎、步兵、越騎、長水、胡騎、射聲、虎賁，凡八校尉，胡騎不常置，故此言七也。」據此可知，武帝始置的中壘、屯騎、步兵、越騎、長水、胡騎、射聲、虎賁校尉統稱為八校尉。其中中壘校尉掌北軍營內日常軍務，屯騎校尉掌騎兵部隊，步兵校尉掌上林苑屯兵，越騎校尉負責由附漢越人組成的騎兵，長水校尉掌駐紮在長水宣曲而由降漢匈奴兵組建的騎兵，胡騎校尉負責訓管由匈奴等胡人組成而屯於池陽的騎兵，射聲校尉統率禁軍中的弓弩部隊，虎賁校尉則掌管戰車部隊。若按兵種劃分，八校尉中統領騎兵的有屯騎、越騎、長水、胡騎四校尉，統率步兵的有步兵校尉，率領弩兵的是射聲校尉，掌率輕車的為虎賁校尉。很明顯，八校尉兵，騎、步、弓、車諸兵種皆備，裝備精良，目的便是要確保京師的安全。

1. 中壘校尉掌北軍營壘內日常軍務

漢初北軍由中尉統領，古今學者對此論說較為甚詳，此不贅述。但值得注意的是，到武帝時期，統領北軍的武官發生了變化。執金吾雖負責京師治安，但不再是統領北軍的武官。此後的北軍則由護北軍使者監管。太子劉據欲發北軍，首先要護北軍使者任安發兵；侍中莽何羅謀亂亦先襲殺護北軍使者以奪其兵，這些都是證明。北軍營壘內日常軍務則由中壘校尉負責。《續漢書·百官志》「北軍中候」條本注云：「舊有中壘校尉，領北軍營壘之事。」從目前所掌握的資料來看，中壘校尉似乎不領北軍兵：

其一，《漢書·百官公卿表》記載七校尉職掌，或曰：「掌騎士」，或曰：「掌……屯兵」，或曰：「掌越騎」，唯中壘校尉曰「掌北軍壘門內」，於意難

達。史家班固爲何棄「掌北軍」不用，代之以「掌北軍壘門內」。如此記載，恰恰說明中壘校尉與其他統兵之七校在職掌方面可能存在差異。

其二，目前尚未在史籍中發現中壘校尉領兵出征的事例，相反卻有中壘校尉參與政事的諸多記載。例如，《漢書‧郊祀志》：「臣謹與太師孔光、長樂少府平晏、大司農左咸、中壘校尉劉歆……等六十七人議，皆曰宜如建始時丞相衡等議。」又，《漢書‧韋玄成傳》：「太僕王舜、中壘校尉劉歆議曰：『臣聞周室既衰，四夷並侵，獫狁最強。』」等等。

其三，《漢書‧劉向傳》顏師古注引：「如淳曰：『《漢儀注》中壘校尉主北軍壘門內，尉一人主上書者獄。』」可見上書人獄事當屬中壘校尉屬官負責。《漢印文字徵》有「中壘校執奸」印，疑爲中壘校尉屬官中負責監察官員之印。綜上所言，筆者推測中壘校尉實際掌管北軍營壘內日常軍務和監察事務，似不領兵。〔註73〕

陳傅良《歷代兵制》提出：「八校尉以中壘領之。」此說影響甚大，當代眾多史學家皆同意這一論斷。例如，雷海宗先生認爲：「八校尉實際只領有七支軍隊，因爲中壘校尉是總領一切的人。」〔註74〕楊鴻年先生也指出：「西漢以中壘兼督諸校。」〔註75〕然筆者通過查閱相關資料後發現此說缺乏有力而確鑿的證據，且存在諸多疑問。

首先，尚無中壘校尉領七校之記載。目前所能見到的漢籍中，尚無中壘校尉統率其他七校的任何記載。若七校都由中壘校尉統領，漢史是不應沒有相關記載的。何況《漢書‧百官公卿表》明確記載：中壘校尉掌「北軍壘門內」。如果七校受中壘校尉管轄，則七校駐地應在北軍壘門內。實際情況如何呢？《漢書‧刑法志》記載：「天下既定，……京師有南、北軍之屯。」又，《玉海‧兵制》：「京城門外之北軍，京輔兵屬焉，中尉主之。」說中尉主北

〔註73〕濱口重國《前漢の南北軍》曾指出：「中壘校尉巡視北軍即中尉之軍的營壘內外而檢察其非違。」作者認爲中壘校尉有巡視、檢察職能，其言不誤，但有可補正之處，即中壘校尉掌「北軍壘門內」，而非「北軍壘門內外」。《漢書‧胡建傳》載：「胡建……守軍正丞，時監軍御史爲姦，穿北軍壘垣以爲賈區，建……遂斬御史。」可見，西漢北軍確有壘垣與外界相隔，壘門之外可能不屬北軍，而當監軍御史打通北軍壘垣，則觸犯了北軍「壁壘已定，穿窬不繇路，是謂姦人，姦人者殺」的軍法，故爲軍正丞所斬。此例證明壘門外似乎是不屬於北軍管轄的。

〔註74〕雷海宗：《中國的兵》，中華書局，2005年版，第46頁。

〔註75〕楊鴻年：《漢魏制度叢考》（第二版），武漢大學出版社，2005年，第180頁。

軍，此言不錯，但北軍營似在未央宮北宮門附近，而不在城外。《漢書・劉向傳》：「章交公車，人滿北軍。」顏師古注引如淳曰：「上章於公車，有不如法者，以付北軍尉，北軍尉以法治之。……北闕，公車所在。」可知北軍駐地與未央宮北宮門（北闕）地區應該不會太遠。同時，北宮門地區既是未央宮的門戶，也是長安城交通樞紐所在。由此向北，可直抵橫門；往西，可直突直城門；往東，則可達長樂宮，故此地最適爲北軍駐地。總之，武帝時中壘校尉所掌北軍營似在北宮門附近，而七校並不駐軍於此。《雍錄》卷八：「八屯校尉，惟中壘、射聲、虎賁、屯騎當在城中，而四屯悉在城外，故步兵校尉掌上林苑門之兵，越騎校尉掌越人內附之騎，長水校尉則掌胡騎之在長水宣曲者也，胡騎校尉則掌胡騎之在池陽者也，總都城而言所屯之方，則上林在城西南，長水宣曲在城東南，胡騎在城北渭水之外。」可見七校尉中的步兵校尉屯於長安城外上林苑附近，長水校尉屯於城外宣曲宮地區（西安南郊曾出土有「長水屯瓦」瓦當，疑是長水校尉屯兵之處所用），胡騎校尉則屯於左馮翊池陽縣之池陽宮附近。總言之，七校尉中有的校尉屯於城外，有的甚至在京畿三輔地區，何以全稱北軍壘門內！

其次，七校尉各有武官統領。翻檢史書，目前尚未發現中壘校尉領七校的事例，相反卻找到皇帝派遣中央武官統領七校的諸多記載。例如，《漢書・霍光傳》：「自昭帝時，光子禹及兄孫雲皆中郎將，雲弟山奉車都尉侍中，領胡越兵。」同書《趙充國傳》：「充國子右曹中郎將印，將期門佚飛、羽林孤兒、胡越騎爲支兵，至令居。」據此可知，胡騎、長水、越騎校尉及其軍隊常由朝廷直接派都尉、中郎將統領。又，《漢書・金日磾傳》：「（金）涉爲騎都尉，領三輔胡越騎。」師古曰：「胡越騎之在三輔者，若長水、長楊、宣曲之屬是也。」這是胡騎、越騎校尉軍隊不屬中壘校尉，而由朝廷派都尉統領的又一證明。

再次，八校尉秩級均爲二千石。《漢書・百官公卿表》記述完司隸校尉、八校尉之後繼續記載：「自司隸至虎賁校尉，秩皆二千石。」又，《通典・職官十八・秩品一》「二千石」條記載：「中壘校尉、屯騎校尉、步兵校尉、越騎校尉、長水校尉、胡騎校尉、射聲校尉、虎賁校尉。」可見八校尉秩級都是二千石，並無等級之分。《三輔黃圖》卷六：「漢有長水、中壘、屯騎、虎賁、越騎、步兵、射聲、胡騎八營。」亦說明八校尉在排列上似乎也是沒有等級之分的。誠如《文獻通考・兵考二・兵制》引山齋易氏（易袚）所言：「北

軍分八校，以中壘領之，非也。武帝置八校，各有校尉，秩皆二千石，不相統屬，而中壘自掌北軍壘垣門事，非兼八校，此固不待辯而明矣。」

2. 中壘校尉「掌西域」職掌考辨

《漢書·百官公卿表》：「中壘校尉掌北軍壘門內，外掌西域。」顏師古注曰：「掌北軍壘門之內，而又外掌西域。」這是史書有關中壘校尉職掌的最早記載。中壘校尉設置後，負責掌管北軍日常軍務，已為古今眾多史學家所認同。然而，為什麼令一個掌管北軍壘門內的中壘校尉同時又「外掌西域」呢？這簡單的文字，留下了太多的疑問。或許正因為如此，這成為歷代史學家質疑之處。

（1）「中壘校尉掌四城（門）」說

《前漢紀·孝惠紀》六年十月條載：「中壘校尉，掌北軍壘門內外及掌四城門。」王念孫《讀書雜志·漢書第三·百官公卿表》「掌北軍營壘門內外掌西域」條說：「此條自城門校尉以下，所掌皆京師及畿輔之事，不當兼掌西域。下條：西域都護，護西域三十六國，有副校尉。此自別為一官，與中壘校尉無涉。〈續漢書·百官志〉：『舊有中壘校尉，領北軍營壘之事，武帝置。中興，省中壘，但置中候以兼五營。亦不言兼掌西域也。』『西域』當為『四城』，謂掌北軍壘門內外及四城之事也。〈漢紀·孝惠紀〉：『中壘校尉掌北軍營壘內外及掌四城』，是其證。四、西、城、域，字相似，又涉下文西域而誤耳。據〈漢紀〉，則『外』字當屬上讀，舊本〈北堂書鈔·設官部十三〉引此，云『掌北軍壘門內外』，（陳禹謨本於此下加『掌西域』三字，又引師古注為證）亦以『外』字上屬。〈太平御覽·職官部〉三十八、四○並同師古，以『外』字屬下讀，亦非。」〔註76〕據此，王念孫認為西漢中壘校尉「掌西域」應為「掌四城」。王先謙《漢書補注·百官公卿表》「中壘校尉」條引「王念孫曰」，與此略同。〔註77〕學者呂思勉〔註78〕、勞幹〔註79〕均同意王念孫的論斷。

〔註76〕 王念孫：《讀書雜志》，江蘇古籍出版社，1982 年版，第 206～207 頁。

〔註77〕 《漢書補注·刑法志》注引沈欽韓曰：「中壘校尉掌北軍壘門，又掌西域，不領兵，故但云七校。晉灼言胡騎不常置，故七，此是在後之制，非武帝制也。」這裡王先謙又引「中壘校尉掌西域」說。可見，此書前後存在相互矛盾之處。

〔註78〕 呂思勉：《秦漢史》，上海古籍出版社，2005 年版，第 572 頁。

〔註79〕 勞幹：《論漢代的衛尉與中尉兼論南北軍制度》，《國立中央研究院歷史語言研究所集刊》第 29 本，1957 年版，第 451 頁。

（2）「中壘校尉外掌西域」說

杜佑《通典・職官十六》「中壘校尉」條本注云：「漢掌北軍營壘門內，又外掌西域。」這表明杜佑認同班固的記載。此外，（清）王榮商《漢書補注・百官公卿表》「中壘校尉」條王榮商按：「四城當是城門校尉所掌。荀紀作四城門又不敘城門校尉似亦錯誤不足據。」〔註80〕此後，陳直先生又從版本學和文獻記載兩方面對中壘校尉職責進行了詳細的考述，認為其確有「外掌西域」職掌。學者雷海宗〔註81〕、何茲全〔註82〕均持相同觀點。

以上兩種觀點各有所據，究竟哪種觀點符合歷史事實呢？筆者詳考漢史發現「西漢中壘校尉掌四城（門）」說存在很多疑點，似與史實不符。可得而說的理由有以下四點：

第一，從文獻記載方面分析，就現存西漢原始材料中，除《前漢紀》之外，再無「中壘校尉掌四城門」記載。《通典・職官十六》「中壘校尉」條本注云：「漢掌北軍營壘門內，又外掌西域。」這表明唐代杜佑所見《漢書》此條為「西域」而非「四城」。《西漢會要・職官部二・八校尉》記載中壘校尉「外掌西域」，這說明南宋徐天麟所見《漢書》所載亦為「西域」。孫逢吉《職官分紀・北軍中候》：「武帝置中壘校尉，掌北軍壘門內，外掌西域。」這證明孫氏所見《漢書》此條和今本《漢書》基本相同。馬端臨《文獻通考・職官考十八》云：中壘校尉「漢掌北軍營壘門內，又外掌西域。」洪飴孫《三國職官表》「魏中壘將軍」條：「案：西漢有中壘校尉營壘門內，又外掌西域。」亦以顏師古注為據。以上諸書關於中壘校尉職掌的記載均不言掌四城門，唯荀紀記載中壘校尉掌四城門，然而在文中荀悅並未說明他的根據和理由。

第二，關於四城（門）的地理位置。王念孫引《前漢紀》謂「中壘校尉掌北軍壘門內外及四城」，而《前漢紀》原文則為「中壘校尉，掌北軍壘門內外及掌四城門」，表義非常清楚。筆者詳考西漢史籍，無論是傳、紀，還是表、志均找不到「四城」的記載。事實上，西漢時期的京師似乎並沒有「四城」之設。另外，西漢京師當時有十二座城門〔註83〕，如果按荀悅「掌四城門」

〔註80〕 陳直：《漢書新證》，天津人民出版社，1979 年版，第 1057 頁。

〔註81〕 雷海宗：《中國的兵》，中華書局，2005 年版，第 122～123 頁。

〔註82〕 何茲全：《魏晉的中軍》，《國立中央研究院歷史語言研究所集刊》（第 17 本），中華書局，1987 年版，第 46 頁。

〔註83〕 近些年通過對漢長安城遺址的考古勘探，發現西漢長安全城共十二座城門，

的記載，那麼這四座城門是哪四座？筆者查閱史料，「四城門」之記載見於《三國志》，即《三國志‧魏書‧董卓傳》注引《九州春秋》曰：「（董）卓……輒夜遣兵出四城門，明日陳旌鼓而入。」《後漢書‧董卓傳》：「（董卓）率四五日輒夜潛出軍近營，明旦乃大陳旌鼓而還。」相同的一件事，《三國志》載「出四城門」，而《後漢書》卻云「出軍近營」，這至少說明在漢代似乎還沒有「四城門」的固定說法。

　　第三，《前漢紀‧孝惠紀》「六年十月」條所述西漢官制存在很多的問題。其一，荀紀惠帝六年敘述西漢官制，有中壘校尉一職。然筆者翻遍漢史，中壘校尉於武帝之前從未出現。《漢書‧百官公卿表》曾明確記載：「中壘校尉……皆武帝初置。」據此可知，中壘校尉應該設置於武帝時期。其二，《前漢紀‧孝惠紀》記載：「御史大夫置兩丞：一曰中丞，外督部刺史；一曰內史，掌秘書，受公卿奏事。……司隸，周官，漢爲司隸校尉，掌京師城門屯兵。」據班表可知內史在西漢時是京師最高的行政官員，內史爲御史大夫下屬一丞的記載很難令人信服。此外，御史中丞是在武帝元封五年設立刺史以後才擁有外督部刺史之職責，惠帝時期是不存在的。作爲漢代監察官員的司隸校尉「掌管京師城門屯兵」，更是無法理解。〔註84〕其三，《前漢紀‧孝惠紀》：「太中大夫，秩比二千石。」而《漢書‧百官公卿表》：「太中大夫秩比千石如故。」《漢書補注》王先謙考證曰：「此荀紀誤也。」鑒於以上三點，筆者認爲荀紀對於中壘校尉的記載可信度不高，不能引以爲據。

　　第四，按時間分析，設置中壘校尉（前111年）和城門校尉（前92年）中間雖然有將近二十年的時間差距，但在城門校尉設置之前，還有中尉負責包括城門在內的治安管理，無需中壘校尉再司其事。《漢書‧百官公卿表》：「中尉，……掌徼循京師。」所謂「徼循京師」就是負責京師的治安任務，包括防備盜賊和處理罪犯，城門的管理亦在其職權範圍之內。學者李玉福也認爲在武帝以前，京師城門由負責京師治安的中尉管轄。〔註85〕近些年經過考古發掘，在西漢長安城門遺址內側緊靠城牆，曾築有一些房屋，這大概是當時

　　　　每面城牆各有三座。羅福頤《秦漢魏晉南北朝官印徵存》卷四《新莽官印》有「昭城門候」印。此外，西安漢城遺址還出土有「建春門候」印。
〔註84〕張烈點校本《兩漢紀》在「司隸校尉」與「掌京師城門屯兵」之間填補了「城門校尉」四字。
〔註85〕李玉福：《秦漢制度史論》，山東大學出版社，2002年版，第311頁。

門候和其他守門人員的住所。〔註 86〕這些遺址的發掘佐證了班表關於中尉管理城門的記載。因此，筆者認爲在有中尉守護京師十二城門的情況下，沒有必要再設中壘校尉另掌四城門。

通過上述分析，荀悅、王念孫等人所提出的「中壘校尉掌四城（門）」說存在很多疑問，難以證明其正確性。筆者認爲西漢中壘校尉確有「外掌西域」職掌。理由如下：

首先，從班表記載順序分析。《漢書・百官公卿表》在司隸校尉、城門校尉和八校尉官職後，記載「西域都護加官，宣帝地節二年初置，以騎都尉、諫大夫使護西域三十六國，有副校尉，秩比二千石。」然後又記載奉車都尉、駙馬都尉之職等。可見，班表是把西域都護放在了司隸校尉、城門校尉、八校尉與奉車都尉、駙馬都尉之間來加以記述。這又該如何解釋呢？筆者認爲最合理的解釋似乎是：八校尉中確有校尉負責管理西域事務，這樣班固才將西域都護放在八校尉後加以記載，邏輯性清晰可見。正如前文所述，在八校尉中有這種職責記載的只有中壘校尉。除此解釋，這種記述的次序是無法理解的。

其次，從當時西域具體情況分析。關於西域都護設置的時間，史學界尚有不同說法。《漢書・宣帝紀》載神爵二年（前 60 年），「匈奴日逐王先賢撣將人眾萬餘來降。使都護西域騎都尉鄭吉迎日逐，破車師，皆封列侯」。然《漢書・百官公卿表》指明：「西域都護，加官，宣帝地節二年初置。」最近，學者李大龍通過考證認爲西域都護設於神爵三年。〔註 87〕但無論西域都護是設立於地節二年（前 68 年），或神爵二年，還是神爵三年，都能證明自漢武帝通西域以後到宣帝之前，漢朝還沒有專門掌管西域的官員。這些均說明在西域都護設立之前，中壘校尉兼掌西域事務是很有可能的。

再次，西漢北軍與西域諸校的關係。負責北軍日常軍務的中壘校尉如有「外掌西域」職能，那麼西域軍隊與北軍也許會有某些聯繫。學者殷晴認爲：西域屯田士卒多爲免刑罪人，至於……基層軍官，部分由北軍派出。〔註 88〕歷史事實是否如此呢？敦煌懸泉漢簡的出土爲研究這一問題提供了新的線索。簡文云：

〔註 86〕 李發林：《戰國秦漢考古》，山東大學出版社，1991 年版，第 236 頁。
〔註 87〕 李大龍：《都護制度研究》，黑龍江教育出版社，2003 年版，第 49 頁。
〔註 88〕 殷晴：《懸泉漢簡和西域史事》，《西域研究》，2002 年第 3 期，第 13 頁。

1. □□渠犁□□丞王常、□忠更終罷，給北軍，詔□爲駕一封軺傳，
   一人共載，有請。甘露□年……謂……（II 0214③：67）〔註89〕

2. ……送使渠犁校尉莫（幕）府、掾遣會大風、折傷蓋□十五枚、
   御趙定傷……。（II 0215④：36）〔註90〕

3. 將田渠犁校尉史移安漢□□□送武，軍司令史田承□□□□。謹
   長至罷，詣北軍以傳，詔爲駕一封軺傳，傳乘爲載。（91C：59）
   〔註91〕

4. 建始五年……□田車師左部中曲候令史禮調罷將……候行丞……
   □□爲駕詣北軍，爲駕一封軺傳，有請。當……□史。（A）（II 0214
   ②：137）〔註92〕

學者胡平生、張德芳在簡 1 下引用班表關於中壘校尉職掌的文字記載，推斷
出中壘校尉確有外掌西域職能。〔註93〕筆者認爲此說可取。今據簡 2、簡 3，
可判斷簡 1 中的第一、第二個空格似爲「將田」二字，第三、第四空似缺「都
尉」二字。〔註94〕簡 1、簡 3、簡 4 是在西域領護屯田的渠犁校尉和戊己校尉
的屬官經過敦煌懸泉郵驛時留下的記錄，這其中最重要的是反映了這些校尉
屬官與北軍的關係。一方面這些校尉及其屬官的乘傳需由北軍辦理，另一方
面，說明渠犁校尉所屬軍吏在西域服役後，是要調回北軍的。正如《漢書‧
段會宗傳》顏師古注引如淳曰：「邊吏三歲一更，下言終更皆是也。」以上簡
文說明西域屯田軍隊很有可能隸屬於北軍，而中壘校尉又有掌管北軍日常軍
務的職能，這樣中壘校尉有「外掌西域」職掌就不難理解了。

〔註89〕 胡平生、張德芳：《敦煌懸泉漢簡釋粹》，上海古籍出版社，2001 年版，第 122
　　　　 頁。

〔註90〕 胡平生、張德芳：《敦煌懸泉漢簡釋粹》，上海古籍出版社，2001 年版，第 117
　　　　 頁。

〔註91〕 胡平生、張德芳：《敦煌懸泉漢簡釋粹》，上海古籍出版社，2001 年版，第 123
　　　　 頁。

〔註92〕 胡平生、張德芳：《敦煌懸泉漢簡釋粹》，上海古籍出版社，2001 年版，第 127
　　　　 頁。

〔註93〕 胡平生、張德芳：《敦煌懸泉漢簡釋粹》，上海古籍出版社，2001 年版，第 122、
　　　　 123 頁。

〔註94〕 《漢書‧鄭吉傳》：「自張騫通西域，李廣利征伐之後，初置校尉，屯田渠黎。」
　　　　 《漢書‧西域傳》：「於是自敦煌西至鹽澤，往往起亭，而輪臺、渠犁皆有田
　　　　 卒數百人，置使者校尉領護。」可見，西漢確實在渠犁等地屯田，並設校尉
　　　　 進行嚴格管理。

綜上所考，《漢書‧百官公卿表》關於中壘校尉「掌北軍中壘門內，外掌西域」的記載是正確的，唐代學者顏師古的解釋是符合歷史事實的。荀悅《漢紀》「中壘校尉掌北軍壘門內外及掌四城門」記載當有訛誤，清代學者王念孫等人提出的中壘校尉「掌四城」之說沒有充足的證據，故難以令人信服。總之，西漢中壘校尉掌北軍壘門內，且有外掌西域之職掌。

3. 八校尉與京師北軍的關係

關於武帝以後八校尉與北軍的關係，《歷代兵制》云：「北軍分八校。」後世學者大多贊同這種說法。例如，雷海宗先生認為：「七校統稱北軍。」〔註95〕楊鴻年先生認為：「前漢北軍有八校。」〔註96〕安作璋、熊鐵基先生認為：「武帝時增設八校尉，……號稱北軍。」〔註97〕以上學者皆認為漢武帝以後的北軍分為八校尉。那麼這種說法是否符合事實呢？關於掌北軍壘門內軍務的中壘校尉屬北軍範圍，前輩學者說法基本一致，並無異議。然言其餘七校尉亦屬北軍者，雖大有人在，但其所引之證據卻軟弱無力，幾乎千篇一律地轉抄陳傅良、馬端臨的話作為唯一依據。殊不知，《歷代兵制》、《文獻通考》的這句話本身也只是一句孤零零的結論，並無證據證明。〔註98〕事實上，八

〔註95〕雷海宗：《中國的兵》，中華書局，2005年版，第46頁。

〔註96〕楊鴻年：《漢魏制度叢考》，武漢大學出版社，2005年第2版，第173頁。

〔註97〕安作璋、熊鐵基：《秦漢官制史稿》（上冊），齊魯書社，1984年版，第251頁。

〔註98〕李玉福先生在《秦漢制度史論》書中指出七校屬北軍時，列舉出兩條證據：其一，《漢書‧霍光傳》：「光薨……發材官輕車北軍五校士軍陳至茂陵。」這裡出現了北軍五校。其二，《漢書‧張安世傳》：「為大司馬車騎將軍，……更為衛將軍，兩宮衛尉，城門、北軍兵屬焉。」李先生認為：「張安世為大司馬衛將軍後，京師各種宿衛兵均應受其管轄，但引文僅提到兩宮衛尉、城門、北軍兵，沒有單列七校兵，其原因是北軍包括七校兵，故無須單列。」細察推敲，李先生所舉證據有可商榷之處：首先，《漢書‧霍光傳》「北軍五校士」的記載為孤例，難以說明問題。《補漢兵志》陳元粹注曰：「霍光傳：發材官輕車北軍五校士軍陳至茂陵，謂北軍及五校也。」即宣帝所發軍隊為北軍與五校兵，而不是北軍五校兵。其次，張安世無統轄京師各種宿衛兵之權。宣帝時的大司馬性質是加官，空有名號，並無實權。若大司馬衛將軍張安世統領京師各種宿衛軍隊，班固為何棄「典京師兵衛」之類詞語不用，代之以「兩宮衛尉、城門、北軍兵」，使話變得如此迂曲費解。查閱史書發現，當時京師除兩宮衛尉、城門、北軍兵之外，還有郎官、虎賁、羽林以及執金吾所領之緹騎、持戟等軍隊，這些軍隊是不屬張安世管轄的。由上可見，京師各種宿衛兵受大司馬衛將軍張安世管轄的說法不能成立。李玉福先生在此基礎上所做的推論自然也是靠不住的。換言之，張安世的例證並不能排除七校兵同光

校尉是武帝爲增強京城地區警衛力量而設立的互不統屬的八個武官，中壘校尉以外的七校兵似不在北軍之列。所舉理由如下：

從文獻方面分析，目前尚無「北軍八校」的記載。通覽《史記》、《漢書》、《漢舊儀》及《漢官儀》，無論是紀、傳，還是表、志，均找不到「北軍八校」以及其他類似稱呼的記載。凡記載八校尉者，均不言北軍八校尉，如《史記·西南夷列傳》：「漢乃發巴蜀罪人嘗擊南越者八校尉擊破之。會越已破，漢八校尉不下。」《漢書·趙充國傳》：「有詔將八校尉，……合疏捕山間虜。」以上記載只言八校尉，不云北軍八校尉。筆者翻閱歷代史籍，言八校尉爲北軍者有三，即《歷代兵制》、《西漢會要》、《文獻通考》。正如前文所說，《歷代兵制》、《文獻通考》雖云八校爲北軍，但未舉其證據，此勿論。《西漢會要·職官二·八校尉》徐天麟按語：「中壘校尉掌北軍，則知八校皆北軍也。東都五營，即八校之並省者，而後〔漢〕書每有北軍五校之稱，則八校屬北軍又明矣。」此言有兩處疑問：其一，《漢書·百官公卿表》「中壘校尉掌北軍壘門內」句，係指負責北軍營壘內日常軍務，無從確定「八校皆北軍」。其二，西漢八校尉在東漢初期並省爲五校尉，《後漢書》中也確有東漢「北軍五校」的諸多記載，但若僅以東漢制度而推斷西漢七校同中壘校尉一樣亦屬北軍，這種推測是靠不住的。

從組織系統分析，北軍與七校尉各自獨立。《漢書·劉屈氂傳》：「（太子）持節發長水及宣曲胡騎，皆以裝會。（侍郎莽）告胡人曰：『節有詐，勿聽也。』……太子召監北軍使者任安發北軍兵。」師古曰：「長水，校名。宣曲，宮也，並胡騎所屯。」武帝時太子劉據政變，先遣如侯持節發長水校尉軍隊，但沒有成功，而後又要發北軍。顯然，長水校尉所領長水及宣曲胡騎是不屬北軍的。新莽末年，「九虎」將軍率北軍精兵數萬擊更始軍敗散後，京師兵衛空虛，王莽認爲「城門卒，東方人，不可信，……更發越騎士爲衛，門置六百人」〔註99〕。北軍戰場潰敗後，王莽則發三輔越騎兵爲長安城門屯衛，這是越騎校尉軍隊不屬北軍的證明。此外，《史記·田叔列傳》：「是時任安爲北軍使者護軍，太子立車北軍南門外，召任安，與節令發兵。」可知西漢曾設有北軍使者護軍一職，以監領北軍。劉向《說苑·指武》：「北軍

　　　祿勳所屬郎官一樣，既不屬兩宮衛尉、城門、北軍兵，也不由大司馬衛將軍
　　　張安世統領的可能性。
〔註99〕　《漢書》卷九九《王莽傳》，第4190頁。

監御史爲姦，穿北門垣以爲賈區。胡建守北軍尉（《漢書·胡建傳》作軍正丞），……建欲誅監御史，……於是當選士馬日，護軍諸校列坐堂皇上，監御史亦坐。……遂斬監御史，護軍及諸校皆愕驚。」這裡的護軍和上文任安所任北軍使者護軍實爲一官。護軍與諸校尉並坐，似說明領北軍的護軍並不監領諸校尉。

通過以上分析，筆者認爲在武帝所置的八校尉中，只有中壘校尉屬北軍，正如《補漢兵志》「武帝內增七校」條陳元粹注云：「所謂七校者，蓋中壘係北軍。」而其它七校尉則不在北軍之列。總之，「北軍分八校」的說法難以成立。

西漢北軍與八校尉關係示意圖

西漢初期 ——→ 漢武帝時期

```
                           西漢初期 ——→ 漢武帝時期
                             │            │

              北軍 —— 中尉 ————————→ 護北軍使者（監管北軍）

                                    ——→ 中參校尉（掌北軍營參內軍務）

      京                         ——→ 屯騎校尉（掌騎士）
      師
      常                         ——→ 步兵校尉（掌上林苑門屯兵）
      備
      軍                         ——→ 越騎校尉（掌越騎）

                                    ——→ 長水校尉（掌長水、宣曲胡騎）

              八校尉 ——————————→ 胡騎校尉（掌胡騎之屯池陽者，不常置）

                                    ——→ 射聲校尉（掌待詔射聲士）

                                    ——→ 虎賁校尉（掌輕軍）
```

二、京畿地區治安機構的變革

從漢武帝時期開始，政府逐步改變了京畿地區防衛體制。西漢前期由一人負責的京畿守衛和治安的格局被打破，開始實行分區管理。這就在京畿內部實現了各治安機構的相互牽制以及對京畿外各郡國的威懾力量。

（一）分置京輔都尉、左輔都尉、右輔都尉

上文已經講述到，在漢武帝更名中尉爲執金吾以後，增設屬官左右京輔

都尉，隸屬於執金吾。《漢書・百官公卿表》「中尉」條記載：「武帝太初元年更名執金吾。屬官有中壘、寺互、武庫、都船四令丞。都船、武庫有三丞，中壘兩尉。又式道左右中候、候丞及左右京輔都尉、尉丞兵卒皆屬焉。」然後世學者對於「左右京輔都尉」的解釋卻存在巨大差異。安作璋、熊鐵基先生認為「左右京輔都尉」應讀為左京輔都尉、右京輔都尉。〔註100〕主要的理由是《漢書・百官公卿表》漢武帝於元鼎四年（前113年）「更置二輔都尉」的記載。筆者通過閱讀發現，安作璋、熊鐵基先生論斷無法令人信服。

首先，在《史記》、《漢書》、《後漢書》等漢代史籍中尚未發現「左京輔都尉」和「右京輔都尉」的具體記載。相反，筆者卻發現了很多京輔都尉、左輔都尉和右輔都尉的記載。

有關京輔都尉的記載有：《漢書・宣帝紀》載：「封御史大夫廣明為昌水侯，後將軍充國為營平侯，大司農延年為陽城侯，少府樂成為爰氏侯，光祿大夫遷為平丘侯。賜右扶風德、典屬國武、廷尉光、宗正德、大鴻臚賢、詹事畸、光祿大夫吉、京輔都尉廣漢爵皆關內侯。」同書《霍光傳》又載：「丞相臣敞、……京輔都尉臣廣漢、司隸校尉臣辟兵、諸吏文學光祿大夫臣遷、臣畸、臣吉、臣賜、臣管、臣勝、臣梁、臣長幸、臣夏侯勝、太中大夫臣德、臣卬昧死言皇太后陛下。」有關左輔都尉的記載有：《漢書・地理志》：「左馮翊，故秦內史，高帝元年屬塞國，二年更名河上郡，九年罷，復為內史。武帝建元六年分為左內史，太初元年更名左馮翊。戶二十三萬五千一百一，口九十一萬七千八百二十二。縣二十四：高陵，左輔都尉治。」有關右輔都尉的記載有：《漢書・翟方進傳》：「初，三輔聞翟義起，自茂陵以西至㮹二十三縣盜賊並發，趙明、霍鴻等自稱將軍，攻燒官寺，殺右輔都尉及陌令，劫略吏民，眾十餘萬。」同書《酷吏傳》：「江湖中多盜賊，以常為江夏太守，捕格江賊及所誅吏民甚多，坐殘賊免。南山群盜起，以賞為右輔都尉，遷執金吾，督大姦猾。三輔吏民甚畏之。」有關三輔都尉的記載：《後漢書・西羌傳》：「軍營久出無功，有廢農桑，乃詔任尚將吏兵還屯長安，罷遣南陽、穎川、汝南吏士，置京兆虎牙都尉於長安，扶風都尉於雍，如西京三輔都尉故事。」

其次，安作璋、熊鐵基先生之所以認為「左右京輔都尉」應讀為左京輔

<hr />

〔註100〕安作璋、熊鐵基：《秦漢官制史稿》（下冊），齊魯書社，1985年，第222頁。

都尉、右京輔都尉，主要的依據就是《漢書・百官公卿表》的「更置二輔都尉」的記載。《漢書・百官公卿表》的原文是：「主爵中尉，秦官，掌列侯。景帝中六年更名都尉，武帝太初元年更名右扶風，治內史右地。屬官有掌畜令丞。又右都水、鐵官、廄、雍廚四長丞皆屬焉。與左馮翊、京兆尹是為三輔，皆有兩丞。列侯更屬大鴻臚。元鼎四年更置二輔都尉〔註101〕、都尉丞各一人。」當然，在漢武帝太初年間改置京兆尹、右扶風、左馮翊三輔之前，是不太可能存在三輔都尉之說的。筆者認為比較恰當的解釋似乎是：在元鼎四年設置的是左輔都尉和右輔都尉。太初元年之後，又增加了京輔都尉一職。

綜上所述，筆者認為三輔都尉是有一個形成的過程。根據《漢書・元帝紀》的記載，左輔都尉、右輔都尉和京輔都尉秩皆二千石，主要職責是逮捕盜賊，維護社會穩定。《漢書・東方朔傳》記載：「右輔都尉徼循長」師古曰「徼，遮繞也；循，行視也，戒備非常也。」《漢書・田仁傳》亦載：「仁以壯勇為衛將軍舍人，數從擊匈奴。衛將軍進言仁為郎中，至二千石丞相長史失官。後使刺三河，還，奏事稱意，拜為京輔都尉。月餘，遷司直。數歲，戾太子舉兵，仁部閉城門，令太子得亡，坐縱反者族。」據此可知，三輔都尉主要負責京畿地區的治安管理工作。與執金吾所不同的是，三輔都尉是分區警備，把京畿劃分成幾個不同的治安區域。

三輔都尉雖然與普通郡尉的職責基本相同，但也有自己的特殊性，首先，三輔都尉各有治所，所在地不與三輔行政長官的治所相同。《三輔黃圖》明確記載：「京兆，在故城南尚冠里。馮翊，在故城內太上皇廟西南。扶風，在夕陰街北。……三輔郡皆有都尉，如諸郡。京輔都尉治華陰，左輔部尉治高陵，右輔都尉治郿。」其次，三輔都尉往往可以陞遷為三輔行政長官之職。如西漢時期，王章、王尊、趙廣漢等官吏都曾先作三輔都尉，而後才任京兆尹之職的。《漢書・王尊傳》記載：「於是鳳薦尊，徵為諫大夫，守京輔都尉，行京兆尹事，旬月間盜賊清。」再次，三輔都尉非隸屬於三輔地區最高行政長官京兆尹、右扶風、左馮翊，而是隸屬於執金吾。也就是說，三輔都尉直屬朝廷列卿的執金吾調度。最後，三輔都尉各有分工，相互制約，又相互合作，

〔註101〕 錢大昕、王先謙先生均對此進行過考證，認為二乃三字之誤。中華書局點校本從之。《補漢兵志》就明確記載：「武帝置左右京輔都尉，分掌三輔而屬之中尉，則中尉所事職唯徼循而已。」陳元粹注曰「《百官表》：元鼎四年，置三輔都尉，都尉丞各一人。」

共同維護京畿的治安。漢武帝設置三輔都尉改變了秦朝和漢初由一名武官統帥京畿治安管理的局面。中尉雖然名義上還是三輔駐軍的首長，但事權分散，與之前不可同日而語。它的職權範圍逐漸以警備長安城爲主。中尉職權的變化，反映專制國家爲加強集權統治，不僅要造成京畿對外郡「居重馭輕」的形勢，並且在京畿內部也要使各軍相互牽制。

（二）分設京兆尹、左馮翊、右扶風

　　京畿地區治安機構設置是從景帝時發生了變化。漢景帝首先把內史分爲了左、右內史，後又把主爵中尉更名爲都尉。漢武帝又把京畿分成三個部分，即京兆尹、右扶風和左馮翊，三部分合稱「三輔」，這三者在漢代既爲地區名，也爲官名，與郡守相當。三者治所均在長安城內。《三輔黃圖》在記載三輔沿革和治所中講到：

> 景帝分置左右內史，此爲右內史。武帝太初元年改內史爲京兆尹，與左馮翊，右扶風，謂之三輔。其理俱在長安城中。……三輔治所，京兆，在故城南尚冠里。馮翊，在故城內太上皇廟西南。扶風，在夕陰街北。……三輔者，謂主爵中尉及左、右內史。漢武帝改曰京兆尹、左馮翊，右扶風，共治長安城中，是爲三輔，三輔郡皆有都尉，如諸郡。京輔都尉治華陰，左輔部尉治高陵，右輔都尉治郿。

班固《漢書・百官公卿表》記載京兆尹，左馮翊，右扶風，皆秩二千石，如郡守。但《後漢書・百官志》卻記載三輔秩級爲中二千石：「其京兆尹、左馮翊、右扶風三人，漢初都長安，皆秩中二千石，謂之三輔。中興都雒陽，更以河南郡爲尹，以三輔陵廟所在，不改其號，但減其秩。」安作璋、熊鐵基先生考證後認爲，《後漢書・百官志》的記載似較準確。〔註102〕西漢三輔長官地位高於他郡，其掾吏地位也比他郡爲高。如《漢書・黃霸傳》記載：「黃霸字次公，淮陽陽夏人也，以豪桀役使徙雲陵。霸少學律令，喜爲吏，武帝末以待詔入錢賞官，補侍郎謁者，坐同產有劾免。後復入穀沈黎郡，補左馮翊二百石卒史。」顏師古注引如淳曰：「三輔郡得仕用它郡人，而卒史獨二百石，所謂尤異者。」又，《漢書・趙廣漢傳》：「長安遊徼獄吏秩百石，其後百石吏皆差自重。」普通郡縣獄史等官員皆不滿百石，此爲秩級尤異

〔註102〕安作璋、熊鐵基：《秦漢官制史稿》（下冊），齊魯書社，1985年，第41頁。

之一例。

京兆尹屬官有「長安市、廚兩令丞，又都水、鐵官兩長丞」〔註103〕。長安市令、丞的職掌爲管理長安城內商業貿易；長安廚令、丞所掌爲皇帝巡幸離宮別苑時之供帳；都水長、丞主管京兆尹境內的灌溉渠道，1984 年在西漢長安城遺址曾出土有「都水丞印」，是爲其證。右扶風屬官有「廩犧令丞尉。又左都水、鐵官、雲壘、長安四市四長丞皆屬焉」〔註104〕；左馮翊屬官有「掌畜令丞。又有都水、鐵官、廄、廱廚四長丞皆屬焉」〔註105〕。通過閱讀，我們會發現右扶風、左馮翊屬官設置情況大體與京兆尹一致，只是負責的區域不同而已。

三輔最高行政長官雖然主要負責轄區內的行政事務，但對治安管理負有不可推卸的責任。例如，薛宣在任左馮翊時，就運用監察權比較得體的處理了下屬令長的違法問題。《漢書·薛宣傳》記載：

> 始高陵令楊湛、櫟陽令謝遊皆貪猾不遜，持郡短長，前二千石數案不能竟。及宣視事，詣府謁，宣設酒飯與相對，接待甚備。已而陰求其罪臧，具得所受取。宣察湛有改節敬宣之效，乃手自牒書，條其姦臧，……湛自知罪臧皆應記，而宣辭語溫潤，無傷害意。湛即時解印綬付吏，爲記謝宣，終無怨言。而櫟陽令遊自以大儒有名，輕宣。宣獨移書顯，責之曰：「告櫟陽令：吏民言令治行煩苛，適罰作使千人以上；賊取錢財數十萬，給爲非法；賣買聽任富吏，貴數不可知。證驗以明白，欲遣吏考案，恐負舉者，恥辱儒士，故使掾平鐫令。……令詳思之，方調守。」遊得檄，亦解印綬去。

此外，敦煌懸泉漢簡：

> 簡18：元康四年五月丁亥朔丁未，長安令安國、守獄丞左、屬禹敢言之：謹移髡鉗亡者田勢等三人年、長、物、色，去時所衣服。謁移左馮翊、右扶風、大常、弘農、河南、河內、河東、潁川、南陽、天水、隴西、安定、北地、金城、西河、張掖、酒泉、敦煌、武都、漢中、廣漢、蜀郡……（II 0111④：3）

這份文件應是早在西漢宣帝元康四年（前 62 年）時，京兆尹長安縣令爲追捕

〔註103〕《漢書》卷十九《百官公卿表》，第 736 頁。
〔註104〕《漢書》卷十九《百官公卿表》，第 736 頁。
〔註105〕《漢書》卷十九《百官公卿表》，第 736 頁。

田蚡等三位逃犯而行文到全國各地，請求協助追捕的官文書。

京畿地區最高行政長官有處理京師普通的刑事案件和民事案件的職責。如尹翁歸「以高第入守右扶風，……京師畏其威嚴，扶風大治，盜賊課常爲三輔最」〔註106〕。但是，如果京師出現重大的治安事件，如暴亂、偷盜皇陵等嚴重危害皇帝安全的案件，還是要交由中央處理。皇帝有時還要親自過問一些重大案件，決定對某些重要罪犯的懲罰。例如，《史記·張釋之列傳》載有：「上行出中渭橋，有一人從橋下走出，乘輿馬驚，於是使騎捕，屬之廷尉，（廷尉張）釋之治問」，如此類治安事件，均由廷尉來審問，而不是京兆尹。再如，「會人有盜發孝文園瘞錢，丞相青翟朝，與湯約俱謝」〔註107〕。征和四年（前89年）發生的戾太子事件，丞相劉屈氂就要參與治安管理了。《漢書·劉屈氂傳》記載：「戾太子爲江充所譖，殺充，發兵入丞相府，屈氂挺身逃，亡其印綬。是時上避暑在甘泉宮，丞相長史乘疾置以聞。上問：『丞相何爲？』對曰：『丞相秘之，未敢發兵。』上怒曰：『事籍籍如此，何謂秘也？丞相無周公之風矣。周公不誅管蔡乎？』乃賜丞相璽書曰：『捕斬反者，自有賞罰。……堅閉城門，毋令反者得出。』」引文表明，京畿最高行政長官有禁捕盜賊，擒討姦猾的職責。同時，還要配合中央政府的統一部署，採取相應的行動。

（三）增設司隸校尉

司隸校尉，秩比二千石，武帝初置。《漢書·百官公卿表》記載：「司隸校尉，周官，武帝征和四年初置。持節，從中都官徒千二百人，捕巫蠱，督大姦猾，後罷其兵。察三輔、三河、弘農。元帝初元四年去節，成帝元延四年省，綏和二年，哀帝復置，但爲司隸，冠進賢冠，屬大司空，比司直。」《後漢書·百官志》記載：「司隸校尉一人，比二千石。本注曰：孝武帝初置，持節，掌察舉百官以下，及京師近郡犯法者。元帝去節，成帝省，建武中復置，並領一州。從事史十二人。」據此可知，司隸校尉是漢代監督京師和地方的監察官。始置於漢武帝征和四年，初置時持節，有權劾奏公卿貴戚。雖然漢代司隸校尉的管轄範圍不僅僅限於京師地區，但其參與京師的治安管理是無疑的。

〔註106〕 《漢書》卷七六《尹翁歸傳》，第3208頁。
〔註107〕 《史記》卷一二二《酷吏列傳》，第2643頁。

1. 司隸校尉的設立

班固《漢書‧百官公卿表》記載，司隸校尉設置於漢武帝征和四年，即公元前 89 年。崔瑗《司隸校尉箴》：「江充作亂，辱於戾園。率隸掘蠱，以詰其姦。既定既寧，爰遂其官。俾督京甸，時惟鷹鸇。」據此可知，司隸校尉設置與當時震驚朝野的「巫蠱之禍」有關。所謂「巫蠱」，是用巫術詛咒及用木偶埋於地下，用以害人。漢武帝晚年多病，懷疑為有人巫蠱所致。是時，武帝的佞臣江充誣陷皇太子劉據在東宮地下埋木偶人。太子惶恐，無法自白，被迫起兵殺死江充。武帝大怒，發兵捕殺，雙方在長安城激戰五日，自皇太子以下死者數萬，史稱「巫蠱之禍」。司隸校尉正是漢武帝臨時為巫蠱案設立的督捕官。但查閱史書，發現「巫蠱之禍」發生的時間應該在征和二年（前 91 年）。《漢書‧武帝紀》記載征和二年：

圖 4-2-1
漢故司隸校尉
忠惠父魯君碑

> 秋七月，按道侯韓說、使者江充等掘蠱太子宮。壬午，太子與皇后謀斬充，以節發兵，與丞相劉屈氂大戰長安，死者數萬人。庚寅，太子亡，皇后自殺。初置城門屯兵。更節加黃旄。御史大夫暴勝之、司直田仁坐失縱，勝之自殺，仁要斬。八月辛亥，太子自殺於湖。

《漢書‧五行志》亦云：

> 征和二年春，涿郡鐵官鑄鐵，鐵銷，皆飛上去，此火為變使之然也。其三月，涿郡太守劉屈氂為丞相。後月，巫蠱事興，帝女諸邑公主、陽石公主、丞相公孫賀、子太僕敬聲、平陽侯曹宗等皆下獄死。七月，使者江充掘蠱太子宮，太子與母皇后議，恐不能自明，乃殺充，舉兵與丞相劉屈氂戰，死者數萬人，太子敗走，至湖自殺。

據此可知，震驚朝野的「巫蠱之禍」是發生在征和二年，而不是征和四年。若按崔瑗《司隸校尉箴》的記載，那麼司隸校尉就應該置於征和二年。但發生於征和二年的巫蠱事件中，並不見司隸校尉的任何記載。此外，有些史書對於司隸校尉的設置時間的記載也模糊不清。例如《漢舊儀》云：「司隸校尉，

武帝初置。後諸侯王貴戚不服，乃以中都中官徒奴千二百人屬爲一校尉部刺史，督二千石也。」〔註108〕《北堂書鈔·設官部》記載：「征和中，陽石，子（公）孫賀、敬聲之獄。乃依周禮，置司隸校尉，持節都督大姦猾事，復置其司，令懂領京師、三輔、三河、弘農者。」上引兩段文字，一曰「武帝初置」，一曰「征和中」，均不言司隸校尉設置之具體時間。當代學者朱紹侯在《淺議司隸校尉初設之謎》一文中，通過分析認爲司隸校尉是由繡衣直指使者演化而來。初置司隸校尉的年代是征和二年，而不是征和四年。〔註109〕

通過查閱史書，我們發現早在征和元年就已經有「巫蠱」事件的發生，而且以後巫蠱事連歲不決。《漢書·武帝紀》記載征和元年：「冬十一月，發三輔騎士大搜上林，閉長安城門索，十一日乃解。巫蠱起。」《漢書·宣帝紀》：「巫蠱事連歲不決。至後元二年，武帝疾，往來長楊、五柞宮，望氣者言長安獄中有天子氣，上遣使者分條中都官獄繫者，輕、重皆殺之。」《漢書·五行志》：「後二年，丞相王商與鳳有隙，鳳譖之，免官，自殺。明年，京兆尹王章訟商忠直，言鳳顓權，鳳誣章以大逆罪，下獄死，妻子徙合浦。後許皇后坐巫蠱廢，而趙飛燕爲皇后，妹爲昭儀，賊害皇子，成帝遂亡嗣。皇后、昭儀皆伏辜。一曰，鐵飛屬金不從革。」據此可知，在西漢歷史上都發生過多次巫蠱事件。或許，漢武帝在征和二年可能已設置了處理巫蠱事件的機構，但爲臨時機構，既不常置，也不稱司隸校尉。《漢書·百官公卿表》有「侍御史有繡衣直指，出討姦猾，治大獄，武帝所制，不常置」的記載。《漢官答問》卷一「御史大夫」條：「繡衣直指，武帝所制，不常置，出討奸，治大獄，逐捕盜賊，督課郡國。」注曰：「江充爲繡衣直使者督三輔盜賊禁察逾侈。」到征和四年，漢武帝才正式設立司隸校尉，處理巫蠱事件的機構才由臨時發展爲常設機構。

2. 司隸校尉地位的變化

根據《漢書》的記述，可把司隸校尉的地位變化分爲三個階段：

第一階段，漢武帝設立司隸校尉至「後罷其兵。察三輔、三河、弘農」前，即「位輕權重」階段。這時候的司隸校尉地位不高，位在比兩千石的司直之下，但職權卻是有「兵」又有「節」。所謂「兵」是指率領「從中都官徒

千二百人」,《北堂書鈔·設官部》記載武帝初置司隸校尉後,「諸侯王貴戚不服,乃以中都官徒奴千二百人屬爲一校尉部刺史,督二千石也」。可見,漢武帝設置司隸校尉時,曾遭受到諸王貴戚的反對,所以才派給司隸校尉一千二百名徒兵。所謂「節」即指司隸校尉受到皇帝的命令,可以代表皇帝行使權力。

第二階段,「罷其兵。察三輔、三河、弘農」至「綏和二年,哀帝復置」前,即「位輕權輕」階段。「巫蠱之禍」後,漢武帝覺得他的權力太重,逐「罷其兵」,即剝奪了司隸校尉統率徒兵的權力,職權也變爲了「察三輔、三河、弘農」,向京畿地區督察官員方向發展。到元帝初元四年,代表皇帝欽命身份的司隸校尉的「節」又被剝奪。《漢書·諸葛豐傳》記載:

> 諸葛豐字少季,琅邪人也。以明經爲郡文學,名特立剛直。貢禹爲御史大夫,除豐爲屬,舉侍御史。元帝擢爲司隸校尉,刺舉無所避,……時侍中許章以外屬貴幸,奢淫不奉法度,賓客犯事,與章相連。豐案劾章,欲奏其事,適逢許侍中私出,豐駐車舉節詔章曰:「下!」欲收之。章迫窘,馳車去,豐追之。許侍中因得入宮門,自歸上。豐亦上奏,於是收豐節。司隸去節自豐始。

可見,經過諸葛豐事件,司隸校尉的「節」已被剝奪,地位也隨之下降。在成帝時,甚至發生過中謁者陳臨在宮中使人刺殺司隸校尉袁豐的事件,這說明此時的司隸校尉已經自身難保了。到元延四年(前9年),成帝最終下詔「罷司隸校尉」,可以說這一階段的司隸校尉無論在地位上,還是職權上都下降到最低點。

第三階段,「綏和二年,哀帝復置」至西漢滅亡。即「明升暗降」階段。《漢書·百官公卿表》記載:「綏和二年(前7年),哀帝復置,但爲司隸,冠進賢冠,屬大司空,比司直。」漢成帝元延四年罷司隸校尉,但不到兩年的時間,哀帝又於綏和二年恢復了這一官職。與以前所不同的,哀帝所恢復的稱爲司隸,而不再稱司隸校尉。這說明此時的司隸已不是武官頭銜,這是西漢司隸校尉地位和身份的又一次重大變化。所謂「明升」是指此時司隸地位比以前要高了。《漢書·翟方進傳》記載:「故事:司隸位在司直下,初除謁兩府(丞相、御史大夫),其有所會,居中二千石前,與司直並迎丞相、御史大夫。」哀帝復置司隸後,司隸的地位與丞相府的司直相同,秩皆二千石。所謂「暗降」是指司隸由直屬皇帝變爲了大司空的屬下,而非直接對皇

帝負責。

3. 司隸校尉的職權

由於司隸校尉的這種職掌和它處於持節的地位，因此，被稱爲「臥虎」。《太平御覽》卷二五〇「司隸校尉」條引《傅咸集・敘》曰：「司隸校尉，舊號臥虎，誠以舉綱而萬目理，提領而眾毛順。」《後漢書・蓋勳傳》記載：「（董）卓問司徒王允曰：『欲得快司隸校尉。誰可作者？』允曰：『唯有蓋京兆耳。』卓曰：『此人明智有餘，然不可假以雄職。』乃以爲越騎校尉。」「雄職」二字準確地表達了司隸校尉特殊地位和權威性。然以上引文僅抽象地介紹了司隸校尉的職權，極不具體。下面筆者就司隸校尉的具體職權作一簡要考述。

（1）劾公卿百官

司隸校尉不僅可以監察京師百官，實際上三公也在其劾奏範圍。《後漢書・百官志》本注曰：「（司隸校尉）孝武帝初置，持節，掌察舉百官以下，及京師近郡犯法者。」同書注引蔡質《漢儀》曰：「職在典京師，外部諸郡，無所不糾。封侯、外戚、三公以下，無尊卑。入宮，開中道稱使者。每會，後到先去。」又，《後漢書・儒林傳》載：「建武中，仕郡縣。公正廉潔，奉祿不及妻子，皆以供賓客。及爲長吏，所在有迹，爲吏人所敬仰。喜分明去就。嘗爲縣令，謁府，趨步遲緩，門亭長譴堪御吏，堪便解印綬去，不之官。後復仕爲左馮翊，坐遇下促急，司隸校尉舉奏免官。」據此可知，司隸校尉有權監察京師百官。《通典》卷三二《職官十四》記載：「司隸校尉無所不糾，唯不察三公。」《漢舊儀》、《漢官儀》也有相似的記載。如《漢舊儀》云：「司隸校尉統皇太子、三公以下，〔及〕旁州郡，無所不統也。」〔註110〕而實際上，即使三公也在司隸校尉的監察範圍之內。《漢書・王尊傳》：「（司隸校尉王）尊於是劾奏：丞相衡、御史大夫譚位三公，典五常九德，以總方略、一統類、廣教化、美風俗爲職。知中書謁者令顯等專權擅勢，大作威福，縱恣不制，無所畏忌，爲海內患害，不以時白奏行罰，而阿諛曲從，附下罔上，懷邪迷國，無大臣輔政之義也，皆不道，在赦令前。」《後漢書・龐參傳》：「尙書僕射虞詡薦（龐）參有宰相器能，以爲太尉，錄尙書事。是時三公之中，參名忠直，數爲左右所陷毀，以所舉用忤帝旨，司隸承風案之。」丞相、御史大

〔註110〕孫星衍輯、周天遊點校：《漢官六種》，中華書局，1990 年版，第 92 頁。

夫、太尉是爲「三公」，上述諸引文都可以證明司隸校尉不僅可以奏公卿，還可以劾奏三公。此外，司隸校尉對官員違反等級制度的行爲也會加以監察。《漢書・鮑宣傳》記載哀帝時司隸校尉鮑宣維護馳道行車制度的故事：「丞相孔光四時行園陵，官屬以令行馳道中，宣出逢之，使吏鉤止丞相掾史，沒入其車馬，摧辱宰相。事下御史中丞，侍御史至司隸官，欲捕從事，閉門不肯內。宣坐距閉使者，亡人臣禮，大不敬，不道，下廷尉獄。」又，《漢書・翟方進傳》載：「遷爲丞相司直。從上甘泉，行馳道中，司隸校尉陳慶劾奏方進，沒入車馬。」同書《江充傳》：「上以充爲謁者使匈奴，還，拜爲直指繡衣使者，督三輔盜賊，禁察逾侈。貴戚近臣多奢僭，充皆舉劾，奏請沒入車馬。……充出，逢館陶長公主行馳道中。充呵問之，公主曰：『有太后詔。』充曰：『獨公主得行，車騎皆不得。』盡劾沒入官。」

（2）糾太子王侯

司隸校尉不僅可以彈劾公卿百官，就連太子、王侯也在其監察範圍之內。《漢書・元后傳》記載：「商、根兄弟欲自黥、劓謝太后。上聞之大怒，乃使尚書責問司隸校尉、京兆尹：『知成都侯商擅穿帝城，決引澧水，曲陽侯根驕奢僭上，赤墀青瑣，紅陽侯立父子臧匿姦猾亡命，賓客爲群盜，司隸、京兆皆阿縱不舉奏正法。』二人頓首省戶下。」司隸校尉因未及時彈劾違法的王氏，以致遭到皇帝的責問。這就從反面證明了司隸校尉確實有監察王侯的職責。《後漢書・鮑永傳》又載：「建武十一年，徵爲司隸校尉。帝叔父趙王良尊戚貴重，永以事劾良大不敬，由是朝廷肅然，莫不戒愼。乃辟扶風鮑恢爲都官從事，恢亦抗直不避強禦。帝常曰：『貴戚且宜斂手，以避二鮑。』其見憚如此。」引文從正面說明司隸校尉應該負有監督皇親國戚的責任。

（3）彈嬪妃進謄

漢代司隸校尉對於皇后、嬪妃的行爲也有權進行監督和檢舉。《漢書・孫寶傳》：「哀帝即位，徵寶爲諫大夫，遷司隸。初，傅太后與中山孝王母馮太后俱事元帝，有隙，傅太后使有司考馮太后，令自殺，眾庶冤之。寶奏請覆治，傅太后大怒，……上乃順指下寶獄。尚書僕射唐林爭之，上以林朋黨比周，左遷敦煌魚澤障候。大司馬傅喜、光祿大夫龔勝固爭，上爲言太后，出寶復官。」皇太后的事情，司隸也要奏請覆治，眞算得上是無所不統了。又，《後漢書・孝成趙皇后傳》：「哀帝既立，尊趙皇后爲皇太后，封太后弟侍中駙馬都尉欽爲新成侯。趙氏侯者凡二人。後數月，司隸解光奏言：『……趙昭

儀傾亂聖朝，……前平安剛侯夫人謁坐大逆，同產當坐，以蒙赦令，歸故郡。今昭儀所犯尤悖逆，罪重於謁，……。』哀帝於是免新成侯趙欽、欽兄子成陽侯訢，皆爲庶人，將家屬徙遼西郡。」漢代昭儀是僅次於皇后的后妃，解光的行爲也就證明了司隸校尉確實可以彈奏有過錯的嬪妃。

（4）捕殺之大權

對京師以及近郡的罪犯，依照詔令，司隸校尉還有捕殺大權。如《後漢書・順帝紀》：「詔司隸校尉：『惟閻顯、江京近親當伏辜誅，其餘務崇寬貸。』」《後漢書・李膺傳》記載李膺任司隸校尉時：「張讓弟朔爲野王令，貪殘無道，至乃殺孕婦，聞膺屬威嚴，懼罪逃還京師，因匿兄讓弟舍，藏於合柱中。膺知其狀，率將吏卒破柱取朔，付洛陽獄。受辭畢，即殺之。……自此諸黃門常侍皆鞠躬屏氣，休沐不敢復出宮省。帝怪問其故，並叩頭泣曰：「畏李校尉。」《後漢書・桓帝紀》載：「大將軍梁冀謀爲亂。八月丁丑，帝御前殿，詔司隸校尉張彪將兵圍冀第，收大將軍印綬，冀與妻皆自殺。衛尉梁淑、河南尹梁胤、屯騎校尉梁讓、越騎校尉梁忠、長大校尉梁戟等，及中外宗親數十人，皆伏誅。太尉胡廣坐免。」

總體來看，兩漢時期的司隸校尉可奏公卿百官、糾太子王侯、彈嬪妃進謁。或許正因如此，掌握此職即可控制朝廷百官，因而漢末權臣均願意擔任司隸一職，如樊陵寧棄太尉之職不任而任司隸。陽球棄衛尉不當，請求留任司隸。三國曹氏父子深知司隸一職的利害，對其進行了徹底的變革，完全剝奪了司隸對中央官吏的監督大權，漢代的雄虎之風不復存在。

第三節　「務從節約，並官省職」——東漢初期京師治安機構的改革與精簡

東漢時期的京師常備軍由光祿勳領導的郎衛，衛尉統領的衛士，北軍中候統領的北軍五校兵，執金吾統領的警備部隊和城門校尉統領的城門兵組成。從形式上看，似乎沿襲了西漢的治安機構設置。但在規模和數量上，由於通過改革和整編，已存在較大差異。

一、京城常備軍隊數量的裁減

東漢劉秀政權，在強化專制主義中央集權的過程中，對與之相適應的軍制進行了大刀闊斧的改革，其突出表現之一就是精簡和裁減京師常備軍。

（一）精簡光祿勳、執金吾屬官

1. 東漢光祿勳屬官

東漢沿用舊制，繼續設有光祿勳一職。《後漢書‧百官志》：「光祿勳，卿一人，中二千石。掌宿衛宮殿門戶，典謁署郎更直執戟，宿衛門戶，考其德行而進退之」〔註111〕。這裡的「謁署」乃「謁者」之誤，筆者認爲以「典謁者，郎更直，執戟宿衛門戶，考其德行而進退之」斷句爲宜。關於東漢光祿勳的職責，《後漢書‧杜林傳》記載：「司直官罷，以（杜）林代郭憲爲光祿勳。內奉宿衛，外總三署，周密敬慎，選舉稱平。」所謂「宿衛」者，虎賁、羽林郎之謂也。所謂「三署」者，郎之謂也。這裡特別值得注意的是，光祿勳不僅要負責皇帝的安全保衛工作，還要負責郎官的考評工作，即對郎吏們的品德、功績定期考評，並做出升職或黜退的決定。《後漢書‧安帝紀》記載元初六年，「詔三府選掾屬高第，能惠利牧養者各五人，光祿勳與中郎將選孝廉郎寬博有謀、清白行高者五十人，出補令、長、丞、尉。」《後漢書‧黃琬傳》又載：「稍遷五官中郎將。時陳蕃爲光祿勳，深相敬待，數與議事。舊制，光祿舉三署郎，以高功、久次、才、德尤異者爲茂才四行。時權富子弟多以人事得舉，而貧約守志者以窮退見遺，京師爲之謠曰：『欲得不能，光祿茂才。』於是琬、蕃同心，顯用志士，平原劉醇、河東朱山、蜀郡殷參等並以才行蒙舉。蕃、琬遂爲權富郎所見中傷，事下御史中丞王暢、侍御史刁韙。韙、暢素重蕃、琬，不舉其事，而左右復陷以朋黨，暢坐左轉議郎，而免蕃官，琬、韙俱禁錮。」這條史料既記載了東漢光祿勳陳蕃曾與五官中郎將黃琬共典選舉，同時也提到了光祿勳選舉郎官的四行標準，即「茂才四行」。關於這四行的解釋，《漢書‧元帝紀》記載：「二月，詔丞相、御史舉質樸、敦厚、遜讓、有行者，光祿歲以此科，第郎從官。」師古曰：「始令丞相、御史大夫舉此四科人以擢用之，而見在郎及從官，又令光祿每歲依此四科考校，定其第高低，用知其人賢否也。」除此之外，《後漢書‧范滂傳》、《三國志‧吳書‧劉繇傳》注引《續漢書》都有光祿四行的記載。總而言之，東漢光祿勳統領郎官，以宿衛殿內安全，考課選舉郎官爲職責。

儘管東漢光祿勳與西漢光祿勳屬官並無太大變動，但數量較之西漢中期有所減少。《後漢書‧百官志》「光祿勳」條本注曰：「自五官將至羽林右監，

凡七屬。至奉車都尉至謁者，以文屬焉。」這說明東漢時各種大夫〔註112〕、謁者、奉車都尉等已是「文屬」光祿勳。所謂「文屬」就如尚書文屬少府一樣，實際上是獨立的。虎賁、羽林這時亦是「文屬」之。此外，東漢又省去了郎中車、戶、騎三將和羽林令。《後漢書・百官志》「光祿勳」條本注曰：「舊有左右曹，秩以二千石，上殿中，主受尚書奏事，平省之。世祖省，使小黃門郎受事，車駕出，給黃門郎兼。有請室令，車駕出，在前請所幸，徹車迎白，示重慎。中興但以郎兼，事訖罷，又省車、戶、騎凡三將，及羽林令。」查閱史書，東漢以後，我們再未看到郎中車、戶、騎三將以及羽林令的身影，這正說明西漢光祿勳所屬的郎中三將以及羽林令確在東漢時被裁省了。

2. 衛尉屬官

與西漢相比，東漢衛尉屬官的情況發生了變化。首先，省去了旅賁令。《後漢書・百官志》「衛尉」條本注曰：「中興省旅賁令，衛士一人丞。」其次，由於洛陽皇宮設置的變化，西漢的衛士令被分爲南宮衛士令和北宮衛士令。再次，西漢衛尉的諸屯衛候、司馬二十二官，到東漢時則成了左、右都候及七門司馬，共九官。

3. 執金吾屬官

《後漢書・百官志》「執金吾」條本注曰：「緹騎二百人。」注引《漢官》曰：「執金吾緹騎二百人，（持戟）五百二十人，輿服導從，光滿道路，群僚之中，斯最壯矣。世祖歎曰：『仕宦當作執金吾。』」這是劉秀早年曾經讚歎過執金吾的出行隊伍的壯觀。中興以後，執金吾屬官設置也發生了重大變

〔註112〕西漢光祿勳屬官還有太中大夫，中大夫，光祿大夫等。這類大夫的地位都比較高，最低的諫大夫也「秩比八百石」，太中大夫「秩比千石」、有的甚至「秩比二千石」。《漢書補注》引劉放曰：「此言太中大夫秩比千石如故，則中大夫舊小於太中，秩無二千石，故言更名中大夫爲光祿大夫，秩比二千石，太中大夫秩比千石也。」地位最低的諫大夫也要「名儒宿德爲之」，可見大夫的名望和地位之高。各種大夫的職責就是職掌「言論」，即在皇帝身邊備議論、應對皇帝詢問的人員。如《後漢書・和帝紀》注曰：「大夫謂光祿、太中、中散、諫議大夫也。十三州志曰：大夫皆掌顧問、應對、言議。夫之言扶也，言能扶持君父也。」也就是說，大夫實際上是皇帝的高級參謀，許多重要國家政策與法規的制定和執行多與他們有關。如賈誼、晁錯、董仲舒都曾擔任過中大夫之職。東漢時期，光祿勳下屬繼續設有各類大夫。《後漢書・百官志》關於各種大夫與光祿勳的隸屬關係的記載比較明確，即各種大夫「以文屬」光祿勳。有人說似屬非屬，也有人認爲是名義上屬，而實際上不屬。

化。當時不僅執金吾屬下的「式道候、左右中候」，已經取消，而且「中壘令」〔註113〕也被省掉。東漢執金吾屬官僅剩下武庫令一人。《後漢書‧百官志》記載的很清楚：「（執金吾）本有式道、左右中候三人，六百石。……但中興一人，又不常置，每出，以郎兼式道候，事已罷，不復屬執金吾。又省中壘、寺互、都船令、丞、尉及左右京輔都尉。（西漢）舊有中壘校尉，領北軍營壘之事。有胡騎、虎賁校尉，皆武帝置。中興省中壘，但置中候，以監五營。」無論從哪個方面分析，執金吾經過漢光武帝劉秀的調整，力量與地位相比於西漢就遜色多了。執金吾的職能逐步萎縮，其地位漸趨衰微。屬官中除保留武庫令外，其餘官員皆被罷省，所率部隊也僅有「緹騎」二百人。

（二）八校尉裁併改組為北軍五校尉

東漢建國以後，政府對西漢八校尉進行了裁減改組。八校尉中胡騎併入長水，虎賁併入射聲，取消了中壘校尉一職，添設北軍中侯掌管東漢北軍營壘事務。《後漢書‧光武紀》記載光武七年：「省長水、射聲二校尉官。」本注曰：「二校尉皆武帝置，今省之。」《後漢書‧光武紀》記載光武十五年：「六月庚午，復置屯騎、長水、射聲三校尉官，改青巾左校尉爲越騎校尉。」以上兩條史料告訴我們，東漢初年，長水校尉和射聲校尉是存在的，直到光武七年才被省罷。而在建武十五年的時候，兩校尉又被復置。可見，從東漢光

〔註113〕筆者發現很多學者認爲原執金吾的屬下中壘令被提升後變成了中壘校尉。如孫毓棠先生就認爲「以前北軍領於中尉，所屬只有中壘令爲北軍的重心。漢武帝把中壘令改爲中壘校尉，又於其外加添了七個校尉。……中壘校尉是固有的中壘令的變象。」孫誠鑒也認爲：「漢武帝太初元年改官制，中尉更名執金吾，職掌也隨改變。所謂八校尉中的中壘校尉，當即中壘令的升格改名，並脫離執金吾而留於北軍營內。」當代學者張金龍通過研究認爲：「西漢初年北軍有中壘令，下設兩尉，中壘校尉當由其發展而來。……中壘校尉可能是中壘兩尉之升格，而非中壘令所致。」然而，筆者查閱史書，無論在《史記》、《漢書》，還是在《後漢書》中，沒有一條史料記載了中壘校尉是由中壘令發展而來。此外，《續漢書‧百官志》「執金吾」條本注曰：「中興但一人，又不常置，每出，以郎兼式道候，事已罷，不復屬執金吾。又省中壘、寺互、都船令、丞、尉及左右京輔都尉。」可見，直到東漢初年，中壘令和中壘校尉是並存的。再有，根據《漢書‧刑法志》「至武帝平百粵，内增七校」的記載，可知北軍的改革是在平定百粵以後，約在公元前110年左右，而漢武帝改稱執金吾是在公元前104年。《漢書‧百官公卿表》記載：「武帝太初元年更名執金吾。屬官有中壘、寺互、武庫、都船四令丞。都船、武庫有三丞，中壘兩尉。」如若認爲中壘校尉是由中壘令演變而來，改中尉爲執金吾應該在先，中壘校尉應該後設，可歷史事實卻正好相反。

武七年到光武十五年這段時間裏，長水校尉和射聲校尉是不存在的。同時，越騎校尉在東漢初年的時候並未沿用西漢制度，而是直到光武十五年，才更名爲越騎校尉。胡騎併入長水，虎賁併入射聲的過程，限於史料，現在無從判定。但可以肯定說，西漢八校尉轉變爲東漢北軍五校尉的過程是個複雜的變化過程，是長期政治實踐後的結果。

東漢北軍五營是指屯騎營、越騎營、步兵營、長水營、射聲營。每營各設一名校尉統領，合稱北軍五校。《後漢書・安帝紀》：「詔三公，特進，九卿、校尉。」注曰：「校尉，謂城門、屯騎、越騎、步兵、胡騎、長水等。」劉攽曰：「注胡騎字誤，當爲射聲。」又，《後漢書・順帝紀》：「調五營弩師，郡舉五人，令教習戰射。」注曰：「調，選也。五營，五校也，謂長水、步兵、射聲、胡騎、車騎等五校尉也。」劉攽曰：「案此五校之名大誤。檢〈百官志〉，有屯騎、越騎、步兵、長水、射聲，今此誤云胡騎、車騎，當改胡作屯，車作越。」北軍中候所監領的這「五校」，秩皆比二千石，掌宿衛兵。《後漢書・百官志》記載：「北軍中候一人，六百石。本注曰：掌監五營。屯騎校尉一人，比二千石。本注曰：掌宿衛兵。司馬一人，千石。越騎校尉一人，比二千石。本注曰：掌宿衛兵。司馬一人，千石。步兵校尉一人，比二千石。本注曰：掌宿衛兵。司馬一人，千石。長水校尉一人，比二千石。本注曰：掌宿衛兵。司馬、胡騎司馬各一人，千石。本注曰：掌宿衛，主烏桓騎。射聲校尉一人，比二千石。本注曰：掌宿衛兵。司馬一人，千石。」同書同卷繼續記載：「右屬北軍中候。本注曰：舊有中壘校尉，領北軍營壘之事。有胡騎、虎賁校尉，皆武帝置。中興省中壘，但置中候，以監五營。胡騎並長水。虎賁主輕車，並射聲。」通過上述史料我們可以看出，東漢北軍中候秩級僅僅六百石，而五校尉卻都是比二千石。孫毓棠先生通過考證後認爲：「按漢代的各種監官權雖不小，但都是地位低而俸祿少，因爲他只管監察、彈劾，沒有支配的實權。」〔註114〕其說可從。筆者認爲北軍中候與五校尉之間很有可能只是監督與被監督的關係，而不是隸屬關係。《後漢書・百官志》注引《漢官》曰：

> 北軍中候……員吏七人，候自得辟召
> 屯騎校尉……員吏百二十八人，領士七百人。

〔註114〕孫毓棠：《東漢兵制的演變》，選自《孫毓棠學術論文集》，中華書局，1995年版，第337頁。

> 越騎校尉……員吏百二十七人，領士七百人。
>
> 步兵校尉……員吏七十三人，領士七百人。
>
> 長水校尉……員吏百五十七人，烏桓胡騎七百三十六人。
>
> 射聲校尉……員吏百二十九人，領士七百人。

又，《漢官儀》記載：「屯騎、越騎、步兵、射聲各領士七百人。長水領士（七）千三百六十七人。」〔註115〕據此推斷，東漢北軍五校所領的兵力，總計僅 4000多至 5000 人左右。而據《漢書·王莽傳》「將北軍精兵數萬人東」的記載說明西漢時期北軍的人數要超過萬人。相比而言，東漢北軍五校尉所率軍隊人數比西漢八校時期的軍隊人數裁減了不少。

　　東漢的北軍五校尉沿襲了部分西漢八校尉的名稱，但其士兵的來源已有很大的不同。據學者研究，五營士最初由劉秀的士兵改編而成，其後遂形成父死子繼的慣例。其中，長水校尉的士兵由烏桓騎兵組成，最初也許就是劉秀手下的漁陽突騎。安帝時以國用不足，群臣奏令「吏人入錢穀，得為關內侯、虎賁羽林郎、五大夫、官府吏、緹騎、營士各有差」〔註116〕。章懷注云：「營士謂五校營也。」從此以後，五營士多屬商賈惰游子弟。他們實際上很多都是洛陽人，正如《九州春秋》所謂：「五營士生長京師，服畏中人。」〔註117〕

　　東漢五校尉同西漢八校尉一樣，平時主要鎮守京師，是京師警備力量之一。《後漢書·禮儀志》記載：「閉城門、宮門。近臣中黃門持兵，虎賁、羽林、郎中署皆嚴宿衛，宮府各警，北軍五校繞宮屯兵，黃門令、尚書、御史、謁者晝夜行陳。」同書同卷又載：「持炬火，送疫出端門；門外騶騎傳炬出宮，司馬闕門門外五營騎士傳火棄雒水中。」注引《東京賦》注曰：「衛士千人在端門外，五營千騎在衛士外，為三部，更送至雒水，凡三輩，逐鬼投雒水中。仍上天池，絕其橋梁，使不復度還。」可見，東漢五校尉主要是率軍隊負責京師外圍的治安防衛任務，其防衛的區域應該在衛尉負責地區的外面。這樣，五校尉所率領軍隊與衛尉所統衛士以及光祿勳所統率的郎衛、期門和羽林軍共同構成了東漢京師皇宮的嚴密防衛體系。在非常時期，北軍五校兵往往也是要被派遣出征。《後漢書·西羌傳》記載：「使北軍中候朱寵將五營士屯孟津，詔魏郡、趙國、常山、中山繕作塢候六百一十六所。」《後漢書·竇何傳》

〔註115〕孫星衍輯、周天遊點校：《漢官六種》，中華書局，1990 年版，第 148 頁。

〔註116〕《後漢書》卷五《安帝紀》，第 213 頁。

〔註117〕陳連慶：《漢代兵制述略》，《史學集刊》，1983 年第 2 期，第 27～28 頁。

又載：「中平元年，黃巾賊張角等起，以進爲大將軍，率左右羽林五營士屯都亭，修理器械，以鎮京師。」在東漢歷史文獻中，有關北軍從事外出征戰的記載材料甚多。

通過上述考述，東漢北軍五校尉的組織可表述如下：

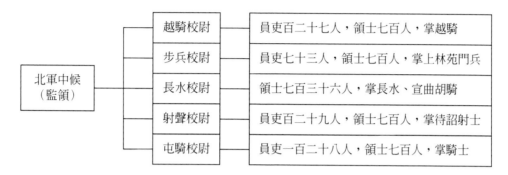

北軍中候（監領）	越騎校尉	員吏百二十七人，領士七百人，掌越騎
	步兵校尉	員吏七十三人，領士七百人，掌上林苑門兵
	長水校尉	領士七百三十六人，掌長水、宣曲胡騎
	射聲校尉	員吏百二十九人，領士七百人，掌待詔射士
	屯騎校尉	員吏一百二十八人，領士七百人，掌騎士

（三）縮減京城駐軍士兵總數

文獻記載，東漢京城駐軍士兵總人數已裁減至萬人左右，與西漢時期不可同日而語。《三國志‧魏書‧王朗傳》注引《魏名臣奏》曰：「舊時皆在國之陽，並高棟夏屋，足以肄饗射，望雲物。七郊雖尊祀尙質，猶皆有門宇便坐，足以避風雨。可須軍罷年豐，以漸脩治。舊時虎賁羽林、五營兵，及衛士併合，雖且萬人，或商賈墮游子弟，或農野謹鈍之人；雖有乘制之處，不講戎陣，既不簡練，又希更寇，雖名實不副，難以備急。」引文指出東漢虎賁、羽林、五校尉兵以及衛尉所領衛士，合約萬人左右。

漢初郎中將所領郎衛似無定額，可「多至千人」〔註118〕。漢武帝時期，又在光祿勳下增設期門軍一千五百人，羽林軍將近二千人，故當時郎衛大約在五千人左右。東漢時期，省去郎中車、戶、騎三將，郎衛的人數有所減少。《後漢書‧百官志》記載：虎賁中郎將統領虎賁郎一千五百人，羽林中郎將統領羽林郎一百二十人，羽林左騎九百人，羽林右騎人數不詳。依此計算，東漢光祿勳所轄郎衛爲三千五百人左右，人數較西漢時期已有所減少。

衛尉所率領的軍隊也由西漢的萬人精簡到東漢的兩千多人左右。〔註119〕西漢初期，南軍衛士人數大約在兩萬人以上，經過漢武帝建元元年的裁減，衛士僅存萬人左右。漢元帝即位之初，又「罷甘泉，建章宮衛，令就農」

〔註118〕　《漢書》卷十九《百官公卿表》，第727頁。
〔註119〕　《後漢書》卷一一七《百官志》，第3579頁。

〔註120〕，衛士的人數進一步減少。時至東漢，衛士的員額記載比較明確。根據文獻的記載可知，東漢衛尉所統衛士六十人。南、北宮衛士令所統衛士分別是五三七、四七一人，左、右都候所統衛士爲三八三、四一六人。東漢宮掖門七司馬所主衛士共計六三九人。總計以上所有的數字，東漢衛尉所統衛士二五〇六人。由此說明，東漢衛士經過裁減之後，人數與西漢相比明顯減少。日本學者濱口重國先生也認爲：「後漢衛尉主要負責守衛「宮城諸門，夜間巡邏城內，車架出則爲儀仗，與前漢衛尉差別不大。但衛士的數量與出身卻有很大的變化……，後漢衛士的總數約二千五六百人，與前漢時代多則二萬人，少則一萬至一萬五千人。」並提出東漢衛尉所率衛士人數的減少與「虎賁、羽林、左右騎及五校尉之兵參與宮城警備有關」〔註121〕。此觀點有一定的說服力。東漢衛士總數共兩千五百人多，較之西漢的二萬人、一萬人，懸殊甚大。減少的原因大概有：一是由於劉秀的節儉政策，萬事從儉；一是東漢時的虎賁、羽林、羽林左右騎、五校尉等都參與了宮廷的警備管理工作中，因而也就不需要過多的衛士了。〔註122〕

執金吾所率軍隊經過劉秀的調整，力量與地位相比於西漢就遜色多了，其主要職能變成了「掌宮外戒司非常水火之事。月三繞行宮外，及主兵器」，屬官只有負責管理位於洛陽城內武器庫的武庫令而已。西漢時期究竟有多少北軍士卒，難於詳考，但規模應該較大。《漢書・王莽傳》記載：「拜將軍九人，皆以虎爲號，九日『九虎』將北軍精兵數萬人東。」可見，當時的北軍士兵在萬人左右。東漢時期，北軍人數均有定額。屯騎校尉，員吏百二十八人，領士七百人；越騎校尉，員吏百二十七人，領士七百人；步兵校尉，員吏七十三人，領士七百人；長水校尉，員吏百五十七人；烏桓胡騎，七百三十六人；射聲校尉，員吏百二十九人，領士七百人。這樣北軍五校的員吏和士卒的總和爲五千人左右，與西漢相比，人數確已減少。

二、京畿地區治安機構的裁省

（一）更置河南都尉

東漢都城洛陽，同其它郡縣一樣，設有河南都尉一職，專職負責京畿的

〔註120〕《漢書》卷九《元帝紀》，第284頁。
〔註121〕濱口重國：《兩漢の中央諸軍に就いて》，《秦漢隋唐史の研究》上卷，東京大學出版會，1971年版。
〔註122〕陳連慶：《漢代兵制述略》，《史學集刊》，1983年第2期，第28頁。

治安管理。河南都尉下屬的官員有洛陽北部尉和洛陽左部尉等職。如《三國志·魏書·武帝紀》注引《曹瞞傳》記載曹操在擔任洛陽北部尉期間，曾造「五色棒」懸於四門，「有犯禁者，不避豪強，皆棒殺之」。此外，《漢官解詁》記載：「都尉將兵，輔佐太守，……言與太守俱受銀印剖符之任，為一郡副將；然僅主其武職，不預民事。舊時以八月都試，講習其射力，以備不虞。」〔註123〕又，《後漢書·百官志》記載：「凡州所監都為京都，置尹一人，二千石，丞一人，每郡置太守一人，二千石，丞一人。郡當邊戍者，丞為長史。王國之相亦如之。每屬國置都尉一人，比二千石，丞一人。」本注曰：「凡郡國皆掌治民，進賢勸功，決訟檢姦。常以春行所主縣，勸民農桑，振救乏絕。秋冬遣無害吏案訊諸囚，平其罪法，論課殿最。歲盡遣吏上計。並舉孝廉，郡口二十萬舉一人。尉一人，典兵禁，備盜賊，景帝更名都尉。武帝又置三輔都尉各一人，譏出入。邊郡置農都尉，主屯田殖穀。又置屬國都尉，主蠻夷降者。中興建武六年，省諸郡都尉，並職太守，無都試之役。省關都尉，唯邊郡往往置都尉及屬國都尉，稍有分縣，治民比郡。」可見，東漢初年京畿地區設置河南都尉來維護本地區的社會秩序。但建武六年（30 年）省諸郡都尉，這是兩漢都尉建置史變化最大的一年。在此之前，各郡均設置都尉，以輔佐郡守。而在此之後，東漢省都尉一職，河南都尉亦在其列。《後漢書·張宗傳》記載：「光武以宗為京輔都尉，將突騎與征西大將軍馮異共擊關中諸營保，破之，遷河南都尉。建武六年，都尉官省，拜太中大夫。」據此，東漢建武六年確實罷了諸郡都尉，這就使西漢時期郡兵由郡太守和郡都尉共同領導的體制變成了由郡太守一人獨掌的局面。郡內治安管理也由太守獨掌。到東漢末年，郡守往往擁兵自重進而起兵反叛。

（二）更置河南尹

東漢定都洛陽後，掌管京師的行政機構也作了調整。《後漢書·百官志》載：「河南尹一人，主京都，特奉朝請。……中興都洛陽，更以河南郡為尹。」《後漢書·郡國志》「河南尹」條下注引應劭《漢官》曰：「尹，正也。府聽事壁諸尹盡贊，肇自建武，迄於陽嘉，注其清濁進退，所謂不隱過，不虛譽，甚得迷事之實。後人是不足以勸懼，雖〈春秋〉採毫毛之善，罰纖釐之惡，不避王公，無以過此，尤著明也。」河南尹較高的政治地位，必然導致選任

〔註123〕孫星衍輯、周天遊點校：《漢官六種》，中華書局，1990 年版，第 21 頁。

非常之謹慎。王梁因「將兵征伐，眾人稱賢」〔註124〕，擢典京師。郭賀徵拜河南尹，是因爲他在任荊州刺史時，「有殊政。百姓便之，……顯宗巡狩到南陽，特見嗟歎，賜以三公之服，黼黻冕旒。敕行部去襜帷，使百姓見其容服，以章有德。每所經過，吏人指以相示，莫不榮之。永平四年，徵拜河南尹，以清靜稱」〔註125〕。

關於河南尹的屬吏，《後漢書·百官志》「大司農」條下本注云：「郡國鹽官、鐵官本屬司農，中興皆屬郡縣。又有廩犧令，六百石，掌祭祀犧牲雁鶩之屬。及洛陽市長、榮陽敖倉官，中興皆屬河南尹。餘均輸等皆省。」《漢官》又云：「河南尹員吏九百二十七人，十二人百石。諸縣有秩三十五人，官屬掾史五人，四部督郵史部掾二十六人，案獄仁恕三人，監津渠漕水掾二十五人，百石卒吏二百五十人，文學守助掾六十人，書佐五十人，循行二百三十人，幹小史二百三十一人。」以上兩段文字大體上概述了河南尹的屬官設置情況。但不同時期，具體人數和名稱有時會有所不同。如「案獄仁恕」在史書中又會被稱爲「案獄掾」，便是一例。

綜上所言，爲了方便準確瞭解秦漢時期京師治安機構的演變過程，根據文獻記載和考古資料，把秦漢京師治安機構的設置概況列表如下：

朝代		秦朝至西漢初年	西漢中期	東漢初年
京城	常備軍隊	郎中令（郎衛）	光祿勳（郎衛、期門、羽林）	光祿勳（郎衛、期門、羽林）
		衛尉（南軍）	衛尉（南軍）	衛尉
		中尉（北軍）	執金吾	執金吾
		——	八校尉（中壘校尉等）	北軍五營
		——	城門校尉	城門校尉
京畿	治安機構	內史	京兆尹、左馮翊、右扶風	河南尹
		中尉	京輔都尉、右輔都尉、左輔都尉	河南都尉
		——	司隸校尉	司隸校尉

〔註124〕《後漢書》卷二二《王梁傳》，第775頁。
〔註125〕《後漢書》卷二二《郭賀傳》，第909頁。

第五章　秦漢京師治安制度的特點——
與普通郡縣治安制度相比較

　　歷朝歷代的京師都是天下的「首善之區」，這裡既是皇帝和大臣們所聚居之地，也是全國的政治、經濟、文化中心地。爲有效維護此地區社會治安秩序的穩定，秦漢政府採取了許多特殊的措施。這些措施的實施導致京師治安制度與其他普通郡縣治安制度相比，呈現出許多不同之處。

第一節　治安官員的特殊地位

　　由於秦漢京師的社會特徵，京師治安官員在秩級、屬吏數量、選拔任命以及任期等方面與其它普通郡縣地區治安官員相比，都存在較大差異。

一、官秩較高

　　京師治安官吏秩別之高，是其他郡縣所無以比擬的。正如前文所述，警備京城的執金吾（中尉）、負責皇宮宮門宿衛的衛尉以及掌殿門守備的光祿勳（郎中令）都是中央卿員，秩級皆爲中二千石。《漢書・百官公卿表》記載：「自太常至執金吾，秩皆中二千石，丞皆千石。」《通典・職官十八》「漢官秩差次」條亦云：「中二千石：月百八十斛。王莽改曰卿。御史大夫、太常、光祿勳、衛尉、太僕、廷尉、大鴻臚、宗正、大司農、少府、執金吾。」此外，漢武帝爲加強京城內外警備力量而設置的中壘校尉、長水校尉、虎賁校尉、步兵校尉等八校尉，秩皆二千石，《漢書・百官公卿表》記載：「自司隸至虎賁校尉，秩皆二千石。」又，《通典・職官十八》「漢官秩差次」條：「二

千石：月百二十斛。太子太傅、少傅、將作大匠、太子詹事、大長秋、典屬國、水衡都尉、京兆尹、左馮翊、右扶風、司隸校尉、城門校尉、中壘校尉、屯騎校尉、步兵校尉、越騎校尉、長水校尉、胡騎校尉、射聲校尉、虎賁校尉、州牧、郡太守。」由此可見，八校尉、城門校尉的地位等同於地方郡縣的郡守。而普通郡縣中掌管軍事並負責偵緝盜賊的郡尉秩級僅僅為比二千石，正如《漢書‧百官公卿表》所載：「郡尉，秦官，掌佐守典武職甲卒，秩比二千石。有丞，秩皆六百石。」

　　除衛尉、光祿勳、中尉、八校尉、城門校尉以外，兼掌京師治安的司隸校尉等級地位也是較高的。《後漢書‧宣秉傳》：「建武元年，拜（宣秉）御史中丞。光武特詔御史中丞與司隸校尉、尚書令會同並專席而坐，故京師號曰『三獨坐』。明年，遷司隸校尉，務舉大綱，簡略苛細，百僚敬之。」《後漢書‧百官志》注引蔡質《漢儀》曰：「司隸詣臺廷議，處九卿上，朝賀處公卿下陪卿上。初除，謁大將軍、三公，通謁持板揖。公儀、朝賀無敬。臺召入宮對。見尚書持板，朝賀揖。」《漢舊儀》亦云：「御史中丞朝會獨坐。出討姦猾，內與尚書令、司隸校尉會同，皆專席，京師號之『三獨坐』者也。」

〔註1〕東漢百官朝會，一般接席而坐，尚書令、司隸校尉、御史中丞朝會時均專席而坐，故稱「三獨坐」。此外，西漢司隸校尉掌握兵權，這在中國監察制度史上，恐怕是獨一無二的。

　　就京畿地方基層治安官員而言，其地位也是偏高的。以下我們先從掌洛陽縣治安工作的洛陽令入手分析。《後漢書‧百官志》記載：「每縣、邑、道，大者置令一人，千石；其次置長，四百石；小者置長，三百石。」又，《東觀漢記》卷四記載：

　　　建武元年，復設諸侯王金璽綟綬，公、侯金印紫綬。九卿、執金吾、河南尹秩皆中二千石，大長秋、將作大匠、度遼諸將軍，郡太守、國傅相皆秩二千石，校尉、中郎將、諸郡都尉、諸國行相、中尉、內史、中護軍、司直秩皆二千石，以上皆銀印青綬。……雒陽令秩皆千石，尚書、中謁者、謁者、黃門冗從四僕射、諸都監、中外諸都官令、都候、司農部丞、郡國長史、丞、候、司馬、千人秩皆六百石，家令、侍、僕秩皆六百石，雒陽市長秩四百石，主家長秩皆四百石，以上皆銅印黑綬。

<hr />

〔註1〕孫星衍輯、周天遊點校：《漢官六種》，中華書局，1990年版，第88頁。

可見，東漢洛陽令的秩級在所有縣級官吏中是最高的，地位明顯要高於普通郡縣同級別的官員。此外，洛陽令還可以帶劍，其車騎也須遵循一定的標準。《後漢書·輿服志》記載：「公卿以下至縣三百石長導從，置門下五吏、賊曹、督盜賊功曹，皆帶劍，三車導；主簿、主記，兩車爲從。縣令以上，加導斧車。公乘安車，則前後並馬立乘。」洛陽令出行時威行凜凜的場面，對擾亂社會治安的罪犯能起到一定威懾的作用。這同時也能說明洛陽令政治待遇之高。對於僭侈的洛陽令車騎，皇帝有時會嚴加責罰。《漢官儀》就曾記載：「明帝臨觀，見洛陽令車騎，意河南尹，及至而非，尤其太盛，敕去軒綏。」〔註2〕

以京畿屬縣治安官員的設置爲例，也能夠反映出京師治安官員秩級較高這一特點。秦漢政府規定：萬戶以上的縣置縣令，不足萬戶的則置縣長，但京畿屬縣無論大小一律置縣令。《漢書·循吏傳》：「三輔郡得仕用它郡人，而卒史獨二百石，所謂尤異者也。」大體說來，從秦朝開始，京師乃至全國普遍實行了以萬戶上下分別設置縣令和縣長的制度。〔註3〕《漢書·百官公卿表》記載：「縣令、長，皆秦官，掌治其縣。萬戶以上爲令，秩千石至六百石。減萬戶爲長，秩五百石至三百石。皆有丞、尉，秩四百石至二百石，是爲長吏。百石以下有斗食、佐史之秩，是爲少吏。」《後漢書·百官志》亦云：「縣萬戶以上爲令，不滿爲長。侯國爲相。皆秦制也。丞各一人。尉大縣二人，小縣一人。」據此可知，漢代縣令長的區別以及其本身秩位的高低決定於本縣戶口的多少。但決定縣令長的標準似乎還應該包括其治理地區的地位和難易程度，這個標準似乎更爲重要。

二、屬吏衆多

秦漢京師治安官員的屬吏之多，這在普通郡縣也是不多見的。首先，以東漢衛尉爲例，《後漢書·百官志》：「衛尉，卿一人，中二千石。本注曰：掌宮門衛士，宮中徼循事。丞一人，比千石。」注引《漢官》：「（衛尉）員吏四

〔註2〕　孫星衍輯、周天遊點校：《漢官六種》，中華書局，1990年版，第154頁。
〔註3〕　學術界一般認爲戰國秦漢的縣起源於春秋時期。其實春秋的縣和戰國秦漢的縣性質是不同的。日本學者西嶋定生《中國古代帝國的形成與構造》書中有《郡縣制的形成和二十等爵》一節。文中指出春秋原先實行縣大夫世襲制，並進一步認爲戰國秦漢郡縣制的形成，是由於小農經濟的廣泛出現、世襲貴族統治體制的瓦解和君主集權體制的建立而產生。楊寬先生在《春秋時代楚國縣制的性質問題》一文中亦持相同的觀點。

十一人，其九人四科，二人二百石，文學三人百石，十二人斗食，二人佐，
十二人學事，一人官醫。衛士六十人。」同書同卷「衛尉」條又載：

> 公車司馬令一人，六百石。本注曰：掌南宮南闕門，凡吏民上
> 章，四方貢獻，及徵詣公車者。丞、尉各一人。本注曰：丞選曉諱，
> 掌知非法。尉主闕門兵禁，戒非常。南宮衛士令一人，六百石。本
> 注曰：掌南宮衛士。〈漢官〉曰：員吏九十五人，衛士五百三十七人。
> 丞一人。北宮衛士令一人，六百石。本注曰：掌北宮衛士。〈漢官〉
> 曰：員吏七十二人，衛士四百七十一人。丞一人。左、右都候各一
> 人，六百石。本注曰：主劍戟士，徼循宮，及天子有所收考。〈漢官〉
> 曰：右都候員吏二十二人，衛士四百一十六人。左都候員吏二十八
> 人，衛士三百八十三人。……丞各一人。

據此可知，東漢南宮、北宮衛士令所統官吏分別是九十五人、七十二人，衛
士分別是五三七、四七一人；左右都候所統官吏分別為二二人、二八人，衛
士分別為四一六、三八三人。同書同卷「衛尉」條接上文繼續記載：

> 宮掖門，每門司馬一人，比千石。本注曰：南宮南屯司馬，主
> 平城門；〈漢官〉曰：員吏九人，衛士百二人。〈古今注〉曰建武十
> 三年九月，初開此門。北宮門蒼龍司馬，主東門；〈漢官〉曰：員吏
> 六人，衛士四十人。玄武司馬，主玄武門；〈漢官〉曰：員吏二
> 人，衛士三十八人。北屯司馬，主北門；〈漢官〉曰：員吏二人，衛
> 士三十八人。北宮朱爵司馬，主南掖門；〈漢官〉曰：員吏四人，衛
> 士百二十四人。〈古今注〉曰：永平二年十一月，初作北宮朱爵南司
> 馬門。東明司馬，主東門；〈漢官〉曰：員吏十三人，衛士百八十
> 人。朔平司馬，主北門，〈漢官〉曰：員吏五人，衛士百一十七人。
> 凡七門。

據此可知，東漢宮掖門七司馬所主員吏共計四十一人，衛士共計六三九人。
總計以上所有數字，我們可以算出東漢衛尉所統員吏為二九九人，衛士二五
〇六人〔註4〕。其中南北宮衛士令下屬的每員吏所統率的衛士平均接近六人左

〔註4〕 朱紹侯先生在《略論秦漢中央三級保衛制》一文中得出東漢衛尉共統領三
令、兩都尉、七司馬。共計員吏、即衛士長佐二百五十八人，衛士二四四七
人。與筆者算出員吏相差四十一人，衛士相差五十九人。疑爲朱紹侯先生未
將《續漢書・百官志》劉昭注引《漢官》中記載的：「〔衛尉〕員吏四十一人，
衛士六十人」計算在內。

右，左右都候下屬的每位員吏所統領的衛士平均接近十五人，宮掖門七司馬下屬的每位員吏統衛士平均約十六人。同樣屬於衛尉統轄的公車司馬令及其所統的員吏和衛士，由於缺乏史書記載，具體情況難以確定。但就僅此也能夠足以證明，這是一支擁有眾多屬吏的京師警備軍隊。

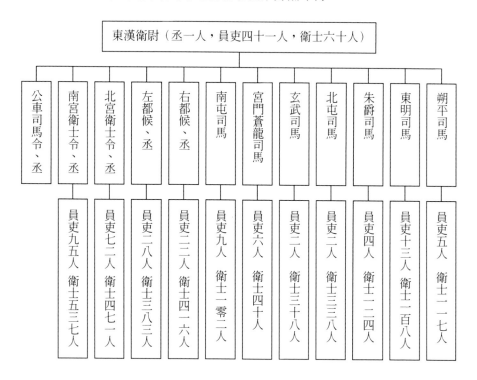

其次，再以洛陽令爲例。洛陽縣令作爲河南尹的屬官，再加之處於京師的特殊位置，等級地位較之其它縣令（長）高。其屬員之多，也是其它縣令所無法比擬的。洛陽令有屬員就達八百餘人。《漢官》：「雒陽令秩千石，丞三人四百石，孝廉左尉四百石，孝廉右尉四百石。員吏七百九十六人，十三人四百石。鄉有秩、獄史五十六人，佐史、鄉佐七十七人，斗食、令史、嗇夫、假五十人，官掾史、幹小史二百五十人，書佐九十人，脩行二百六十人。」〔註5〕東漢洛陽令屬吏約有八百餘眾，這遠遠要超過普通郡縣同級別官員的規模。以兩漢京畿地區縣丞人數爲例，西漢長安就有左、右兩丞。出土的居延漢簡也有記載：「印曰長安右丞」（304·20B），「十一月壬子長安令，守在丞起移過□」（218·34）。東漢洛陽縣丞則增至三人。而一般普通郡縣縣令（長）

〔註5〕　孫星衍輯、周天遊點校：《漢官六種》，中華書局，1990年版，第8頁。

下設縣丞僅一人。尹灣漢墓竹簡《東海郡吏員簿》，記載西漢末期東海郡三十八縣，其各縣屬官人數秩級如下：

縣丞一人秩四百石，尉二人秩四百石。（凡四縣）

縣丞一人秩三百石，尉二人秩四百石。（凡三縣）

縣丞一人秩二百石，尉二人秩四百石。（凡八縣）

縣丞一人秩二百石，尉一人秩四百石。（凡三縣）

縣丞一人秩二百石，（凡四縣）

東海郡地處關東，爲地方普通之郡縣。《定簿》載東海郡所轄縣之吏員，儘管每縣吏員總數因縣的大小不同而不同，但每縣僅設丞一人、尉二人或一人，丞秩級四百石至二百石不等，尉秩級四百石、二百石。

最後，以京畿屬縣縣尉爲例，其與普通郡縣的設置也有所不同。兩漢普通縣置縣尉一至兩名，正如《後漢書・百官志》所載：縣令長「丞各一人；尉，大縣二人，小縣一人」。我們在尹灣漢墓竹簡《東海郡吏員簿》中還發現有不設縣尉之縣，如合鄉、承、新陽、東安、建陵、山鄉、武陽、都平、都鄉、建鄉、建陽、都陽等縣均無縣尉之設置。而京畿屬縣設置縣尉多至四名。如西漢長安縣就曾設置左、右二都四尉。《漢舊儀》記載：「長安城方六十里中，皆屬長安令，置左右尉，城東城南置廣部尉，城西城北置明都尉，凡四尉。」〔註6〕東漢洛陽縣也設有四縣尉。《唐六典》卷三注曰：「後漢洛陽置四尉，皆孝廉作，有東部、西部、南部、北部尉。」洛陽四尉中的北部尉在東漢史籍中有具體記載，如《後漢書・孫程傳》：「三年，帝念程等功勳，悉徵還京師。程與王道、李元皆拜騎都尉，餘悉奉朝請。陽嘉元年，程病甚，即拜奉車都尉，位特進。及卒，使五官郎將追贈車騎將軍印綬，賜謚剛侯。侍御史持節監護喪事，乘輿幸北部尉傳，瞻望車騎。」又，《三國志・魏書・武帝紀》注引《曹瞞傳》云：「太祖少機警，有權數，而任俠放蕩，不治行業。故世人未之奇也，唯梁國橋玄、南陽何顒異焉。……年二十，舉孝廉爲郎，除洛陽北部尉，適頓丘令。」除北部尉以外的東部、西部、南部尉尚未見到實例。不過，筆者詳查史書，卻發現史籍中有「洛陽左尉」和「洛陽右尉」記載。如《後漢書・百官志》注引《漢官》：「洛陽令秩千石，丞三人四百石，孝廉左尉四百石，孝廉右尉四百石。員吏七百九十六人，十三人四百石。」又，《後漢書・橋玄傳》：「舉孝廉，補洛陽左尉。時梁不疑爲河南尹，玄以公事當詣府受對，恥爲所辱，棄官還鄉里。」

〔註6〕 孫星衍輯、周天遊點校：《漢官六種》，中華書局，1990年版，第47頁。

安作璋、熊鐵基先生通過考證後認爲，洛陽左右尉很有可能是東漢早期的設置，到東漢後期則增至四尉。〔註7〕

關於縣令、縣尉職掌，《後漢書·百官志》「縣鄉」條本注曰：「丞署文書，典知倉獄。尉主盜賊。凡有賊發，主名不立，則推索行尋，案察姦宄，以起端緒。」這段文字說明縣尉的主要職責是主捕盜賊，維護縣內治安。《史記·淮南衡山列傳》：「開章使人告但，已言之王。春使使報但等。吏覺知，使長安尉奇等往捕開章，長匿不予，與故中尉藺忌謀，殺以閉口。」又，《史記·張湯列傳》：「湯給事內史，爲寧成掾，以湯爲無害，言大府，調爲茂陵尉，治方中。」《集解》引《漢書音義》曰：「方中，陵上土作方也。湯主治之。」蘇林曰：「天子即位，豫作陵，諱之，故言『方中』。」如淳曰：「大府，幕府也。茂陵尉，主作陵之尉也。」凡是縣內有案情發生，縣尉都有職責追查破案，弄清案件的原委。

三、兼顧朝廷政務

京師地方治安官員在秦漢時期就一直兼具朝臣的雙重政治身份，這一點與地方郡縣治安官員有較爲明顯的區別。例如，漢宣帝時，張敞任職京兆尹：「朝廷每有大議，引古今，處便宜，公卿皆服，天子數從之。」〔註8〕就連皇帝有時都聽取他的意見。漢成帝時，京兆尹王章曾向皇帝推薦馮野王代替大將軍王鳳輔政，這正說明作爲京師治安官員的京兆尹具有推薦官員的朝臣身份。光祿勳所屬的郎將也有參與朝政的機會。袁盎爲中郎將時，

> 淮南屬王朝，殺辟陽侯，居處驕甚。袁盎諫曰：「諸侯大驕必生患，可適削地。」上弗用。淮南王益橫。及棘蒲侯柴武太子謀反事覺，治連淮南王，淮南王徵，上因遷之蜀，檻車傳送。袁盎時爲中郎將，乃諫曰：「陛下素驕淮南王，弗稍禁，以至此。今又暴摧折之，淮南王爲人剛，如有遇霧露行道死，陛下竟爲以天下之大弗能容，有殺弟之名。奈何？」上弗聽，遂行之。淮南王至雍，病死，聞，上輟食，哭甚哀。盎入，頓首請罪。

漢高祖劉邦分封諸子到各地爲王。文帝時，淮南王驕橫無禮，袁盎認爲諸侯之驕縱，必生禍患，應該盡早削減他們的封地。但文帝沒有採納他的意見。

〔註7〕安作璋、熊鐵基《秦漢官制史稿》（下冊），齊魯書社，1985年，第167頁。
〔註8〕《漢書》卷七六《張敞傳》，第3222頁。

不久，淮南等王果眞造反。七國之亂平定後，時任中郎將的袁盎又進諫文帝不要將淮南王送到長安來。袁盎事例說明郎將有時可以參與朝廷大政的決定。再如，衛尉王氏與皇帝的一番話，曾幫助相國蕭何度過難關，消除了皇帝對相國的猜忌和誤解。《漢書‧蕭何傳》詳細記載了這一事件：

> 上書言相國強賤買民田宅數千人。上至，何謁。上笑曰：「今相國乃利民！」民所上書皆以與何，曰：「君自謝民。」後何爲民請曰：「長安地狹，上林中多空地，棄，願令民得入田，毋收稾爲獸食。」上大怒曰：「相國多受賈人財物，爲請吾苑！」乃下何廷尉，械繫之。數日，王衛尉〔註9〕侍，前問曰：「相國胡大罪，陛下繫之暴也？」上曰：「吾聞李斯相秦皇帝，有善歸主，有惡自予。今相國多受賈豎金，爲請吾苑，以自媚於民。故繫治也。」王衛尉曰：「夫職事苟有便於民而請之，眞宰相事也。陛下奈何乃疑相國受賈民錢乎！且陛下距楚數歲，陳豨、黥布反時，陛下自將往，當是時，相國守關中，關中搖足則關西非陛下有也。相國不以此時爲利，乃利賈人之金乎？且秦以不聞其過亡天下，夫李斯之分過，又何足法哉！陛下何疑宰相之淺也！」上不懌。是日，使使持節赦出何。何年老，素恭謹，徒跣入謝。

相國蕭何因上林苑問題而被漢高祖劉邦下獄問罪，衛尉王氏通過一番勸解，最終使蕭何躲過了一劫。由此看來，衛尉也有進諫皇帝的機會。除京兆尹、郎將、衛尉之外，三輔的各縣縣令也具兼顧朝政的身份，即凡是朝廷舉辦大朝會，他們是必須參加的。但與三輔長官不同的是，縣令只不過沒有資格參與朝政的討論。京師部分治安官員不僅兼顧朝政，而且在中央重大禮儀活動中也可以見到他們的身影。《漢官解詁》載：「天子出，有大駕、法駕、小駕。大駕則公卿奉引，大將軍驂乘，太僕御，屬車八十一乘，備千乘萬騎。法駕，公不在鹵簿，唯河南尹、執金吾、洛陽令奉引，侍中驂乘，奉車郎御，屬車三十六乘。小駕，太僕奉駕，侍御史整車騎。人君之居，前有朝，後有寢。終則制廟以象朝，後制寢以象寢。」〔註10〕《史記‧孝文本紀》《索隱》引《漢官儀》云：「天子鹵簿有大駕、法駕。大駕公卿奉引，大將軍參乘，屬車八十一乘。法駕公卿不在鹵簿中，惟京兆尹、執金吾、長安令奉引，侍中參乘，

〔註9〕 《漢書》卷十九《百官公卿表》記載漢高祖十一年，有衛尉王氏。
〔註10〕 孫星衍輯、周天遊點校：《漢官六種》，中華書局，1990年版，第23頁。

屬車三十六乘也。」又，《漢官儀》記載：「漢乘輿大駕儀，公卿奉引，太僕御，大將軍驂乘，屬車八十一乘，備千乘萬騎。法駕儀，公卿不在鹵簿中，河南尹、執金吾、洛陽令、奉車都尉、侍中參乘，屬車三十六乘。」〔註11〕無論皇帝或皇后出行，執金吾、河南尹等京師治安官員都要奉引於前，這一方面爲了顯示皇家的威勢，另一方面執金吾、河南尹等官員亦可擔任宿衛之職。

　　參與中央政府重大禮儀活動，也是東漢洛陽令的重要職責之一。首先，洛陽令要參加立春、立夏、立秋和立冬的禮儀活動。《後漢書・禮儀志》載：「立春之日，夜漏未盡五刻，京師百官皆衣青衣，郡國縣道官下至斗食令史皆服青幘，立青幡，施土牛耕人於門外，以示兆民，至立夏。唯武官不。」可見，洛陽令如同京師百官一樣需要參加朝廷的重大禮儀活動。特別是正月的大朝賀，洛陽令還享受與王公大臣一樣的恩遇。

　　京師治安官員的這種朝官身份，是其它一些郡縣治安官員所沒有的。秦漢政府之所以這樣安排，一方面，因爲京師治安官員通過參加朝政的討論，可以制定一些符合京師地方實際情況的治安政策和治安法令，從而提高治安效率與效果；另一方面，通過朝會皇帝也可以比較直接的瞭解到京師治安的狀況，爲皇帝直接處理治安事件提供了最直接依據和條件。

四、選拔嚴格、任用謹愼

　　秦漢政府對京師治安官員的選拔是十分嚴格的，往往都是在地方治安業績比較突出的才可以入主京師。例如，《漢舊儀》載有：「丞相考召，取明經一科，明律令一科，能治劇一科，各一人。詔選諫大夫、議郎、博士、諸侯王傅、僕射、郎中令，取明經。選廷尉正、監、平案章，取明律令。選能治劇長安、三輔令，取治劇。皆試守，小冠，滿歲爲眞，以次遷，奉引則大冠。」〔註12〕所謂「治劇」是指善於治理政事繁多，難於治理的地區。《漢書・張敞傳》記載潁川太守黃霸曾「以外寬內明得吏民心，戶口歲增，治爲天下第一。徵守京兆尹，秩二千石」，便是有力證明。

　　京師治安官員都要試守一年。例如《漢書・賈捐之傳》：「捐之即與興共

〔註11〕　孫星衍輯、周天遊點校：《漢官六種》，中華書局，1990 年版，第 184～185 頁。

〔註12〕　孫星衍輯、周天遊點校：《漢官六種》，中華書局，1990 年版，第 37 頁。

爲薦顯奏，曰：『竊見石顯本山東名族，有禮義之家也。持正六年，未嘗有過，明習於事，敏而疾見，出公門，入私門。宜賜爵關內侯，引其兄弟以爲諸曹。』又共爲薦興奏，曰：『竊見長安令興，幸得以知名數召見。……觀其下筆屬文，則董仲舒；進談動辭，則東方生；置之爭臣，則汲直；用之介胄，則冠軍侯；施之治民，則趙廣漢；抱公絕私，則尹翁歸。興兼此六人而有之，守道堅固，執義不回，臨大節而不可奪，國之良臣也，可試守京兆尹。』」又，《漢書・馮野王傳》記載：「野王字君卿，受業博士，通〈詩〉。少以父任爲太子中庶子。年十八，上書願試守長安令。」所謂「試守」，大概相當於現在的試用期。只有通過試用期，最後才能決定是否成爲正式京師治安官員。西漢京師治安官員需要試用一年，東漢似乎亦是如此。如擔任洛陽令者一般都要先試守一年，然後才能正式任命。《續漢書》記載：「中都官，千石、六百石，故事先守一歲，然後補眞。」但史籍上許多洛陽令似乎並未經過試守一歲這一審查過程。〔註13〕

　　秦漢京師諸縣令的任命權力歸中央所有，京兆尹等京師最高行政長官只有對其屬吏任命和罷黜的權力，而沒有任命縣令的權力。與此相類似，諸縣縣令對縣丞、尉似乎也沒有任命的權力。《後漢書・和帝紀》記載：「永元元年春三月甲辰，初令郎官詔除者得占丞、尉，以比秩爲眞。」《三國志・吳書・孫堅傳》又載：「刺史臧旻列上功狀，詔書除堅鹽瀆丞。數歲，徙盱眙丞，又徙下邳丞。」詔除是皇帝任命官吏的一種方式，而孫堅被任命爲縣丞的方式就是詔除。前文所引曹操也是「除爲洛陽北部尉」。這些事例說明縣尉可能由君主直接任命。對於京師縣令的人選，要求也非常嚴格，首先必須是要有豐富的治安管理經驗。《漢書・薛宣傳》記載：「大將軍王鳳聞其能，薦（薛）宣爲長安令。」《漢書・酷吏傳》又載：「（尹賞以）三輔高第選守長安令，得壹切便宜從事」。《漢書・何並傳》亦云：「何並字子廉，……武高其志節，舉能治劇，爲長陵令，道不拾遺。」通過這種嚴格的選拔與任命制度，西漢中

〔註13〕《後漢書・虞延傳》載：「二十三年，司徒玉況辟焉。時元正朝賀，帝望而識延，遣小黃門馳問之，即日召拜公車令。明年，遷洛陽令。」《後漢書・董宣傳》：「董宣字少平，陳留圉人也。初爲司徒侯霸所辟，舉高第，累遷北海相。後特徵爲洛陽令。」《後漢書・孔昱傳》：「靈帝即位，公車徵拜議郎，補洛陽令，以師喪棄官，卒於家。」《後漢書・索盧放傳》：「索盧放字君陽，建武六年，徵爲洛陽令，政有能名。」學者薛瑞澤認爲洛陽令試守一年制度的破壞，與東漢中後期外戚、宦官爭權不無關係。(《東漢洛陽令及相關問題論考》，《鄭州大學學報（哲學社會科學版)》，1996年第6期，第102頁)

央政府可以對京師治安官員的綜合素質進行全面考察，有效防止了官員的欺騙行為。

「京師難理」是歷代封建政府的共識。正是出於難於治理的原因，京師治安官員的任期一般都較短，且更換頻率較為頻繁。即使由郡國二千石中治理成績卓越者任職，多數人在幾個月至二、三年間都有可能因失敗而被罷免。《漢書‧張敞傳》中對此已有記載：「是時潁川太守黃霸以治行第一入守京兆尹。霸視事數月，不稱，罷歸潁川……自趙廣漢誅後，比更守尹，如霸等數人，皆不稱職。京師浸廢……京兆典京師，長安中浩穰，於三輔尤為劇。郡國二千石以高弟入守，及為真，久者不過三二年，近者數月一歲，輒毀傷失名，以罪過罷。」《漢書‧王尊傳》亦云：「長安宿豪大猾東市賈萬、城西萬章、翦張禁、酒趙放、杜陵楊章等皆通邪結黨，挾養姦軌，上干王法，下亂吏治，併兼役使，侵漁小民，為百姓豺狼。更數二千石，二十年莫能禽。」可以看出，京師治安官員相對於其它地區治安官員來說，更換頻率的確較為頻繁，任職者最多不過兩三年。《後漢書‧循吏傳》又載：「自澳卒後，連詔三公特選洛陽令，皆不稱職。永和中，以劇令勃海任峻補之。峻擢用文武吏，皆盡其能，糾剔姦盜，不得旋踵，一歲斷獄，不過數十。」前文所講的黃霸僅僅擔任京兆尹數月就被「罷歸潁川」了。在黃霸被罷黜之後，政府又任命了數人為京兆尹，但皆不稱職，最終被調任其它郡縣。產生這種特點的原因是京師治安的複雜性，對於治安官員綜合素質的要求特別高。如果沒有相當突出的才能，是不能夠勝任的。

綜上所述，由於京師的特殊政治地位，維護該地區社會秩序的治安官員責重權大。中央政府在提高京師治安官員的行政權力和生活待遇的同時，對其選拔、考覈也尤為嚴格。其目的正是為了使京師有一個較為安定的社會環境，以保證皇帝以及宗室貴族的安全，使中央集權的專制統治得以更順利地繼承。

第二節　京師治安權力的分散與集中——「內外相制、防微杜漸」

秦漢京師治安管理機構分多個系統設置，這些機構各自獨立，彼此之間一般沒有隸屬關係。這是秦漢京師治安制度的另一個重要特點。

一、皇宮的內外警備防線

正如前文所述，漢代皇宮之守衛由衛尉、光祿勳、士人宦官主其事。衛尉領其衛士，負責未央宮之外層守衛；光祿勳率郎官掌中層守衛；士人宦官則主內層之守備。這三層治安機構相互協作、又相互制約，保衛著以皇帝為中心的皇宮安全。《史記・秦始皇本紀》：

> 使郎中令為內應，詐為有大賊，令樂召吏發卒追劫，樂母置高
> 舍。遣樂將吏卒千餘人至望夷宮殿門，縛衛令僕射，曰：「賊入此，
> 何不止？」衛令曰：「安得賊敢入宮？」樂遂斬衛令，直將吏入，行
> 射，郎宦者大驚，或走或格，格者輒死，死者數十人。郎中令與樂
> 俱入，射上幄坐幃。二世怒，召左右，左右皆惶擾不鬥。旁有宦者
> 一人，侍不敢去。二世入內謂曰：「公何不早告我？乃至於此！」宦
> 者曰：「臣不敢言，故得全。使臣早言，皆已誅，安得至今？」閻樂
> 前即二世數曰：「足下驕恣，誅殺無道，天下共畔足下，足下其自為
> 計！」二世曰：「丞相可得見否？」樂曰：「不可。」二世曰：「吾願
> 得一郡為王。」弗許。又曰：「願為萬戶侯。」弗許。曰：「願與妻
> 子為黔首，比諸公子。」閻樂曰：「臣受命於丞相，為天下誅足下，
> 足下雖多言，臣不敢報。」麾其兵進。二世自殺。

在此次宮廷政變中，我們清楚地看到秦朝皇宮警備制度的設置。趙高詐稱皇帝所在的宮中進了盜賊，令咸陽令閻樂發兵入宮。政變軍隊到達望夷宮宮門，此時警備宮門的是衛尉下屬的衛令僕射。當政變軍隊刀斬衛令僕射闖入宮內後，遇到的便是宿衛禁省的郎官和宦官。這些人見到政變軍隊，有的選擇逃跑，有的選擇拼死抵抗。此時，已在望夷宮作內應的郎中令趙成前來接應閻樂，二人闖進皇帝所在之殿內，最終秦二世自殺身亡。從整個政變過程來分析，政變軍隊首先遇到是衛令僕射，然後才是郎官和宦官。足見衛尉是在外層，郎官和宦官是在內層。也就是說，衛尉所轄為宮門宿衛，而郎中令和宦官則負責殿門以及殿內的安全。又，《漢書・叔孫通傳》記載：「漢七年，長樂宮成，諸侯群臣朝十月。儀：先平明，謁者治禮，引以次入殿門，廷中陳車騎戍卒衛官，設兵，張旗志。傳曰趨。殿下郎中俠陛，陛數百人。」引文中的「謁者」、「郎中」是光祿勳的屬官，「衛官」是衛尉的下屬。這是衛尉與光祿勳共同負責皇宮內宿衛的例證。《後漢書・梁冀傳》：「冀心疑超等，乃使中黃門張惲入省宿，以防其變。具瑗敕吏收惲，以輒從外入，欲圖不

軌。帝因是御前殿，召諸尙書入，發其事，使尙書令尹勳持節勒丞郎以下皆操兵守省閣，斂諸符節送省中。使黃門令具瑗將左右廐騶、虎賁、羽林、都候劍戟士，合千餘人，與司隸校尉張彪共圍冀第。使光祿勳袁盱音籲。持節收冀大將軍印綬，徙封比景都鄉侯。」虎賁、羽林是光祿勳的屬官，而都候是衛尉的下屬。在皇帝處理緊急情況時，往往將宮內虎賁、羽林與都候並列使用，這是衛尉與光祿勳共同負責皇宮內宿衛的又一例證。與衛尉、郎中令宿衛宮門和殿門安全有所不同，士人、宦官則負責殿內的安全。《後漢書·禮儀志》：「大斂於兩楹之間。五官、左右虎賁、羽林五將，各將所部，執虎賁戟，屯殿端門陛左右廂，中黃門持兵陛殿上。夜漏，群臣入。晝漏上水，大鴻臚設九賓，隨立殿下。」皇帝大斂等特殊時期，宿衛制度如同皇宮警備制度。五官中郎將、虎賁、羽林軍屯駐守備殿門，而中黃門等宦官則持兵器守衛殿內。

二、治安管理系統的分類

京師地區一般性質的治安刑事案件常常由京師地區治安機構官員負責，其中就包括行政機構和司法機構的官員。例如，《漢書·丙吉傳》記載：「吉又嘗出，逢清道群鬥者，死傷橫道，……吉過之不問，掾史獨怪之。吉前行，逢人逐牛，牛喘吐舌。……掾史獨謂丞相前後失問，或以譏吉，吉曰：『民鬥相殺傷，長安令、京兆尹職所當禁備逐捕，歲竟丞相課其殿最，奏行賞罰而已。宰相不親小事，非所當於道路問也。方春少陽用事，未可大熱，掾史乃服，以吉知大體。』」這是長安令、京兆尹等治安機構聯合處理案件的事例。又，《後漢書·橋玄傳》記載：靈帝光和元年（178 年），京師「有三人持杖劫持橋玄十歲少子」，「入舍登樓，就玄求貨」。爲了嚴懲罪犯，橋玄讓率兵趕來的司隸校尉、河南尹和洛陽令等人，率兵攻賊。橋玄之子雖然在這次解救行動中被殺，但皇帝下其奏章：「凡有劫質，皆並殺之，不得贖以財寶，開張姦路。」史書記載此後「京師劫質，……自是遂絕」。又，《後漢書·寇恂傳》附《寇榮傳》載：「刺史張敬好爲諂諛，張設機網，復令陛下興雷電之怒。司隸校尉應奉、河南尹何豹、洛陽令袁騰並驅爭先，若赴仇敵，罰及死沒，髠剔墳墓，但未掘壙出屍，剖棺露骼耳。」上例是河南尹、洛陽令與司隸校尉共同處理京師治安案件的實例。

但當京師地區出現較大的治安案件，如暴亂、謀反等嚴重事件，軍事系統的治安官員則有權負責。《後漢書·竇融傳》記載：「憲等既至，帝乃幸北

宮，詔執金吾、五校尉勒兵屯衛南、北宮，閉城門，收捕疊、磊、璜、舉，皆下獄誅，家屬徙合浦。」《後漢書・順帝紀》又載：「十一月庚子，以執金吾張喬行車騎將軍事，將兵屯三輔。」又，《後漢書・西羌傳》：「遣任尚為中郎將，將羽林、緹騎、五營子弟三千五百人，代班雄屯三輔。……於是發京師近郡及諸州兵討之，拜馬賢為征西將軍，以騎都尉耿叔副，將左右羽林、五校士及諸州郡兵十萬人屯漢陽。……秋，諸種八九千騎寇武威，涼部震恐。於是復徙安定居扶風，北地居馮翊，遣行車騎將軍執金吾張喬將左右羽林、五校士及河內、南陽、汝南兵萬五千屯三輔。」以上引文告訴我們，在一些特殊情況下，尤其是當京師受到某些嚴重威脅時，中尉所率領的北軍要屯守京師附近，以備不測。

京師如果發生了特大重大治安案件，史書中能夠經常看到三系統主管官員同時出動辦案，而以職位最高的司隸校尉為首。例如前引《後漢書・寇恂傳》附《寇榮傳》記載：寇榮以擅去邊郡獲罪，桓帝下詔緝捕，「司隸校尉應奉、河南尹何豹、洛陽令袁騰並驅爭先，若赴仇敵，罰及死沒，髡剔墳墓，但未掘壙出屍，剖棺露齗耳」。故太尉橋玄「少子十歲，獨遊門次，卒有三人持杖劫執之，入舍登樓，就玄求貨，玄不與。有頃，司隸校尉陽球率河南尹、洛陽令圍守玄家。……」。不過，若是隱蔽操作的案件偵破或突擊逮捕行動，皇帝往往責成其心腹司隸校尉去辦理。例如：《後漢書・周景傳》注引蔡質《漢儀》曰：「延熹中，京師游俠有盜發順帝陵，賣御物於市，市長追捕不得。周景以尺一詔召司隸校尉左雄詣臺對詰，雄伏於廷答對，景使虎賁左駿頓頭，血出覆面，與三日期，賊便擒也。」《後漢書・桓帝紀》載延熹二年（159 年），「大將軍梁冀謀為亂。八月丁丑，帝御前殿，詔司隸校尉張彪將兵圍冀第，收大將軍印綬，冀與妻皆自殺。」

三、京師駐軍的不同來源

西漢時期，光祿勳所屬的期門、羽林軍兵源主要是選自六郡地區良家子。〔註14〕《漢書・地理志》記載：「漢興，六郡良家子選給羽林、期門，以材力

〔註14〕 此外，期門、羽林軍也有選自征戰有功者，《漢書・百官公卿表》：「取從軍死事之子孫養羽林，官教以五兵，號曰羽林孤兒。」又，《漢舊儀》曰：「羽林從官七百人。孤兒無數，父死子代，皆武帝時從軍死，子孤不能自活，養羽林，官比郎從官，從車駕，不得冠，置令一人，名曰羽林騎孤兒。」但更多的情況多見於東漢時期。《後漢書・順帝紀》注引《漢舊儀》：「光武中興，以

爲官，名將多出焉。」師古曰：「六郡謂隴西、天水、安定、北地、上郡，西河。」以材力入選期門、羽林軍的都是善於騎射的勇將。例如，甘延壽，少以良家子善騎射，爲羽林；趙充國，以六郡良家子善騎射補羽林等等。

關於「良家子」的解釋，《史記・李將軍列傳》《索隱》如淳曰：良家子爲「非醫、巫、商賈、百工也」。《漢書補注》引周壽昌云：「漢制，凡從軍不在七科讁內者，謂之良家子。」賀昌群先生在《漢唐間土地所有制形式研究》一書中曾指出：「良家子又良民、良口，在漢代的階級意義是指自由民，也就是沒有市籍，沒有犯過罪及不是奴產子，七科讁的家世清白之民。」〔註15〕總言之，良家子應是指出身清白，沒有犯罪前科的、沒有市籍的人的稱呼。

承擔京師警備的北軍，其兵源來源方式和地區不同於期門、羽林軍和南軍。南軍士兵的來源主要是征兵制，即每年從關東郡國選調的材官和騎士充任，一歲一更。而北軍士兵是來自於京師地區或三輔地區的正卒。綜合來看，京師主要常備軍隊士兵來源於三種途徑，即期門、羽林軍選自六郡；北軍士兵來自三輔地區；南軍士兵則來自郡國。尹灣漢墓竹簡《東漢郡下轄長吏不在署、未到官者名籍》記載西漢東海郡長吏外出公幹凡二十二例。其中有一例爲費縣之縣長於十月五日「送衛士」〔註16〕。前文已述，衛尉所領衛士每年更換，由郡縣正卒番上代替。郡縣送衛士到京師爲皇宮守衛，事關重大，故而由縣長親自主領其事。此條送衛士時間爲十月五日，至京師至少需要二十餘日，再加上其他一些時間，新舊衛士交接當在年尾，正如《漢書・蓋寬饒傳》所載：「及歲盡交代，上臨鄉罷衛卒。」兩者時間基本吻合。

那麼西漢政府這種做法的政治目的是什麼呢？《文獻通考・兵考二・兵制》引山齋易氏《漢南北軍始末序》說得明白：

> 漢之兵制，莫詳於京師南北軍之屯，雖東西兩京沿革不常，然皆

征伐之士勞苦者爲之，故曰羽林士。」《後漢書・耿弇列傳》記載耿恭對匈奴作戰有功，「鮑昱奏恭節過蘇武，宜蒙爵賞。於是拜爲騎都尉，……餘九人皆補羽林」。到東漢後期，甚至出現了出錢購買期門、羽林郎的現象。《後漢書・安帝紀》：「三公以國用不足，奏令吏人入錢穀，得爲關內侯、虎賁羽林郎、五大夫、官府吏、緹騎、營士各有差。」《桓帝紀》：「占賣關內侯、虎賁、羽林、緹騎營士、五大夫錢各有差。」可見，這種情況和以前的選募方法有很大的不同，這一方面反映了東漢後期期門、羽林軍地位的上昇，另一方面，也說明了東漢後期政治腐敗，財政枯竭的狀況。

〔註15〕賀昌群：《賀昌群文集（二）》，商務印書館，2003年版，第494頁。
〔註16〕中國社會科學院簡帛研究中心：《尹灣漢墓簡牘》，中華書局，1997年版。

居重馭輕，而內外自足以相制，兵制之善者也。蓋是時兵農未分，南北兩軍，實調諸民，猶古者井田之遺意。竊疑南軍以衛宮城，而乃調之於郡國；北軍以護京城，而乃調之於三輔。抑何遠近輕重之不倫邪？嘗考之司馬子長作《三王世家》，載公戶滿意之言曰：「古者天子必內有異姓大夫，所以正骨肉也；外有同姓大夫，所以正異族也。」蓋同姓，親也，於內爲逼，故處於外，而使之正異族；異姓，疏也，於親爲閒，故處於內，而使之正族屬。南北軍調兵之意，殆猶是歟！郡國去京師爲甚遠，民情無所適莫，而緩急爲可恃，故以之衛宮城，而謂之南軍；三輔距京師爲甚邇，民情有閭里、墓墳、族屬之愛，而利害必不相棄，故以之護京城，而謂之北軍。其防微杜漸之意深矣。

這段文字記載說明了秦漢期門、羽林軍、南軍、北軍的設立以及其士兵的來源，皆在守衛皇宮和京師，同時又能起到相互制約的作用，從而達到「防微杜漸」的目的。《漢官解詁》說的明白：「衛尉（南軍）巡行宮中，則金吾（北軍）徼於外，相爲表裏，以擒姦討猾。」〔註17〕

我們說歷史上並不存在十全十美的政策，有些政策利大於弊，有些政策則弊大於利。秦漢政府將京師治安職官系統分成多個層次，固然可以達到防微杜漸、相互制約的目的，但恰恰正是這種機構設置，爲犯罪活動提供了有利條件。

在整個秦漢歷史上，由於是剛剛建立中央封建集權制政權，軍政不分，機構重疊，京師治安管理體制中存在著一些缺陷。就京師治安機構而言，當時京師的軍事機構、行政機構和司法機構均履行著京師社會治安管理的職能。《史記·張釋之傳》記載：「有人盜高朝坐前玉環，捕得，文帝怒，下廷尉治。」《漢書·張湯傳》又載：「有人盜發孝文園瘞錢，丞相青翟朝，與湯約俱謝。」廷尉等司法官員既監督官吏，又有逮捕和審判罪犯的權力；丞相有時也要負責負責皇陵的治安案件。一項治安職事分由行政、司法、軍事等多個系統機構管理，這本身就不符合機構組織原則。實際上，秦漢時期不僅京師治安由多個系統官吏進行管理，而且治安機構的設置有時也是重疊的。京師治安工作本應該爲一個有機的整體，但實際上卻無一個統一領導。在某種程度上，這必然會妨礙了各機構效率的發揮。此外，京師治安官員之間也存在很多的矛盾，難以形成有效的協調機制，使犯罪分子有可乘之機。

〔註17〕 孫星衍輯、周天遊點校：《漢官六種》，中華書局，1990 年版，第 17 頁。

　　事例一，漢武帝時，義縱任右內史一職，王溫舒則爲中尉，此二人雖然都有管理京師治安的職責，但他們並不相互配合，反而是各自爲政。王溫舒「所爲弗先言縱，縱必以氣淩之，敗壞其功」〔註18〕。右內史與中尉各行其事，互不配合，京師治安管理的效果也就可想而知了。

　　事例二，漢武帝時，爲了加強對京師的治安管理，將左右內史之職改爲京兆尹、左馮翊、右扶風，共同治理京師。長安在京兆尹境內本屬京兆尹管理，但地居三輔之間，罪犯在長安作案後，很容易竄入左馮翊、右扶風地界。然三輔並無隸屬關係，這就給京兆尹逮捕罪犯造成了很多的困難。《漢書·趙廣漢傳》記載：「京兆政清，吏民稱之不容口。長老傳以爲自漢興治京兆者莫能及。左馮翊、右扶風皆治長安中，犯法者從迹喜過京兆界。」趙廣漢歎曰：「亂吾治者，常二輔也！誠令廣漢得兼治之，直差易耳。」由此看來，把京師地區分爲三輔，在有利於政府控制官吏的同時，卻忽略了對京師治安管理的消極影響。

　　事例三，西漢武帝所置司隸校尉負責糾察京師及京師附近郡縣百官。司隸校尉初設時權力極大，既帶兵，又持節，有奏公卿百官、糾太子王侯、彈嬪妃進習、捕殺之大權。後來不再領兵。如果逮捕罪犯，則需要請求其它機構發兵協助。漢成帝建始、河平年間，司隸校尉遣屬吏奉詔書要求京兆尹王遵等人派士卒逮捕罪犯，而京兆尹居然以「詔書無京兆文」爲由，拒不發兵。

　　以上事實充分說明，京師各治安機構無統一領導，常常互不配合，各自行事。京師治安管理體制中存在的這種缺陷就使得貪污、賄賂、詐騙、偷盜等犯罪有了可乘之機。

第三節　受多種政治力量影響

　　秦漢時期的京師爲天子所居，宗室、貴族、外戚、豪強莫不聚集於此。與其它地區普通郡縣相比，京師治安管理更易受到這些政治力量的干擾。

　　京師地區社會結構與該地區治安制度的特點雖屬兩個不同概念，但京師社會結構的特殊性對京師治安管理特點的產生有直接影響。因此，在討論京師治安管理易受多種政治力量干擾的特點之前，我們先來瞭解一下當時京師的社會結構特徵：

〔註18〕《史記》卷一二二《酷吏列傳》，第 3146 頁。

首先，京師是全國的政治中心

京師是封建王朝的中心，是統治者發號施令，實施有效統治的中樞。秦都咸陽、西漢長安、東漢洛陽都是當時全國的政治中心，這裡有皇帝居住的皇宮，即國家最高統治者從事政治活動、居住的地方；這裡又有處理全國各項事務的國家機構，即中央行政管理體制。早在戰國時期即已開始形成的「三公九卿」制度到秦漢時期得以確立。「三公」中丞相「掌丞天子，助理萬機」，輔助皇帝處理全國政務；太尉協助皇帝總領全國軍事；御史大夫則掌監察並協助丞相處理政務。西漢成、哀年間（前 32 年～前 2 年）至東漢，「三公」改爲司徒、司空、司馬，共同輔助皇帝決策。「凡國有大造大疑，則與司徒、司空通而論之。國有過事，則與二公通諫爭之」〔註19〕。三公之下設有九卿，即奉常，掌宗廟禮儀；郎中令，掌宮殿掖門戶；衛尉，掌宮門衛屯兵；太僕，掌輿馬；廷尉，掌刑辟；宗正，掌親屬；治粟內史，掌穀貨；少府，掌山海池澤之稅，以給共養；典客，掌諸侯歸義蠻夷。〔註20〕除此之外，與九卿地位相當的中尉，掌京師治安；將作少府，掌皇宮、陵寢、道路等工程修建；大長秋，掌皇后宮的各種事務；太子少傅，輔導太子，統領太子官屬，以上這些官員與九卿統稱爲「列卿」〔註21〕。總之，京師爲天子所居，中央官署所在，是全國的政治中心。

〔註19〕《後漢書》卷一一四《百官志》，第 3556 頁。

〔註20〕《漢書》卷十九《百官公卿表》，第 726～733 頁。

〔註21〕《史記・孝文本紀》《正義》：「漢置九卿，一曰太常，二曰光祿，三曰衛尉，四曰太僕，五曰廷尉，六曰大鴻臚，七曰宗正，八曰大司農，九曰少府，是爲九卿也。」但是，令人費解的是，某些其他官員也被稱作「九卿」。如《史記・汲鄭列傳》記載：「武帝立，（鄭）莊稍遷爲魯中尉、濟南太守、江都相，至九卿爲右內史。」可見右內史也被視爲九卿。吳榮曾先生解釋說：「各代「九卿」不一。西漢時九卿是列卿或眾卿之意。先秦文獻中有三公九卿之說，但秦並沒有這種制度，西漢初也不見九卿名稱。漢武帝以後，由於儒家復古思想的影響，人們就以秩爲中二千石一類的高官附會成古代九卿。宣帝、元帝時，九卿稱謂出現於詔書中。但《漢書》中所見的卿，有太常、光祿勳、太僕、廷尉、大行、大鴻臚、宗正、大司農、少府、衛尉、執金吾、右內史、左內史、主爵都尉、太子太傅等十幾種官。將九卿定爲九種官職，則始於新莽，其制以中二千石爲卿。即以大司馬司允、大司徒司直、大司空司若、羲和、作士、秩宗、典樂、共工、予虞爲九卿。東漢和新莽一樣，中央政府中設有九卿的官職。《續漢書》將太常、光祿勳、衛尉、太僕、廷尉、大鴻臚、宗正、大司農、少府定爲九卿。」參見《中國大百科全書・中國歷史》「九卿」條。

其次，京師是全國的經濟中心

早在秦朝之時，咸陽就已發展成爲橫跨渭水南北的經濟都會。至西漢，長安逐漸成爲當時全國最大的經濟都市。著名的函谷關道、藍武道、臨晉關道、大散關道、直道、回中道，以及橫貫西域的絲綢之路，都是以長安爲起點的。加之西漢政府採取強幹弱枝的政策，遷天下富豪於長安附近諸陵縣，形成了以長安和陵縣爲主體的特殊經濟區。史書記載：「郡國輻湊，浮食者多，民去本就末，列侯貴人車服僭上，眾庶放效，羞不相及，嫁娶尤崇侈靡，送死過度。」〔註22〕當時富商大賈無不麕集於此，正如司馬遷所說：「漢興，海內爲一，開關梁，弛山澤之禁，是以富商大賈周流天下，交易之物莫不通，得其所欲，而徙豪傑諸侯強族於京師」〔註23〕。東漢洛陽恰好位於洛陽小平原的西端，成爲控制東西大道的咽喉，地理位置十分優越，被稱爲「天下之中」。經過東漢幾十年的經營，洛陽成爲了當時全國最大的工商業都市。《後漢書・仲長統傳》記載當時洛陽城：「豪人之室，連棟數百，膏田滿野，奴婢千群，徒附萬計。船車賈販，周於四方，廢居積貯，滿於都城。琦賂寶貨，巨室不能容；馬牛羊豕，山谷不能受。妖童美妾，填乎綺室；倡謳妓樂，列乎深堂。賓客待見而不敢去，車騎交錯而不敢進。三牲之肉，臭而不可食；清醇之酎，敗而不可飲。睇盼則人從其目之所視，喜怒則人隨其心之所慮。」仲長統所言可能帶有一些誇張成分，但反映出當時洛陽繁榮景象應是沒有問題的。

秦漢時期的咸陽、長安、洛陽，既是全國經濟及商貿中心，又是著名的國際性都市。司馬遷在《貨殖列傳》中稱之爲「通邑大都」。當時京師市場上的商品豐富多彩，如酒、醋、醬、豬肉、栗、魚類、帛絮、文采、皮革、舟車、竹木、染料、銅器、陶器、鐵器等等。城內的工商業種類甚多，涉及釀造業、飲食業、水產業、蔬菜業、皮革業、油漆業、染料業、雜貨業、屠宰業、紡織業、冶金業等等。在長安市場上，還有西域各地的良馬、珠寶和香料，眞可謂「殊方異物，四面而至」〔註24〕。

再次，京師人口眾多

秦漢時期的京師均是人口眾多的大都市。以西漢長安爲例，長安原爲咸陽附近的一個鄉聚。經過西漢王朝的長期經營，逐漸成爲一座人口眾多、市

〔註22〕　《漢書》卷二八《地理志》，第 1642 頁。
〔註23〕　《史記》卷一二九《貨殖列傳》，第 3261 頁。
〔註24〕　《漢書》卷九六《西域傳》，第 3928 頁。

井繁華的都市。前文已述，據學者考證，長安城人口最多時，包括居民、皇族、士兵，約有五十餘萬之眾。〔註 25〕歷代史載中對於秦漢京師人口眾多的記載也較多。例如，「長安諸陵，四方輻湊並至而會，地小人眾」〔註 26〕，「夫三河在天下之中，若鼎足，王者所更居也，建國各數百千歲，土地小狹，民人眾」〔註 27〕。王子今先生認為：「以當時的居住習慣而言，居民的生存空間，顯然過於狹小。」〔註 28〕那麼，當時整個京師的人口具體數字是多少？占全國總人口多少呢？《漢書·地理志》記載：「京兆尹……元始二年戶十九萬五千七百二，口六十八萬二千四百六十八。右扶風……戶二十一萬六千三百七十七，口八十三萬六千七十。左馮翊……戶二十三萬五千一百一，口九十一萬七千八百二十二。」以上是元始二年（2 年）京師三輔的人口數字。當時全國人口總數《漢書·地理志》也有記載：「凡郡國一百三，縣邑千三百一十四，道三十二，侯國二百四十一。地東西九千三百二里，南北萬三千三百六十八里。提封田一萬萬四千五百一十三萬六千四百五頃，其一萬萬二百五十二萬八千八百八十九頃，邑居道路，山川林澤，群不可墾，其三千二百二十九萬九百四十七頃，可墾不墾，定墾田八百二十七萬五百三十六頃。民戶千二百二十三萬三千六十二，口五千九百五十九萬四千九百七十八。漢極盛矣。」遺憾的是，《漢書·地理志》並未明言此數字為何年，且有較大疑問。〔註 29〕又，《後漢書·郡國志》記載：「元始二年，郡、國百三，縣、邑千四百八十七，地東西九千三百二里，南北萬三千三百六十八里，定墾田八百二十七萬五百三十六頃，民戶千三百二十三萬三千六百一十二，口五千九百一十九萬四千九百七十八人，多周成王四千五百四十八萬五十五人，漢之極盛也。」雖然與《漢書·地理志》有些差別，但引文明確記載此為西漢元始二年的全國人口數字。

〔註 25〕 武伯綸：《西安歷史述略》，陝西人民出版社，1978 年版，第 104 頁。

〔註 26〕 《史記》卷一二九《貨殖列傳》，第 3261 頁。

〔註 27〕 《史記》卷一二九《貨殖列傳》，第 3262 頁。

〔註 28〕 王子今：《西漢長安居民的生存空間》，《人文雜誌》，2007 年第 2 期，第 158 頁。

〔註 29〕 據《漢書·食貨志》：「哀帝即位（前 6 年），……百姓訾富雖不及文景，然天下戶口最盛矣」，《漢書·地理志》又謂「自高祖訖於孝平，……漢極盛矣」，顏師古注：「漢之戶口，當元始時最為殷盛，故志舉以為數也。」事實上，班固本人對西漢戶口極盛年代，前謂哀帝初，後謂平帝元始初，即說法不一，前後相互矛盾。

西漢元始二年（2 年）京師人口數據

郡　　國	人　　口	占總人口比例	面　積 （平方公里）	占全國總面積	人口密度 （人／平方公里）
京兆尹	682,468	1.18%	7,145	0.18%	95.52
左馮翊	917,822	1.59%	22,718	0.58%	40.40
右扶風	836,070	1.45%	24,154	0.63%	33.77
弘　農	475,654	0.83%	40,177	1.02%	11.85
河　內	1,067,097	1.58%	13,261	0.34%	80.47
河　南	1,740,279	3.02%	12,884	0.33%	135.07
河　東	962,912	1.67%	35,237	0.90%	27.33

（參考葛劍雄：《西漢人口地理》，人民出版社，1986 年版）

從表格中可以清楚看出，人口比較稠密的地區是在三輔和河南地區，這裡的人口密度接近每平方公里百人左右。但事實上，全國人口最稠密的地區應該是三輔交界之地。京兆尹、右扶風、左馮翊三輔毗鄰地，集中了首都長安和八個陵縣。其中，長安、長陵、茂陵〔註 30〕三縣的人口就有七十萬之多。葛劍雄先生通過考證後，推測這一地區的人口將超過一百萬。他說：「從地區上推測，這一地區面積不過千餘平方公里，因此其人口密度達到了每平方公里千人，爲全國之冠。」〔註 31〕需要指出的是，這些數字僅僅是列入政府戶籍的人口數字，即在籍人口數字，尚未包括那些由於種種原因而未入籍的人口。因此，實際人口還應該更多。

最後，京師人口構成複雜

秦漢京師人口眾多，構成也極其複雜。高層有皇室顯貴、達官富商，底層有商賈士人、百姓貧民，幾乎包括了社會的各個階層。

皇室　《後漢書‧百官志》記載：「宗正，卿一人，中二千石。本注曰：掌序錄王國嫡庶之次，及諸宗室親屬遠近，郡國歲因計上宗室名籍。若有犯法當髡以上，先上諸宗正，宗正以聞，乃報決。」漢代宗室專門有「宗室名

〔註 30〕　《漢書補注》卷二八記載：茂陵一縣人口遷徙之後，多達二十七萬七千二百七十七人，超過三輔全部總人口（二百四十三萬六千三百六十）的十分之一，而當時三輔所轄陵縣多達五十七個，茂陵只是其中之一。

〔註 31〕　葛劍雄：《西漢人口地理》，人民出版社，1986 年版，第 103 頁。

籍」。又，《史記・高祖本紀》記載：「利幾者，項氏之將。……高祖至雒陽，舉通侯籍名之。」說明通（徹）侯亦自有籍，均不與編民爲伍。漢平帝元始五年（5 年）詔：「惟宗室子皆太祖高皇帝子孫及兄弟吳頃、楚元之後，漢元至今，十有餘萬人，雖有王侯之屬，莫能相糾。」〔註 32〕漢高祖之家到二百餘年以後的平帝時期，已經繁衍到十餘萬人，年均增長率高達 45.9‰〔註 33〕，可謂宗室生育率之高。有學者估計，在長安及關中的宗室人口當在三萬人左右。〔註 34〕

公卿 秦統一中國後，在中央設置了丞相、太尉、御史大夫之職，作爲輔佐皇帝處理日常政務的職官。三公之下，中央政府又有奉常、郎中令、衛尉、太傅、廷尉、典客、治粟內史、宗正、少府等行政機關。對於兩漢的官員數量，歷史文獻中有所記載。《漢書・百官公卿表》記載西漢時：「吏員自佐史至丞相，十二萬二百八十五人」。《通典・職官二十》記載東漢時：「右內外文武官七千五百六十七人，內外諸色職掌人一十四萬五千四百一十九人，都計內外官及職掌人十五萬二千九百八十六人。」由此可見，兩漢時期設有龐大的中央機構，京師應是這些官員的主要居住地。

游俠 《韓非子・五蠹》：「俠以武犯禁。」當時京師地區聚集了一批游俠，其中有一些人專以鬪毆、搶劫、暗殺爲事，《史記・游俠列傳》記載：至如朋黨宗強比周，設財役貧，豪暴侵凌孤弱，恣欲自快，游俠亦醜之。」秦漢時期京師游俠多以「振人之急」、「藏匿亡命」而著稱。原涉「刺客如雲」，因與王游公有仇，於是「選賓客，遣長子初從車二十乘劫王游公家。……遂殺遊公父及子，斷兩頭去」〔註 35〕。游俠的持刀行兇，爲非作歹，草薦人命，嚴重威脅到了京師治安，正如班固在《兩都賦》中所記載：「（長安）既庶且富，娛樂無疆，都人士女，殊異乎五方，遊士擬於公侯，列肆侈於姬、姜。鄉曲豪俊，游俠之雄，節慕原，嘗，名亞春、陵，連交合衆，騁騖乎其中。」

豪富 從秦始皇開始，統治者決定遷豪富於京師，以達到「內實京師、外銷姦猾」的目的。《史記・秦始皇本紀》載：「徙天下豪富於咸陽十二萬戶。」這是秦代唯一有明確數字的遷豪活動。西漢建立後，繼續實行遷豪

〔註 32〕 《漢書》卷一二《平帝紀》，第 358 頁。
〔註 33〕 王育民：《中國人口史》，江蘇人民出版社，1995 年版，第 98 頁。
〔註 34〕 薛平拴：《陝西歷史人口地理》，人民出版社，2001 年，第 43 頁。
〔註 35〕 《漢書》卷九二《游俠傳》，第 3718 頁。

政策。京師每修一陵，就要從各地遷徙數萬人到京師地區，這其中不乏強宗豪族、高貲富人。《漢書・武帝紀》泰始元年（前 96 年）：「徙郡國吏民豪桀於茂陵、雲陵。」師古曰：「此當言雲陽，而轉寫者誤爲陵耳。茂陵帝自所起，而雲陽甘泉所居，故總使徙豪桀也。鉤弋趙倢伃死，葬雲陽，至昭帝即位始尊爲皇太后而起雲陵。武帝時未有雲陵。」到元帝時停止了實行此政策。該政策也產生了一個不良的後果，這就是使得京師「富人則商賈爲利」〔註36〕。

　　綜上所言，秦漢京師既是全國的政治中心，也是經濟中心。該地區居住人口眾多，成分複雜，經常發生偷盜、綁架、搶劫、仇殺等犯罪活動。《三輔黃圖》卷一《秦漢風俗》引《漢志》曰：

> 秦有四塞之固。昔后稷封斄，公劉處豳，大王徙岐，文王作豐，武王治鎬，其民有先王遺風，好稼穡，務本業，故豳詩言農桑衣食之業甚備。秦都咸陽。徙天下豪富十二萬戶。漢高帝都長安，徙齊諸田、楚昭屈景及諸功臣於長陵。後世世徙吏二千石高貲富人及豪傑兼併之家於諸陵，強本弱末，以制天下。是故五方錯雜，風俗不一，貴者崇侈靡，賤者薄仁義，富強則商賈爲利，貧窶則盜賊不禁。閭里嫁娶，尤尚財貨，送死過度，故漢之京輔，號爲難理，古今之所同也。

所謂「五方錯雜，風俗不一」、「貴者崇侈靡，賤者薄仁義，富強則商賈爲利，貧窶則盜賊不禁」，說明當時京師已出現各種各樣嚴重威脅社會秩序的犯罪活動。

　　正因爲受到以上京師社會結構的影響，與其它地區普通郡縣相比，京師的治安管理更易受到皇帝、貴族、官僚、豪強等政治力量干擾。

一、皇帝對京師治安的干預

　　京師爲天子所在，這是都城社會結構的最重要特徵。或許正因如此，這就爲皇帝干預京師的治安管理提供了條件。在某些情況下，皇帝的這種干預直接影響了京師治安管理的正常運轉。尤其是當治安官員嚴格執法時，皇帝會因各種原因出來偏袒這些權貴，導致治安官員無法施政。有時治安官員因此而被降職，甚至還會喪命。漢代的京兆尹趙廣漢、張敞、王尊、王章、王

〔註36〕　《漢書》卷二八《地理志》，第 1642 頁。

駿五人，其中有三人因觸犯皇族官僚利益，或被格殺或被免職。

在秦漢君主專制體制下，官吏只對皇帝負責。官吏要把皇帝的命令體現在自己負責的地區事務中，以求仕途通達。京師治安官員亦不例外。杜周任廷尉時，就善於迎合武帝，「上所欲擠者，因而陷之，上所欲釋者，久繫待問而微見其冤狀」。後有人指責他「專以人主意指為獄，獄者固如是乎？」他回答：「三尺安出哉？前主所是著為律，後主所是疏為令，當時為是，何古之法乎？」在他任內大案要案特別多。這不僅反映了京師治安受皇帝意志支配，而且治安結果也受皇帝的影響。在某種情況下，皇帝本身就直接違反治安管理規定。以京師道路交通管理為例，皇帝常常親自破壞禁止夜行的治安管理規定，使這些法規形同虛設。

二、貴戚對京師治安的破壞

除皇帝外，京師還有大量的宗室貴族。他們中的一些人以各種手段獲取額外特權。尤其是一些宗室貴族子弟，日益淫荒越法，肆無忌憚。具體來講，宗室貴族是指公主、外戚等勢力。他們利用與皇帝的血緣關係，或向皇帝施壓，或包庇罪犯，有時甚至毆打治安官吏。例如，景帝時郅都：「遷為中尉。丞相條侯至貴倨也，而都揖丞相。是時民樸，畏罪自重，而都獨先嚴酷，致行法不避貴戚，列侯宗室見都側目而視，號曰蒼鷹。」〔註 37〕此後，郅都因為處理臨江閔王劉榮「侵廟壖地為宮」案得罪竇太后，而被免職。漢武帝時期，中尉寧成嚴於執法，而外戚則「多毀（寧）成之短，抵罪髡鉗」〔註 38〕。

三、高官對京師治安的妨礙

除宗室貴族外，京師亦為中央高官集中地。有時這些掌握實權的官員也會影響治安官員的正常工作。例如漢元帝時，「擢咸為御史中丞，總領州郡奏事，課第諸刺史，內執法殿中，公卿以下皆敬憚之。是時，中書令石顯用事顓權，咸頗言顯短，顯等恨之。時槐里令朱雲殘酷殺不辜，有司舉奏，未下。咸素善雲，雲從刺候，教令上書自訟。於是石顯微伺知之，白奏咸漏泄省中語，下獄掠治，減死，髡為城旦，因廢」〔註 39〕。御史中丞陳咸因職守關係

〔註 37〕《史記》卷一二二《酷吏列傳》，第 3133 頁。
〔註 38〕《史記》卷一二二《酷吏列傳》，第 3135 頁。
〔註 39〕《漢書》六六《陳咸傳》，第 2900 頁。

與石顯結怨，最終被下獄治罪，從中可見京師高官對京師治安司法工作的破壞作用。有些權貴甚至公開違法。例如，富平侯張放受成帝寵愛，驕蹇不法，他家裏窩藏罪犯。於是丞相薛宣、御史大夫翟方進上奏：「放驕蹇縱恣，奢淫不制。前侍御史修等四人奉使至放家逐名捕賊，時放見在，奴從者閉門設兵弩射吏，距使者不肯內。知男子李遊君欲獻女，使樂府音監景武強求不得，使奴康等之其家，賊傷三人。又以縣官事怨樂府遊徼莽，而使大奴駿等四十餘人群黨盛兵弩，白晝入樂府攻射官寺，縛束長吏子弟，斫破器物，宮中皆犇走伏匿」〔註40〕又如，翟方進為京兆尹時，曾「博擊豪強，京師畏之」，然恐犯貴戚而見毀，故聽從胡常勸告，少弛威嚴了〔註41〕。

四、豪強對京師治安的擾亂

秦漢時期，豪強財力雄厚、宗族勢力強大，經常在京師以及地方「以強凌弱，以眾暴寡」，但卻可以犯法不坐。《漢書・嚴助傳》記載：嚴助居鄉里時，常「為友婿富人所辱」。同書《王尊傳》又載：「長安宿豪大猾東市賈萬、城西萬章、翦張禁、酒趙放、杜陵楊章等皆通邪結黨，挾養姦軌，上干王法，下亂吏治，兼併役使，侵漁小民，為百姓豺狼。更數二千石，二十年莫能禽討。」又《後漢書・陳龜傳》記載：「三輔強豪之族，多侵枉小民。」有的豪強更是橫行不法，殘害人命。對此，治安官吏也不敢過問。《漢書・王尊傳》載（西漢成帝時王尊）「出行縣，男子郭賜自言尊：『許仲家十餘人共殺賜兄賞，公歸舍。』吏不敢捕」。許仲家應是豪強之族，依仗勢眾殺人之後，依然旁若無事，而官吏不敢逮捕。豪強的氣焰之張狂可見一斑。

此外，豪強還「行苞苴以亂執政」，即通過與中央的達官顯貴相交，依仗他們的保護，逃避治安官員的打擊。例如，《漢書・孫寶傳》記載：成帝時，霸陵豪俠杜穉季奸惡不法，但與衛尉淳于長、大鴻臚蕭育等交善，依靠他們的保護，躲過了京兆尹孫寶的追捕，「穉季遂不敢犯法，寶亦竟歲無所譴」。又，《後漢書・趙熹傳》記載：光武帝時，懷縣大姓李子春「豪猾併兼，為人所患」。趙熹到懷縣後，「聞其二孫殺人事未發覺，即窮詰其姦，收考子春，二孫自殺。京師為請者數十，終不聽」。後因和趙王良交厚，避開了趙熹的誅殺。可見，一些豪強地主在地方奸惡不法，甚至殘害人命，但由於他們與朝

〔註40〕《漢書》五九《張延壽傳》，第2655頁。
〔註41〕《漢書》八四《翟方進傳》，第3416頁。

中顯貴交際密切，地方官吏雖想依法加以懲治，卻往往會遭到來自朝中顯貴們的干涉、阻礙，一般情況下，治安管理也不得不屈服於權貴。

綜上所言，秦漢京師治安管理中，易受到皇帝、宗室貴族、京師高官、豪強等政治力量的影響。這既是京師治安制度的特點，也是京師爲全國最難治理地區的主要原因。

第六章　秦漢京師治安制度的歷史定位
——「承前啓後、繼往開來」

　　秦漢京師治安制度在中國古代京師治安體制發展歷史進程中處於承前啓後、繼往開來的地位。盡然今天我們對秦漢京師治安制度的瞭解還很不全面，但正如秦漢政治制度奠定了中國兩千多年封建制度的規模和基礎一樣，秦漢京師治安制度也是中國古代京師治安制度很重要的奠基階段，其開創之功不可埋沒。

第一節　「承前」——秦漢京師治安制度對先秦制度的繼承

　　秦漢京師治安制度很大程度上是繼承了先秦都城治安制度的合理成分而來，許多管理機構的設置以及治安官員的稱謂都能夠追溯到春秋戰國乃至夏商西周。因此，在研討秦漢京師治安制度歷史地位之前，先回顧一下先秦都城的治安機構及其特點。

一、先秦都城治安制度及其特點

　　漢語中的「都城」意思比較簡單，主要指一個國家的最高行政機關所在地。它既是國家政治中心，又是全國的經濟、文化中心。《釋名》：「都者，國君所居，人所都會也。」《說文·邑都》：「都，有先君之舊宗廟曰都。」城則是指都邑四周的城垣。《墨子·七患》：「城者，所以自守也」，「築城以衛君」。

其意均重於有形的牆體和防禦職能。學者李民曾指出：「夏商時代，在都城設置上，存在著兩都或數都並存的現象。」〔註1〕對此，學者張國碩也有論斷：「當時的社會發展剛剛進入「文明」階段，國家也剛剛形成，國家機構簡單，基礎薄弱，⋯⋯若只在王朝的中心建立一個都城，以應付對全國的統治，那是遠遠不夠的。所以在主要都城之外，需另建一個或數個都城。」〔註2〕兩位學者的論斷是符合歷史事實的。在先秦歷史上，都城數量並不是唯一的。但無論是一個都城還是多個都城，都設有維護社會秩序的治安機構，國家對社會的政治管理也從簡單趨向於複雜。許多屬於治安管理範圍內的任務，如在都城宵禁、王宮警衛、道路管理等方面也實施了一定的治安管理，開創了中國古代都城治安管理的先河。

（一）先秦都城治安制度

1. 先秦都城治安職官

杜佑《通典・職官一》記載：先秦時期中央官員人數是「夏百二十員，殷二百四十員，周六萬三千六百七十五員」。這些記載目前雖然無法證明其正確性，但至少說明先秦都城治安管理機構的萌芽已經出現。

根據文獻記載，先秦職官制度雖明顯帶有原始氏族社會的痕迹，但在都城已初步設置了的治安管理機構，宮廷警衛、戶籍管理和道路管理等方面也實施了一定的治安管理。由於這時國家剛剛建立，一職多能的現象比較突出，中央行政機構實際上履行著都城治安管理的職能。《禮記・名堂位》：「有虞氏官五十，夏后氏官百，殷二百，周三百。」作為三代之首的夏朝，其官吏設置較原始社會末期已有了成倍的膨脹。《尚書・夏書・甘誓》：「大戰於甘，乃召六卿。」鄭玄注「六卿」為：「后稷、司徒、秩宗、司馬、士、共工也。」其中司馬、士、司徒兼理治安；司馬掌軍事，主要負責維護都城和國家安全。〔註3〕商朝的國家管理機構在夏朝的基礎上繼續發展。《尚書・酒誥》：「越在外服，侯甸男衛邦伯；越在內服，百僚庶尹。」商王朝的職官有王畿之內的

〔註1〕 李民：《關於盤庚遷都後的都城問題》，《鄭州大學學報》，1988年第1期。

〔註2〕 張國碩：《鄭州商城與偃師商城並為亳都說》，《考古與文物》，1996年第1期，第36～37頁。

〔註3〕 由於時代的久遠和文獻的不足，我們已無法知悉夏代都城治安機構的具體設置和運行情況，正如王國維所言：「雖上故之事若存若亡，《世本》、《紀年》亦未可盡信，然要不失為古之經說也。」（王國維：《觀堂集林》卷十二《史林四》，河北教育出版社，2001年版，第327頁。）

內服官和被封於王畿以外的外服官之別，〔註4〕內服官中又大致可以分爲政務性行政管理機構、事務性管理機構以及軍事性管理機構。〔註5〕其中政務性管理機構統管國家各項事務，並負責包括都城治安在內的各方面事務。軍事性管理機構的主要職能是掌管軍事以及負有保衛首都的使命，這些官員都是保衛王朝和討伐奴隸叛亂的武官。〔註6〕西周是我國奴隸社會的鼎盛時期，《漢書·百官公卿表》：「太師、太傅、太保，是爲三公，蓋參天子，坐而議政。」三公之下的政府行政事務官可分爲兩大系統：卿事僚和太史僚。〔註7〕《尚書·周書·立政》：「王左右常伯、常任、準人、綴衣、虎賁。」負責西周都城安全的士兵是虎賁，他們從奴隸主貴族中挑選出來的青壯年，主要負責保護周天子的安全，類似於秦漢時期的衛尉。春秋時期，各國相繼出現了輔佐國君、處理政務的主要執政官，秦稱「上卿」、「亞卿」和「大庶長」；楚稱「令尹」；齊、晉、魯、鄭諸國則稱「相」。儘管各國名稱各異，但其地位和職掌大體都相當於後來的「丞相」。《漢書·百官公卿表》曾以簡潔的筆觸描繪了這一時期官制的基本變化情況：「自周衰，官失而百職亂，戰國並爭，各變異。秦兼天下，建皇帝之號，立百官之職，漢因循而不革，明簡易，隨時宜也。其後頗有所改。」實際上，周平王東遷後，儘管王權衰微，大國爭霸，諸侯林立。然由於此時各諸侯國仍以周天子爲「共主」，故在都城治安管理機構設置上，基本還是沿襲西周制度。例如，齊、魯、鄭、楚等國就繼承了西周官制，仍以司徒掌民政、司馬掌兵政、司寇掌刑獄與盜賊。〔註8〕

〔註4〕　陳夢家：《殷虛卜辭綜述》（中華書局，1988年）。但學者韋慶遠認爲：官制區分爲內外服制是周朝事，商代並無此稱。

〔註5〕　陳智勇：《論夏商時期的治安管理》，《公安大學學報》，2000年第4期，第35頁。

〔註6〕　見於文獻記載的有：《尚書·盤庚》記載：「邦伯、師長、百執事。」《尚書·酒誥》：「百僚庶尹，惟亞惟服宗工。」

〔註7〕　《毛公鼎》銘文說：「及茲卿事僚、太史僚。」學者考證銘文上的「卿事僚」、「太史僚」據眾官之首，只有二者稱爲「僚」，說明其應是中央政府的兩大官署。但學者蕭寧燦認爲：「卿事僚」與「太史僚」的「僚」字應理解爲「同官爲僚」的意思，故「卿事僚」與「太史僚」就相當於「諸位卿士」、「太史們」（《先秦政治體制史稿》，四川人民出版社，2007年，第139頁）

〔註8〕　《左傳·成公十八年》載：齊國「慶佐爲司寇」，《左傳·昭公二年》：鄭國「鄭公孫黑將作亂，欲去游氏而代其位。子產在鄙，聞之，……曰：『……不速死，司寇將至。』」《左傳》襄公三年：晉侯之弟揚幹有罪，「請歸死於司寇。」《左傳》襄公二十一年，魯國多盜，「季孫謂臧武仲曰。子盍詰盜。武仲曰。不可詰也。紇又不能。季孫曰。我有四封。而詰其盜。何故不可。子爲司寇。將

2. 都城常備軍隊

先秦時期，治安職能尚未同軍隊職能嚴格區分開來。換言之，先秦國家皆以常備軍隊作爲維護都城治安的主要力量，兼有治安警察的一些職能。

先秦時期，王擁有最高的軍事統帥權。在甲骨卜辭中出現了「師」、「亞」、「射」等軍事職官的名稱。「師」，是商代最高的軍事編制。在《尚書‧盤庚》中稱爲「師長」，其地位很高，多由貴族充任。從現存甲骨卜辭等有關記載來看，殷王室直接管轄的軍隊有三個師，《殷契粹編》：「王作三師，右、中、左。」《殷虛書契前編》：「左右中人三百。」《殷虛文字乙編》：「王令三百射。」說明當時軍隊的最大編制單位可能就是師，並有右、中、左的區分。甲骨文和文獻還記載有「衛」、「亞」、「射」、「多馬」、「多射」等武官，這些武官的任務是鎮壓奴隸的暴亂和保衛國家的安全。其中，「亞」、「馬」可能是統帥步兵和車馬的武官；「射」、「多射」很有可能是弓箭首領。「衛」很有可能是商王的侍從武官。周人在都城也建有強大的軍隊。《史記‧周本紀》記載武王伐商時有：「戎車三百乘，虎賁三千人，甲士四萬五千人。」滅商以後，周王朝的軍隊規模有所擴大。據青銅器銘文記載，當時軍隊有西六師、成周八師之分。〔註 9〕古本《竹書紀年》記載：「周昭王十九年，天大曀，雉兔皆震，喪六師於漢。」這裡的「六師」，當是西六師。學術界普遍認爲西六師是戍守周人大本營鎬京的軍隊〔註 10〕，殷八師（成周八師）則主要用於駐守東都成周並監視被遷到此地的殷遺民等〔註 11〕。《小克鼎》銘文：「王命善夫克

盜是務去。若之何不能。」以上引文證明齊、晉、鄭等國確實設有「司寇」一職，其職掌皆爲負責治安和刑獄。與西周時期相比，各諸侯國「司寇」屬下的官職增多了，特別是出現了專門負責管理奴隸和緝捕盜賊的「司隸」；專門負責維護社會治安的「司圜」；主管巡查市井並拘捕犯禁者和盜賊的「司稽」；負責執行宵禁的「司寤氏」等等。

〔註 9〕 于省吾先生根據金文材料，從考察成周八師冢司士的職掌和蓺字的含義入手，正確指出了西六師、成周八師都是不脫離生產活動的事實。參見《略論西周金文中的「六𠂤」「𠂤」及其屯田制》，《考古》，1964 年第 3 期。

〔註 10〕 西周晚期的南宮柳鼎銘文：「王乎（呼）乍作冊尹冊令（命）柳：（司）六（師）牧（場）大（友），（司）羲夷（場）佃史（事），易女（錫汝）赤市（韍）、幽黃（衡）、攸（鋚）勒。」意思大概是作器者南宮柳接受周王任命，管理「六師牧場」和「羲陽」的田賦，並得到命服等賞賜物。《鼓𩰚簋》：「唯巢來伐，王命東宮追以六師之年。」是說巢國來進犯，國王命令東宮率領六師追擊。金文中的「六師」應該是駐紮在宗周的西六師。

〔註 11〕 學者趙士超認爲成周八師士兵來源是徵自被遷於成周殷人（《瓦缶集》，第 107頁）。筆者以爲此說有可商榷的地方。西周王朝建立後，殷人是其最大的威

舍令於成周，遹正八師之年。」銘文說善夫克傳王命於成周洛邑，整頓成周八師的軍隊。此外，西周還擁有自己的王室警備軍隊，這就是由虎賁氏管理的眾多虎士。周王在宮內居住時，虎賁則守衛王宮；周王出行時，虎賁則在周王前後護駕；周王夜宿宮外時，虎賁則守衛行宮周圍。若遇有緊急情況，虎賁嚴密把守王宮的各個宮門，確保周王安全。虎賁在金文中常常被稱爲虎臣，《無惠鼎》：「王呼史叀冊令無惠曰：官司王遉側虎臣。」《師克盨》：「王曰：師克……佳乃先祖、考又（有）爵於周邦，干害王身，乍（作）爪牙……命女（汝）更乃且祖、考攝司左右虎臣。」師克的先祖用心保護周王，甘作腹心爪牙。周王重申任命師克繼承先人之職，擔任虎臣，負責周王的警備事宜。到春秋戰國時期，列國出於戰爭的需要，普遍都曾在都城附近設置警備常設軍隊。如楚國國君就有自己的親軍，稱爲「二廣」。王宮中設郎中令一職，負責宮內的守衛與傳達任務。《戰國策・趙策・觸讋說趙太后》：「老臣賤息舒祺，最少，不肖，而臣衰，竊愛憐之，願令得補黑衣之數，以衛王宮。沒死以聞。」最後趙太后答應了他的請求。這一記載說明戰國時期由最高統治者直接選拔和任命的貴族子弟擔任王宮衛士。再如，秦國宮廷警備制度是在商鞅變法以後逐步發展完善的。從現存史料看，秦國王宮宿衛主要由郎中令負責保護皇宮殿門，衛尉負責殿外皇宮之內的安全，中尉負責皇宮之外的京城治安這三層次組成。

3. 都城治安法律

　　先秦時期，國家出於自身生存和安全的需要，開始不斷完善都城防衛設施，並加強對都城城門的戒備。當時，各國都城城門均設有守衛，稱爲「門尹」或「監門」。《國語・周語》：「敵國賓至，……門尹除門。」《荀子・榮辱篇》：「監門御旅，抱關擊柝。」楊注云：「監門，主門也；抱關，門卒也。」除此之外，夜間各城門都要關閉上鎖，禁止出入。《墨子・號令》記載：「昏鼓，鼓十，諸門亭界閉之；晨見，掌文鼓，縱行者。」可見，都城城門是昏閉晨開，以擊鼓爲號令。黃昏擊鼓十聲，都城城門一律關閉，這種門禁制度爲後世歷代王朝所沿襲。戰國七雄都已開始重視都城城池的警備，不僅城門有朝啓夕閉的規定，而且也有嚴格執行的法律條文。李悝在魏國制定的《法

　　脅。對殷人保持高度警惕性的西周統治者，如果讓殷人保持八師之眾的武裝力量，於情於理是說不通的。實際上，成周八師應該是在周公營建洛邑時所組建，目的主要是防止和鎮壓殷人的反叛。

經》，後來商鞅拿到秦國去推廣，其中《雜律》中就有嚴禁「越城」條目。《晉書・刑法志》載：「是時承用秦漢舊律，其文起自魏文侯師李悝。悝撰次諸國法，著《法經》。……其輕狡、越城、博戲、借假不廉、淫侈、逾制以爲《雜律》一篇，又以《其律》具其加減。是故所著六篇而已，然皆罪名之制也。商君受之以相秦。」又，《韓非子・外儲說左下》：「梁車新爲鄴令，其姊往看之，暮而後門閉，因踰郭而入，車遂刖其足。」因違反城門的禁令，故被「刖其足」。可見戰國時代各國十分重視對城門的警備。

（二）先秦都城治安管理的特點

先秦時期，國家帶有濃厚的血緣關係，尤其是到西周時期，宗法制和分封制正式確立，從而導致都城治安管理呈現出一些時代特點：

首先，都城治安管理的範圍較小。夏、商、西周時期，最高統治者留下都城及其附近的一部分土地歸自己直接所有，叫做「王畿」。《戰國策・魏策》記載吳起說：「殷紂之國，左孟門而右漳、釜，前帶河，後被山，有此險也。」據此推測，商代王畿大致包括今河南全省，河北南部、陝西東部、山西南部、湖北北部及山東西部的黃河中下游地區。〔註 12〕西周依據宗法制度的基本原則，以都城鎬京爲中心，沿渭水下游和黃河中游，劃出土地，視爲「王畿」。洛邑爲其陪都，東西二都並立，兩都的王畿連成一片，正如《漢書・地理志》所載：「初，雒邑與宗周通封畿，東西長而南北短，短長相覆爲千里。」在王畿以外，西周把土地分封給諸侯。封神農之後於焦，封黃帝之後於祝，封帝堯之後於薊。這些諸侯國像群星捧月似的，環繞拱衛著王畿地區。在王畿之外大規模分封諸侯的同時，在兩大王畿內也建有大量的封邑。據文獻記載，「周」就爲西周王畿內姬姓封國之一。《史記・魯周公世家》之《集解》引譙周語：「（周公）以太王所居周地爲其采邑，故謂周公。」《索隱》稱：「周，地名，在岐山之陽，本太王所居，後以爲周公之采邑，故曰周公。」《正義》引《括地志》又云：「周公城在岐縣北九里。此地周之畿內，周公食采之地也。」除「周」以外，「召」也爲西周王畿內的姬姓封國之一。《左傳・僖公二十四年》杜注：「召，采地，扶風雍縣東南有召亭。」據楊寬先生考證，西周王畿內姬姓封國還有豐、芮、畢、毛、榮、樊、函、鄭、虢、矢等。〔註 13〕除此

〔註 12〕 李學勤：《中國古代文明與國家形成研究》，雲南人民出版社，1998 年版，第 475 頁。

〔註 13〕 楊寬：《楊寬古史論文選集》，上海人民出版社，2003 年版，第 163 頁。

之外，西周王朝還曾建立有大量的畿內國，見之於古代文獻和西周青銅器銘文記載的畿內國有榮、密、祭、滑、毛等。〔註 14〕這些畿內國具有一定的獨立性。因此，相比於後來實行郡縣制的秦漢，西周周王直接管理的都城地區不大，都城治安管理的地域範圍也相對較小。

　　其次，都城管理對象多為貴族。夏、商、西周時期是我國奴隸社會時期，這一時期的一個重要特點，就是貴族、平民都保持著聚族而居的形式。整個社會、整個國家都呈現出一種宗族網絡狀態。因此，宗族倫理秩序的安定與動盪，直接關係到社會、政治秩序的穩定與否。統治者自然把社會治安管理的重點放在維護正常的宗族秩序上，都城治安管理亦不例外。尤其是到西周時期，王畿和諸侯的封國又都實行「國」和「野」對立制度。所謂「國」是指都城及其周圍地區，居住的主要是各級貴族。都城的近郊往往被分成若干「鄉」，住著貴族的下層，統稱爲「國人」。「野」也稱「遂」，是指廣大農村地區，居住者主要是從事農業生產的平民，稱爲「庶人」。這樣一來，當時的都城主要由各級貴族居住。因此，夏、商、西周時期逐步形成的是一種以宗室治安管理爲重點的都城治安管理模式。也就是說，當時都城治安管理的主要對象是貴族。

　　再次，治安機構缺乏明確分工。夏、商、西周時期的都城治安機構，職、權、責並不是很分明。例如，商代的「多尹」、「御事」等政務官，其具體分工還不清晰，看不出誰是治安管理的主要長官。周代的太史僚和卿事僚雖然看上去分工明確，但實際上彼此互兼，卿事僚可以帶兵打仗，太史僚也可以帶兵打仗。在重大的禮儀和事務上，其職責也很難加以區別。尤其是司法部門，雖然文獻上講夏朝有「大理」或「士」，商周有「司寇」，但執行審判和刑罰的事務並不是完全歸這些部門掌管。這種現象是古代早期國家發展過程中必然會出現的正常情況。隨著社會政治經濟的發展，這種情況會有所改變，中央政府對各部門的職、權、責也會作出相應的規定。當然，這需要一個相當漫長的過程。

　　最後，都城治安管理逐步重視法律和刑罰手段。〔註 15〕春秋時期各國

〔註 14〕周書燦：《中國早期國家結構研究》，人民出版社，2002 年版，第 102～103頁。

〔註 15〕之所以會出現法制化的趨勢，大概主要有兩方面的原因：第一，春秋戰國時期，爲彌補「禮崩樂壞」所造成的社會規範的缺陷，各國的統治階級需要建立一套能夠維護正常國家秩序的法律制度，來取代已經失去約束作用的禮

紛紛制定法律。鄭國子產製刑書和晉國鑄刑鼎就是其中最典型的事例。前536年，鄭國子產首先創制新的法規，並將法律條文鑄在鼎上予以公佈。前513年，晉國也仿照鄭國以鑄刑鼎，著范宣子所爲《刑書》。此外，晉國還制定了「常法」，楚國制定了「僕區法」。春秋列國法律條文繁細，刑罰較爲殘酷。見於典籍的刑罰就有死刑、肉刑、自由刑、流刑。每種刑罰還分出輕重不同的等級。如死刑，就有賜死、斬、腰斬、梟首、棄市、剖腹、菹醢、鑿顛、抽肋、車裂等數十種處決方式；肉刑則包括鞭、笞、抶、黥、劓、髡、斬左右趾、刖、挖目、截耳、宮等不同刑罰手段；自由刑除剝奪自由外，還要做徒役，分爲耐、城旦、舂、鬼薪、白粲、司寇等；流刑分爲遷、放兩種，還有遠、近、邊、荒的區別。在處罰的時候，按照罪犯的罪行輕重，參考其身份等級，實行輕重不同的處罰，在法律面前實行公開的不平等原則。對刑徒、奴隸臣妾的處罰最重，對官吏和有爵位的人則從輕，官爵高的人和貴戚可享有減刑和贖罪的待遇。這些都清晰地表明春秋列國突破了西周時代「明德慎罰」的道德教育與刑事制裁相結合的都城治安管理思想，朝著用法律維護社會治安的方向發展。〔註16〕

制。第二，春秋時期社會生產力的發展動搖了奴隸制生產關係，社會等級制度隨之被打破，原來建立在奴隸制經濟基礎上的治安策略不能滿足正在悄然而起的新興地主階級的需要。新興地主階級要奪取政權，而奴隸主貴族則要扼殺新興地主階級的成長，兩者水火不容，之前的「明德慎罰」治安理論在這種殘酷的政治鬥爭面前顯得非常迂腐。

〔註16〕 諸侯國公佈成文法後，都會遭到一些人的阻撓和反對。史書記載子產執政前的鄭國上層貴族爭權奪利，相互殘殺，京師秩序混亂，國勢衰弱。子產執政後，「作封洫，立謗政，制參辟，鑄刑書」，即整頓經濟秩序，制定和頒佈法律，結果遭到一些舊貴族的反對。據《左傳·昭公六年》記載：「鄭人鑄刑書。叔向使詒子產書，曰：……昔先王議事以制，不爲刑辟，懼民之有爭心也，……民知有辟，則不忌於上。……今吾子相鄭國，作封洫，立謗政，制參辟，鑄刑書，將以靖民，不亦難乎？……國將亡，必多制。其此之謂乎！」鄭國「鑄刑書」，遭到晉國頑固守舊勢力代表叔向的強烈反對。叔向指出，西周時期各級貴族統治者之所以不將法律公諸於眾，而是根據具體案情「議事以制」、「臨事制刑」，是由於「懼民之有爭心」，擔心民眾知道量刑定罪內容後不好支配。如今將刑書明確鑄造在刑鼎上，百姓清楚地知道法律規定的具體內容，便不再迷信畏懼統治者；倘若發生糾紛或犯罪，也會引證刑書作爲依據，而不再盲目聽任統治者處罰。這樣一來，「民知爭端矣，將棄禮而徵於書，錐刀之末，將盡爭之」，民眾發生糾紛據理力爭，自然會使統治者對法律的壟斷專擅隨之破產。繼鄭國之後，晉國的趙鞅和荀寅也把范宣子的刑法鑄在鼎上「以宣示下民」，結果遭到孔丘的反對。《左傳·昭公二十九年》記載：「冬，晉趙鞅、

　　與春秋戰國相比，夏、商、西周時期的禮占則有很重要的地位。人民把禮定位爲國家機器運行的指針。就夏商的禮而言，由於時代久遠、文獻失載，其具體內容已不得其詳。春秋時期的孔子就已發出「夏禮，吾能言之，杞不足徵也；殷禮，吾能言之，宋不足徵也。文獻不足故也，足則吾能征之矣」〔註17〕的慨歎。而從他說的「殷因於夏禮，所損益，可知也；周因於殷禮，所損益，可知也」可以看出，夏商的禮以及它們與後來的周禮應該是一脈相傳的。周禮集上層建築政治法律制度和社會意識形態等各個領域之大成，所包涵的內容極爲豐富，調整的對象非常廣泛；大到國家政製法度，小至人們日常生產生活細節，涉及政治、經濟、法律、軍事、司法、宗教、思想、文化、教育、婚姻、家庭、倫理道德、風俗習慣等各個方面，幾乎無所不有、無所不包，正如《禮記·曲禮上》所言：「道德仁義，非禮不成；教訓正俗，非禮不備；分爭辨訟，非禮不決；君臣、上下、父子、兄弟，非禮不定；宦學事師，非禮不親；班朝治軍，涖官行法，非禮威嚴不行；禱祠祭祀，供給鬼神，非禮不誠不莊。」總之，西周時的禮包括上至國家的立法行政、各級貴族和官吏的職權，下至衣食住行、婚嫁喪葬，送往迎來等各個方面。特別需要指出的是，其中不少禮制規範實際已承擔著法律的性質。故《左傳》「隱公十一年」記載：「禮，經國家，定社稷，序民人，利後嗣者也」；「禮者，所以定親疏，決嫌疑，別同異，明是非也」；《禮記·曲禮》亦載：「禮者，貴賤有等，長幼有差，貧富輕重皆有稱者也」。從這種意義上說，周禮可以算是國家根本制度的基本大法，是調整西周社會各方面關係的重要法律規範。

　　如果說春秋時期都城治安管理朝著法制方向發展的話，那麼，戰國時期的都城治安就是繼續向著法制化的方向發展。司馬遷《太史公自序》對這種現象概括爲：「法家不別親疏，不殊貴賤，一斷於法，則親親尊尊之恩絕矣。」戰國時期刑法的發展是當時社會發展的需要。顧炎武在《日知錄·周末風俗》

荀寅帥師城汝濱，遂賦晉國一鼓鐵，以鑄刑鼎，著范宣子所爲刑書焉。仲尼曰：晉其亡乎！失其度矣。夫晉國將守唐叔之所受法度，以經緯其民，卿大夫以序守之，民是以能尊其貴，貴是以能守其業。貴賤不愆，所謂度也。文公是以作執秩之官，爲被廬之法，以爲盟主，今棄是度也，而爲刑鼎，民在鼎矣，何以尊貴？貴何業之守，貴賤無序，何以爲國？」孔丘認爲晉國頒佈法律的行爲完全破壞了尊卑貴賤的等級制度，國家必將走向滅亡。

〔註17〕《論語》卷二《八佾》，金良年，《論語譯注》，上海古籍出版社，2004年版，第23頁。

說：「春秋時猶尊禮重信，而七國則絕不言禮與信矣。春秋時猶宗周王，而七國則絕不言王矣。春秋時猶嚴祭祀重聘享，而七國則無其事矣。春秋時猶論宗姓氏族，而七國則無一言及之矣。春秋時猶宴會賦詩，而七國則不聞矣。春秋時猶有赴告策書，而七國則無有矣。邦無定交，士無定主，此皆變於一百三十三年之間。」可見，戰國時期確實是一次大的社會變革，表現在社會治安管理方面就是戰國七雄都非常重視法律建設。在此時期，各國政權為了加強統治，相繼頒佈了以保護私有制為中心內容的治安法律。其中最有代表性的是魏國李悝編定的《法經》和秦商鞅變法後頒行的《秦律》。《法經》基本上是一部以刑法為主體的法典，它集春秋戰國法律之大成，影響極為深遠。〔註18〕商鞅變法後的《秦律》就是在此基礎上發展起來的。《秦律》分為盜、賊、囚、捕、雜、具律六篇。湖北雲夢縣睡虎地出土的秦簡，律有田、廄、倉、金幣、工、徭等達三十餘種，其內容涉及農業、手工業、商業、徭戍賦斂、軍爵賞賜、官吏任免以及什伍組織等社會生活各個領域，說明秦國「莫不皆有法式」的說法是可信的。

二、秦漢京師治安制度對前代典制的繼承

經過管仲、商鞅等人的改革探索，京師治安機構與治安法規已經歷史地積澱下來。秦始皇將其全面制度化、法律化，逐步確立了中央封建集權制下的京師治安體制。這種制度規定了京師治安工作的各項具體業務，包括皇宮警備、交通管理、緝盜防奸、城市宵禁以及刑徒看押等。總言而之，秦朝在京師治安管理方面，是在繼承前朝經驗的基礎上而確立的。

（一）建立較完備的京師各級治安機構——對先秦都城治安機構的承襲與發展

秦漢京師治安制度中的職官制度受西周官制影響甚大。例如，京畿地區最高行政長官的內史以及掌監察的司隸校尉等等，或沿襲周代舊制，或由周制演變而來。

內史最早見於西周早期。《尚書·酒誥》記載：「矧太史友。內史友。越獻臣百宗工。」西周銘文中常見到「王命內史某冊命某」，「王命某內史曰」

〔註18〕《唐律疏議·名例疏》：「周衰刑重，戰國異制，魏文侯師於李悝，集諸國刑典，造法經六篇：一、盜法；二、賊法；三、囚法；四、捕法；五、雜法；六、具法。

的記載。王國維在《觀堂別集》卷一中曾說：「作冊、尹氏皆〈周禮〉內史之職，而尹氏爲其長，其職在書王命與制祿命。」這一觀點是可取的，周代冊命制度中宣讀冊命的史官就皆出於內史。秦在春秋時期就承周制設內史一職。《史記‧秦本紀》：「戎王使由余於秦，穆公退而問內史廖。」內史廖爲穆公獻計破西戎，爲穆公心腹，係春秋秦國重要職官。秦朝建立後，內史乃變爲京師地方行政官。

　　西漢武帝所置的司隸校尉，實際上也應該是承襲周制而來。《漢書‧百官公卿表》明確記載：「司隸校尉，周官，武帝征和四年初置。」師古曰：「以掌徒隸而巡察，故云司隸。」《後漢書‧百官志》亦載：「司隸校尉一人，比二千石。」引荀綽《晉百官表注》曰：「司隸校尉，周官也。征和中，陽石公主巫蠱之獄起，乃依周置司隸。」引文中皆指出司隸校尉是繼承周代制度而來。又，《周禮‧秋官‧司寇》記載：「司隸掌五隸之法。辨其物而掌其政令。帥其民而搏盜賊。役國中之辱事。爲百官積任器。凡囚執人之事。邦有祭祀賓客喪紀之事。則役其煩辱之事。掌帥四翟之隸。使之皆服其邦之服。執其邦之兵。守王宮與野舍之厲禁。」其職掌似乎與漢代的司隸校尉基本相同。

　　秦漢負責掌宗廟祭祀禮儀以及陵廟安全的太常，其淵源亦可追述到周制。《尚書‧周官》載：「司徒掌邦教。敷五典。擾兆民。宗伯掌邦禮。治神人。和上下。司馬掌邦政。統六師。」又，《左傳》文公二年：「於是夏父弗忌爲宗伯。」杜注：「宗伯，掌宗廟昭穆之禮。」關於宗伯與奉常的關係，《國語‧鄭語》：「伯夷能禮於神以佐堯者也。」注曰：「秩宗之官，於周爲宗伯，漢爲太常，掌國祭祀。」《宋書‧百官志》亦載：「舜攝帝位，命伯夷作秩宗，掌三禮，即其臣也。周時曰宗伯，是爲春官，秦改曰奉常。」此外，《通典‧職官》亦云：「奉常，周爲春官宗伯，掌邦禮，秦改奉常。」《漢官典職儀式選用》：「惠帝改太常爲奉常，景帝復爲太常，蓋周官宗伯也。」〔註19〕可見，漢惠帝將太常改稱奉常，至景帝時恢復太常官號。到王莽時改稱秩宗，可能是恢復舊制。

　　眾所周知，秦漢與西周時期的國家形態完全不同。前者實行的是以皇帝爲中心的專制主義中央集權制，而後者實行的則是分封制。在西周宗法分封制下，宗室、貴族被分封到各地。秦統一六國後，廢除分封，實行郡縣制，

〔註19〕 孫星衍輯、周天遊點校：《漢官六種》，中華書局，1990年版，第202頁。

子弟無寸土之封，中央集權體制正式確立。儘管周制與秦漢制度存在本質區別，但周秦漢制之間也並非截然對立的，秦漢京師治安制度乃至其他許多制度與周制有著相當密切的淵源關係。

如果說秦漢京師治安官員的設置只是在部分名稱和若干職掌上與西周官制有一定聯繫的話，那麼秦漢治安官制與春秋戰國時期的職官制度則有更爲直接的繼承關係。

據現存史籍記載，郎官早在春秋戰國之際就已出現。《戰國策‧燕策》就有郎中「執兵皆陳殿下」的記載。又，《戰國策‧趙策》載：「趙王不說，形於顏色，……王曰：『郎中不知爲冠。』魏牟曰：『爲冠而敗之，奚虧於王之國？而王必待工而後乃使之。今爲天下之工，或非也，社稷爲虛戾，先王不血食，而王不以予工，乃與幼艾。且王之先帝，駕犀首而驂馬服，以與秦角逐。秦當時適其鋒。今王憧憧，乃輦建信以與強秦角逐，臣恐秦折王之椅也。』」《戰國策‧楚策四》記載朱英對春申君說：「君先仕臣爲郎中，君王崩，李園先入，臣請爲君勦其胸殺之。此所謂無妄之人也。」此外，《韓非子‧外儲說左上篇》：「齊桓公好服紫，一國盡服紫，當是時也，五素不得一紫，桓公患之，謂管仲曰：『寡人好服紫，紫貴甚，一國百姓好服紫不已，寡人奈何？』管仲曰：『君欲何不試勿衣紫也，謂左右曰，吾甚惡紫之臭。』於是左右適有衣紫而進者，公必曰：『少卻，吾惡紫臭。』公曰：『諾。』於是日郎中莫衣紫，其明日國中莫衣紫，三日境內莫衣紫也。」據此可知，戰國趙、燕、齊、秦等國都已有郎中。

秦漢時期負責京師治安巡邏的中尉一職，在戰國時期即已存在。董悅《七國考‧職官》明確記載秦惠王時有「中尉田眞黃」，《華陽國志》亦載秦中尉田眞黃。《七國考‧職官》同時還記載趙烈侯時，「以牛畜爲師，荀欣爲中尉，徐越爲內史」。可見，戰國時的趙國也有中尉之設，中尉一官似不僅僅限於秦國，也並非是秦的獨創。

（二）頒佈較完善的京師治安管理法規——對先秦都城治安法規的借鑒與增補

法律制度作爲調整國家、社會、集團、個人之間法律關係的一種工具和手段，是隨著人們之間社會關係的日益複雜化，尤其是出現較爲複雜的政治組織或國家機器後產生的。正如前文所述，夏、商、西周的法律制度包括禮和刑兩部分。關於夏、商、西周的刑，《左傳‧昭公元年》有「夏有亂政而作

禹刑。商有亂政而作湯刑。周有亂政而作九刑。三辟之興。皆叔世也」的記載。所謂「禹刑」、「湯刑」、「九刑」，作爲社會上出現「亂政」，即階級矛盾不可調和的產物，分別是夏、商、西周刑事法律規範的統稱。它們不是成文法典，而是在社會的長期發展過程中逐步形成和不斷擴充的。

　　夏代是中國第一個國家形態的王朝，統治者爲鞏固統治，除採取神化王權外，在社會秩序的維護方面也實行強權統治。一方面強調禮制的功能，另一方面則用制度化的法規——《禹刑》，來規範整個社會。但因資料過於缺乏，《禹刑》的許多具體內容目前還難以證實。相比於夏朝，商代統治者加強了刑法在維護社會秩序中的功能。《尙書・多方》記載：「乃惟成湯。克以爾多方。簡代夏作民主。愼厥麗乃勸。厥民刑用勸。以至於帝乙。罔不明德愼罰。亦克用勸。」商代的刑法，被稱作《湯刑》。商代刑罰名目繁多，僅甲骨文就中有許多反映刑罰的象形字，如捆綁、斷足、割鼻、砍頭、活埋、水溺、火焚等。繼之而起的西周王朝也制定了嚴酷的刑法制度。記載西周刑罰制度的文獻資料主要是《尙書・呂刑》。據其記載，周代有墨刑、劓刑、刖刑、宮刑和大辟刑。此外，還有鞭刑、撲刑、流刑、贖刑，合稱「九刑」。周代的刑法，在繼承了夏代的《禹刑》和商代的《湯刑》的基礎上，更加細密。春秋末年，晉鄭諸國作刑鼎或刑書，以公布新的法律條文。時至戰國，出現了更多的成文法典。李悝「撰次諸國法」〔註20〕，修訂出《法經》六篇。《晉書・刑法志》記載其事說：「著〈法經〉。以爲王者之政，莫急於盜賊，故其律始於《盜》、《賊》。」所謂盜、賊罪，即指直接侵犯官私財產所有權與人身安全，危害統治階級政權及社會秩序的犯罪。自《法經》確立了「王者之政，莫急於盜賊」的刑事立法原則起，後世各代立法即對此奉行不悖，將盜、賊罪作爲嚴厲打擊的重點對象。李悝之《法經》，不僅集以前各國法律之大成，而且也是秦漢法律的張本，所以李悝被列爲戰國時代法家的始祖。

　　關於秦律的歷史淵源，學界普遍認爲秦律以法家思想爲指導，而法家思想源於三晉〔註21〕，即認爲三晉制度是秦律的源頭。陶希聖先生亦持此看法

〔註20〕　《晉書》卷三〇《刑法志》，第922頁。
〔註21〕　蒙文通說：「法家者流，恒出於三晉北方之國，故曰法家者，戎狄之教，而最適於秦，戎狄之民也。」「商君相秦，多取李悝之治，商君取之晉而用之秦，吳起取之晉而用之楚。三晉多法家者流，則晉者，授以戎狄之民治以戎狄之法，戎索、周索錯，而法家生焉。」見《古族甄微》，《蒙文通文集》(第2卷)，巴蜀書社，1993年版，第18、22頁。

〔註 22〕，黃盛璋先生也撰文詳細論證了秦律與魏律、齊法之間的淵源關係〔註 23〕。蒙文通先生也曾說：「商鞅治秦，若由文而退之野，是豈知商君之爲緣飾秦人戎狄之舊俗，而使之漸進於中夏之文邪？凡商君之法多襲秦舊，而非商君之自我作古。」〔註 24〕曹旅寧撰文也對此說進行了進一步論證，他認爲「在現有秦律條文中，不難發現其刑法有許多是繼承自秦人古老的習慣法」。〔註 25〕高敏先生則明確地說：「戰國時期，商鞅直接繼承了李悝的《法經》，改法爲律，補充、發展而成最早的《秦律》。」〔註 26〕從淵源方面講，魏《法經》應該是秦律的直接來源也是主要來源。睡虎地秦墓墓主人喜收藏有標記是魏安釐王二十五年（前 252 年）時期的《魏戶律》、《魏奔命律》〔註 27〕，這說明在秦孝公、昭襄王時期，魏國法律都是比較先進和值得秦國效法的。《晉書・刑法志》和《唐律疏議》都將商鞅之法的律目與《法經》六篇等同起來，這便啓迪我們商鞅創制秦律，是以《法經》爲基礎，結合秦國過去的、當時的，成文的、不成文的法律，同時兼采諸國法律修訂纂輯而成。

《九章律》是漢律主體，所謂「九章」，是指在秦之《盜》、《賊》、《囚》、《捕》、《雜》、《具》六篇「罪律」的基礎上，又增《興》、《廄》、《戶》三篇，共計九篇。1975 年在湖北雲夢睡虎地發現的秦墓竹簡、1983 年在湖北荊州張家山發現的漢墓竹簡，爲秦、西漢法律制度、法律思想的對比研究提供了最直接的證據。根據出土的《睡虎地秦墓竹簡》，秦法律令文書包括有《秦律十八種》：《田律》、《廄苑律》、《倉律》、《金布律》、《關市》、《工律》、《工人程》、《均工》、《徭律》、《司空》、《軍爵律》、《置吏律》、《效》、《傳食律》、《行書》、《內史雜》、《尉雜》、《屬邦》；《秦律雜抄》包括《除吏律》、《遊士律》、《除弟子律》、《中勞律》、《藏律》、《公車司馬獵律》、《牛羊課》、《傅律》、《屯表

〔註 22〕陶希聖：《秦用晉法，漢行周道》，《食貨月刊》（復刊）第 3 卷第 2、4、6、8 期，1973 年版。

〔註 23〕黃盛璋：《雲夢秦簡辨正》，《考古學報》，1979 年第 1 期。

〔註 24〕蒙文通：《古學甄微》，《蒙文通文集》第 1 卷，巴蜀書社，1987 年版，第 301 頁。

〔註 25〕曹旅寧：《從秦簡〈公車司馬獵律〉看秦律的歷史淵源》，《釋秦律「葆子」兼論秦律的淵源》，選自《秦律新探》，中國社會科學出版社，2002 年版，第 330 頁。

〔註 26〕高敏：《商鞅〈秦律〉與雲夢出土〈秦律〉的區別和聯繫》，《雲夢秦簡初探》增訂本，河南人民出版社，1981 年版。

〔註 27〕睡虎地秦墓竹簡整理小組：《睡虎地秦墓竹簡》，文物出版社，1978 年版，第 292～294 頁。

律》、《捕盜律》、《戍律》等多種律文的摘錄。《張家山漢墓竹簡（二四七號墓）》一書前言曰：「《二年律令》的發現使亡佚已久的漢律得以重現，不僅使秦、漢律的對比成爲可能，而且是系統研究漢、唐的關係及其對中國古代法律影響的最直接的資料。」張家山漢簡給人總體印象是，與睡虎地秦簡中的很多律名是吻合的。如《金布律》、《徭律》、《置吏律》、《效律》、《傳食律》、《行書律》等等，《二年律令》中列有《盜律》、《賊律》、《捕律》、《雜律》和《具律》，也與李悝《法經》的篇目相同。

　　關於具體罪名及其量刑等內容的規定，秦漢律之間有明顯的相沿承繼關係。茲舉數例以爲證。睡虎地秦簡《法律答問》：

　　　　士五（伍）甲盜，以得時直（值）臧（贓），臧（贓）直（值）

　　　過六百六十，吏弗直（值），其獄鞫乃直（值）臧（贓），臧（贓）

　　　直（值）百一十，以論耐，問甲及吏可（何）論？甲當黥爲城旦；

　　　吏爲失刑罪，或端爲，爲不直。〔註28〕

意思是說，士伍甲盜竊，如在捕獲時估其贓物價值，所值超過六百六十錢，但官吏當時沒有估價，到審訊時才估，贓值一百一十錢，因而判處耐刑，問甲和吏如何論處？甲應黥爲城旦；吏以用刑不當論罪。又，張家山漢簡《奏讞書》：

　　　　七年八月己未江陵忠言：醴陽令恢盜縣官米二百六十三石八

　　　斗，恢秩六百石，爵左庶長□□□□從史石盜醴陽己鄉縣官米二百

　　　六十三石八斗，令舍人士五（伍）興、義與石賣，得金六斤三兩，

　　　錢萬五千五十，罪，它如書。興、義皆言如恢。問：恢盜臧（贓）

　　　過六百六十錢，石亡不訊，它如辟（辭）。鞫：恢，吏，盜過六百六

　　　十錢，審。當：恢當黥爲城旦，毋得以爵減、免、贖。〔註29〕

又，《二年律令‧盜律》：

　　　　盜臧（贓）直（值）過六百六十錢，黥爲城旦舂；六百六十到

　　　二百廿錢，完爲城旦舂；不盈二百廿到百一十錢，耐爲隸臣妾；盈

　　　百一十到廿二錢，罰金四兩。不盈廿二錢到一錢，罰金一兩。〔註30〕

〔註28〕　睡虎地秦墓竹簡整理小組：《睡虎地秦墓竹簡》，文物出版社，1978年版，第165頁。

〔註29〕　張家山二四七號漢墓竹簡整理小組：《張家山漢墓竹簡（二四七號墓）》，文物出版社2001年版，第219頁。

〔註30〕　張家山二四七號漢墓竹簡整理小組：《張家山漢墓竹簡（二四七號墓）》，文物

根據漢律這一規定，盜贓過六百六十錢，當黥爲城旦，說明秦與漢初對盜竊罪的量刑法定標準基本相同，即盜竊贓物值六百六十錢以上，處以黥城旦的罰刑。通過秦簡與漢簡的比較，「漢承秦制」明顯地表現在秦漢兩朝的法律制度方面。秦漢兩朝立國理論和政治宣言或許有所不同，但從具體法律內容看，實有多方面的承襲關係。高敏先生在仔細研讀了張家山漢簡及有關典籍之後，對傳統「漢承秦制」說法進行驗證，指出《奏讞書》反映出來的漢律，實係全部繼承秦律而來，這是漢初法律的最大特點。〔註31〕當然，秦漢王朝不僅僅是繼承了先秦的法律制度，在某些方面還是有了一些改進。

首先，在懲治犯罪方面，區分了故意犯罪與過失犯罪。故意犯罪是指犯罪人知道其行爲會產生危害社會的後果，而有意實施或者放任這種後果發生的行爲。過失犯罪則是指行爲人應預見自己的行爲可能發生危害社會的後果，因爲疏忽大意而沒有預見；或雖有預見，但輕信可以避免，以致發生了危害後果的行爲。秦律中對故意犯罪與過失犯罪有明確的區分。按秦律，故意犯罪刑罰重於過失犯罪。例如，

> 甲乙雅不相智（知），甲往盜丙，龜（才）到，乙亦往盜丙，與甲言，即各盜，其臧（贓）直（值）各四百，已去而偕得。其前謀，當並臧（贓）以論；不謀，各坐臧（贓）。

> 夫盜三百錢，告妻，妻與共飲食之，可（何）以論妻？非前謀殹（也），當爲收；其前謀，同罪。夫盜二百錢，妻所匿百一十，可（何）以論妻？妻智（知）夫盜，以百一十爲盜；弗智（知），爲守臧（贓）。〔註32〕

第一條簡文的大意是，甲乙素不相識，甲去丙處盜竊，乙也去丙處盜竊。兩人相遇，乙與甲交談，於是分別盜竊，在離開時同時被擒獲。如果事前有預謀，應將兩人財物合併一起論處；如果沒有預謀，則分別論處。第二條大意是，丈夫盜竊三百錢，告知其妻，妻和他一起用這些錢飲食，妻應如何論處？沒有預謀，應作爲收藏；如係預謀，與其夫同罪。丈夫盜竊二百錢，在其妻處藏匿了一百一十，妻應如何論處？妻如知道丈夫盜竊，應按盜錢一百一十

出版社 2001 年版，第 141 頁。

〔註31〕 高敏：《漢初法律系全部繼承秦律說——讀張家山漢簡〈奏讞書〉札記之一》，《秦漢史論叢》（第六輯），江西教育出版社，1994 年版。

〔註32〕 睡虎地秦墓竹簡整理小組：《睡虎地秦墓竹簡》，文物出版社，1978 年版，第 156、157 頁。

論處；不知道，作爲守贓。以上規定說明，凡事前經過謀劃，即故意屬罪，既將參加作案的人員各自偷盜的贓物數值加以累計。

其次，在處理罪犯方面，區分主犯和從犯。共同犯罪指二人以上共同故意犯罪。一般情況下，它對統治階級的危害更大。但在共同犯罪中，每個人的地位和作用不盡相同，有主犯從犯之分，故法律在對其量刑時也有輕重之分，以便眞正做到刑懲其罪。睡虎地秦簡《法律答問》記載：

> 甲謀遣乙盜，一日，乙且往盜，未到，得，皆贖黥。

> 人臣甲謀遣人妾乙盜主牛，買（賣），把錢偕邦亡，出徼，得，

> 論各可（何）毆（也）？當城旦黥之，各畀主。〔註33〕

第一條案例講庶民甲主使庶民乙偷盜未遂，中途被捕獲，均判處贖黥刑罰；第二條案例講一人臣甲主使人妾乙偷盜主人牛已遂，賣牛後攜錢逃越國境時被捕，均按黥城旦的辦法處刑，在這兩個案例中的庶民甲和人臣甲，雖未親身偷盜，但由於分別是庶民乙和人妾乙盜竊的主使者，也與偷盜者處同樣刑罰。秦律對主使和教唆未成年人犯罪者，懲治尤重：

> 甲謀遣乙盜殺人，受分十錢，問乙高未盈六尺，甲可（何）論？

> 當磔。〔註34〕

漢律把共同犯罪中的主犯、首犯稱之爲「造意」、「首惡」。在量刑上，「造意」、「首惡」也要從重。例如，《漢書・主父偃傳》記載：「上欲勿誅，公孫弘爭曰：『……偃本首惡，非誅偃無以謝天下。』乃遂族偃。」〔註35〕即使自首也不免。漢簡中也有「首惡」犯罪行爲的記載：

> ☑☐不忍行重罰過歸其家不悔過反政捕拘求當報使兄＝首加非

> 法於君以故不以時臨〔註36〕（E.P.T 52：165）

> 群輩賊殺吏卒毋大爽宜以時伏誅願設購賞有能捕斬嚴歆君闌等

> 渠率一人購錢十萬黨與五萬吏捕斬強力者比三輔☑司劾臣謹☐如☐

> 言可許臣請☐☑嚴歆等渠率一人☑黨與五萬☑〔註37〕（503・17，

> 503・8）

〔註33〕睡虎地秦墓竹簡整理小組：《睡虎地秦墓竹簡》，文物出版社，1978年版，第152頁。

〔註34〕《睡虎地秦墓竹簡》，第180頁。

〔註35〕《漢書》卷六四《主父偃傳》，第2804頁。

〔註36〕甘肅省文物考古所、甘肅省博物館、文化部古文獻研究室、中國社會科學院歷史研究所編：《居延新簡》，文物出版社，1990年版，第240頁。

〔註37〕謝桂華、李均明：《居延漢簡釋文合校》，文物出版社，1987年版，第602頁。

同秦律一樣，漢律對主使、教唆他人犯罪者也嚴懲不貸。《漢書・高祖高后文功臣表》載：梧齊嗣候陽戎奴，「坐使人殺季父，棄市」〔註38〕；酇嗣侯蕭獲「坐使奴殺人，減死，完爲城旦」〔註39〕。又，《王子侯表》載：騶丘嗣侯毋害，「坐使人殺兄棄市」〔註40〕；陽興侯昌，「坐朝私留它縣，使庶子殺人，棄市」〔註41〕；富侯龍，「坐使奴殺人，下獄瘐死」〔註42〕。以上這些都可見漢律對教唆犯罪重懲的力度。

第二節　「啓後」——秦漢京師治安制度對後世王朝的影響

自秦漢以後，歷經隋唐，直到清朝末年大約二千年期間，秦漢京師治安制度的合理部分被繼承下來，而其原始粗疏的內容經後世損益，也逐步趨向於完善。從一定意義上講，中國古代封建制度下的京師治安制度基本上都是延續了秦漢京師治安制度基本模式。

一、奠定後世王朝京師治安制度的基本框架

秦漢時代是中國古代專制主義中央集權制國家建立和發展的時期。這時期所建立的京師治安制度奠定了後世歷朝歷代封建王朝京師治安制度的基本框架，並對後世治安制度的建設和治安實踐都產生了較爲深遠的影響。

（一）秦漢皇宮宿衛制度爲後世王朝所沿用

京師治安的首要核心任務就是要保護皇帝的安全。爲了有效維護皇帝本人的人身安全，歷代政權都繼承並完善了秦漢時期的皇宮宿衛制度。

1. 皇宮宿衛制度

太和三年（229 年），魏明帝命陳群、劉劭等增刪漢律而成《魏律》。該律是在漢《九章律》的基礎上，改興律爲擅興律，刪廄律，改具律爲刑名並列於全律之首，增加劫掠、詐僞、告劾、毀亡、繫訊、斷獄、請賕、驚事、償贓和免坐等十篇，共計十八篇。《魏律》雖未專門立篇規定維護皇宮

〔註38〕《漢書》卷一六《高祖高后文功臣表》，第 619 頁。
〔註39〕《漢書》卷一六《高祖高后文功臣表》，第 544 頁。
〔註40〕《漢書》卷一五《王子侯表》，第 462 頁。
〔註41〕《漢書》卷一五《王子侯表》，第 496 頁。
〔註42〕《漢書》卷一五《王子侯表》，第 452 頁。

安全的法律，但也承襲秦漢之制，規定了對闌入宮殿門者的懲罰。此外，魏晉也規定宮內情況絕對不能外泄。例如，曹魏時楊阜「上疏欲省宮人諸不見幸者，乃召御府吏問後宮人數。吏守舊令，對曰：『禁密，不得宣露』」〔註43〕。

　　兩晉的宮衛制度規定更爲嚴格，從中依然能夠看到秦漢皇宮宿衛制度的影響。第一，凡出入皇宮宮門者，皆要有通行證才可進入。例如，東晉成帝時，「疾篤，時有妄爲尚書符，敕宮門宰相不得前，左右皆失色」〔註44〕。第二，宮門畫開夜閉，夜間宮內戒嚴。第三，晉律創制了「衛宮」專門法篇，對非法出入宮殿、宗廟、皇家苑囿的犯罪進行嚴厲處理。《唐六典》卷六注：「命賈充等十四人增損漢、魏律，爲二十篇：一、刑名，二、法例。三、盜律，四、賊律，五、詐僞，六、請賕，七、告劾，八、捕律，九、繫訊，十、斷獄，十一、雜律，十二、戶律，十三、擅興律，十四、毀亡，十五、衛宮，十六、水火、十七、廄律，十八、關市，十九、違制，二十、諸侯，凡一千五百三十條。」又，《唐律疏議》：「衛禁律者，秦、漢及魏未有此篇。晉太宰賈充等酌漢魏之律，隨事增損，創制此篇，名爲宮衛律。自宋泊於後周，此名並無所改。」可見，晉律已有《衛宮》專篇來保護皇宮的安全。第四，宮內情況對外是保密的，任何人不得泄露。《晉書‧郗鑒傳》記載：「愆亮有匡躬之節。初爲尚書郎，轉左丞，在朝爲百僚所憚，坐漏泄事免。」《南史‧陸慧曉傳》又載：「琛字潔玉，……少警俊，事後母以孝聞。後主嗣位，爲給事黃門侍郎，中書舍人，參掌機密。琛性頗疏，坐漏泄禁中語，詔賜死。」這些都證明泄露皇宮內情況依然要受到嚴懲，輕者免官，重則喪命。

　　唐代在繼承秦漢以來各朝經驗基礎上，也制定了周密而嚴格的皇宮宿衛的相關法律，以確保皇帝本人的安全。唐律中的《衛禁律》和《職制律》中就規定有對威脅皇帝安全行爲的懲罰措施。第一，對「闌入」者的懲罰。唐律規定：凡九品以上官員，爲進宮的需要，須將姓名、職務、年齡等事項登記爲籍，報送引駕仗和監門衛，一月一換，作爲進門憑證。守門將士勘驗門籍，決定是否放行，無籍者不許入宮，否則以「闌入」罪論處。關於闌入罪，唐律《禁衛律》詳細記載：「諸闌入太廟門及山陵兆域門者，徒二年；諸闌入

〔註43〕　《三國志》卷二五《魏書‧楊阜傳》，第 706 頁。
〔註44〕　《晉書》卷七三《庾冰傳》，第 1928 頁。

宮門，徒二年。殿門，徒二年半。持仗者，各加二等。入上合內者，絞；若持仗及至御在所者，斬。即應入上合內，但仗不入而持寸刃入者，亦以闌入論；仗雖入，不應帶橫刀而帶入者，減二等。即闌入御膳所者，流三千里。入禁苑者，徒一年。」對於不同情況下的闌入，唐律有不同的懲罰規定。對於冒名頂籍者，《禁衛律》又載：「諸於宮殿門無籍及冒承人名而入者，以闌入論。」輕者判處兩年徒刑，重者處死。第二，對「翻越宮殿牆」者的懲罰。《禁衛律》載：「諸闌入者，以踰閾爲限。至閾未踰者，宮門杖八十，殿門以內遞加一等。其越殿垣者，絞；宮垣，流三千里；皇城，減宮垣一等；京城，又減一等。」翻越宮牆、殿牆是比闌入更爲嚴重的犯罪，對皇帝的安全直接構成威脅，故唐律對此種犯罪行爲懲罰力度更爲嚴厲。翻越殿牆者，無論是出還是入，一律實施絞刑；翻越宮垣者，流三千里；翻越皇城者，徒三年。第三，對「向宮殿內射箭」者的懲罰。《禁衛律》：「諸向宮殿內射，謂箭力所及者。宮垣，徒二年；殿垣，加一等。箭入者，各加一等；即箭入上合內者，絞；御在所者，斬。放彈及投瓦石者，各減一等。」據此可知，向皇帝所居宮殿內射箭者，如果射到宮牆的，徒二年；射入宮牆的，徒二年半；射到殿牆的，徒二年半；射入殿牆的，則徒三年。

2. 皇宮警備武官

秦漢之後的王朝，雖然對京師常備軍隊設置進行了改革，但就王朝的政權形式而言，都沿襲了秦漢以來的京師警備軍隊設置模式，即設置殿門，宮門、城內、城門多層治安防線。

殿門　曹丕稱帝之後，「改相國爲司徒，御史大夫爲司空，奉常爲太常，郎中令爲光祿勳〔註45〕，大理爲廷尉，大農爲大司農」〔註46〕，實現了漢制的復興，舊制度又重新在新的朝代建立起來。尤其是秦漢時期負責中央警備工作的光祿勳的機構保留了下來，並在一定程度上繼續執行著類似的皇宮警備工作。〔註47〕兩晉時期，據《晉書‧職官志》載：「光祿勳，統武賁中郎將、

〔註45〕《三國志》卷二《魏書‧文帝紀》，第76頁。
〔註46〕曹操自稱魏公後于建安十八年（213年）初置六卿，其中就有郎中令一職。曹丕稱帝後，將郎中令改回光祿勳。
〔註47〕在經歷了東漢末年的劇烈社會動蕩後的曹魏時期，其皇宮警備機構的設置除了仍然繼承了秦漢時期的原有制度外，也有新的發展和改變。例如，曹魏時期雖然依舊設置光祿勳，但實際職權範圍也大大縮小，僅僅掌管宮殿的鑰匙而已，且多以年齡較高的大臣擔任。這時候守備殿門的武官爲武衛將軍。《三

羽林郎將、冗從僕射、羽林左監、五官左右中郎將、東園匠、太官、御府、守宮、黃門、掖庭、清商、華林園、暴室等令。哀帝興寧二年，省光祿勳，並司徒。孝武寧康元年復置。」說明兩晉亦沿襲漢代制度，繼續設光祿勳一職。〔註48〕至南朝梁時，光祿勳改名爲光祿卿，自北齊至明、清，皆稱光祿卿，職權逐步演化成爲專掌宮廷膳食及朝會、祭祀時酒宴、祭品之官。儘管光祿勳的職掌與漢代已大有不同，但是統治階級都會設置其它武官來維護殿門的安全。

　　宮門　魏、蜀、吳三國和西晉基本沿襲漢制設置衛尉一職，職責與秦漢基本相同，爲宮城內掌徼循事，即負責宮門以及宮內的防衛和巡查。這時的衛尉屬官有公車司馬令、衛士令和左右都候，分別管理宮外臣民奏摺上書的收發和巡邏查視宮內殿外。《晉書‧職官志》:「衛尉，統武庫、公車、衛士、諸冶等令，左右都候，南北東西督冶掾。」〔註49〕此後，衛尉一職曾被取消。直到南朝宋孝武帝時期，政府爲增強皇宮禁衛力量，又恢復了衛尉一職。《宋書‧百官志》載:「衛尉，一人。丞、二人。掌宮門屯兵，秦官也。漢景初，改爲中大夫。後元年，復爲衛尉。晉江右掌冶鑄，領冶令三十九，戶五千三百五十。冶皆在江北，而江南唯有梅根及冶塘二冶，皆屬揚州，不屬衛尉。衛尉，江左不置，宋世祖孝建元年復置。舊一丞，世祖增置一丞。」〔註50〕每當皇帝出行之時，都由衛尉及衛尉丞親掌門禁。如南梁蕭範爲衛尉，「夜中行城，常因風便鞭箠宿衛」〔註51〕。蕭脩任此職時，「夜必再巡」〔註52〕。北

國志‧魏書‧曹爽傳》載:「爽弟羲爲中領軍，訓武衛將軍，彥散騎常侍、侍講，其餘諸弟，皆以列侯侍從，出入禁闥，貴寵莫盛焉。」

〔註48〕 西晉時期光祿勳一職繼續存在，但職掌進一步被削弱。《宋書‧百官志》記載:「光祿勳，一人。丞，一人。光，明也;祿，爵也;勳，功也。秦曰郎中令，漢因之。漢武太初元年，更名光祿勳。掌三署郎。郎執戟衛宮殿門戶。光祿勳居禁中如御史，有獄在殿門外，謂之光祿外部。光祿勳郊祀掌三獻。魏、晉以來，光祿勳不復居禁中，又無復三署郎，唯外宮朝會，則以名到焉。二臺奏劾，則符光祿加禁止，解禁止亦如之。」可見，這時的光祿勳已開始向掌管祭祀官員的身份演變。

〔註49〕 此時衛尉雖然率領衛士等警備力量，但其職掌已發生變化，開始負責冶鑄等雜務。而且，任衛尉者的年齡較大，似乎職掌都比較清閒，此職後來逐漸成爲了安頓有功勞大臣之位。

〔註50〕 《宋書》卷三九《百官志》，第1230頁。

〔註51〕 《南史》卷五二《蕭脩傳》，第1299頁。

〔註52〕 《南史》卷五二《蕭脩傳》，第1299頁。

魏亦設衛尉一職，一方面管理皇宮衛士的行政事務，另一方面掌管皇城、京城各門及武庫的鑰匙。

　　城內　秦漢之際，京師設有執金吾（中尉）一職，漢武帝首創「金吾」——兩端塗有金色的銅棒，一種類似治安官員的身份標誌。這一創舉，開創了治安官員身份標誌的先河。〔註53〕三國時期承續了這一制度，仍設執金吾負責維持京城內的治安。《三國志・魏書・臧霸傳》：「文帝即王位，遷鎮東將軍，進爵武安鄉侯，都督青州諸軍事。及踐阼，進封開陽侯，徙封良成侯。與曹休討吳賊，破呂範於洞浦，徵爲執金吾，位特進。每有軍事，帝常咨訪焉。」《舊唐書・職官志》「左右金吾衛」條注曰：「秦曰中尉，掌徼巡，武帝改名執金吾，魏復爲中尉。南朝不置。隋曰候衛。龍朔二年改爲左右金吾衛，採古名也。」自三國兩晉，以至隋唐，執金吾一職的名稱雖多有變化，但歷代都設置有掌管京城內巡邏和治安的武官。

　　城門　京城治安很重要的一個方面就是城門之禁。城門校尉的職責就是負責京城各城門的治安管理和守護。漢代京城長安、洛陽城門皆由城門校尉率士兵把守。此後歷代政府均在城門設置專門的守衛機構，並頒佈嚴格的城門管理法規以及懲罰措施。

　　三國時期的曹魏和東吳都曾設置有城門校尉一職，負責京城十二城門的治安管理。城門校尉之下，每城門設門候、副候各一人，具體負責出入之禁。如曹魏時司馬懿閉城門發動武裝政變，大司農桓範欲出城投降曹爽，「乃突出至平昌城門，城門已閉」〔註54〕。儘管門候司蕃是桓範的故吏，但仍要求見到皇帝的詔書才肯開城門，從中可見城門管理是非常嚴格的。

　　西晉專門設有一支牙門軍，由城門校尉統領，屯兵於各個城門之外，守衛城門。在非常時期，政府還要增加城門的守衛力量。如西晉誅殺外戚楊駿前後，詔裴頠「領左軍將軍，屯萬春門」〔註55〕。又如，劉曜進攻洛陽時，詔劉暾「爲撫軍將軍、假節、都督城守諸軍事」〔註56〕。《晉書・百官志》雖沒有專條記載城門校尉一職，但這並不表明城門校尉的不存在。相反，西晉確設有城門校尉之職。《晉書・宗室列傳》：「太康初，入爲散騎常侍、前將軍，

〔註53〕 鄭中午：《中國警史源流試探（二）》，《公安大學學報》，1998 年第 4 期，第84 頁。
〔註54〕 《三國志》卷九《魏書・諸夏侯曹傳》注，第 288 頁。
〔註55〕 《晉書》卷三五《裴頠傳》，第 1042 頁。
〔註56〕 《晉書》卷四五《劉暾傳》，第 1281 頁。

領鄴城門校尉，以疾去官。」《劉毅列傳》：「武帝受禪，爲尙書郎、駙馬都尉，遷散騎常侍、國子祭酒。帝以毅忠蹇正直，使掌諫官。轉城門校尉，遷太僕，拜尙書，坐事免官。」《賈充列傳》：「充弟混，字宮奇，篤厚自守，無殊才能。太康中，爲宗正卿。歷鎮軍將軍，領城門校尉，加侍中。」西晉的城門校尉職掌與前朝應無太大的區別。

宋朝東京城門與秦漢城門管理一樣，有一套嚴格的啓閉制度。《續資治通鑑長編》記載眞宗時之立法云：「壬子，大宴含光殿。軍校營在新城外者，並令終宴，至夕，遣內侍持鑰往諸門，俟盡出，闔扉入鑰。遂爲定制。」引文說明，啓閉城門之鑰匙掌握內侍手中，按統一的制度管理；至天黑，城門必須關閉。熙寧年間（1068 年～1077 年），政府爲加強城門的管理，開始實行牌符制度。《續資治通鑑長編》：「丙寅，詔西作坊鑄京師諸門銅符契三十四。令三司給左契付諸門，右契付內鑰匙庫，依法勘同請納；其開朝門牌六面，亦隨銅契發放。上以京城門禁不嚴，素無符契，命樞密院約舊制更造銅契，中刻魚形，以門名識之，分左右給納，以戒不虞，而啓閉之法密於舊矣。」此項規定說明，各個城門都有兩個銅符和一枚鐵牌。銅符又分左右，左符由門衛管理，右符和開門鑰匙由另人掌管。凡出入者，必須持鐵牌申請鑰匙和右符，然後到所出入之門檢驗無誤之後才能開啓通過，否則是無效的。至宋哲宗時期，政府又規定，出入皇城的任何人員，需於前一天將名單和所經過諸門報告皇城司，正如《宋史・職官志》所載元符元年（1098 年）詔：「應宮城出入請納官物，呈稟公事，傳送文書，並御廚、翰林、儀鸞司非次祗應，聽於便門出入，即不由所定門者，論如闌入律。應差辦人物入內，及內諸司差人往他所應奉，並前一日具名數與經歷諸門報皇城司。」

3. 皇帝出行保衛制度

魏、蜀、吳三國皆繼承漢代天子出行的一套安全制度。例如，魏國皇帝出行之前，先派人治道，排除險情。一次皇帝朝高平陵，「先命牙門將許儀在前治道」，結果在皇帝行進中「橋穿，馬足陷」〔註57〕，最終負責皇帝安全警備工作的許儀被斬首。可見，秦漢以來的警蹕制度在這段時期仍然嚴格執行。「建天子旌旗，出警入蹕」、「導引傳呼，使行者止，坐著起。四人持角弓，

〔註57〕《三國志》卷二八《魏書・鍾會傳》，第 787 頁。

違者射之，乘高窺瞰者亦射之」〔註58〕，凡皇帝所到之處，都要「閉市門」，清理閒雜。皇帝出行也有龐大的鹵簿，車隊周圍布滿車、步、騎等武裝警衛，有親近侍中在皇帝身邊負責保護。秦漢時期的馳道專行制度在這時也繼續實行，若有人擅行馳道，將受到相應的懲罰。例如，曹植「嘗乘車行馳道中，開司馬門出」，最後因為宮門官員不制止，「太祖大怒，公車令坐死」〔註59〕。到南北朝時期，皇帝在離開警衛森嚴的皇城時，原來的皇城內治安系統就要重新編排，組成鹵簿，以確保皇帝本人出行的安全。皇帝所到之處，也要前驅清道，清理道路，驅散行人，重兵把守。如南齊東昏侯遊走，「所經道路，屏逐居民，從萬春門由東宮以東至於郊外，數十百里，皆空家盡室。巷陌懸幔為高障，置仗人防守，謂之『屏除』。」〔註60〕唐律《禁衛律》也規定：「諸車駕行，衝隊者，徒一年；衝三衛仗者，徒二年。誤者，各減二等。」據此可知，皇帝出巡，任何人不得衝撞。若有人衝入隊間者，徒一年；衝入仗間，徒二年。

　　綜上所言，我們從皇宮宿衛制度、皇宮警備武官以及皇帝出行保衛制度三個方面分析了秦漢以後歷代政權是如何繼承和改進秦漢京師治安制度模式的。我們不難看出，自秦漢時期京師治安制度正式確立以來，歷代中央政府都承繼了秦漢京師治安制度中的合理部分，原始粗疏的內容也逐步得到改善。

（二）秦漢法律制度基本框架為後代所承繼

　　秦漢法律制度對後世王朝的影響也是非常深遠的。《唐律·名例》疏議：「周衰刑重，戰國異制，魏文侯師於里悝，集諸國刑典，造法經六篇：一、盜法；二、賊法；三、囚法；四、捕法；五、雜法；六、具法。商鞅傳授，改法為律。漢相蕭何，更加悝所造戶、興、廄三篇，謂九章之律。魏因漢律為一十八篇，改漢具律為刑名第一。晉命賈充等，增損漢、魏律為二十篇，於魏刑名律中分為法例律。宋齊梁及後魏，因而不改。爰至北齊，並刑名、法例為名例。後周復為刑名。隋因北齊，更為名例。唐因於隋，相承不改。名者，五刑之罪名；例者，五刑之體例。名訓為命，例訓為比，命諸篇之刑名，比諸篇之法例。」這段引文清晰的概括了漢律對後世王朝法律建設的影響。

〔註58〕《三國會要》卷一二引崔豹：《古今注》。
〔註59〕《三國志》卷十九《魏書·陳思王植傳》，第558頁。
〔註60〕《南齊書》卷七《東昏侯本紀》，第103頁。

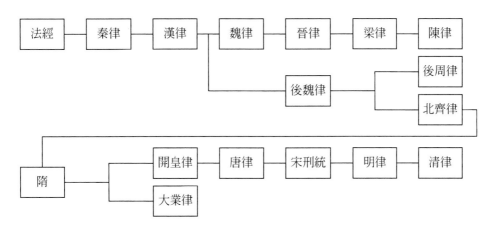

（選自程樹德《九朝律考》）

考諸歷代史實，上圖所述觀點能夠得到證實。

三國時期，魏沿漢律。《晉書‧刑法志》記載：「天子又下詔改定刑制，命司空陳群、散騎常侍劉邵、給事黃門侍郎韓遜、議郎庾嶷、中郎黃休、荀詵等刪約舊科，傍採漢律，定爲魏法，制〈新律〉十八篇。」

晉律乃依據漢律而改。《晉書‧刑法志》記載：「文帝爲晉王，患前代律令本注煩雜，陳群、劉邵雖經改革，而科網本密，又叔孫、郭、馬、杜諸儒章句，但取鄭氏，又爲偏黨，未可承用。於是令賈充定法律，令與太傅鄭沖、司徒荀顗、中書監荀勖、中軍將軍羊祜、中護軍王業、廷尉杜友、守河南尹杜預、散騎侍郎裴楷、潁川太守周雄、齊相郭頎、騎都尉成公綏、尙書郎柳軌及吏部令史榮邵等十四人典其事，就漢九章增十一篇，仍其族類。」

自東晉歷宋、齊、梁、陳，法律雖有損益，但大體均依晉律。《唐六典》卷六記載：「宋及南齊律之篇目及刑名之制略同晉氏，唯贖罪絹兼用之。梁氏受命，命蔡法度、沈約等十人增損晉律，爲二十篇。……陳令范泉、徐陵等參定律、令，〈律〉三十卷，〈令〉三十卷，〈科〉三十卷。採酌前代，條流冗雜，綱目雖多，博而非要，其制唯重清議禁錮之科。」

北朝時期，利國之法，不沿舊律，晉律被疏遠，遂依漢律發展成爲新律。《唐六典》卷六記載：「至太武帝，始命崔浩定刑名，於漢、魏以來律除髡鉗五歲、四歲刑，增二歲刑，大辟有轘、腰斬、殊死、棄市四等，……文成時，又增律條章。至孝文時，定律凡八百三十三章。……北齊初命，造新律未成，文宣猶採魏制。」

自北魏，歷經北齊、北周而至隋唐，一脈相承。《隋書‧刑法志》記載：

「開皇元年，乃詔尚書左僕射、勃海公高熲，上柱國、沛公鄭譯，上柱國、清河郡公楊素，大理前少卿、平源縣公常明，刑部侍郎、保城縣公韓濬、比部侍郎李諤，兼考功侍郎柳雄亮等，更定新律。……多採後齊之制，而頗有損益。」唐律的歷史淵源也是十分深遠的，早的可以追述到《法經》，晚的也是魏晉以開其端，陳陳相因，沿革清晰，是對歷代封建立法基本經驗的總結。〔註61〕隋唐以後，則皆以唐律爲楷模，很少再有變動。

歷代法律沿革

法經	漢律	魏律	晉律	宋律	齊律	梁律	後魏律	北齊律	後周律	隋律
具法	具律	刑名	刑名	刑名	刑名	刑名	刑名	名例	刑名	名列律
			法例	法例	法例	法例	法例		法例	
			衛宮	衛宮	衛宮	衛宮	宮衛	禁衛	衛宮	衛禁律
			違制	違制	違制	違制	違制	違制	違制	職制律
	戶律	戶律	戶律	戶律	戶律	戶律	戶律	婚戶	戶禁婚姻	戶婚律
	廄律	廄律	廄律	廄律	廄律	廄律倉庫	廄牧	廄牧	廄牧	廄庫律
	興律	擅興	擅興律	興律	興律	擅興	擅興	擅興	興繕	擅興律
盜法	盜律	盜律	盜律	盜律	盜律	盜竊	盜律	盜賊	劫盜	賊盜律
賊法	賊律	賊律	賊律	賊律	賊律	賊叛	賊犯		賊叛	
							鬭律	鬭訟	鬭競	鬭訟律
			詐僞	詐僞	詐僞	詐僞	詐僞	詐僞	詐僞	詐僞律
雜法	雜律	雜律	雜律	雜律	雜律	雜律	雜律	雜律	雜犯	雜律
捕法	捕律	捕律	捕律	捕律	捕律	討捕	捕亡	捕斷	逃亡	捕亡律
囚法	囚律	斷獄囚律	斷獄	斷獄	斷獄	斷獄	斷獄		斷獄	斷獄律
		劫掠								
			毀亡	毀亡	毀亡	毀亡	毀亡	毀亡	毀損	毀亡

〔註61〕張晉藩：《中國法制通史》（隋唐卷），法律出版社，第157～167頁。

		告劾	告劾	告劾	告劾	告劾	告劾		告言	
		繫訊	繫訊	繫訊	繫訊	繫訊	繫訊		繫訊	
		請賕	請賕	請賕	請賕	受賕	請賕		請求	
		驚事								
		償贓								
			水火	水火	水火	水火	水火		水火	
			諸侯	諸侯	諸侯				諸侯	
			關市	關市	關市	關市	關市		市廛關津	
									祠享	
									朝會	
六篇	九篇	十八篇	二十篇	二十篇	二十篇	二十篇	二十篇	十二篇	廿五篇	十二篇

（三）京師公共秩序管理模式為後代所沿襲

正如前文所述，秦漢政府對京師公共秩序的管理頗為重視，尤其是對居住區、商業區的治安保衛布署十分嚴密周到，層層控制。秦漢以後的政府對於京師公共秩序的管理，既有對秦漢制度的繼承，同時又進行了一些調整。

1. 閭里管理制度

為加強對城內居民的控制，秦漢至宋朝以前均實行封閉式閭里制度，即城市居民居住在里內，里的四周用高牆圍起，設里正、里卒把守，朝啓夕畢。北宋後由於城市經濟發展，里制管理雖有所鬆動，但仍用「保甲」、「連坐」等組織手段來控制城市居民。

里作為居住形態，秦漢以前就已出現，當時還稱之為邑、閭等。北魏以後坊出現的頻率越來越多。〔註62〕總體來看，自秦漢以後，直到宋代，城中皆實行街巷市里封閉管理的模式，並設有專人管理。秦漢時期，里設有里正

〔註62〕關於里與坊的性質，目前學術界還有不同認識。一些學者認為：隋代以前多稱里，其後多稱坊，里為正規名稱，坊為俚俗之稱。但筆者查閱史書發現，北魏到唐的文獻中，或云坊、或云里，二者並不連用。文獻記載中北魏洛陽城的里、坊數量也相不同。《洛陽伽藍記》卷五記北魏洛陽「方三百步為一里……合有二百二十里」。然《魏書·世宗紀》載：「築京師三百二十三坊。」兩者數字相差甚大。

和里吏主管里中政務，並設有門衛，監督四門出入的人。秦漢以後，里設里門的制度一直延續下來。東晉張闓爲廷尉「住在小市，將奪左右近宅以廣其居，乃私作都門，早閉晏開，人多患之，訟於州府，皆不見省」〔註63〕。張闓因私自建一座都門，等於將本應經過里門出入的，改由所謂都門出入，里內安全得不到保障。又，《水經注》卷十三記載：「魏神瑞三年又建白樓，樓甚高竦，加觀榭於其上，表裏飾以石粉，皓曜建素，赭白綺分，故世謂之白樓也。後置大鼓於其上，晨昏伐以千椎，爲城，里諸門啓閉之候，謂之戒晨鼓也。」這皆可證明此時里門的存在。《魏書·甄琛傳》記載：「京邑諸坊，大者或千戶、五百戶，其中皆王公卿尹，貴勢姻戚，豪猾僕隸，蔭養奸徒，高門邃宇，不可干問。……今閑官靜任，猶聽長兼，況煩劇要務，不得簡能下領？請取武官中八品將軍已下幹用貞濟者，以本官俸恤，領里尉之任，各食其祿，高者領六部尉，中者領經途尉，下者領里正。……琛又奏以羽林爲遊軍，於諸坊巷司察盜賊。」這一段史料涉及魏晉南北朝的里、坊管理制度，其中透露出的信息概括當時的里坊治安管理機制是以縣尉爲首腦的里坊治安管理體系。

圖 6-2-1　唐都城內坊里古要蹟圖

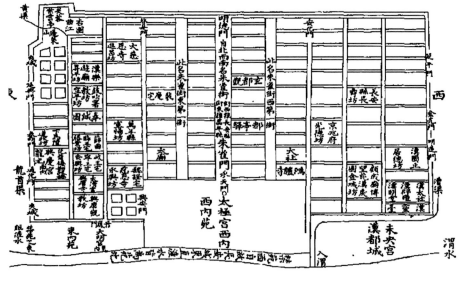

（選自〔宋〕程大昌：《雍錄》卷三，中華書局，2002 年版）

〔註63〕《太平御覽》卷一八二《居處部》。

　　隋唐時期，里坊治安管理制度更爲強化。當時長安城內每一坊都築有圍牆，門吏按照規定時間啓閉。《雍錄》卷三：「自朱雀門南，即市井邑屋，各立坊巷，坊皆有垣有門，隨晝夜鼓聲以行啓閉，即上文約爲百坊者是也。故呂圖深嘉隋文立坊之制，啓閉有時，盜竊可防也。」里坊居民四家爲鄰，五家爲保，百戶爲里，由保長、坊正和里正負責治安工作，一旦失職或出現問題，就要追究責任。唐律對於京師居民晝夜行止也有較爲嚴格的管束。《唐律疏議·衛晉律》疏議：「城每夕分街立鋪，持更行夜。鼓聲絕，則禁人行；曉鼓聲動，即聽行。若公使齎文牒者，聽。」可知唐初京師各街由專人負責晨暮傳呼，作爲居民行止的信號。

2. 市場管理制度

　　秦漢以後，歷代統治者都十分注重對市場的建設和管理，不僅制定出完備而嚴密的市場管理法律制度，而且不遺餘力地加以實施。這些市場管理制度歷代相傳，沿革清晰。

　　魏晉南北朝時期的市場管理首先是對秦漢管理制度的繼承。市仍設有圍牆、市門、市樓；高大的旗亭市樓，乃市府官署之所在。《洛陽伽藍記》卷二「城東」記載：「陽渠北有建陽里，里有土臺，高三丈，上作二精舍。趙逸云：『此臺是中朝旗亭也。』上有二層樓，懸鼓擊之以罷市。」同書同卷「城西」又載：「大覺寺，廣平王懷。捨宅也，在融覺寺西一里許。北瞻芒嶺，南眺洛汭，東望宮闕，西顧旗亭。」左思《魏都賦》：「班列肆以兼羅，設闤闠以襟帶。」《吳都賦》：「開市朝而並納，橫闤闠而流溢。」所謂「闤闠」，乃指市的圍牆與市門。顏延之《纂要》：「市巷謂之闤，市門謂之闠。」魏晉南北朝時期的市場，其內部結構與組織形式，仍沿用前代的列肆制度，即經營同類商品的鋪面，各自排列成行。

　　隋唐時期，市場秩序管理也頗受政府重視。市門不得在規定啓閉時間以外擅自啓閉，違者重罰。《唐會要》卷八十六記載景龍元年（707 年）十一月敕：「諸非州縣之所。不得置市。其市當以午時擊鼓二百下。而眾大會。日入前七刻。擊鉦三百下。散。」這就是說，政府規定只有在「日午」擊鼓二百聲以後，市門才開啓，商人和購物者入市交易；而到了日落前七刻，擊鉦三百聲後，所有商人和購物者均需離開市。管理市場的官吏必須嚴格遵守「日午」擊鼓二百聲開啓市門和日落前七刻擊鉦三百聲關門的規定。如果不遵守這個規定，《唐律》：「若擅開閉者，各加越罪二等；即城主無故開閉者，與越

罪同；未得開閉者，各減已開閉一等。」此外，人們出入市場必須由市門出入，嚴禁逾越坊市垣。唐律《衛禁律》規定：「越官府廨垣及坊市垣籬者，杖七十。侵壞者，亦如之。」疏議曰：「官府者，百司之稱。所居之處，皆有廨垣。坊市者，謂京城及諸州、縣等坊市。其廨院或垣或籬，輒越過者，各杖七十。侵，謂侵地；壞，謂壞城及廨宇垣籬：亦各同越罪。」

我國古代社會城市市場管理體系，戰國秦漢市場呈封閉狀態，並處在官府的嚴密監控之下。隋唐以後，因工商業的較大發展，官府對市場的直接控制已有所鬆動。上述二個階段特徵鮮明，然並未因此而割斷城市市場管理體系發展上的連續性，反而呈現出極強的傳承性。城市市場的營建規則與城市市場的職官設置暫且不論，單就城市市場管理制度來看，其許多基本內容，從秦漢至隋唐，兩千多年間從未發生過根本性的變革。

二、爲後世京師治安制度建設提供了指導思想

在中國兩千多年的封建政制中，分權制衡思想與理論是一直存在的。這種思想和理論應用到京師治安制度的建設中，就是建設強大的京師常備軍和分系統分層次設置治安機構，使之相互制約、相互制衡，以達到加強中央集權的目的。

（一）「居重馭輕」的京師軍隊建設方略為後代所效法

秦漢時期，隨著專制主義中央集權制的建立和發展，皇帝具有了至高無上的權力和地位。這種高度的統一，反映在軍隊建設方略上，就是「居重馭輕」的思想得到落實。所謂「居重馭輕」是指掌握兵權以制政權。換言之，重點建設皇帝直接控制的京師常備軍，使之足以御駕和控制分佈在地方的軍隊，確保中央軍的可靠性，並將組建中央軍擺在整個政權軍隊建設的首位。〔註64〕正如《歷代兵制》所載：「兵之所在，權實歸之，是以在外則外重，在內則內重。漢氏兵制，庶幾乎古。南北二軍，不能兼屬，而握兵之臣，輒重於時。……漢遂三分。由此觀之，外內輕重，一系於兵。」又，《通典‧兵》記載：「緬尋制度可採，唯有漢氏足徵：重兵悉在京師，四邊但設亭障；又移天下豪族，輳居三輔陵邑，以爲強幹弱枝之勢也。」西漢中央常備軍經過漢武帝的擴建，「居重馭輕」的建軍方針進一步得到貫徹，以強大的南北軍爲主要常備軍的漢代軍事制度得到了確立。這不僅在當時佔有重要地位，而且對

〔註64〕黃今言：《秦漢軍制史論》，江西人民出版社，1993年版，第123頁。

後世也有較爲深遠的影響。自秦漢以後，歷代中央常備軍的組建形式和內容雖然有所不同，但統治者重點建設中央常備軍的政治、軍事方針卻沒有發生任何變化。

　　爲了在實踐中貫徹這一軍事領導原則，秦漢以後的歷代政府大體主要採取了以下兩條措施：一是在軍事領導機構的設置上，盡力確保中央，尤其是皇帝對軍權的控制；二是在全國各地兵力的部署上，做到在京師和其他戰略要地，屯駐由中央直接掌握的強大兵力。例如，唐折衝府分佈全國十道，共計六百五十七個折衝府（另有六百三十四個和八百個之說）。其中關內就設二百八十八府，從而形成「舉關中之眾，以臨四方」的軍事格局。這有利於中央集權政治的加強，所以在唐前期基本沒有發生過嚴重的割據和戰亂。

府兵在全國分佈情況表

地　　　區	關內	河東	河南	河北	隴右	山南	劍南	淮南	嶺南	江南	總計
軍府數	288	164	74	46	37	14	13	10	6	5	657
占總數的百分比	43.9	24.9	11.2	7	5.6	2.13	1.98	1.52	0.91	0.76	100

（選自谷霽光：《府兵制度考釋》，上海人民出版社，1962 年）

府兵在關內分佈情況表

府 州 名	京兆府	同府	華府	鳳翔府	鄜州	寧州	邠州	其他十三個州	總計
軍府數	131	26	20	15	13	12	11	60	288
占總數的百分比	45.4	9	7	5.2	4.5	4.1	3.8	21	100

（選自谷霽光：《府兵制度考釋》，上海人民出版社，1962 年）

再如，禁軍是宋代的正規軍。《宋史·兵志》記載：「宋之兵制，大概有三：天子之衛兵，以守京師，備征戍，曰禁軍；諸州之鎮兵，以分給役使，曰廂軍；選於戶籍或應募，使之團結訓練，以爲在所防守，則曰鄉兵。又有蕃兵，其法始於國初，具籍塞下，團結以爲藩籬之兵；其後分隊伍，給旗幟，繕營堡，備器械，一律以鄉兵之制。」宋朝初年，全國有二十餘萬禁軍，其中十

餘萬駐守在京師，其餘十餘萬則散佈在全國各地，其目的正如《曲洧舊聞》所載：「藝祖養兵止二十萬，京師十餘萬，諸道十餘萬。使京師之兵足以制諸道，則無外亂；合諸道之兵足以當京師，則無內變。內外相制，無偏重之患。」

　　明朝統治階級仍然把全國衛軍精銳部隊駐守於京師，作爲京師常備軍隊。明太祖朱元璋在南京建都時，守備京師的京軍就已有四十八衛二十餘萬人〔註65〕。到明成祖統治時期，京軍增至七十二衛，士兵人數最多時曾達到百萬之眾〔註66〕。此後，明成祖爲加強京師地區的警備力量，又創辦了三大營軍，即五軍營、三千營、神機營。《明史·職官志》記載：「京營，永樂二十二年置三大營，曰五軍營，曰神機營，曰三千營。」其中五軍營把守城門，三千營負責巡哨，神機營則訓練火器。可以說，明成祖時期是明朝京師警備軍隊的最盛時期。正統十四年（1449年）發生的「土木之變」中，京軍從征者還有五十餘萬人〔註67〕。

　　北京是清王朝的統治中心。清太祖努爾哈赤於明萬曆二十九年（1601年）正式創立八旗制度。初建時設四旗：黃旗、白旗、紅旗、藍旗。1614年將四旗改爲正黃、正白、正紅、正藍，並增設鑲黃、鑲白、鑲紅、鑲藍四旗，合稱八旗。皇太極即位後爲擴大兵源，在滿八旗的基礎上又創建了蒙古八旗和漢軍八旗，其編制與滿八旗相同。滿、蒙、漢八旗共二十四旗構成了清代八旗制度的整體。滿清入關後，八旗軍又分成了禁旅八旗和駐防八旗。清朝統治者爲了守衛京師調集了原八旗兵力的三分之二以上入京，史稱「禁旅八旗」。禁旅八旗內設前鋒營、火器營、護軍營、親兵營、驍騎營、神機營、健銳營等，前四營中嚴格禁止漢軍加入。禁旅八旗主要分爲「郎衛」和「兵衛」兩類。「郎衛」主要負責保衛宮廷，由正黃、鑲黃、正白旗士兵擔任，清廷還挑選上述三旗中的精銳爲御前侍衛。雍正時把侍衛的挑選範圍擴大到其他五旗。侍衛分爲兩班，宿衛乾清門、內右門、神武門、寧壽門的爲內班，宿衛

〔註65〕　《明史》卷八九《兵志》記載：「初，太祖建統軍元帥府，統諸路武勇，尋改大都督府。以兄子文正爲大都督，節制中外諸軍。京城內外置大小二場，分教四十八衛卒。已，又分前、後、中、左、右軍都督府。洪武四年，士卒之數，二十萬七千八百有奇。」

〔註66〕　《明史》卷一八五《吳世忠列傳》記載：「寇犯延綏、大同，世忠言『國初設七十二衛，軍士不下百萬』」。

〔註67〕　《明史》卷八九《兵志》記載：「土木之難，京軍沒幾盡。」

太和門的為外班。「兵衛」主要負責守衛京城各門及各行宮。〔註68〕定都北京
前八旗兵的剩餘三分之一分駐在全國九十多個城市和據點，稱為「駐防八
旗」，駐防的原則是以重點駐防和集中機動相結合，駐防八旗分由各地將軍、
副都統、城都尉統率，直接受命於皇帝。

　　綜上所言，秦漢以後的歷朝政府都實行以京師常備軍為主體的軍事建設
制度，這既有利於統治者掌握國家的最精銳的武裝力量，同時也能達到穩定
國家政治局面的目的。

（二）「內外相制」的京師治安制度建設方略為後世所繼承

　　內外相制，這一軍事領導原則，主要體現在軍隊編組等方面。西漢的南
軍、北軍；三國兩晉的中軍、外軍；唐朝的南衙禁軍、北衙禁軍都具有相互
制約、內外相制的特點。

　　秦漢京師治安職官分多層體系設置，使之互不相屬，從而達到內外相制
的目的，這是秦漢京師治安制度的一個重要特徵。秦漢以後的歷代封建王朝
在京師治安制度建設中，我們都可以尋覓到「內外相制」、「相互制約」思想
的痕跡。

　　曹魏時期的中央常備軍，分為中軍和外軍。關於中、外軍的來歷，何茲
全先生在《魏晉的中軍》一文作了明確的闡述：

　　　　中外軍的區別形成於漢建安時代，到魏黃初年間都督製成立，
　　　中外軍的區分及中外軍的名稱也就正式成立。……到赤壁戰後，三

〔註68〕　《清史稿》卷一三○《兵志》：「禁衛兵大類有二：曰郎衛，曰兵衛。郎衛之
　　　制，領侍衛內大臣六人，鑲黃、正黃、正白旗各二人。內大臣六人。散秩大
　　　臣無定員。侍衛分四等。更有藍翎侍衛。凡御前侍衛、乾清門侍衛由三旗簡
　　　用，漢侍衛由武進士簡用，皆無定員。初，鑲黃、正黃、正白三旗，天子自
　　　將，選其子弟曰侍衛，凡值殿廷，以領侍衛內大臣統之。宿衛乾清門、內右
　　　門、神武門、寧壽門為內班，宿衛太和門為外班。行幸駐蹕咸從。其扈從，
　　　後扈二人，前引十人，豹尾班侍衛六十人。凡佐領親軍，鑲黃旗滿洲八十五
　　　佐領，蒙古二十八佐領，每佐領親軍二人；正黃旗滿洲九十三佐領，蒙古二
　　　十四佐領；正白旗滿洲八十六佐領，蒙古二十九佐領。三旗親軍選六十人隨
　　　侍衛行走，餘皆直宿。巡幸則御前大臣侍衛、乾清門侍衛咸從。行營則列兩
　　　廂，餘於幔城之隅，環拱宿衛。……雍正十一年，以親軍未滿十年者，挑選
　　　前鋒。滿、漢八旗左右翼各設前鋒統領一人，備警蹕宿衛。……鑾儀衛亦侍
　　　從武職。設掌衛司內大臣一人，鑾儀使三人，冠軍使十人，雲麾使、治儀正、
　　　整儀尉各有差，專司乘輿鹵簿。校尉由內府選者為旗尉，由五城選者為民尉。
　　　此八旗郎衛制也。」

國鼎峙的局面形成，便漸漸固定爲一種制度，而且發展爲後來的都督制。國家的軍隊既在事實上分了內外，內外的名稱自然也跟著形成，留屯在外的將軍及都督所領的兵，就稱爲外軍；中央直轄的軍隊，就稱爲中軍。〔註69〕

魏中軍略等同於漢代的南、北軍，擔負著宿衛皇宮、拱衛京師的任務，正如《歷代兵制》所載：「魏制略如東漢，南北軍如故。」引文中陳傅良依舊將魏的中軍稱之爲南、北軍。〔註70〕

西晉建國後，中央常備軍隊亦主要由中、外軍組成。「中軍」指駐紮於京師地區的常備軍隊，分爲駐守京師內的宿衛軍以及駐於城外拱衛城門的牙門軍兩部分。宿衛軍主要包括六軍、四軍與六營。所謂六軍是指領軍、護軍、左衛、右衛、驍騎、游擊六將軍所統常備軍隊〔註71〕；左軍、右軍、前軍、後軍四將軍所領軍隊，謂之四軍〔註72〕；屯騎、步兵、越騎、長水、射聲五校尉所領軍隊，後晉武帝又增置翊軍校尉一營，合稱爲六營〔註73〕。上述諸軍中，「左衛」、「右衛」地位最爲重要，職掌宮廷宿衛，每天要輪流在宮中直宿。其他各軍，宿衛宮門及京城各地。駐紮在城外守衛城門的牙門軍，由城門校尉統領，也是京師常備軍隊的重要組成部分。

唐朝天子禁軍亦有所謂南、北衙兵之分，共同擔負皇宮和京師長安的治安保衛。〔註74〕南衙兵是指十六衛，即設左右衛、左右驍衛、左右武衛、左右威衛、左右領軍衛、左右金吾衛、左右監門衛、左右千牛衛。由於駐守在

〔註69〕 何茲全：《讀史集》，上海人民出版社，1982年版，第258頁。

〔註70〕 《歷代兵制》記載：魏中軍「初，曹公自置武衛營於相府，以領軍主之。及文帝增置中營，於是有武衛、中壘二營，以領軍將軍並五校統之。」武衛營是曹魏政權最親近的宿衛禁兵之一。魏文帝增置中壘、中堅二營，歸中領軍統帥。後魏明帝又置驍騎，游擊二營。陳傅良只提到武衛、中壘二營，似有疏漏。

〔註71〕 《晉書》卷二四《職官志》記載：「驍騎將軍、游擊將軍，並漢雜號將軍也。魏置爲中軍。及晉，以領、護、左右衛、驍騎、游擊爲六軍。」

〔註72〕 《晉書》卷二四《職官志》記載：「左右前後軍將軍，案魏明帝時有左軍，則左軍魏官也，至晉不改。武帝初又置前軍、右軍，泰始八年又置後軍，是爲四軍。」

〔註73〕 《晉書》卷二四《職官志》記載：「屯騎、步兵、越騎、長水、射聲等校尉，是爲五校，並漢官也。魏晉逮於江左，猶領營兵，並置司馬、功曹、主簿。後省左軍、右軍、前軍、後軍爲鎮衛軍，其左右營校尉自如舊，皆中領軍統之。」

〔註74〕 《新唐書》卷五○《兵志》記載：「夫所謂天子禁軍者，南、北衙兵也。南衙，諸衛兵是也；北衙者，禁軍也。」

宮城南面的皇城內，負責宮城、皇城的守衛，因而得名。北衙兵是指駐守在宮城和禁苑中的禁軍。它們是左右羽林軍、左右龍武軍、左右神武軍、左右神策軍和左右神威軍，總稱北衙十軍。《舊唐書・李揆傳》記載：「時京師多盜賊，有通衢殺人置溝中者，李輔國方恣橫，上請選羽林騎士五百人以備巡檢。揆上疏曰：『昔西漢以南北軍相攝，故周勃因南軍入北軍，遂安劉氏。〔註75〕皇朝置南北衙，文武區分，以相伺察。今以羽林代金吾警夜，忽有非常之變，將何以制之？』遂制罷羽林之請。」這是從職責上、統率上的聯繫和區別來論述西漢南北軍和唐代南北衙軍。唐朝南北衙與西漢南北軍一樣，宿衛任務相互交叉，相互制約。如左右羽林軍「大朝會則執仗以衛階陛，行幸則夾馳道為內仗」〔註76〕，這實際上就與南衙的宿衛職掌交叉在一起。

　　貫穿秦漢至隋唐的「內外相制」治安思想在宋元明清時期也有體現。例如，宋代禁兵由三衙統領，三衙長官分別稱為殿前司、侍衛親軍馬軍司與侍衛親軍步軍司。殿前司「入則侍衛殿陛，出則扈從乘輿，大禮則提點編排，整肅禁衛鹵簿儀仗，掌宿衛之事」，侍衛親軍馬軍司與侍衛親軍步軍司皆「侍衛扈從，及大禮宿衛，所掌如殿前司官」〔註77〕。但三衙統領並沒有調兵權，當時禁兵的調動權在樞密院，由皇帝直接控制。明清時期，我們依然能夠看到秦漢這種相互制衡京師治安思想的某些影響。清朝全國的治安職責有兵部、刑部、大理寺、內務府等機構分擔，京師和皇宮的安全保衛依然沿襲秦漢由衛戍部隊來負責的模式。清代禁軍的設置又十分特殊，不但各個軍營重複布置，就連單純的軍營內部也是各旗互相牽制，有的要害地方甚至分屬幾個兵營保衛。這種軍隊建設的意圖，就是要防止軍人跋扈，防止兵變。

　　綜上所述，秦漢時期的京師治安制度為中國幾千年封建社會治安制度奠定了基礎。千餘年後大明王朝的丞相李善在制定明律時還說：「歷代之律，皆以漢《九章》為宗，至唐始集其成。今制宜遵唐舊。」〔註78〕承秦而來的漢律影響可謂深遠也。顧炎武也曾說：「漢興以來，承用秦法以至今日者多矣。」〔註79〕

〔註75〕　《新唐書》卷五〇《兵志》改為李揆曰：「漢以南、北軍相制，故周勃以北軍安劉氏。朝廷置南、北衙，文武區列，以相察伺。今用羽林代金吾警，忽有非常，何以制之？」

〔註76〕　《新唐書》卷五〇《兵志》，第1328頁。

〔註77〕　《宋史》卷一六六《職官志》，第3930頁。

〔註78〕　《明史》卷九三《刑法志》，第2280頁。

〔註79〕　《日知錄》卷十七《周末風俗》。

譚嗣同也曾說：「故常以爲二千年來之政，秦政也。」〔註80〕他們對秦漢制度的評價雖然有所不同，但都有一點是共同的，即都承認歷朝歷代的制度大多是承襲秦漢制度的。大量史實也表明，秦漢政治軍事制度對後世影響很大，京師治安制度也然。

〔註80〕蔡尚思、方行編：《譚嗣同全集》（下冊），中華書局，1981年版，第337頁。

參考文獻

一、基本史料與古人著述

1. 〔漢〕司馬遷：《史記》，中華書局，1982 年版。

2. 〔漢〕班固：《漢書》，中華書局，1962 年版。

3. 〔漢〕荀悦、〔東晉〕袁宏：《兩漢紀》，中華書局，2002 年版。

4. 〔漢〕許慎撰、〔清〕段玉裁注：《說文解字注》，上海古籍出版社，1988 年版。

5. 〔漢〕劉向集錄：《戰國策》，上海古籍出版社，1998 年版。

6. 〔漢〕應劭撰，吳樹平校注：《風俗通義校釋》，天津人民出版社，1980 年版。

7. 〔劉宋〕范曄：《後漢書》，中華書局，1965 年版。

8. 〔西晉〕陳壽：《三國志》，中華書局，1959 年版。

9. 〔唐〕房玄齡：《晉書》，中華書局，1974 年版。

10. 〔唐〕徐堅：《初學記》，中華書局，1962 年版

11. 〔唐〕杜佑：《通典》，中華書局，1988 年版。

12. 〔唐〕歐陽詢：《藝文類聚》，中華書局，1965 年版。

13. 〔梁〕沈約：《宋書》，中華書局，1974 年版。

14. 〔南朝·梁〕蕭統：《文選》，〔唐〕李善注，上海古籍出版社，1986 年版。

15. 〔北魏〕酈道元著，陳橋驛校釋：《水經注校釋》，杭州大學出版社，1999 年版。

16. 〔宋〕錢文子：《補漢兵志》，《二十五史補編》第一冊，中華書局，1998 年版。

17. 〔宋〕程大昌：《雍錄》，黃永年點校，中華書局，2002 年版。

18. 〔宋〕李昉：《太平御覽》，中華書局，1960 年版。

19. 〔宋〕王應麟：《玉海》，《四庫類書叢刊》，上海古籍出版社，1992 年版。

20. 〔宋〕孫逢吉：《職官分紀》，《四庫類書叢刊》，上海古籍出版社，1992 年版。

21. 〔宋〕徐天麟：《西漢會要》，上海人民出版社，1977 年版。

22. 〔宋〕徐天麟：《東漢會要》，中華書局，1955 年版。

23. 〔宋〕司馬光：《資治通鑒》，中華書局，1956 年版。

24. 〔宋〕洪適：《隸釋·隸續》，中華書局，1986 年版。

25. 〔元〕駱天驤：《類編長安志》，三秦出版社，2006 年版。

26. 〔清〕孫星衍等輯，周天遊點校：《漢官六種》，中華書局，1990 年版。

27. 〔清〕王先謙：《漢書補注》，書目文獻出版社，1995 年版。

28. 〔清〕趙翼著，王樹民校證：《廿二史札記校證》，中華書局，1984 年版。

29. 〔清〕顧炎武著，黃汝成釋：《日知錄集釋》，花山文藝出版社，1990 年版。

30. 〔清〕沈家本：《歷代刑法考》，中華書局，1985 年版。

31. 〔清〕王先謙：《後漢書集解》，中華書局，1984 年版。

32. 〔清〕楊晨：《三國會要》，中華書局，1956 年版。

33. 〔清〕錢大昕：《廿二史考異》，《叢書集成初編》，商務印書館，1937 年版

34. 〔清〕孫楷撰，徐復訂補：《秦會要訂補》，中華書局，1959 年版。

35. 〔清〕徐松：《河南志》，中華書局，1994 年版。

36. 〔清〕紀昀：《歷代職官表》，上海古籍出版社，1989 年版。

37. 〔清〕嚴可均：《全上古三代秦漢三國六朝文》，中華書局，1959 年版。

38. 〔清〕阮元：《十三經注疏》，上海古籍出版社，1997 年版。

39. 〔清〕孫詒讓：《周禮正義》，中華書局，1987 年版。

40. 張宗祥：《校正三輔黃圖》，古典文學出版社，1958 年版。

41. 陳直：《漢書新證》，天津人民出版社，1979 年版。

42. 陳直：《史記新證》，天津人民出版社，1979 年版。

43. 陳直：《三輔黃圖校證》，陝西人民出版社，1980 年版。

44. 周天遊：《八家後漢書輯注》，上海古籍出版社，1986 年版。

45. 崔適著，張烈點校：《史記探源》，中華書局，1986 年版。

46. 蔣禮鴻：《商君書錐指》，中華書局，1986 年版。

47. 楊伯峻：《春秋左傳注》（第二版），中華書局，1990 年。

48. 高文：《漢碑集釋》（第二版），河南大學出版社，1997 年。

49. 李學勤：《十三經注疏》，北京大學出版社，1999 年版。

50. 程樹德：《九朝律考》，中華書局，2003 年版。

51. 徐蜀：《兩漢書訂補文獻彙編》，北京圖書館出版社，2004 年版。

52. 徐蜀：《史記訂補文獻彙編》，北京圖書館出版社，2004 年版。

53. 何清谷：《三輔黃圖校釋》，中華書局，2005 年版。

二、今人著作

1. 夏曾佑：《中國古代史》，三聯書店，1955 年版。

2. 馬非百：《秦集史》，中華書局，1979 年版。

3. 陳夢家：《漢簡綴述》，中華書局，1980 年版。

4. 林劍鳴：《秦史稿》，上海人民出版，1981 年版。

5. 中國秦漢史研究會：《秦漢史論叢》（第一輯），陝西人民出版社，1981 年版。

6. 高敏：《秦漢史論集》，中州書畫社，1982 年版。

7. 翦伯贊：《秦漢史》，北京大學出版社，1983 年版。

8. 中國秦漢史研究會：《秦漢史論叢》（第二輯），陝西人民出版社，1983 年版。

9. 安作璋、熊鐵基：《秦漢官制史稿》，齊魯書社，1984 年版。

10. 四川師範大學歷史系：《秦漢史論叢》，巴蜀書社，1986 年版。

11. 中國秦漢史研究會：《秦漢史論叢》（第三輯），陝西人民出版社，1986 年版。

12. 羅福頤：《秦漢南北朝官印徵存》，文物出版社，1987 年版。

13. 胡留元、馮卓慧：《長安文物與古代法制》，法律出版社，1989 年版。

14. 朱紹侯：《中國古代史》，福建人民出版社，1990 年版。

15. 〔日〕大庭脩著、林劍鳴等譯：《秦漢法制史研究》，上海人民出版社，1991 年版。

16. 柏樺：《中國帝王宮——宮省制度與中國古代政治》，臺北華世出版社，1991 年版。

17. 嚴耕望：《嚴耕望史學論文選集》，聯經出版事業公司，1991 年版。

18. 閔琦、陳兆鋼、季羨林：《中國古代官制》，新華出版社，1992 年版。

19. 孔慶明：《秦漢法律史》，陝西人民出版社，1992 年版。

20. 黃今言：《秦漢軍制史論》，江西人民出版社，1993 年版。

21. 宋治民：《戰國秦漢考古》，四川大學出版社，1993 年版。

22. 朱紹侯：《中國古代治安制度史》，河南大學出版社，1994 年版。

23. 高恒：《秦漢法制論考》，廈門大學出版社，1995 年版。

24. 孫毓棠：《孫毓棠學術論文集》，中華書局，1995 年版。

25. 張傳璽：《秦漢問題研究》，北京大學出版，1995 年版。

26. 高恒：《秦漢法制論考》，廈門大學出版社，1995 年版。

27. 閻步克：《士大夫政治演生史稿》，北京大學出版社，1996 年版。

28. 王育民：《秦漢政治制度》，西北大學出版社，1996 年版。

29. 田昌五、臧知非：《周秦社會結構》，西北大學出版社，1996 年版。

30. 王子今：《秦漢都市交通考論》，《文史》（第 42 輯），中華書局，1997 年版。

31. 祝總斌：《兩漢魏晉南北朝宰相制度研究》，中國社會科學出版社，1998 年版。

32. 陳鴻彝：《中國古代治安簡史》，群眾出版社，1998 年版。

33. 〔日〕堀毅：《秦漢法制史論考》，法律出版社，1998 年版。

34. 施渡橋：《中國軍事通史》，軍事科學出版社，1998 年版。

35. 繆文元：《戰國制度通考》，巴蜀書社，1998 年版。

36. 李福全：《試論秦漢政府內部的逆向監察機制》，《文史》（第 45 輯），中華書局，1998 年。

37. 楊寬：《戰國史》（增訂本），上海人民出版社，1998 年版。

38. 李健和著：《治安學理論研究綜述》，群眾出版社，1998 年 2 月版。

39. 李慶祥主編：《治安管理學教程》，警官教育出版社，1998 年 3 月版。

40. 公安部教育局編：《治安管理學教程》，群眾出版社，1998 年 3 月版。

41. 熊一新、李健和著：《治安秩序管理》，中國人民公安大學出版社，2000 年版。

42. 王克劍、遆金鎖等主編：《治安管理學》，山西人民出版社，2000 年版。

43. 于振波：《秦漢法律與社會》，湖南人民出版社，2000 年版。

44. 萬川著：《治安行政管理學》，中國人民公安大學出版社，2001 年版。

45. 周長山：《漢代城市研究》，人民出版社，2001 年版。

46. 岳慶平：《從尹灣漢簡看秦漢鄉亭制度諸問題》，《文史》（第 54 輯），中華書局，2001 年。

47. 李德龍：《漢初軍事史研究》，民族出版社，2001 年版。

48. 薛平拴：《陝西歷史人口地理》，人民出版社，2001 年版。

49. 錢大群：《中國法律史論考》，南京師範大學出版社，2001 年版。

50. 〔日〕大庭脩著，徐世虹譯，《漢簡研究》，廣西師範大學出版社，2001 年版。

51. 何茲全：《中國古代社會》，北京師範大學出版社，2001 年版。

52. 曹旅寧：《秦律新探》，中國社會科學出版社。2002 年版。

53. 葉孝信：《中國法制史》，復旦大學出版社，2002 年版。

54. 陳寅恪：《隋唐制度淵源略稿》，河北教育出版社，2002 年版。

55. 李玉福：《秦漢制度史論》，山東大學出版社，2002 年版。

56. 彭衛、王子今等：《紀念林劍鳴教授史學論文集》，中國社會科學出版社，2002 年版。

57. 許倬雲：《許倬雲自選集》，上海教育出版社，2002 年版。

58. 瞿同祖：《中國法律與中國社會》，中華書局，2003 年版。

59. 〔日〕足立喜六、王雙懷等譯：《長安史迹研究》，三秦出版社，2003 年版。

60. 楊寬：《中國古代陵寢制度史研究》，上海人民出版社，2003 年版。

61. 賀昌群：《賀昌群文集》第一冊、第二冊，商務印書館，2003 年版。

62. 楊師群：《東周秦漢社會轉型研究》，上海古籍出版社，2003 年版。

63. 廖伯源：《秦漢史論叢》，五南圖書出版公司，2003 年版。

64. 〔臺〕黃清連主編：《制度與國家》，中國大百科全書出版社，2004 年版。

65. 〔臺〕王健文主編：《政治與權力》，中國大百科全書出版社，2004 年版。

66. 高敏：《秦漢魏晉南北朝史論集》，中國社會科學出版社，2004 年版。

67. 中國秦漢史研究會：《秦漢史論叢》（第九輯），三秦出版社，2004 年版。

68. 錢穆：《秦漢史》，三聯書店，2004 年版。

69. 高敏：《秦漢魏晉南北朝史論考》，中國社會科學出版社，2004 年版。

70. 田餘慶：《秦漢魏晉史探微》，中華書局，2004 年版。

71. 張金龍：《魏晉南北朝禁衛武官制度研究》，中華書局，2004 年版。

72. 中國秦漢史研究會：《秦漢史論叢》（第九輯），三秦出版社，2004 年版。

73. 楊鴻年：《漢魏制度叢考》，武漢大學出版社，2005 年版。

74. 楊鴻年、歐陽鑫：《中國政制史》，武漢大學出版社，2005 年修訂版。

75. 呂思勉：《秦漢史》，上海古籍出版社，2005 年版。

76. 徐衛民：《秦漢歷史地理研究》，三秦出版社，2005 年版。

77. 朱紅林：《張家山漢簡〈二年律令〉集釋》，社會科學文獻出版社，2005 年版。

78. 曹旅寧：《張家山漢律研究》，中華書局，2005 年版。

79. 黃今言：《秦漢商品經濟研究》，人民出版社，2005 年版。

80. 王子今：《秦漢社會史論考》，商務印書館，2006 年版。

81. 劉海年：《戰國秦代法制管窺》，法律出版社，2006 年版。

82. 余華青：《中國宦官制度史》，上海人民出版社，2006 年版。

83. 勞幹：《古代中國的歷史與文化》，中華書局，2006 年版。

84. 張繼海：《漢代城市社會》，社會科學文獻出版社，2006 年版。

85. 瞿同祖：《漢代社會結構》，上海人民出版社，2007 年版。

86. 高維剛：《秦漢市場研究》，四川大學出版社，2008 年版。

87. 王愛清：《秦漢鄉里控制研究》，山東大學出版社，2010 年版。

88. 張晉藩：《中華法制文明的演進》，法律出版社，2010 年版。

89. 徐衛民：《秦漢歷史文化研究》，中國社會科學出版社，2010 年版。

90. 熊偉：《秦漢監察制度史研究》，天津人民出版社，2011 年版。

91. 張忠煒：《秦漢律令法系研究初編》，社會科學文獻出版社，2012 年版。

92. 徐衛民：《秦漢都城研究》，三秦出版社，2012 年版。

93. 趙光懷：《吏員制度與秦漢政治》，山東人民出版社，2012 年版。

94. 曹旅寧：《秦漢魏晉法制探微》，人民出版社，2013 年版。

三、研究論文

1. 臧雲浦：《秦漢職官制度的形式與影響》，《徐州師範學院學報》，1981 年第 2 期。

2. 郭人民：《秦漢制度淵源初論》，《河南師大學報》，1981 年第 4 期。

3. 楊鴻年：《漢魏郎官》，《中國古代史論叢》（第七輯），福建人民出版社，1983 年版。

4. 江淳：《西漢游俠和京師治安》，《社會科學家》，1987 年第 5 期。

5. 朱紹侯：《略論秦漢中央三級保衛制》，《南都學壇（社科版）》，1989 年第 4 期。

6. 袁剛：《漢代的司隸校尉》，《南都學壇》，1990 年第 1 期。

7. 史建群：《東漢監軍制度簡論》，《鄭州大學學報》，1991 年第 3 期。

8. 黃今言：《簡論秦漢軍制的特點及其影響》，《江西師範大學學報》，1992

年第 1 期。

9. 黃今言:《秦漢時期的武器生產及管理制度》,《江西師範大學學報》,1993 年第 3 期。

10. 朱紹侯:《淺議司隸校尉初設之謎》,《學術研究》,1994 年第 1 期。

11. 張焯:《漢代北軍和曹魏中軍》,《中國史研究》,1994 年第 3 期。

12. 朱紹侯:《西漢司隸校尉職務及地位的變化》,《史學月刊》,1994 年第 4 期。

13. 黃今言:《秦代中央軍的組成和優勢地位》,《文博》,1994 年第 6 期。

14. 宋傑:《三代的城市經濟與防禦戰爭》,《首都師範大學學報》,1995 年第 5 期

15. 華友根:《西漢的禮法結合及其在中國法律史上的地位》,《復旦學報》,1995 年第 6 期。

16. 陳鴻彝:《古代社會的安全機制與治安管理》,《中國人民警官大學學報》,1996 年第 1 期。

17. 黃今言:《漢代期門羽林考釋》,《歷史研究》,1996 年第 2 期。

18. 黃今言:《東漢在軍制問題上的歷史教訓》,《南都學壇》,1996 年第 2 期。

19. 黃今言:《東漢中央直轄軍的改革》,《安徽史學》,1996 年第 2 期。

20. 王同魁:《西漢的吏制和治安措施》,《中國人民警官大學學報》,1996 年第 2 期。

21. 胡宏起:《漢代兵力論考》,《歷史研究》,1996 年第 3 期。

22. 高敏:《東漢魏晉時期州郡兵制度的演進》,《歷史研究》,1996 年第 3 期。

23. 沈紅霞:《論中國古代懲治官吏腐敗的法制建設》,《南都學壇》,1996 年第 4 期。

24. 崔在容:《西漢京畿制度的特點》,《歷史研究》,1996 年第 4 期。

25. 陳鴻彝:《中國古代治安的歷史分期》,《江蘇公安專科學校學報》,1996 年第 6 期。

26. 薛瑞澤:《東漢洛陽令及相關問題論考》,《鄭州大學學報》,1996 年第 6 期。

27. 沈生杜:《秦漢時期軍隊政治教育思想》,《軍事歷史研究》,1997 年第 1 期。

28. 陳鴻彝:《中國古代治安體制的孕育》,《江蘇公安專科學校學報》,1997 年第 1 期。

29. 朱紹侯:《淺議司隸校尉在東漢的特殊地位》,《南都學壇》,1997 年第 1 期。

30. 皮明勇：《中國古近代軍隊管理思想述論》，《軍事歷史研究》，1998 年第 1 期。

31. 朱新：《從雲夢秦簡談秦代社會秩序的治理》，《北京教育院學報》，1998 年第 2 期。

32. 何瑞林：《略論中國奴隸制社會的國家警察管理》，《甘肅政法學院學報》，1998 年第 2 期。

33. 陳鴻彝：《漢代京師的治安管理》，《江蘇公安專科學校學報》，1998 年第 2 期。

34. 陳昌文：《漢代城市的治安與組織管理》，《安徽師範大學學報》，1998 年第 3 期。

35. 余從容：《西漢軍事集權體制形成的原因》，《江西社科》，1998 年第 5 期。

36. 王子今：《晚年漢武帝與巫蠱之亂》，《固原師專學報》，1998 年第 5 期。

37. 陳鴻彝：《中國古代治安的終結》，《江蘇公安專科學校學報》，1998 年第 6 期。

38. 余從容：《西漢軍隊領導體制探析》，《江漢論壇》，1998 年第 7 期。

39. 范學輝：《論兩漢的私人兵器》，《山東大學學報》，1999 年第 1 期。

40. 徐衛民：《秦都咸陽的地方行政組織及管理》，《陝西廣播電視大學學報》，1999 年第 3 期。

41. 順玲：《論西漢時期陵縣的正式形成》，《南都學壇》，1999 年第 5 期。

42. 孫福喜：《秦漢衛尉六百石以下屬官吏考論》，《商丘師專學報（黃淮學刊）》，1999 年第 5 期。

43. 陳鴻彝：《對古代治安的理論思考》，《公安大學學報》，2000 年第 2 期。

44. 陳智勇：《論夏商時期的治安管理》，《公安大學學報》，2000 年第 4 期。

45. 陳智勇：《論夏商時期的治安管理（續）》，《公安大學學報》，2000 年第 5 期。

46. 張金龍：《兩漢魏晉南北朝的文官、武官與禁衛武官釋義》，《江海學刊》，2001 年第 3 期。

47. 劉傳永：《我國最早的衛星城市——論西漢長安諸陵縣》，《四川師範學院學報》，2003 年第 1 期。

48. 張金龍：《漢魏之際政治與禁衛武官制度的變革》，《山東大學學報》，2004 年第 2 期。

49. 王爾春：《漢代國家對司隸校尉的防範和控制》，《社會科學戰線》，2004 年第 4 期。

50. 賈俊俠：《內史之名及職能演變考析》，《西安聯合大學學報》，2004 年第

6 期。

51. 張雲華：《漢代皇宮宿衛運作制度》，《南都學壇》，2006 年第 3 期。

52. 王彥輝：《淺議秦漢官吏法的幾個特點》，《史學月刊》，2006 年第 12 期。

53. 楊際平：《秦漢戶籍管理制度研究》，《中華文史論叢》，2007 年第 1 期。

54. 于志勇：《漢長安城未央宮遺址出土骨簽之名物考》，《考古與文物》，2007 年第 2 期。

55. 王子今：《西漢長安居民的生存空間》，《人文雜誌》，2007 年第 2 期。

56. 沈剛：《試論漢代中尉的幾個問題》，《咸陽師範學院學報》，2007 年第 5 期。

57. 張鶴泉：《略論東漢時期的河南尹》，《吉林大學社會科學學報》，2008 年第 1 期。

58. 宋傑：《東漢的洛陽獄》，《歷史研究》，2007 年第 6 期。

59. 譚慧存：《宮省職官與兩漢政治》，《重慶科技學院學報（社會科學版）》，2010 年第 7 期。

60. 申威隆：《漢長安城建章宮考古遺產》，《大眾考古》，2013 年第 1 期。

61. 曲柄睿：《漢代宮省宿衛的四重體系研究》，《古代文明》，2012 年第 3 期。

62. 高傑：《從漢長安城未央宮骨簽看河南工官的設置》，《華夏考古》，2013 年第 4 期。

63. 王彥輝：《秦漢時期的鄉里控制與邑、聚變遷》，《史學月刊》，2013 年第 5 期。

64. 中國社會科學院考古研究所、日本獨立行政法人國立文化財機構奈良文化財研究所聯合考古隊：《河南洛陽市漢魏故城魏晉時期宮城西牆與河渠遺蹟》，《考古》，2013 年第 5 期。

65. 孫聞博：《秦漢太尉、將軍演變新考——以璽印資料爲中心》，《浙江學刊》，2014 年第 5 期。

66. 慕容浩：《秦漢時期「平賈」新探》，《史學月刊》，2014 年第 5 期。

67. 宋傑：《秦漢軍隊中的「司空」》，《史學月刊》，2014 年第 7 期。

四、考古資料與研究論著

1. 裘錫圭：《湖北江陵鳳凰山十號漢墓出土簡牘考釋》，《文物》，1974 年第 7 期。

2. 睡虎地秦墓竹簡整理小組：《睡虎地秦墓竹簡》，文物出版社，1978 年版。

3. 中國社會科學院考古研究所：《居延漢簡》（甲乙編），中華書局，1980 年版。

4. 銀雀山漢墓竹簡整理小組：《銀雀山漢墓竹簡》，文物出版社，1985 年版。

5. 吳九龍：《銀雀山漢簡釋文》，文物出版社，1985 年版。

6. 陳直：《居延漢簡研究》，天津古籍出版社，1986 年版。

7. 謝桂華、李均明、朱國炤：《居延漢簡釋文合校》，文物出版社，1987 年版。

8. 李發林：《戰國秦漢考古》，山東大學出版社，1991 年版。

9. 甘肅省文物考古研究所：《敦煌漢簡》，中華書局，1992 年版。

10. 宋治民：《戰國秦漢考古》，四川大學出版社，1993 年版。

11. 劉信芳、梁柱：《雲夢龍崗秦簡》，科學出版社，1997 年版。

12. 中國社會科學院簡帛研究中心：《尹灣漢墓簡牘》，中華書局，1997 年版。

13. 甘肅省文物工作隊：《漢簡研究文集》，甘肅人民出版社，1999 年版。

14. 張家山二四七號漢墓竹簡整理小組：《江陵張家山漢簡》，文物出版社，2001 年版。

15. 胡平生、張德芳：《敦煌懸泉漢簡釋粹》，上海古籍出版社，2001 年版。

16. 駢宇騫：《銀雀山漢簡文字編》，文物出版社，2001 年版。

17. 初師賓主編：《中國簡牘集成》（標注本），敦煌文藝出版社，2001 年版。

18. 中國文物研究所、湖北省文物考古研究所：《龍崗秦簡》，中華書局，2001 年版。

19. 朱紅林：《張家山漢簡〈二年律令〉集釋》，社會科學文獻出版社，2005 年版。

20. 中國社會科學院考古研究所等編著：《漢長安城武庫》，文物出版社，2005 年版。

21. 張顯成、周羣麗：《尹灣漢墓簡牘校理》，天津古籍出版社，2011 年版。

22. 孫占宇：《甘肅秦漢簡牘集釋　天水放馬灘秦簡集釋》，甘肅文化出版社，2013 年版。

五、國外研究著作

1. 米田健志：《漢代の光祿勳──特に大夫を中心として》，《東洋史研究》第 57 卷第 2 期，1998 年。

2. 宮崎市定：《漢代の里制と唐代の坊制》，《東洋史研究》第 21 卷第 3 期，1962 年。

3. 佐藤武敏：《漢代長安の市》，中國古代研究會編《中國古代史研究》，東京：雄山閣，1965 年版。

4. 閔斗基：《漢代京畿統治策》，《東洋史研究》第 3 期，1969 年。

5. 久村因：《郎中將と中郎將——漢代郎官の一側面》，《山本博士還曆紀念東洋史論叢》，東京東洋文庫出版，1972 年版。

6. 古賀登：《漢長安城と阡陌・縣鄉亭里制度》，東京：雄山閣，1980 年版。

7. 佐原康夫：《漢代の市について》，《史林》第 68 卷第 5 期，1985 年。

8. 紙屋正和：《兩漢時代の商業と市》，《東洋史研究》第 52 卷第 4 期，1994 年。

9. 鷹取祐司：《漢代三老の変化と教化》，《東洋史研究》第 53 卷第 2 期，1994 年。

10. 藤田高夫：《漢代の軍功と爵制》，《東洋史研究》第 53 卷第 2 期，1994 年。